L'Humanisme a la Corona d'Aragó
(en el context hispànic i europeu)

Editors
Júlia Butinyà Jiménez
Antonio Cortijo Ocaña

SCRIPTA HUMANISTICA ®

165

Publisher and Distributor
SCRIPTA HUMANISTICA ®
1383 Kersey Lane
Potomac, Maryland 20854 USA
Tel. (301) 294-7949
Fax. (301) 424-9584
Internet:
www.scriptahumanistica.com
E-mail:
info@scriptahumanistica.com

S.H. # 165
Catalan Series # 1
This title was selected from an open call for
academic writing

I.S.B.N. 1-882528-56-5
Price: $69.95

CATALAN SERIES

Linguistic, Cultural and Literary Studies

Òscar Santos-Sopena
General Editor

L'Humanisme a la Corona d'Aragó
(en el context hispànic i europeu)

L'Humanisme a la Corona d'Aragó
(en el context hispànic i europeu)

Editors
Júlia Butinyà Jiménez
(UNED, Madrid)

Antonio Cortijo Ocaña
(University of California at Santa Barbara)

SCRIPTA HUMANISTICA ®

165

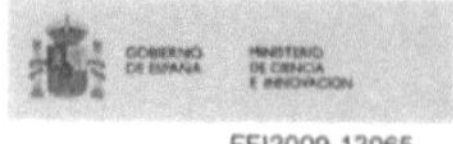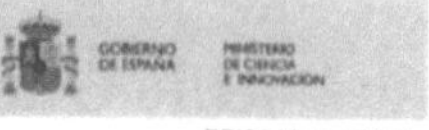

Índex de capítols

Introducció

Júlia Butinyà (UNED, Madrid) & Antonio Cortijo
(University of California, USA)

Una nova perspectiva d'enorme profunditat es fa imprescindible
per tal de tornar a situar el *fenomen humanista* en les lletres peninsulars
i en el context de la seva difusió europea[1]. A la vegada, és una temàtica
que presenta un valor àlgid per la cultura catalana, havent constituït
un dels punts més vius de la seva tradició crítica (els Rubió, Batllori,
Riquer)[2]. Cal donar-hi, per tant, una visió asèptica ran el confusionisme
actual, resultat de l'etapa d'afirmació encesa de l'humanisme català a
la primera meitat del segle XX, i la de revisionisme negador, en els
darrers decennis[3].

Encoratjats amb aquests plantejaments com a punt de partença,
els coordinadors d'aquest llibre, Júlia Butinyà i Antonio Cortijo[4], fa

---

[1] Aquesta tasca nostra se situa al si de la matriu d'IVITRA, dins dels projectes
«Gramática del Catalán Antiguo» (MICINN, Ref. FFI2009-13065); «Constitució d'un
Corpus Textual per a una Gramàtica del Català Antic» (Institut d'Estudis Catalans,
Ref. IVITRA-IEC/PT2008-S0406-MARTINES01); «Estudio, edición, traducción y
digitalización de corpus documentales y literarios referidos a la historia de la Corona de
Aragón medieval. Aplicaciones TIC y educativas» [acrònim: Digicotracam] (Generalitat
Valenciana, Programa Prometeo «para grupos de investigación en I+D de excelencia»,
Ref. Prometeo-2009-042, "aquest projecte està cofinançat pel FEDER de la UE"));
"Multilingual Digital Library of the Mediterranean Neighbourhood" (MICINN, Ref.
FFI2010-09064-E); i GITE "Història de la Cultura, Diacronia Lingüística i Traducció"
(GITE-09009-UA). Vegeu:http://www.ivitra.ua.es i http://www.digicotracam.ua.es.

[2] Resumeix aquests aspectes Albert Hauf, amb ocasió d'adscriure el professor
Miquel Batllori en aquesta tradició d'estudis, la qual passa pels de l'Humanisme:
"tradició representada pels Rubió pare i fill ... i també per Martí de Riquer; tradició ara
en bona part recuperada en els nombrosos treballs de Júlia Butinyà i d'altres, després
d'una etapa d'aparent ruptura dialèctica ... d'una més limitada opció filològica" (2001:
52).

[3] Aquesta situació s'explica i es mira de simplificar o aclarir al capítol referent
a *Bernat Metge*, dins el volum I: *Edat Mitjana (Dels inicis a principis del segle XV)*, que
s'inclou al *Panorama Crític de la Literatura Catalana* (Butinyà 2010d).

[4] Professors de Filologia, respectivament a la UNED (amb la seu a Madrid),
i a la University of California (USA). Són Directors respectivament de les publicacions

pocs mesos vam posar fil a l'agulla per tal d'elaborar-hi un llibre, que aviat es dibuixà amb el títol *L'humanisme a la Corona d'Aragó (en el context hispànic i europeu)*. Llibre que es correspon amb enfocaments recents del món acadèmic[5], i que ratifica la conveniència de la conjunció i transversalitat d'aquests estudis, assentant com és de fèrtil d'observar els fenòmens filològics des de la perspectiva de la interrelació. Així doncs, per diferents cantons, l'estudi té expectatives de ser oportú actualment, així com adient per l'audiència dels Estats Units -on el fenomen humanista, per raons òbvies, acostuma a veure's sense òptiques afectades pel particularisme lingüístic-, cosa que es realitza sent editat per *Scripta Humanistica*.

Davant la perspectiva d'expansió cultural, cal afegir que està garantit per un sòlid aval científic[6]. És de gran interès que el volum es difongui en l'àmbit dels estudis anglosaxons sobre l'Humanisme, car d'ells estant se li ha negat insistentment a la Península Ibèrica 1) la seva adscripció a l'Humanisme en general, cosa que s'ha defensat amb vehemència, i 2) la seva diferència (aplicable tant a l'àmbit català com al castellà) pel que fa a les terres d'Europa. En qualsevol cas, aquesta negació sols es derivava (com atesta la gestació del *Iter Italicum* de Kristeller) de la documentació sobre manuscrits humanistes de biblioteques hispanes, que era insuficient, així com dels estudis sobre l'humanisme ibèric (llatí), que es trobaven amb cert retard pel que fa als d'altres latituds.

Revista de Lenguas y Literaturas catalana, gallega, vasca i *eHumanista (Journal of Iberian Studies)*. La primera pertany al Departament de Filologia Clàssica de la Universitat Nacional d'Educació a Distancia (Espanya); s'edita en paper i en versió electrònica; activa des de 1991. I la segona és una revista electrónica, indexada, fundada en 1999, amb mires a proporcionar un fòrum per la investigació original en les cultures peninsulars. Té la seu al Department of Spanish and Portuguese, University of California, Santa Barbara, California (USA).

[5] Ens referim en concret al màster EEES *Literaturas hispánicas -catalana, gallega, vasca- en el contexto europeo*, impartit a la UNED, i que presenta una orientació investigadora inexistent avui en altres llocs. Segons la ANECA, "El título es relevante y de interés pues ofrece estudios de posgrado en comparatística literaria en tres lenguas peninsulares (catalán, gallego, vasco), cosa que no sucede en España en ningún otro sitio" (verificació del títol, 6 març 2007).

[6] Els autors que participen en aquest volum són tots ells investigadors que ens són propers i que, tant a Espanya com als Estats Units, es troben preocupats per la mateixa dèria.

En resum, els objectius exposats s'inclouen sota la recerca al voltant de l'humanisme hispànic i ibèric, o de la Península Ibèrica, els estudis del qual han experimentat una empenta en les darreres dècades[7]. I bé que aquestes manifestacions contrasten amb un buit a grans sectors científics de la Filologia Catalana, cal tenir en compte que la fragmentació en parcel·les de producció literària i cultural només respon a visions artificialment inconnexes (sovint com a fruit exclusiu de postures alienes a tota realitat científica i a la realitat d'aquella època), que fan imprescindible d'analitzar el conjunt des d'un punt de vista unitari. Ja que sobre el desenvolupament del moviment humanista actuen forces comunes de lligam i de comunicació d'idees, a la vegada que altres forces centrífugues manifesten les peculiaritats específiques de cada cultura. I òbviament, més enllà de la relació de veïnatge peninsular, tot es cova dins del context europeu.

*　*　*

El nostre intent és situar l'humanisme de la Corona d'Aragó al seu lloc, cosa que suposa d'estendre la mirada als contextos geogràfics del voltant, per proximitat geogràfica i cultural; val a dir els humanismes italià i el peninsular, fet que fa palès la seva ubicació dins el context hispànic i l'europeu. Opinem que l'expressió "humanisme català", bé que l'emprarem sovint, a causa d'estar encunyada i de la seva utilitat, pot resultar restrictiva per a un títol, donat que català no equival a tota la Corona d'Aragó i ni tan sols implica necessàriament les Illes Balears. Per tant, almenys mentalment podria fer deixar fora un Ferran Valentí, així com no inclouria un dels pàters de l'humanisme de la Corona d'Aragó: el Gran Mestre de l'Hospital, Juan Fernández de Heredia, tan reverenciat expressament i per escrit pel mateix Coluccio Salutati... Encara més, el concepte de Corona d'Aragó és una categoria internacional coneguda i reconeguda, des de la Història als diferents camps del saber científic i artístic. Ací a més ens ofereix un profit lingüístic, car ens permet parlar d'un concepte potser menys polèmic: humanisme *en català*.

---

[7] Vegin la *Breu introducció* (trilingüe, en castellà, català i anglès) de Júlia Butinyà i Antonio Cortijo, dins *El humanismo catalán*, "eHumanista" 13 (2009), pp. xxxii–liii.

7

Evidentment, la nostra posició suposa defensar una postura favorable quant a la manifestació d'aquest Humanisme, ja que, a despit de la ignorància o oblit per part d'alguns estudiosos, comparteix un lloc de relleu, sent imbricat amb l'humanisme ibèric. I així pretenem, gràcies al seu estudi i atenció dins el context que l'envolta i el connecta al món, explicar la seva naturalesa i idiosincràsia. Car, a banda de la seva recepció primerenca, flagrant en un moment com el de la Cancelleria de Barcelona, on provocà un dur rebuig als decennis finals del segle XIV, en figures com Alfons IV o el cardenal Margarit, que mostren ja la total adscripció als nous plantejaments derivats dels *studia humanitatis* provinents d'Itàlia, els llaços de la Corona catalanoaragonesa amb la castellana i el trasvàs d'humanistes italians i vernacles entre totes dues corones, junt amb les traduccions compartides, es palesa clarament.

Així doncs, malgrat que l'objectiu principal d'aquest estudi sigui el moviment anomenat humanisme català n'atendrem molt prioritàriament el context a causa de la seva importància per tal d'assentar millor la seva entitat i naturalesa. Aquest context és múltiple; d'una banda doble: espacial i temporal, perquè no només es projecta sobre el mapa geogràfic ans també sobre el temps, i això ho fa sobre el passat i sobre el present. És a dir, mirem cap enrere per tal d'analitzar els textos, tan variats, que reflecteixen aquella nova energia (que l'originaren o s'hi aproparen), incloent el bagatge relatiu al fet lingüístic; així com, a la llum de la història recent, repassem els darrers temps per part de la crítica i de la investigació, i també analitzem els efectes d'aquell passat al damunt de l'actualitat. I a més i en tercer lloc, toquem el camp teòric a causa de la mecànica pròpia dels moviments. Cap al final s'afegeix una mirada pràctica des dels nostres dies, la qual es desprén d'observacions obtingudes entorn de la línia de flotació del concepte humanístic, ja que en són temes tan vitals com ara la tradició cultural o la llengua, atenent tot l'àmbit estudiat; i ho complementa un punt final, el qual, abastant la terminologia, és fruit de la reflexió teòrica. S'hi atenen, per tant, les diferents cares del context. I no ens limitarem als textos en català, ja que també s'hi recullen en llatí, així com s'hi donen en castellà i llatí al segle XV. Per tant, el conjunt hispànic –o ibèric- és molt valuós i cal inserir-lo dins el corrent europeu, així com el concret català s'ha d'integrar dins l'hispànic; frase que repetim en una o altra direcció i apliquem com en cercles concèntrics.

Filant una mica més prim sobre els continguts podem avançar que de primer fem unes reflexions sobre el fet de la periodització, distingint al nostre reducte dues facetes: la que anomenem introductòria i la d'acomodament, considerant-les fases del mateix fenomen humanista al llarg de la seva recepció a la Corona d'Aragó.

Els dos primers capítols tracten del gran diàleg de Bernat Metge: l'un, a càrrec de Júlia Butinyà, s'endinsa en un joc eminentment filològic, el paper del text com a conversa, afrontant l'obra a dues petrarquesques: *"Lo somni", entre l'"Àfrica" i el "Secretum"*; a l'altre, José Ramón Areces el contempla des de l'angle de la filosofia: *"Lo somni" o la reivindicació ontològica de l'home.* Totes dues observacions ens situen ja davant una obra d'una fondària inoïda front a la literatura anterior, tant per la dimensió conceptual com per l'artística i tècnica. Notem, de pas, que ací no ens interessarà delimitar un significat restringit i totalizador de l'obra com a *diàleg humanista* o *visió medieval.* En té de tots dos, però que el primer (tot i que pugui semblar encara maldestre) hagi estat un referent indiscutible en l'obra del revolucionari autor, ha de bastar –amb l'anàlisi del context literari contemporani que, d'una o altra forma, mira en part a Itàlia- per a donar-nos peu a reconèixer-hi la dosi d'*humanisme* que conté en profunditat i en continguts.

Passat el que anomenem fase introductòria, al capítol sobre la fase d'acomodament s'hi fixa l'atenció en una obra que pot ser paradigmàtica de l'absorció de les notes humanístiques, el *Curial e Güelfa*, i que per a rubricar-ho inaugura el gènere de la novel·la cavalleresca. S'hi analitza des de l'aspecte elegíac per part d'una llatinista, Sònia Gros Lladós, que en fa una lectura des dels clàssics sota el títol emblemàtic: *"Beu lo romanent per amor de Curial": Escenes de seducció en el "Curial e Güelfa"*; aquest treball deriva del DEA *Motivos amatorios elegíacos en el Curial e Güelfa* (2009). A continuació, la professora d'Omaha, Roxana Recio, bona coneixedora de Petrarca i editora dels *Triomfs* en la seva versió catalana medieval, fa *Una altra mostra de l'assimilació de Petrarca a la Corona d'Aragó*, estudiant la desfilada triomfal i la seva manipulació. El resultat pot ser fins i tot escandalós a causa de la descoberta de traces en autors insospitats, como ara Guillem de Torroella.

Un altre aspecte obligat a tractar en referència a l'Humanisme és el lingüístic, que en totes les literatures cobra protagonisme sobre un fons parell però amb manifestacions dispars sobretot quant a les realitzacions en el temps; pel que fa a la preocupació lingüística, el màxim referent n'és per a totes dues Corones la figura de Nebrija. En la seva col·laboració, *Elio Antonio de Nebrija i Jeroni Pau: fortuna diversa de dos humanistes interessats pels seus respectius vulgars*, Antoni Ferrando, professor de la Universitat de València, compara les aportacions exitoses de Nebrija a la gramatització del castellà amb les fracassades regles de correcció idiomàtica formulades per Jeroni Pau. Malgrat la fortuna tan diferent de les seves contribucions, tots dos humanistes, formats a Itàlia, compartien el mateix interès per l'ennobliment, la modernització i la regularització dels seus respectius vulgars.

El referent al tema de la llengua presenta en aquesta època i arreu un vessant molt apte per a ser examinat: el de les traduccions. Aquesta activitat traductora l'hem pres sota dues posicions favorables a la simptomatologia dels canvis: la d'*El lector: factor determinant per als traductors de la Corona d'Aragó*, títol del treball de l'especialista en traducció, Roxana Recio, i, sota el contrast de dos autors, Canals i Metge, acarant-hi Júlia Butinyà -qui hi havia aprofondit anteriorment- llurs *Maneres humanístiques de traduir*. Hi afegirem que, als tres darrers temes analitzats, l'atenció a un aspecte cabdal en la definició de la dignitat de l'home, junt a la recuperació dels clàssics (que la impulsava) i la reflexió sobre la llengua com a vehicle d'idees i estil, són els tres pilars clau sobre els que la crítica ha basat, per sobre d'altres, la seva idea d'humanisme (Cortijo & Calvente).

En un tercer capítol ens referim a *Els estudis recents sobre l'humanisme hispànic* a fi d'inserir-hi i d'enllaçar el bagatge de l'àmbit català. Això ens porta a dos terrenys diferents per a fer observacions: el que resulta d'una visió conjunta i que porta a terme el professor

Ángel Gómez Moreno, bon coneixedor del tema havent-lo estudiat des de fa anys (*Renaixement i Humanisme a Espanya: esculls, principis vertebradors i dades històriques*), i Júlia Butinyà, qui així mateix ho ha fet repetidament des del camp català (*Panorama crític de l'humanisme català*), enfocant ara la situació crítica des d'una plataforma molt general.

Apleguem també unes *Reflexions sobre l'Humanisme i el Renaixement*, projectant-les en primer lloc *Sobre l'humanisme a la Corona catalanoaragonesa* (Júlia Butinyà & Roxana Recio), perseguint algunes notes peculiars; i seguidament, fent una anàlisi des del tan encunyat segell lingüístic, viu fins als nostres dies, a través d'una *Aproximació al Renaixement ibèric: el "Manifiesto por una lengua común" del 2008 i els seus precedents ideològics*, tema que desenvolupa Vicent Lledó, professor a la Hofstra University, a New York, i que és cabdal quant a l'engranatge del llibre.

Tot això fa evident com estudiosos diferents, a països diferents, diuen i veuen coses que harmonitzen sota la llum del moviment, segons la concepció més coneguda i podríem dir ja tradicional; i com, sense fer cap mena de diferenciació o forçar res, l'humanisme català encaixa dins del conjunt amb naturalitat i suavitat. Encara més, com dóna joc a l'articulació hispànica, i com aquesta s'adiu dins el context dels humanismes europeus. A l'igual que des d'una perspectiva temporal no sols no hi ha cap sotrac, des dels orígens fins als estreps, ans la seva inclusió pot ajudar a aclarir aquelles arrels i alguns esdeveniments a la deseixida del moviment.

Clou el llibre una mena d'epíleg -no resum-, a càrrec del professor Antonio Cortijo, i unes conclusions finals; fet i fet el que fan totes dues és, des de punts que permeten aplegar els conceptes, com ara la lectura-el text o bé l'*ars*, afermar i confirmar el que s'ha vist al llarg dels diferents capítols. Així, el primer tracta de la nova definició del ser humà, mentre que la professora Dominique de Courcelles d'altres com la filologia i el realisme o el renaixement dels sabers. Respectivament també, permeten constatar la fefaent coherència dels diferents angles d'observació, sigui unint autors allunyats en l'espai, la llengua o el temps, sigui afermant aspectes

11

abans molt discutits, com ara el pes grec. Tots dos així mateix enfoquen les lletres a la Corona d'Aragó dins el context peninsular i europeu que l'envolta.

* * *

Potser seria aquest el lloc oportú per tal de comentar breument el que pot significar l'aportació de l'humanisme català dins aquest panorama, sent de sobres conegut que no destaca a les acaballes: és un moviment que tanmateix brilla amb força als orígens i amb repercussions encara molt per a estudiar. A la llum de darreres investigacions, l'Humanisme es revela mitjançant una tensió entre classicisme i tradició (Coroleu-Taylor; González Rolán). Val a dir, al llarg de l'Edat Mitjana no hi havia hagut problemes en realitat entre totes dues tradicions, i es podria dir que hi convivien totes dues, amb admiració formal envers la perfecció classicista i amb subpeditació conceptual a la superioritat de la Revelació.

Ara bé, l'aparició d'una tibantesa, que podia definir la de la més típica sensibilitat humanística als seus inicis, acabarà donant al Renaixement, si no la superioritat, sí un esplendor i lluminositat extrem envers els classicismes –sobretot quant a les formes-, així com el corrent de l'humanisme cristià assolirà en gran amplitud la convivència i fusió iniciades amb neguit i exigència de profunditat al primer humanisme. I és en aquest estadi dels orígens, irrepetible i efímer, on va deixar mostres exquisites la literatura catalana des de finals del segle XIV.

D'una banda o altra tornem sovint a un fil principal que anem repetint, ja que a mesura que ens enfonsem en l'àrea catalana observem que línies molt sobresortints arrelen en Llull. Si ens concentrem al reducte català, als inicis de la recepció a la Península, observem que aquella tensió, que manifesta clarament Bernat Metge a través de l'adversitat del seu entorn, mentre que ell es fa vehicle de la puresa del moviment –anunciat a Itàlia-, té arrels al si mateix de la cultura en llengua catalana. Ja que la tensió és present ja en un famós poema de Ramon Llull, al *Desconhort*. Llull, que no pot concebre res fora de la superioritat dels dogmes cristians, hi reconeix mitjançant el seu

12

interlocutor la fermesa dels antics, així com en l'actitud que mostra envers el gentil en les obres en què apareix aquesta figura, mostra una igualtat de tractament i fins i tot deferència o admiració envers la seva postura moral. Això explica que Metge atesti la seva comprensió, bé que anteposa els arguments dels pagans i enarbora sense escrúpols la bandera dels clàssics, fent seves i ultrapassant les consignes agustinianes del *De Civitate Dei*.

I amb això tenim que darrera dels orígens de l'humanisme –italians, evidentment, i aviat catalans i hispànics- tinguem la figura d'un gran filòsof, Ramon Llull, que no va poder donar el salt, a l'igual que no va saber superar el mètode escolàstic, però que no li satisfeia. Amb tot, la seva actitud ja és reformista respecte a un passat hieràtic. Segueixen després els successius esglaons, com ara el de Metge, que l'avança per la dreta -val a dir sense cap mena de metodologia a l'ús: amb un diàleg classicista completament innovador-, seguit pels autors cinccentistes, sigui els valencians, sigui els grans novel. listes de cavalleries, sigui els castellans, poetes (i teòrics de la poesia), al.legòrics o de tractats, més la nòmina d'humanistes *de carrera* que des de posicions ja estrictament filològiques recuperen en particular el regust pel llatí més pur, els seus autors, i d'ací estant el cultiu d'un vernacle apujat a un lloc abans desconegut. Tots fan per un semblant quant a la fusió classicisme-cristianisme, viscuda d'una nova manera, amb la qual renoven les virtuts, que a la tradició poderosa i imperant s'havien fet immisericordes, com palesa a tall de mostra la misogínia; i tracten el text de manera diferent a la vella, sobretot a causa de ser fruit d'una forta introspecció i alhora d'una espectacular exteriorització.

A partir d'ací podríem remuntar al primer desestabilitzador, que fou sant Agustí, qui començà a donar preferències i equivalència de tracte als pagans. Llull ho fa amb el gentil però s'até al pla moral, ja que la coneixença del dogma no li permet de fer-los-hi encapçalar; a l'igual que Dante, doncs, qui els acceptava fins i tot com a guies, però sense poder entrar al paradís. No enfilarem per aquesta línia, que és molt nova i territori que potser seria prematur per a intentar fer participatiu quan estem encara en un nivell integrador i superador de polèmiques existencials; però és un fet el seu interès -i no ja sols per a la Corona d'Aragó a l'etapa medieval- quan ens trobem que avui encara belluga el desacord entre ètica i doctrina, com palesen personalitats com la de Hans Küng. El citem, ja que en l'acte recent de rebre el doctorat Honoris Causa per la UNED (27 gener 2011), sentírem que, com que les religions –entre elles el cristianisme- han estat sistemes d'orientació que legitimaven una determinada moral, s'observa als nostres dies que molts homes es giren envers una ètica profana i de tall universal. Idea que sembla un ressò d'aquells començos, de Llull, de Metge... i de posats com el dantesc.

Així doncs, el trencament amb el passat medievalitzant i l'anticipació del Renaixement i d'una mentalitat moderna donen entitat a l'Humanisme, palesant la seva naturalesa de pont; naturalesa que d'altra banda tenen tots els moviments, que fan de pas i assenyalen unes línies o direccions més o menys clares segons les tradicions culturals, però sempre amb relació horitzontal entre unes i altres cultures. Així també, hom ha entès generalment que es pot parlar d'humanisme medieval -més enllà de l'estricte petrarquisme- sempre que hi hagi un reflex de Petrarca, qui va aportar els aires classicistes renovadament al segle XIV, o bé dels humanistes italians que l'envoltaren i hi participaren de l'empenta innovadora.

I si això és així quant a l'Humanisme grosso modo, si passem a la recepció del moviment en l'àmbit de les lletres catalanes, podríem plantar ja quelcom de consens, partint de l'ombra de Petrarca, ran del reconeixement de la qual hom pot començar a parlar d'un fet literari humanístic. Ara bé, això pot provocar sorpreses, perquè el rastre pot ser merament formal o àdhuc pot ser de rebuig de certs plantejaments petrarquescos, com ara ens trobem respectivament amb *La Faula* i amb *Lo somni,* a causa bé de manca de comprensió del caire revolucionari en profunditat i prendre'n només les imatges, o bé per anar més enllà en puresa humanística que el mateix mentor.

Aquesta nostra visió amb perspectiva permet veure com les línies s'arrodoneixen en figures com ara Cisneros, qui remunta a Llull des de posicions clarament humanístiques, i són bona mostra del cicle que estem apuntant, ja que altrament sembla inexplicable que la petja lul·liana es recuperi en ple Renaixement, a Europa, a Espanya i a la

Corona catalanoaragonesa. Fets que donen bona base al nostre títol, tot
i que manca molt a fer pel que fa a la delimitació dels fils que afecten
els textos o autors fins i tot de caire escolàstic però que sota alguns
paràmetres es troben dins l'onda expansiva del corrent humanista. Com
ara esdevé amb Francesc Eiximenis, que estant ben relacionat amb els
ambients cortesans, malgrat el pes doctrinal de l'escolasticisme, mostra
un enfocament social que o n'és ressò o bé hi combrega amb la línia
iniciada a Itàlia respecte a l'humanisme cívic.

* * *

Tot això quant a la periodització de la literatura catalana antiga
implica coses que també eren sabudes, com que la gran producció
literària dels segles XIV i XV ve marcada pels fets esdevinguts a Itàlia
al llarg del Trescents, i encara pels contactes del Quatrecents, en bona
part amb la Corona de Castella. I hi obtenim un abans i un després
d'aquell influx, ja que es pot distingir el temps de formació d'una
tradició catalana o nacional, i el que acusa la recepció italiana. I això
ens fa tornar al primer crític sobre l'humanisme català, Antoni Rubió
i Lluch, qui desenvolupant un esquema de Milà i Fontanals, distingeix
"una primera etapa preclàssica, anterior a la influència italiana (de
Jaume I fins a Joan I), i una de clàssica que arriba fins a Ferran el
Catòlic" (Hauf 2010: 20).
El seu fill, Jordi Rubió i Balaguer, que adreça la seva atenció
als fets humans i socials, entenent que els materials han de ser
interpretats amb criteris històrics, divideix el bloc dels segles XII-XVI
en 4 períodes: orígens (s. XII), nacional (de Jaume I al Cerimoniós),
prerenaixement (Joan I) i renaixement (rei Martí-Ferran el Catòlic).
Ara bé, en realitat, s'agrupen en dos si els separem d'acord amb el
classicisme. Potser sigui simplificar massa, però si sent tan simple
compta amb tanta força el fet de la recepció dels fets italians es fa
més estrany que s'hagi negat l'existència d'un moviment o l'acús de
la seva recepció.
En introduir el recent *Panorama crític de la Literatura
Catalana*, Hauf fa una valoració que considerem de la major vigència,

15

inserint els textos dins el context historicista i considerant que Batllori
té un concepte de la història obert. Ho recull de Josep Romeu (2000):

> Als estímuls de la literatura, el pensament i el devenir històric,
> amb una base arxivística d'una gran solidesa (...), totalitzador
> quant al temps i a l'espai, per tal com es basa en fets,
> moviments i interpretacions culturals essencials que donen
> sentit al destí dels pobles –del nostre poble- al llarg dels anys,
> en vessants tan diversos com són la filologia, la ciència o la
> sociologia, segons que els ha viscut i interpretat l'home, centre
> del món i la Creació, segons l'abast clàssic. Es tracta (...) d'un
> concepte humanístic del saber en tant que centralització dels
> coneixements particulars a l'entorn d'una concepció global i
> unitària de la historiografia. No admet la separació contundent
> entre pensament i literatura, estètica i filologia, ni entre cultura
> religiosa i cultura profana, i ha sabut situar la temàtica que ha
> tractat en un context europeu de cada moment, 23.

A la pluralitat metodològica de Batllori, Hauf juxtaposa la
pluralitat temàtica dels estudis de Martí de Riquer, tots dos deixebles
de Rubió i Balaguer. Si la Filologia és insubstituible, com acaba dient
Hauf, també ho és la consideració oberta del text, bé que inserit al seu
context històric:

> Gràcies a l'herència que ens llegaren els nostres grans mestres,
> ara per ara en el camp de la història de la literatura medieval
> catalana resulta ben difícil de separar el vessant historicista del
> literari o cultural. L'allau de teories i propostes arribades de tot
> arreu sembla que no han arrelat ni fructificat. Això vol dir que
> en general hom ha optat per mantenir l'assenyat eclecticisme
> dels Rubió, Riquer o del Pare Batllori, o sigui: una recerca
> oberta a múltiples opcions, però essencialment centrada en la
> història de l'home que inventa i *fabula*, 28.

Vessant històric que, sortosament, com més va es torna més
universal. Tant és així que a l'hora de valorar l'humanisme català el millor
al·liat és l'humanisme de la Corona veïna, la de Castella; Humanisme,
però, així mateix discutit o negat per altres. Heus ací la sorpresa o
avinentesa del nostre llibre, ja que estudiant el tema especialistes de

totes dues produccions literàries se'n revelen les coincidències; i així es deixen entendre ací punts de contacte entre Metge i Mena, o altres concomitàncies o semblances apuntades entre el *Curial* i Santillana fa més de 20 anys enrere (Butinyà). I aquesta coincidència, fruit de la tirada cap a la universalitat, no sols ens és una garantia, sinó que també és un estímul pequè es tracta d'advocar per l'Humanisme, és a dir pel reconeixement de la projecció del classicisme, sense el qual malament hauria anat la tradició arreu arreu. I aquesta tasca nostra, encara, és gratificant per altre motiu, per tractar-se d'un rescat, feina idònia per als filòlegs des de fa segles, justament la que advertim als primers humanistes medievals.

El fet de reconèixer, doncs, la petita baula de l'Humanisme en aquesta Corona té fortes repercussions. Així, la de donar l'explicació del fil que va de Boccaccio-Petrarca-Valla... fins a l'humanisme cristià, del Cusà, Hernan Núñez, Erasme o Vives, passant per aquells autors i nocions originals ben arrelades; o bé el fet de deixar el Renaixement al seu lloc, com a punt d'un procés, però no pas totpoderós i amb capacitat d'esborrar l'empenta i el neguit que van engegar el moviment. I això darrer inverteix el que s'havia dit abans: que el fet de no gaudir d'un ferm Renaixement per a la literatura catalana significava que no havia tingut Humanisme.

Per contra, la negació de l'anomenat humanisme català, assenyalant una especial idiosincràsia de la literatura catalana i en una mena de "separatisme literari", separa aquesta producció del que es produeix entre 1380-1520 a la resta de la Península Ibèrica i a Itàlia, refusant que la Corona d'Aragó s'insereixi en un món cultural europeu de relacions, contactes, viatges d'estudiosos, estades d'estudiants i professors, tràfec de llibres, contactes personals, etc. en què Itàlia, la Corona d'Aragó, el Sud de França i Castella es relacionen. Mentre que la cort de Joan I està modulada literàriament per la seva dona, Violant de Bar, que és francesa, les traduccions es fan des de l'italià, de Dante, de Petrarca i de Boccaccio, i el gust de la novel·la sentimental arriba a la Corona d'Aragó de la mà del Conestable de Portugal, "rei dels catalans", ja anticipat per la peça bilingüe de la *Triste deleytaçión*. Aquestes petites peces del *puzzle* no encaixen en una visió separatista sinó que ofereixen una realitat semblant a la que tindrà després la cultura/literatura en el virregnat valencià ja en el segle XVI: una eclosió de literatura que participa per igual de les modes literàries i ideològiques que suren (a partir d'Itàlia primer) pertot Europa, i en aquest cas en un món plenament bilingüe. I per posicionament geogràfic la relació més estreta (a més de la italiano-catalana) és la que té lloc entre el món de parla catalana i el de parla castellana, com demostra PhiloBiblon i BITECA, Bibliografia de Texts Catalans Antics, i BETA, Bibliografía Española de Textos Antiguos, car si el major nombre de textos traduïts en el segle XV al castellà és des del llatí, el segon és des del català, la qual cosa implica que si s'ha d'aplicar el segell d'`humanista' a una literatura s'ha d'aplicar igualment a totes dues. En resum, tots dos móns culturals, català i castellà (de parla diferent) estan imbricats indissolublement en aquesta època.

Hi ha un treball, el de Lledó, del qual es deriva també aquesta impossibilitat i, en conseqüència, n'és una peça cabdal per a l'engranatge del llibre. Aquest autor no actua des d'un punt de vista literari, i per tant no s'hi fixa a comparatismes concrets: no entra doncs a comparar *Lo somni* amb Alonso de Cartagena o El Tostado, ni el *Curial* amb la novel·la sentimental castellana, ni el *Tirant* i l'*Amadís*, punts en què incideixen els qui neguen l'humanisme català. Per alguns, àdhuc *Lo somni*, malgrat el pes humanístic, es mou dins la *visio* medieval, mancada de la "soltura" del diàleg humanista italià. Lledó analitza la problemàtica de la llengua a 100 anys i més de distància de *Lo somni*, quan estar a la Corona d'Aragó i tenir rellevància cutural implica haver de respondre a una situació de domini linguístic i adscripció a l'ús del castellà. És en aquest moment menys renaixentista Vives per tal com escriu en llatí el seu *De sponsa christiana*? Hi hauria estat igualment renaixentista si l'hagués escrit en català? Seria renaixentista si l'hagués fet en castellà? La discussió pot semblar absurda, perquè ningú no nega el renaixentisme de Vives o Furió Ceriol, etc. Metge o Ausiàs March no miren a les corts castellanes quan escriuen llurs obres, sinó que miren a Toscana i Avinyó, entre altres indrets, llegeixen en italià i produeixen en català. Que és el mateix que està fent el Marquès de Santillana, qui sí mira a

Itàlia a l'igual que a la Corona d'Aragó quan redacta el seu *Prohemio e carta*. Negar l'humanisme en català és com imaginar (com volia José Saramago en *A Jangada de Pedra*) l'impossible que la Corona d'Aragó hagués viscut en el segle XIV i XV deslligada no sols de la Península Ibèrica sino del Roselló, de Perpinyà, d'Avinyó i d'Itàlia, en una mena de llimbs culturals amb les fronteres tancades i fermades. I això no només és impossible, sinó que s'ha arribat a dir que la influència italiana els hi arribava a través de les relacions franceses; val a dir, no s'hi donava l'autarquia.

I tot això és important per a la Filologia en general ja que la comprensió o la coherència dels textos, des de visions àmplies i universals, davalla del coneixement dels moviments culturals, que van enfilant els fets dels homes i llurs relacions dins les diferents tradicions, com més va, sortosament, més en contacte.

*   *   *

Cal comentar a l'últim que aquest estudi s'ha concebut dins de l'àmbit científic filològic, és a dir al món de l'estudi de les diferents filologies, així com cal esperar que sigui on tingui la principal utilitat. En conseqüència i com a llibre d'alta investigació universitària, s'ha vigilat extremament la seva objectivitat i com a garantia s'ha comptat, a més amb l'assessorament d'experts com: Jean-Marie Barberà (Université de Aix-en-Provence), Alfonsina De Benedetto (Università di Bari), Josep Vicent Escartí (Universitat de València), Coman Lupu (Universitatea Bucuresti) i Joan Ribera (Universidad Complutense. Madrid).

Així doncs, hem d'insistir a un fet ja apuntat, i és que per la densitat i valor de les aportacions d'aquest llibre, així com dels seus objectius, que van més enllà del mer humanisme català, se situa en relació amb els humanismes italià i hispànic (el castellà, especialment), els quals són referència immediata per a la qüestió. Això es fa palès a la selecció feta quant als autors dels capítols, i també perquè aquests estan estructurats i coherentment pensats en la seva *dispositio* en el cos de l'obra, la qual respon a una planificació pensada i madurada; el llibre,

19

per tant, no és (ja que realment no ho és) les actes caleidoscòpiques d'una trobada, d'unes jornades d'estudi o d'una tasca "factícia" desproveïda de programació i estratègia. Aquest estudi consisteix en una aportació a la qüestió i problemàtica oberta i pendent, vista des de disciplines diferents, des d'escoles i formacions de partida diverses i des de projectes d'investigació o institucions investigadores pertanyents a prestigioses Universitats; i malgrat tanta diversitat, la visió i els plantejaments d'estudi no són sols complementaris ans coincidents, no havent partit d'apriorismes ni de consignes que neguessin o tanquessin la porta a determinats discursos, dades o anàlisis. Es tracta d'una aportació interdisciplinar, "biodiversa" i internacional, avalada per projectes d'investigació de caire internacional, planificada i executada coherentment.

* * *

L'exposició d'intencions i l'explicació metodològica que acabem d'exposar, bé que resumida, implica tractar de moltes coses, en primer lloc del tema de la *periodització,* si sempre conflictiva, en aquest cas de manera molt especial, tant per la repercussió en el moviment següent, el Renaixement, com a causa de la seva complexificació en assolir el moviment un abast universal, val a dir d'estendre's o d'encomanar-se encesament per tot Occident en moments diferents. No cal insistir a la importància del Renaixement, però potser sí referir-nos a la dels seus orígens, cosa que posa de manifest la situació encara insegura quant a les denominacions; com bé ho prova la tan encunyada com confusa d'"'humanisme renaixentista". Així mateix, són dubtoses les que afecten el nostre camp d'investigació –l'àmbit català-, ben als orígens de l'Humanisme, ja que aquests orígens es designen com prehumanisme, primer humanisme, etc., a més d'ésser discutida la seva distinció respecte al final de l'Edat Mitjana[8]. Tanmateix, tot i que s'hi donaran solucions més o menys aclaridores, hem de dir a

---

[8] Vegeu al respecte el treball de Gómez Moreno (3.1.), on distingeix els aspectes essencialment antiquats i de recuperació del llatí per tal de definir *stricto sensu* l'Humanisme.

20

l'avançada que no es tracta d'un llibre estrictament de teoria i no és aquesta concreció un *desideratum* per la nostra part. Però malgrat la resistència del moviment a deixar-se encabir i perfilar a causa de la seva naturalesa oberta i de pont, sí que volem manifestar des d'ara, per sobre del risc que comporta qualsevol iniciació, la voluntat de clarificació.

Entre les nostres coordenades consta que no fem prioritària la determinació cronològica per sobre de la línia conceptual; és a dir, que la relativitzem a l'hora d'enfocar els problemes, tenint en compte que, si en qualsevol moviment pot pesar més un caràcter donat que el moment en què té lloc, en l'onada humanista això és molt marcat a causa de la ja esmentada, incontrolada i espontània difusió. Ja que, en concret, l'estricta demarcació que sobre el Renaixement, des d'un punt de vista cronològic, marcà Burckhardt s'enfonsa així que pensem a la feina primera (prehumanista?) de Joan Margarit, o als valors (de nou sols prehumanistes?) presents en el *Curial* i el *Tirant*, o en les reflexions lingüístiques que es llencen des de terres de la Corona d'Aragó, sense comptar les connexions humanistes de Corella-Arxiprest d'Hita o fins i tot la introducció de Dante i Petrarca de manera tan i tan primerenca a la Corona d'Aragó.

Aquesta relativització ens facilitarà també de contemplar com es poden aplicar les situacions passades cap a un futur per tal d'un aprofitament i anàlisi, o com es pot retornar al passat a la recerca d'elements valuosos per tal d'un millor coneixement propi[9]. Tot això implica la primeria del que roman per sobre del canviant, que respectivament són el text i el temps. I lògicament, el nostre terreny d'observació són els textos, preferentment però no exclusivament els literaris. Per tant, aquest treball és eminentment filològic, amb el benentès que s'ha engendrat sota una concepció àmplia, que no limita aquesta ciència al reducte més formal i lingüístic, com és usual avui; així doncs, s'orienta també en la línia de la recuperació del sentit

---

[9] Si hi tenim la raó de ser del mateix moviment, que, com és sabut, és de retorn al passat fent que l'antic sigui signe del modern, també hi tenim un fonament per a les nostres conclusions. Dintre del dinamisme de les quals no deixem de fer constar que s'obren perspectives per a futurs rescats, com ara el que estem fent quant al mateix Humanisme.

filològic primigeni. En conseqüència, no descuidarem les facetes de llengua, de literatura, històriques i sociològiques, considerades com un tot, però sempre en funció dels textos. Ja que tot i el valor testimonial i real de la llengua, el text és el veritable conformador de la cultura; és el component vital que la conserva i la va configurant[10].

Després del que hem dit no estranyarà que el llibre que aixopluga el desenvolupament de la nostra anàlisi, quant a les periodritzacions, es remeti sovint a un temps que és més d'un segle posterior al que ens afecta; ens referim a *El otoño del Renacimiento (1550-1640)*, que ens hi farà de marc metodològic, ja que seguirem criteris que Bouwsma hi aplicà per la tardor renaixentista. El desfasament temporal no invalida però la metodologia, perquè, com esdevé en la teoria de gèneres (García Berrio, Huertas Calvo, etc.), indica sols que aquests es mouen per un conjunt d'expectatives. Així, els nous sorgeixen com una disfunció, fruit de la innovació / introducció, per tal de passar després, un cop assentats en l'imaginari i expectativa del lector, al seu assentament / acomodació [11]. I com es fa en aquell llibre, a l'evolució dels gèneres literaris cal unir l'estudi de la societat (ideologia, fet i fet) que els dóna sentit; car, segons Cortijo ha mostrat en alguns dels seus treballs, generalment d'ella estant és com s'explica la necessitat de respondre a les noves exigències / gustos en formes literàries (i contingut) que, tot i que partint de les preexistents, les modifiquen de manera substancial (Cortijo 2001a).

Així, aplicarem a l'humanisme de les lletres catalanes la sistemàtica comentada, i, amb el benentès que seria utòpic de pretendre prescindir de la referència dels segles, insistim que, ni a efectes d'entendre's, no obeirem un fil cronològic i evitarem parlar de períodes, perquè tractem més aviat de reconèixer línies de tendències representatives; cosa que és flexible, gens quadriculada, i fermament constatable als textos. I això no és degut sols al fet que es tracti d'un estudi filològic, i més encara

<hr>

[10] Si no es pren sols per una frase, podem afegir que és paraula viva i rediviva; concepció no llunyana de la humanística (4.2.). És a dir, amb significació unitària i en context atemporal.

[11] Per a la generació que vam assumir l'estructuralisme, no hi podem deixar de reconèixer certa ressonància: així que es genera una disfunció en una fase es tendeix a la consolidació en altra, que alhora començarà a provocar disfuncions (Parsons 1966), introduint nous elements que alliberen el llast.

de l'Humanisme, sinó sobretot al fet que l'àmbit català destaca molt en obres de creació. Per aquesta raó precisament, Butinyà (2002d), a l'hora de fer perioditzacions internes, va proposar d'observar tres entorns al voltant de ciutats que són focus culturals (Barcelona, Nàpols i València), deixant de banda l'observació per regnats que grans erudits, amb ferms coneixements com a historiadors (Batllori i Rubió i Balaguer), havien aplicat abans; car aquells entorns permeten potser d'apreciar millor els textos i les seves relacions. No la seguim tampoc tanmateix ací exactament perquè no pretenem un desenvolupament descriptiu del moviment, ans un aclariment conceptual, que no s'hi ajustaria ben bé. Ja que, tot i que cal distingir l'entorn barceloní, dels nuclis de Nàpols i de l'entorn valencià, sigui per les concomitàncies sigui pels efectes o resultats ens convé més de veure'ls aplegats.

Així doncs, en consonància amb els textos (gèneres, expectatives, societat...) i sobre aquella idea expressada (Cortijo), la qual afecta essencialment les perioditzacions, entre dos punts que assenyalen una disfunció caldrà observar els trets que marquen l'impuls innovador i els que ho fan en una direcció d'assumpció. Aquest procediment sembla un avanç front a l'habitual tractament d'obres i autors d'acord amb la visió d'innovació front a la d'oposició o refús, ja que les forces que s'hi oposen se'n surten del mateix moviment i no forçosament es corresponen amb la seva embranzida; de fet, no cal comptar-hi més que marginalment. Vist així, des d'una posició interna o autòctona del moviment, es distingeix prou clarament la dinàmica dels elements de l'Humanisme i els del Renaixement. El segon arrenca dels mateixos fets que en el moviment anterior havien estat revolucionaris, però un cop ja sedimentats; el que no s'ha de fer mai és -per dificultat de percepció en la distinció dels perfils- d'anul·lar el primer, perquè justament és l'origen del moviment següent; per tant, la seva omissió el que fa és menar a la incomprensió i al reconeixement dels fluids. Ara bé, segons Gómez Moreno indica (capítol 3.1.), tot i que en essència es pot distingir entre Humanisme i Renaixement (l'era dels filòlegs i la dels participants en una *res publica litteraria*), tots dos tenen unes fronteres amb porus, no sempre assenyalades per la crítica, i que a vegades es fan difícils d'apreciar en les obres de creació.

El que diem es fa prou nítid amb el tema del classicisme, que si de primer amagava sota els mites idees explossives, cap al final va fraguant com a moda sense transportar-hi novetats[12]. El paradigma extrem podria ser el tàndem Metge-Corella; per al primer els mites són equivalents filosoficoteològics, en una tradició que recupera o fa rejovenir posicions escolàstiques (neoescolàstiques), mentre que per al segon són sovint només vestits o més aviat sobrevestes. I dins d'aquest cercle podem observar fàcilment que la literatura catalana presenta un ric ventall, amb connexions interessants cap al context receptor o bé cap el col·lateral, sobretot Castella[13]. I, justament, autors que costava de definir o de col·locar, sota aquesta llum es comencen a il·luminar o mostren almenys una més clara explicació; ja que s'observen dins un contorn real i afí, dins del moviment en expansió, i no són determinats a l'avançada pel signe dicotòmic, humanístic / medievalitzant, que a més d'aleatori i a la fi irreal, és sempre discutible.

L'avenç en els estudis en un futur podrà efectuar moltes més delimitacions, sobretot com resultat d'observar a què respon la hibridació cultural; bé que a l'avançada podem dir que és resposta a un sentit ampli, pràctic i assenyat d'absorció classicista, i no resultat de cap barreja disbaratada[14]. Cal tenir en compte que com sincretisme de materials de diferents cultures (essencialment la clàssica i la cristiana)

---

[12] El punt referent al classicisme, però, en una panoràmica àmplia també es fa conflictiu: observa Bouwsma com en el període estudiat per ell se supera l'autoritat aristotèlica (capítol sobre l'alliberació del saber, 65ss.); ara bé, a les lletres catalanes aquesta superació sembla que es dóna ja amb Metge, qui anteposa Plató: però –fem atenció, ja que ens trobem en altra dimensió- ho fa sense conèixer bé cap dels dos autors. No caldria –insistim, per tant- aplicar paràmetres de desenvolupament o paral·lels temporals; per contra, sembla fructífer de contrastar-hi els fets, salvant etapes si cal. Una exemplificació d'aquest comportament front a les observacions, que també segueix el llibre de Bouwsma, la tenim als mitjancers dels clàssics, ja que a molts llocs europeus són productius Erasme o Montaigne, mentre que ací ho foren els trescentistes italians; o bé n'és significatiu que es torni a Llull com a portador de novetats.

[13] No menyspreem les relacions amb França, que, com hem apuntat en relació a la reina Violant foren un fet a considerar; tanmateix, a causa del fort influx d'Itàlia i els contactes amb aquesta península, no podem assentir al paper preponderant que recentment ha atorgat Piera a les relacions franceses com a porta de l'Humanisme a la Corona catalanoaragonesa, en perjudici o arraconament de les italianes, que tan sovint es donaven de manera directa (2008).

[14] Bouwsma ho diu del Renaixement, tot i que aquest és molt més eclèctic (74-75; i 102ss. pel que fa a l'alliberació de l'espai).

no respon a un eclecticisme ans a altres factors. Perquè predomina (almenys en les obres cabdals de la literatura catalana, i també en els autors castellans) la hibridació amb consistència de continguts. Bé ho palesa la sensació de tractar-se d'un altre temps[15], o també ho deixa veure l'oposició que despertà, o bé la seva manera tan contundent d'arrelar, sense retorn. Per això no es tractava de fer-hi reproduccions mimètiques ans veritables recreacions[16]. Butinyà ha defensat sovint que en els orígens de l'Humanisme (els grans trescentistes italians[17], o bé Metge i l'autor del *Curial*) es manifesta clarament la joia d'assumir la fusió o la coincidència de totes dues tradicions, com fa palès l'hipotext de les fonts que de les principals obres ha publicat repetidament[18]. I aquest fet (per a molts indesxifrable o difícil de llucar) suposa un grau d'intensitat classicista molt superior que les meres i nombrosíssimes adaptacions, sovint molt superficials, però que per a alguns són les úniques vàlides, com ara la de Canals quan traduïa (això sí, amb llenguatge subtilment humanístic) monges per vestals[19].

I bé que els plantejaments d'aquest primer capítol s'adrecen molt directament a la literatura de creació en llengua catalana, si en el joc fem entrar la producció castellana, més claredat encara, perquè se'ns hi ofereixen més matisos amb més figures, producte d'una situació (més o menys) semblant: així per Mena els mateixos mites vehicularan una moral tradicional, la que justament els primers inconformistes acusaven[20].

[15] Segons Bouwsma, ja a l'humanisme primer s'adonaren de les distàncies respecte a l'Antiguitat, i "de que sus lecciones por lo que respecta al presente eran limitadas, y que, para bien o para mal, había amanecido una nueva era", 87.

[16] Dues ben característiques i notables les tindríem als passatges miralls del *Somnium Scipionis*; ens estem referint al I de *Lo somni* (Butinyà 2007a, 92-95) i al final del *Curial* (Butinyà 2001a, 120-123).

[17] Quan parlem dels trescentistes és evident que són sobretot Boccaccio i Petrarca –i sempre per aquest ordre en les lletres catalanes-, però no s'ha d'oblidar Dante, tan present al *Curial*, a més d'haver estat tan ben entès pel certaldès; i precisament ho va ser en les obres que valora molt *Lo somni* (el *Trattatello* i el *Comento*), a més de ser ell qui al llibre II marca el cànon moral (amb la *Divina Comèdia* i el *Convivio*).

[18] Per a *Lo somni* es pot consultar en: 2001c, 2002a, 2007a (hi ha algun afegit, com Ramon Martí i les epístoles a Lucili, en 2009a); per al *Curial*, en el DVD, en 2001a, en premsa a; per al Griselda, 2002a, 2002c.

[19] Vegeu Riquer 1935: 24, i més avall, el capítol 2.2.

[20] Els desfases subsegüents els apuntava Butinyà en una observació sobre el tema de la Fortuna (1993a).

I aquesta postura (prehumanista?) de l'autor castellà, de nou amb tonalitats neoescolàstiques, com ja deixà assentat l'estudi de María Rosa Lida de Malkiel, s'amplia amb el *Comentario* que li fa Hernán Núñez de Toledo, ara sí plenament humanista (1499, 1505), marcant de nou les distàncies i semblances entre els 50 anys que van de la cort de Juan II de Castella a la dels Reis Catòlics. El que varia són les condicions particulars, però hi podem reconèixer uns fets comuns, que, malgrat les inevitables indecisions a l'hora d'interpretar els matisos, ens faciliten així mateix a nosaltres de posar-hi ordre.

El que no tindria cap sentit és d'entendre un humanisme ibèric, hispànic o peninsular (com es fa amb estudis de conjunt, com ara el recent de Coroleu-Taylor), i negar o no acceptar el català, que va ser anterior i més contundent.

Un altre aspecte igualment de relleu arrela en la consciència de la llengua catalana i en el seu ús, perquè no debades el mateix humanisme italià, pioner, passa d'una reivindicació de la llengua llatina a una de la llengua vernacla; i això, dins del context del fet de deixondir-se el nacionalisme. Així mateix hi caldrà veure una diferència crucial entre els humanismes-renaixements català i castellà, perquè si el segon avança a mesura que hom entra al segle XVI cap a la reafirmació de dita entitat nacional, el primer haurà de veure perduda irremeiablement aquella empenta, quan cap a la meitat de la centúria del Cinccents es redueix a ressons humanistes (ja cortesans) en obres bilingües com ara les de Torres Naharro per al cas de València o *El cortesano* de Lluís del Milà.[21]

Així doncs, les marques que assenyalarem a les fases que distingim dins la producció humanística catalana són de trets i manifesten un caràcter, no atemporal però sí observable al marge del temps. Amb raó deia Batllori que el temps no era bona via per a comprendre aquest moviment.[22]

---

[21] Vegeu els comentaris d'Antoni Ferrando al respecte al capítol 2.1.

[22] Diu el savi professor que, com sovint han assenyalat diferents historiadors de la cultura, "l'època del Renaixement i la seva periodització esquiven a la claredat relativa amb què hom pot parlar de l'Edat Mitjana, del Barroc, de la Il·lustració o del Romanticisme... les diferents etapes humanístiques i renaixentistes són més asincròniques, en els diferents països europeus, que no ho són en aquells altres períodes" (1995, 3).

A l'hora de tractar de *la fase introductòria* hem de girar els ulls a Petrarca, no és cap novetat, ja que és ben sabut que, bon vehiculador i comunicador dels clàssics, es va fer el mentor de les noves aspiracions. I també ho és que a la Península es constatà la seva actitud ben aviat, car consten referències des del decenni dels 80 en documents relacionats amb figures de la Cancelleria de Barcelona (Tavani 1996). Ara bé, el mateix Petrarca és peça conflictiva per al corrent[23], dada que potser és al moll de moltes inseguretats al seu voltant, i de la qual tenim precisament un testimoni de primer ordre en *Lo somni* de Bernat Metge.

L'estudi de Bouwsma que ens serveix com a pauta d'anàlisi, segons hem avançat, aplega de primer uns capítols sobre la idea d'alliberació[24] i, en segon lloc, uns posteriors observant la de reordenació. En general, la primera podria considerar-se com un tempteig, com també l'anomenem a l'epíleg (5.1.); ara bé, ací en concret cal tenir present que comptant amb Metge com a capdavanter, el tempteig seria més definitiu i radical que tota la resta. Sigui com sigui, des de la literatura catalana, a fi de reconèixer aquelles primeres petges introductòries, en què efectivament es temptegen els primers passos, hem d'anar a l'entorn cancelleresc barceloní [25], on

---

[23] No penso només a les variacions del seu complex itinerari biograficomoral ans també a les de la crítica al respecte; així doncs, havent-hi figures eminents que han tractat i discutit sobre l'humanista italià, el que farem és endinsar-nos-hi a través de la recepció de Metge. (Vegeu sobretot el capítol 1.1.1.)

[24] El concepte alliberació no es correspon amb exactesa a la nostra situació, malgrat el paral·lel que fem amb l'estudi del professor de la Universitat de Berkeley, ni tampoc seria el vocable més apropiat per a la llengua ni la situació cultural catalana. En cert sentit seria més oportú fins i tot eclosió, com aparició o manifestació d'uns fets, pel que tenen d'energia i novetat, o bé esclat, que remet a la idea de brollar una cosa que està congriant-se, com les flors en les plantes a la primavera. Però fem prevaler el criteri d'evitar la possible ombra d'una càrrega de lluminositat que s'havia donat en temps passats per a l'Humanisme, fet ja superat, però que portà a un clixè mental blanc-i-negre (val a dir, de tons valoratius) sota la concepció d'una fractura entre èpoques; i ens afirmem al concepte, més vulgar si es vol però més just, de pas introductori.

[25] Al capítol 1.2.2. podem veure com es generà a Itàlia una classe de lletrats laics (juristes i funcionaris, amb una gran preparació professional i cultural) que, malgrat les distàncies que calgui marcar, pot posar-se de costat a l'afany del Cerimoniós per tal d'estructurar la Cancelleria. Aquest darrer fet, en qüestions lingüístiques, s'ha avaluat molt positivament a causa de l'esforç de dignificació que suposà per a la llengua vernacla en relació al llatí, la qual feia de model; però de manera semblant, cal estendre aquesta observació a l'àmbit cultural, en relació al tractament del bagatge anterior, tant el vell com

es visqué un profund sotrac. Ja que els vessants més característics de l'home (el pensament, la religió, l'ètica i la moral), que començaren a inquietar d'una manera que ha estat ben caracteritzada i que en certa manera perviu fins a avui, en la línia d'una preeminença de la raó, del subjectivisme i del naturalisme, assenyalant l'inici dels límits de l'Edat Mitjana[26], s'acusaren per primera vegada a la Península Ibèrica dins el cercle d'aquella Corona.

L'impuls innovador es rebia procedent d'Itàlia, on els símptomes començaren a manifestar-se en el Trescents, lloc i moment amb els quals s'hi donaren contactes de tota mena (educatius, comercials, polítics..., i des de diferents enclaus, de Bolonya a Gènova...). Entre ells cal ressaltar l'àmplia recepció a Catalunya (majoritària en la Península Ibèrica) de l'*ars conscribendi* o art epistolar, que ja des del segle XII i des de la cúria papal havia donat senyals de la nova relació dialèctica de l'individu amb les lletres, la composició, l'estil i la literatura. Així, figures com Boncompagno da Signa i en especial Guido Faba tindran àmplia cabuda en els cercles lletrats de la Corona d'Aragó (Cortijo & Faulhaber 2005).

D'altra banda, cal recordar que els seus referents i alhora els motors foren els clàssics, sobre els quals uns homes de tarannà inconformista i renovador, projectaven una lectura regeneradora, que rebutjava la manera estereotipada i somorta del seu moment, pròpia de les acaballes d'una època. Els qui portaven l'embranzida, almenys una majoria, del que fugien era de la praxi i metodologia tradicionals de la doctrina, però sense trencar-hi ni deixar-la totalment de banda; i encara molts d'ells, mitjançant els antics, el que volien era de potenciar i fer rejovenir aquell mateix fons doctrinal.

---

l'antic, ja que hi comencem a percebre un canvi cap al rigor i, així com en llengua, sota un modèlic patró classicista. Es tracta d'un conjunt, bé que molt minoritari, de lletrats laics, doncs, que presenta semblances amb l'italià.

[26] No ens estem de dir que, tot i l'anunciat procediment de no subpeditar-nos a dades, es fa evident la impossibilitat de prescindir-ne. I bé que pot semblar gratuït de fer-ne més especificacions, en consonància amb el comentari fet a la nota 24, per tal d'abaixar l'efecte de grandiositat que pot tenir la frase relativa a la diferenciació de les Edats, cal tenir present la culturalització prèvia, cap al segle XII, anomenada a vegades amb la mateixa denominació d'humanisme (1.1.2.); i també que a fi de comptes l'autèntic Humanisme fou el primer i primigeni, el qual rescaten els successsius (que inclouen tots els nous classicismes, àdhuc els del segle XX).

Per a copsar en la literatura catalana aquest estira-i-arronsa (modernitat-tradició, comptant que el modern era l'antic), basta observar els tres passos de *Lo somni* (segons una divisió que comentarem més avall). Val a dir, hi ha un autèntic maridatge del nou i el vell: el pensament, lliure de prevencions i condicionaments se situa al llibre I; la religió, fermament assentada, amb sentiments i vivències, bé que s'hi critiquin unes pràctiques i tendencies concretes reculades, té lloc al llibre II; i l'ètica, com a punt final humà, que dóna tot el relleu a una doctrina moral renovada en profunditat, s'emplaça sobretot al IV (encara que s'ha anat preparant al III). Ara bé, al llarg del diàleg, la barreja de motius i de tradicions, com ara l'absorció pagana dels clàssics, que no exclou la religiositat ans (àdhuc com a filtre o garantia de seguretat) la reassegura amb un nou impuls (5.), n'ha desorientat la crítica generalment[27].

Aquestes consideracions són necessàries per tal d'entendre que ni al començ el moviment va ser plenament rupturista, cosa que no vol dir que fos conservador[28]: per a alguns era àdhuc un revisionisme[29] o una intensificació del cristianisme o del mateix fet religiós, com acabem de veure; cosa que a més facilita d'entendre l'humanisme cristià a venir (fet que també apunta Gómez Moreno: 3.1., de manera semblant, respecte a l'humanisme castellà). No volem dir de cap de les maneres que s'identifiqui amb la religiositat o que fos un moviment religiós[30], però sí que si totes les manifestacions humanes tenen aquest segell (per adhesió o per refús), molt més a l'Edat Mitjana[31]; i en el

[27] Veiem les dues opcions quant a concebre el diàleg expressades en una mateixa opinió crítica: "nel corso dell'opera l'ammirazione per i classici (Cicerone, Ovidio, Virgilio) si sposa con quella per i moderni (Llull, Dante, Petrarca, Boccaccio), non senza qualche attrito che dà l'impressione che siano possibili due letture, ma una sembra quella medievale" (Compagna 2002: 599, n. 17).

[28] Al treball de Gómez Moreno (3.1.) es dóna un exemple fefaent de la inescaiença d'associar el patró humanístic a un esperit modern o avançat, i d'identificar les maneres d'expressió escolàstiques amb posicions conservadores o àdhuc retrògrades.

[29] En certa manera, equivaldria a altres intents de regeneració d'Occident, en què s'ha acudit a altres vies primitives, més freqüentment als orígens del cristianisme.

[30] No es tracta tant que evitem Toffanin com que esquivem generalment les referències a les inicials posicions o controvèrsies (Burckhardt...), avui ultrapassades gràcies als progressius descobriments i a la dialèctica (Batllori 1995: 5-8 passim).

[31] Pot ser clarificador de pensar en el Marquès de Santillana, no preocupat pel

cas de Metge, ni la ferma petja religiosa a *Lo somni* (que bé mostra als llibres I i II) ni la recuperació de les virtuts cristianes, que es deriva ja clarament des de l'agra crítica del seu *Sermó*, en contra dels vells i dolents costums morals (de fet anticristians), permetrien excloure'n aquest carés. En qualsevol cas, aquestes tendències cap el manteniment de la tradició cristiana, sota la mirada crítica que es vulgui, són un signe de l'humanisme en flor, ja sigui italià (*umanesimo cívico*), ja sigui castellà (des d'un Cartagena a Hernán Núñez de Toledo), ja sigui català (des d'un Metge en avall).

Les crítiques tàcites del *Curial* en serien una bona mostra; s'hi denuncia un tipus de costums –fins i tot en la protagonista, a causa de la seva beateria-, així com la doctrina escolàstica és burlada en punts concrets, com ara al sermó[32] del Sanglier al III llibre; però el fet religiós és absolutament present, fins i tot es mescla a vegades amb el fet classicista, com bé palesa l'autor en definir l'Acròpolis com "aquell studi famós en lo qual la sciència de conèxer Déu se aprenia" (Ferrando 2007, 296).

Sense cap amarguesa ni rancúnia, al llibre II, les monges tan alliberades del monestir provençal hi estan fent doctrina renovadora; així, la més bromista quant a les ànsies eròtiques, Johanina de Borbó, replica a la qualificació que li fan com a persona amant de les trufes, aplicant-li la remarca a la noia que acompanya el formós cavaller (Curial), que totes es rifaven:

"Bé·ns trufa ... aquesta donzella que va per lo món mirant totes les belles coses, e a nós basta saber-les per relació" (Ferrando 2007, 146).

---

tema religiós, però sobre el qual es mostra ben definit, com palesa la seva obra de cap a cap. Hom podria pretendre localitzar-hi un element diferenciador a través d'aquesta vivència, cosa prou impenetrable o almenys sembla que no reeixida. Amb tot, volem assenyalar la falta de sentit de sacrifici en els nous temps, com tret impropi del nou corrent, però comptant que no equival a paciència o ressignació, com bé palesen els centenars de Griseldes; així mateix aquella omissió harmonitza amb la prou abassegadora concepció hedonista de la vida, que veurem així mateix reflectida al *Curial*.

[32] El gènere tradicional per excel·lència de l'oratòria era lògicament un blanc per a acusacions i retrets, com bé prova l'inici del *Libre de Fortuna e Prudència* de Metge (Butinyà 2002a, 2002b); els treballs de Miquel Marco (2004, 2010...), estudiós del vessant més obertament revolucionari de Metge, tracten d'aquesta interpretació demolidora envers els sermons.

No sé si es trobarà un clam més encertat contra la repressió dels sentits que, secularment i fins aleshores, havia imperat. La reflexió, ben profunda, és propera als comentaris de Valla (Butinyà & Ferrando)[33], i havia d'estar present en una obra, cortesana si es vol, però que és ben bé una enciclopèdia sobre l'amor com a virtut.

Observem de nou un paral·lel entre literatures amb una nota que és característica del moviment humanista en el seu conjunt: si Petrarca ja oferia l'obertura del seu cor i els seus més íntims sentiments en el seu diàleg literari amb sant Agustí o en la pujada al Mont Ventoux de la Provença, el Tostado ofereix traços de reflexió psicològica, en relació al fenomen de l'amor, que denoten el regust (neoescolàstic-humanista) pels mecanismes de la reflexió psicològica.

I també a l'ambient paral·lel castellà hi podem assenyalar el pas de la gradual vulgaritat adotzenada, o si es vol moderació, dels atacs contra l'Església (dogmàtica), o contra pràctiques falses i supersticioses o contra faisons inautèntiques de la religiositat, en l'evolució de la novel·la sentimental, la qual va adoptant, a mesura que s'ultrapassa ja la frontera del segle XVI (i en moltes ocasions dintre de l'àmbit valencià) maneres cortesanes. Alhora aquesta mateixa novel·la sentimental, tan propera a les anomenades *novel·letes sentimentals* catalanes del segle XV, arrenca d'un supòsit plenament humanista com és la reflexió psicològica sobre el fenomen amorós en el context d'un diàleg o debat dialèctic entre enamorats. És l'amor com procés i l'amor com fenomen de reflexió del subjecte enamorat el que més interessa en aquest gènere[34], el qual, des d'uns supòsits intel·lectuals i estilístics

---

[33] Hi ha encara tot un teixit de minúcies, que farien somriure als més sensibilitzats, com ara que el frare Sanglier, que s'havia dibuixat físicament molt i molt gros i forçut, interrompi de cop i volta la llarga i greu conversa amb Curial a la veu d'una campana molt petita que s'ha sentit al monestir: "la obediència me constreny a seguir la veu d'aquella squelleta" (Ferrando 2007, 288).

[34] Caldria fer, bé que a l'avançada i amb altre gènere, un enllaç envers Ausiàs March, autor que en aquest aspecte concret amorós no podem deixar de tenir present. I per què no també, i dins de la prosa, a la novel·la ja reeixida, al *Curial*? Obra que comença amb un clam amorós: "quant és gran lo perill, quantes són les sol·licituds e les congoxes a aquells qui ·s treballen en amor!" (Ferrando 2007, 40); així també, observem unes paraules de la Güelfa que, com a fragment representatiu, figuren a la contracoberta d'aquesta edició, feta a Toulouse: "Je ne sais ce qu'est Amour: je ne l'ai jamais vu et j'ignore qui il est. J'ai bien entendu dire qu'Amour existe, mais je ne vois en lui que transport ardent de l'âme et agréable

nous (humanistes) serveix per tal d'entrar (en el segle XVI ja) en la nova novel·lística de l'Edat Moderna.

Quant al tema dels clàssics i en general del tractament de les fonts, per tal d'apreciar la manera de reflectir-les, hi ha dues opcions: d'intentar dictaminar per mitjà d'abstraccions o de mostrar-ho a través dels textos més representatius. Això darrer és el que farem, quan calgui, donat que és més tangible; quant a les de l'Antiguitat, sigui parant esment a les empremtes preses directament dels clàssics, sigui a través dels mitjancers, sobretot Petrarca. I ens centrarem a *Lo somni* i el *Curial*, que seran objecte d'atenció de sengles capítols a totes dues fases. Aquell fet, que es ben observable als textos de ficció, defineix bé aquests autors com a filòlegs, ja que no és altra l'actitud de Metge quan rebat un autor amb textos d'un altre, cosa que fa repetidament, ni la de l'autor del *Curial* quan, seguint el relat X, 7 del *Decameró*, recupera del *Novellino* la cançó de l'orifany, que hi era nuclear per a l'argument, però que Boccaccio hi havia substituït per una de nova creació.[35]

Però abans caldria advertir que, per sobre de llur autoritat i tot, així com de qualsevol altra, es troba la independència del jo, cosa que fa a aquells homes ser crítics, com bé mostra la desimboltura de Metge burlant sant Gregori o fent dir hàbilment el que no diu a sant Tomàs (Butinyà 2002a, 2002e). Igualment front als clàssics, la seva relectura és conseqüència de l'afirmació del seu jo, ja que els grans autors no s'havien deixat mai de llegir; ara bé, tot i que ara hi hagi un afrontament i un sentit d'emulació, i que s'hagin despullat del reverencialisme secular, la seva gran admiració no els permet ser descarats.[36]

---

souffrance. C'est vrai, j'aime bien Curial, et si cela signifie amour, alors qu'on l'appelle amour, mais moi je n'en sais rien, si ce n'est que j'ai plaisir à entendre dir du bien de lui et que je désire qu'il soit le meilleur et le plus grand chevalier du monde, et que je voudrais qu'il soit près de moi et qu'il ne me quitte jamais".

[35] El primer punt ja el va avançar Riquer (1.1.1.) i per al segon, vegin 1.2.1. i nota 177; així mateix es tracten a Butinyà 2002a i 2001a, respectivament.

[36] Ho il·lustra molt bé el *Curial*, també ran del personatge del Sanglier que hem vist suara criticat, ja que abans de frare era un cavaller presumptuós i desmesurat, que menyspreava els cavallers antics fatxendejant que "si ara fossen vius ... Hèctor, Hèrcules e Achil·les, dels quals los actors tantes coses havien scrites, trobarien, sens cercar, molt cavallers qui ·ls far[i]en atentar" (Ferrando 2007, 215); cosa que feia que la gent el festegés mentre que Curial se n'apartava, fins que van acabar reptant-se.

A partir d'un nou mode d'entendre la relació del jo amb la societat, producte dels canvis econòmics i urbans produïts en especial del segle XIII encà, i a partir de nous modes d'entendre la religiositat personal en el medi urbà (ordes de predicadors, confraries, etc.), la sintonia del jo amb el món clàssic de les lletres llatines i el mode com s'hi produeix una afirmació del subjecte personal, que pensa i reflexiona sobre si mateix i el món circumdant, rebran atenció personal en l'Humanisme. Des del jo que es carteja amb un interlocutor seguint les pautes de les *artes conscribendi* al jo que qüestiona autoritats eclesiàstiques al jo que reflexiona sobre el seu propi sentiment, el món de les lletres clàssiques ofereix als humanistes un marc pedagògic i modèlic des del qual poden besllumar el seu lloc en el món.

Per tot això, hem d'avançar des d'ara la problemàtica d'establir-hi divisions hieràtiques, així com la congruència d'ajuntar els fenòmens semblants. Ara bé, a l'hora de distingir una tendència introductòria (o alliberadora si es vol també) i una d'acomodament, la diferenciació entre totes dues en les lletres catalanes sembla prou clara: mentre que Metge és agut i destructiu amb el sistema caduc fins al punt que podem entendre que darrera el personatge de Tirèsias s'amagui l'atac a una Església dogmàtica i intransigent, amb el *Curial* s'ha fet alguna comparació amb *Il Cortegiano* de Castiglione (Butinyà 2001a, 342), obra que suposa un clar sentit de reordenació (Bouwsma 238). És a dir: és tal l'equilibri d'aquest autor[37] i és tan fi en el seu retret acusador que mostra haver assimilat a fons aquella primera tendència renovadora, cosa molt lògica a més si escrivia (com pensa avui gairebé unànimement la crítica) de la cort de Nàpols estant, o bé íntimament relacionat. Com de fet succeïa a la península italiana, on justament se'n manifestava la realització d'una manera intensa però ponderada. Així, bé que contingui novetats, ja palesa una sedimentació, per la qual cosa la novel·la cavalleresca sembla adir-se millor amb la fase[38] d'acomodament.

---

[37] L'alta valoració d'aquesta qualitat es manifesta sobretot al personatge i als consells de Melchior de Pandó, el vell mentor sota el qual, segons tota la crítica, s'amaga el novel·lista. Qualitat exalçada a més pels grans déus del pla mitològic del III llibre, Dione i Apol·lo.

[38] Punts com aquest, que no indiquen successió temporal (ja que es tracta de qualitats i no de moments), expliquen la preferència pels entorns culturals, així com

33

Ara bé, actualment, en un estadi encara buit de propostes, en la gran part dels casos en realitat podria ser qüestió de subjectivitat el fet d'arrenglerar-hi una obra en concret[39], i el millor que podem fer honestament és exposar els criteris pels quals ens hem mogut per tal de posar-hi ordre. No volem amagar, per tant, la relativitat de les agrupacions, ja que també es podria incloure el *Curial* a la primera fase (bé que les seves idees no suposin una primícia inaugural), gràcies a la seva puresa, guiatge i claredat de visió, entenent aleshores la segona fase com una acomodació no tan clarament assumida; i això fins i tot semblaria facilitar la inserció de la producció del cercle valencià, tan barrejada. Cal tenir present que l'entorn d'aquest regne, malgrat els cenacles literaris, la moda classicista i l'ennobliment de les construccions civils, es bellugava dins d'un món molt i molt medieval (Hauf 1995). I no es tracta de forçar la seva inserció o de ficar la producció valenciana en un calaix, però sí entenem que s'ha de posar sota el caliu humanístic, sense el qual malament s'entén el seu paper de transició. I ací considerarem Metge a una banda i l'autor del *Curial* a l'altra; ubicació aquesta darrera, però, que no desdiu del conjunt valencià, que presenta ja l'assumpció o acomodació d'uns símptomes, a esbrinar els fils un per un en cada cas. Perquè fet i fet es manifesta suau com el *Curial*, tot i que ho siguin per diferents motivacions. Val a dir, l'acomodament que mostren podrà deure's a motius de lentitud en l'assimilació (el cas de València) o bé a la seva mateixa naturalesa temperada (com acabem de comentar quant a la novel·la, molt probablement a causa del lloc originari, Itàlia), ja que no s'hi palesen les notes constitutives amb trets llampants o lluents ans matisats o amesurats.[40]

---

també que recorrem al vocable fase front a altres com estadi, per exemple. Fase, segons el *Diccionari de la Llengua Catalana* és: "Qualsevol dels estats successius perquè passa un procés, una cosa o un ser viu, en el curs del seu desenvolupament" (Institut d'Estudis Catalans, 1995, 802); figura com la segona accepció, darrere de la que designa les fases dels planetes o aspectes sota els quals es mostren en llur revolució. L'hem preferit doncs a estadi, que, segons la definició del diccionari normatiu, s'usa per a períodes, sigui del desenvolupament de sers vius o de l'humà.

[39] Les posicions són rodones sols en casos prototípics, com ara ho seria en aquestes lletres *Els col·loquis de la insigne ciutat de Tortosa*, el diàleg de Cristòfor Despuig, ja del segle XVI, que s'adequa a una situació que respon clarament a les notes genèriques i lingüístiques humanístiques però renaixentistes, com bé palesa que ningú no dubti de veure'l com a renaixent (Butinyà & Cortijo 2009, 127-172).

[40] Bé mostra la suavitat del *Curial* la incomprensió anterior quant a llegir-

Així doncs, si Metge i l'autor del *Curial* fins ara els havíem qualificat com els més purs o autènticament humanistes, a la llum d'aquest estudi caldria catalogar-los senzillament com els més idonis per a representar aquestes dues tendències de l'Humanisme; amb el benentès que responen, l'un a l'arrencada primera, de tirada eminentment crítica o de revolta, i l'altre a un estat d'assumpció o d'haver-lo fet seu tranquil·lament. Estat en què, en certa manera i formalment, segons hem vist, aquesta darrera obra coincideix amb molts autors que són un si és no és, inserits en un procés d'assimilació del fenomen italià; com ara pot representar el veí *Tirant*, que a més del concepte del plaer fa veure uns conflictes que humanitzen els personatges, mostrant la seva ambigüitat, alhora que viuen amb fe la institució medieval de la cavalleria. Això elimina dilemes que es podrien donar també a l'hora d'avaluar com més o menys humanístics un sermó o un debat d'aparença molt tradicional, com esdevé amb els de Metge, però en què aquests gèneres són escomesos de manera sagnant, front a obres mitològiques de bat a bat, com les de Roís de Corella, però sense la càrrega corresponent de profunditat; perquè es tracta d'un mateix fenomen vist de facetes o fases diferents. I la segona ja no és abrivada o brusca ans més suau o superficial.

Aquests criteris ens semblen adequats per a reflectir els inicis del corrent iniciat pels trescentistes, angle d'observació que fa que el classicisme s'entengui de manera molt més marginal que com s'haurà d'entendre amb el curs del temps, sobretot perquè els mateixos transmissors ara hi tenen molt a dir. Això vol dir que, així com dèiem que no convenia d'ajustar-s'hi a calendaris, tampoc no es pot mesurar l'empremta del moviment (com si es pogués calcular en un termòmetre) per l'índex d'ús dels clàssics; i recordem que vam dir que tampoc a causa

lo com a una obra humanística. En relació amb això, cal considerar el cas dels primers renovadors de la Corona de Castella, que s'hi repenjaven al XV per primera vegada, sovint a través de la cort del Magnànim. Entorn que, dins terres italianes, gaudia ja de tons suaus com a fruit d'una acomodació reeixida, segons diem; els quals contrasten amb els que destacaven als primers símptomes a la cancelleria barcelonina, tan violents que han fet trontollar el seu reconeixement i tot, sigui pel fet d'haver-se d'amagar (heus ací el complex joc de fonts literàries ocultes) sigui pel d'atacar el món vell sota aquella disfressa (el *Sermó*). Són fets socials que arriben a explicar llurs diferències; però que quedi clar que tan sols és un contrapunt i que no pretenem ordenar tot el panorama hispànic.

de les petges de la mentalitat tradicional. Aquests factors, com el del temps, no permeten d'establir unes divisions rígides. I amb aquesta actitud no només ens allunyem del posat de fer judicis d'encasellament (ja ens hem referit a la flexibilitat de la nostra anàlisi) ans evitem de pretendre fixar fronteres a l'Humanisme, com es feia sovint en referència a la presència del classicisme o de l'escolasticisme. Per tant, les figures conflictives, com ara un fra Antoni Canals (hi tornem), d'escriptura tan al nou estil però d'una mentalitat que no hi encaixava, quedaria també fora de qualsevol competició o problemàtica. Així mateix, i tornem a Martorell, que viu sota els esquemes mentals d'una fascinant i esplendent però al capdavall vella cavalleria, i que alhora gaudeix d'un munt de notes noves, derivades de l'hedonisme vital. Senzillament, són autors que encara que no es poden ubicar netament en un radi alliberador o d'iniciació, impliquen ja un cert (com sigui però fet i fet) acomodament, camí d'una consolidació, al marge del grau amb què aquesta arribi a donar-se. I si això esdevé a tots els moviments, sota l'humanístic té justament especial interès a causa de la mal·leabilitat en l'assumpció dels motius, com podrem veure al capítol 1.2.2.

Hi esbrinem el següent cicle: l'empenta renovadora, tant si troba resistència com si comença a fraguar, arriba un punt en què es deté o s'assuauja i fa per encaixar o acomodar-se, de manera que es va consolidant i tendeix a l'ordenació. Etcètera.

És arriscat, però podríem espigolar un cas original dins la poesia, amb un poeta que no s'havia ficat en aquest cercle d'irradiació humanística, però qui ja comença a desenganxar-se de les formes tradicionals, i que, amb tota la prevenció que es vulgui, farem per observar al caliu d'aquesta esfera: Jordi de Sant Jordi[41]. Car veiem que, d'aquest angle d'observació estant, és aclaridor que, tot i que presenti una base molt medievalitzant sobretot per la qüestió formal, compti ja amb notes innovadores o alliberadores pel que fa a la legitimitat del contingut amorós. I si anem al *Passio amoris*,

---

[41] Cal notar que com a cavaller cau dins la cavalleria humanística, d'armes i lletres, a la qual pertany també el seu amic, el Marquès de Santillana, qui precisament lloa tant les seves obres (Riquer & Badia). Al capítol suara citat (1.2.2.) veurem propostes encara molt més atrevides i renovadores.

d'expressió autèntica i de plantejament audaçment ovidià, se'ns fa proper Metge; i hi reconeixem l'aire filosoficoreligiós adherit, malgrat estar compost de peces trobadoresques. I observem que justament (mostra ara dels elements que poden confondre) el que podia semblar més de moda o modern, l'al·legorisme, és el que estrafà el poema per al gust de la modernitat sent, als nostres ulls, l'element més antiquat; exactament com passa al *Curial*, bé que ací l'autor (modern de debò) ja se'n burla de la mateixa moda al·legòrica, que utilitza (possiblement amb benevolença o a tall de concessió) batejant-la "de reverenda letradura"[42].

El que cal tenir molt clar és el paper que puja i el que baixa en la borsa del moviment fluctuant, on (bé que es manifestin a través de les formes: gèneres, estils, llengua...) qui comanda i dóna les ordres és la *mens*, la qual controla el poder. I en la mesura que la introducció del moviment té factors innovadors seria alliberador; així, no estranya que els poemes de l'autor recentment esmentat, de tirada amorosa trobadoresca, mostrin temàtiques o imatges noves. Ausiàs March també en mostra, malgrat la seva profunda carcassa medieval; bé ho palesen, per exemple, el seu jo potent, la preocupació antropocèntrica o el tracte planer amb la divinitat, a banda de l'obsessió pel tema de l'amor amb concomitàncies amb altres literatures en punts que estem considerant humanístics. Mentre que no en mostra tants Pere Serafí (a qui ningú no discuteix el títol de poeta renaixentista), tot i que els seus versos gaudeixin de l'impacte petrarquesc en motius, musicalitat i mètrica. I també els mostra Eiximenis (com han apuntat repetidament José Luis Martín o Agustín Uña) a causa de la seva valoració i comprensió de la burgesia, i segons establirem en altres connexions més avall (4.2.). No els catalogarem ací d'una revolada d'humanistes, en bona part

---

⁴² Aquell poema d'altra banda és pròxim a aquesta novel·la per la idea central sobre l'amor i els seus dos contradictoris vessants (Joia i Dolor, elements-personatges segellats des del principi i pròleg d'aquella, i constitutius del poema), motiu prou comú però. I encara hi ha un altre punt que les emparella: de citar el dos primers versos de Rigaut de Berbezilh ("Igualment com l'elefant, que quan cau no es pot aixecar", vv. 48-49, p. 275), que són claus al *Curial*, bé que estiguin en blanc. Però no caldria parlar-hi d'influències ans de concomitàncies; val a dir, amb contacte real o no per part dels dos autors a la cort napolitana, del que ens informen és senzillament de la força i popularitat d'aquella peça trobadoresca dins aquest entorn.

per tal de no ofendre o escandalitzar del tot els no creients; gens per això mantenim que, sense aquesta onada expansiva que els abasta, no es poden entendre bé ni per complet. Per tant, s'han de contemplar i analitzar sota aquesta llum; així doncs, sembla que ens hi haurem d'anar acostumant a l'epítet.

Ara bé, l'autor d'obres veritablement alliberadores en la literatura catalana és Bernat Metge, qui fou el veritable introductor. Es tracta del gust, de les idees, de la disposició moral, tot un plegat de manifestacions humanes inconfusibles, en la línia de la mutació característica de l'home sota aquest moviment. Hom pot discernir, però, malgrat la diferència en decennis amb el *Curial*, que parlen el mateix llenguatge quant a distanciar-se d'uns temps vells[43]; creuen, desitgen i treballen per una nova societat (per part de l'autor del *Curial*) o per un nou tarannà humà (per la de Metge). Els esglaons es perceben igualment en la literatura castellana, com bé palesen (sense intentar reproduir aquestes fases) *La Celestina* i *El Lazarillo*. Es tracta d'un mateix llenguatge amb comportaments literaris i socials ben diferents, sent-ho així mateix llurs clímaxs; així, el novel·lista català sembla ser un devot del seu rei, el Magnànim, mentre que del notari barceloní no sabem del cert ni si ho era del seu amic, Joan I, i evidentment no ho era (tot i ser secretari personal seu) de son germà i successor, Martí l'Eclesiàstic.

Ens aferma també a la diferenciació de fases apuntada el fet que la marca primera renovadora i alliberadora, abocada a la filosofia moral com era habitual, destaca no sols de primer ans amb vehemència en l'introductor, Metge, malgrat l'equilibri i equanimitat del diàleg; mentre que el *Curial* s'ubica naturalment en una perspectiva positiva, lluminosa i de goig, donant ja per assentats els principis canviants, i mostra de manera reposada o sota un tel d'entreteniment desembarassat la faceta que li és cabdal, l'ètica[44]. Tots dos, amb tot, comparteixen en

---

[43] També ací comprovem però que no anem errats en oblidar-nos de la pretensió d'encunyar agrupacions o esglaonaments temporals. D'altra banda, cal ser molt cauts en relació als intents de divisió si hom somiés a una (impossible) aspiració d'interpretació de progrés (Butinyà 2008b).

[44] Hi farem també un enllaç envers l'obra de Martorell. El tarannà metgià és

profunditat una ideologia semblant: la d'entendre la vida futura d'acord amb el comportament moral[45]; idea a què aboquen els primers llibres de *Lo somni* i que, des del pròleg, per bé que tracti de fets de cavalleries, encarrera la novel·la[46].

Caminant per la mateixa via però fent marxa enrere, cap amunt o cap als orígens, hem d'avançar que en aquesta literatura (i potser també dins el panorama hispànic), ensopeguem Llull[47], havent davantejat en molts aspectes que s'imposen amb posterioritat[48]. Així, si és típic de posar el model moral dels pagans, Llull ja feia la valoració moral del gentil[49], així com mostra una ànsia de reforma interior de

de tall filosòfic, però és encoratjador i impetuós, a pesar de l'ambient advers rere la mort del rei anomenat Humanista o Descurat i encara que s'hi tasti el desencant de la vida real; mentre que aquest desencant ja és un estat difús ran de la lectura del *Tirant*, segons ens hi deixa veure Martorell, possiblement per la situació social tan dura i esqueixadora de la segona part del Cinccents a la Corona catalanoaragonesa. Aquesta altra novel·la cavalleresca, segons veurem més avall, manifesta certes consecucions assimilades; entre elles, l'absorció, parcialment almenys, de la filosofia metgiana.

[45] És interessant aquesta observació front als humanistes castellans del XV, que fan de la virtut una defensa envers les adversitats i les limitacions de la Fortuna, en una línia més estoica (Di Camillo, 38). La posició dels dos autors catalans, per contra, és més propera a la ignasiana de la vida com a inversió, també humanística. A la Corona castellana s'observa un canvi al camp de l'ètica cap a finals del XV, perceptible en Juan de Lucena, per a qui compta força ja el mateix premi que es rep (ib., 190-191); vegeu també el capítol 1.1.2, on es ressalta la novetat per part de Metge.

[46] Encara que la moral és ben clara i present a les novel·les de Chrétien de Troyes, el nostre autor ho fa en una altra direcció, com bé segella (al marge de simbolismes) la mímesi final amb el *Somnium Scipionis*. El triomf dels herois ja no es refereix a un seguit d'aventures ni a una consecució sentimental, car hi ha tot un seguit d'implicacions afegides. Tots dos autors tanmateix (no debades el cercle del l'autor francès responia ja a un entorn cortesà cultural de nivell) se'n separen de la concepció reduïda a un compliment de normes, com hauria fet, per exemple, un predicador al vell estil.

[47] I no sols evidentment perquè sedimentà la llengua. Però això mateix donaria a pensar: com és que això s'hi dóna per fet i no s'ha sabut veure per contra, almenys suficientment, la seva presència als fets culturals? No es tracta de forçar-hi els reconeixements, però sí d'intensificar les investigacions quan hi ha incògnites o fets estranys, que són els que les motiven; com ara esdevé a la vista d'aquell tan fort i reconegut influx lingüístic front a l'escàs reconeixement literari. Quan, en rigor, hauria d'haver estat a la inversa. I de nou: no cal negar aquell ans recercar aquest.

[48] Escau d'avançar que Areces expressa també aquest argument (capítol 1.1.2.), i que Gómez Moreno (capítol 3.1.) assenyala el Trescents peninsular per als inicis reformistes a la Península. I de nou: no cal negar aquell ans acercar aquest.

[49] De manera paral·lela a Dante, bé que el beat no compta amb els clàssics,

l'individu, i una necessitat de sortir-se'n del racionalisme escolàstic[50]. Totes elles mostres de nova introducció i alliberadores d'esquemes caducs; malgrat el medievalisme, dogmatisme, etc. lul·lians. A aquelles posicions s'arribarà molt més tard, com ara veiem en sortides religioses conciliadores: així, al *Col·loqui* de Bodin (Bouwsma 148), més de tres segles posterior a Llull; i no em refereixo a les actuals vies universalistes, que poden recordar la seva actitud dialogadora, ans a un punt tan concret com ara l'expressió de salutació vàlida per a totes les religions (Riquer 1964, I: 244-245). De fet, Llull obria vies de respiració, motiu pel qual no sols l'assumí Metge sinó que el recuperen els humanistes posteriors, com ara Cisneros o el Cusà (Butinyà 2009b); també, López de Ayala, que s'ha considerat una figura incipient de transició (Di Camillo, 27-30), havia rebut influència lul·liana. Fet que, al marge de les problemàtiques de les periodtzacions, fa entendre una línia de continuïtat; línia que no hem dubtat en cap moment d'allargar fins a Joan Lluís Vives, com també feia Batllori o farà ací Gómez Moreno, i que dibuixa un traç de gruix ben ferm.

El contrast entre literatures fa del nostre àmbit d'estudi un camp molt ric dels orígens de l'Humanisme, sobretot perquè compta amb un text, que (m'atreveixo a sospitar que fins i tot per sobre dels europeus) n'és exemplar típicament alliberador i introductor del corrent en un nou hàbitat, *Lo somni*; ja que Metge hi deixa ben aviat l'home alliberat de la por indeguda al pecat, de la càrrega d'una culpa original i de tota mena de superioritat entre congèneres. I així mateix s'hi compta amb una preciosa obra típicament d'acomodament, el *Curial*, en què l'home ja lliure malda per triomfar en tota la dimensió de la seva dignitat. Fase on a més brilla el conjunt valencià, tan ric en matisos d'acomodaments de tots colors. Sense oblidar les arrels lul·lianes suara apuntades. I queda pendent la consideració d'aquesta producció humanística conjuntament

---

la qual cosa no vol dir que no reconegui la seva supremacia, de què en deixa constància al *Desconhort*; amb tot cal tenir present que en el *Libre del gentil e los tres savis*, obra molt anterior a aquest poema, ja era modèlica de comportament la figura de la gentilitat (Butinyà 2006a).

[50] És sabut que Llull no ho aconseguí; però tampoc l'Humanisme, ja que en rigor no es considera un moviment filosòfic; almenys per part d'autors com Hirschberger, que passa directament al Renaixement amb Ficino o Pico della Mirandola.

amb la producció llatina, que no és pas minsa si s'estén entre Margarit i Vives. Sense oblidar, evidentment, que cal afegir a sobre, d'una visió hispànica estant, el bon grapat d'altes figures cinccentistes de la Corona de Castella; que així mateix escriuen en llatí i en castellà.[51]

Els capítols de Metge se centren a *Lo somni*. Ja hem dit que per a les obres de revolta de Metge en què ataca els gèneres obsolets, més significatives d'una voluntat de ruptura però menys humanístiques des del punt de vista formal, cal anar a les investigacions de Miquel Marco que figuren a la Bibliografia. Ací, ens hem centrat al diàleg, sobre el qual presentem una lectura molt recent des de la comprensió dialògica dels textos, que és una visió pròpia de la teoria literària actual, així com ho és també en general de les obres humanístiques. Aquesta lectura, que presenta una clau de volta als textos de Petrarca, es va començar amb el *Secretum*, i després s'ha estès envers l'*Àfrica*; obra aquesta que ens fa entendre que amb *Lo somni* avui tinguem una obra artística i no un tractat de filosofia. I a continuació oferim un altre treball, de José Ramón Areces, que de fet n'és l'altra cara però des del camp filosòfic.

En un segon moment d'observació atendrem el que anomenem *fase d'acomodament*. En aquesta fase, en què no suren tant les notes que s'han introduït com les que mostren una adaptació, és la més nombrosa en autors a la Península[52], i també a les lletres catalanes. Segons hem avançat a grans trets en una primera aproximació, hi podem distingir una obra representativa de l'entorn napolità, el *Curial*, i a més caldria encabir el conjunt relacionat amb aquell nucli cultural, generalment en llatí, i així mateix gran part de l'abundant producció valenciana del segle XV, on (com succeeix arreu arreu) no es percep tant la voluntat d'establir una renovació d'arrel (que bé feia palès Bernat Metge) com

---

[51] Volem afermar (per tal que valgui tot al llarg del nostre estudi) la inexistència de cap sentit competitiu entre les cultures hispàniques, ja que no tindria sentit cap tipus d'acarament. Tampoc, evidentment, envers Europa, bé que a vegades hàgim de marcar la personalitat de la Península, sigui per haver estat discutida sigui perquè, com que els estudis i les descobertes han estat més recents en aquest enclau, hi ha un considerable desconeixement de les seves obres i consecucions, i cal portar-hi l'atenció. No debades va profetitzar Voigt que se'n podien trobar a Espanya, argüint que, desconeixedor d'aquesta literatura, no n'havia sabut descobrir les pistes (346).

[52] S'hi ajustarien bé també un Mena o un Santillana per part de les lletres castellanes.

l'evidència que hi combreguen de manera esquitxada, amb uns fets sí i amb altres no. Val a dir, la gran part d'autors, cara al caràcter renovador, no responen tant per una adhesió ideològica envers Itàlia com per una actitud contemporitzadora de mena molt *sui generis*. El pas a les noves fórmules doncs no és tan lúcid com en els que ho visqueren a la fase anterior (que no es reduïa sols a Metge si alguns l'havien d'entendre i s'adreça a uns amics, i si son padrastre, Ferrer Sayol, en deixa veure nítidament els trets); després ja no és pas tan clar, però no perquè estiguin de tornada, car la gran part no n'havia assimilat bé ni a fons la tendència renovadora.

L'entorn valencià reuneix figures que sovint hem denominat mixtes[53], rètol que com còmode calaix de sastre permetria aplegar d'Ausiàs March a Roís de Corella o Jaume Roig, passant per Felip de Malla o Isabel de Villena, ja que són mig mig, però que amb un afany de concreció cal ubicar dins d'aquesta fase[54] (ara bé, un sant Vicent Ferrer no s'hi adequaria, ja que és de franca oposició). El tractament d'aquells autors, per tant, sembla més correcte de fer-lo a la llum del moviment emergent -perquè feien obres de nova generació (en poesia, en prosa de ficció, biogràfiques o pseudobiogràfiques, al·legòriques o d'espiritualitat)- que no a la llum de les tendències que anaven desapareixent.

A aquesta fase potser hom podria pensar d'adjudicar-li el qualificatiu de tardorenc, que s'acostuma a usar en els nostres dies, però que no considerem en absolut encertat per aquestes lletres[55]. Encara,

---

[53] "Aquells autors mixtes mostren només algunes de les notes que anaven *in crescendo,* de manera que uns retraten els fets tal com són en la realitat, segons s'anava imposant; altres aspiren a la unitat -ideal de concòrdia i pau que s'anava fent camí en la pell d'una societat que passava de guerrera a civil-; o bé altres manifesten l'amor al llibre, etc. Però no tots arriben al grau de puresa d'uns pocs, dels quals precisament trobem en aquesta cultura dos de molt excepcionals: Bernat Metge i l'autor del *Curial*", 2010e: 55.

[54] Com que m'he referit sovint en els meus treballs a altres autors, m'hi fixaré ara una mica més en Jaume Roig, potser el que menys havia tractat ja que és ben reaci a deixar-se mirar a la llum del moviment; i tot i que és difícil d'empassar la seva adscripció, tractant sobretot la seva obra d'una invectiva contra les dones, cal fixar-s'hi a les novetats que aporta, com vam fer amb Jordi de Sant Jordi. Insistint que no es tracta d'un afany abassegador ans clarificador, veurem que també Roxana Recio, escorcollant als orígens, va encara més enllà i s'hi fixa als trets nous de Guillem de Torroella (capítol 1.2.2.).

[55] Gens per això el vocable és constitutiu del llibre de Bouwsma, a l'ombra del

trobant-nos als inicis del gran corrent (tot i que sabem de la relativitat dels fluxos), fa cara de contradicció l'al·lusió a la tardor per a un episodi que és tot ell una arrencada. Abans que a la imatge meteorològica, sembla més exacte d'aixoplugar el conjunt de l'Humanisme català dins el concepte dels orígens de l'Humanisme, i per tal de besllumar-hi millor acudim al desplegament que té tot fenomen de moviment cultural, segons hem vist al començament: primer, de gest de negació alliberadora, i després, d'assumpció aquiescent, per als quals ací hem utilitzat les denominacions de fase introductòria (en el sentit de distanciament d'unes velles pautes) i d'acomodament, cap a unes noves. Però, encara més, per què hauríem de batejar com tardorenca (amb un registre negatiu o apaivagat) l'etapa final de l'Edat Mitjana (Edat tan ferma, compacta i plena), la qual apunta progressivament fórmules que van cap a un renéixer, tot i que en alguns punts esclati amb menys força que en altres?

Potser no sols aquesta pregunta sinó altres caires foscos es desfan tenint en compte que un moviment o una etapa no exigeixen ni impliquen per ells mateixos d'abocar-hi en un altre d'una manera predeterminada; així, no tots els romanticismes van a parar a una Renaixença. I així, al Renaixement en plenitud no totes les cultures s'hi repenjaren. I això cal tenir-ho present des de la cultura catalana, bé que es trobi envoltada de literatures on ho fou de manera ben brillant. Cal tenir clar, per contra, que aquell canvi (que sí manifestà de primer accentuadament) anà assentant de mica en mica unes novetats, les quals, sota un impuls de renaixement, generalment deixaren enrere a poc a poc els medievalismes, almenys el més recalcitrants. I aquells trets, que no enumerarem però que anem esflorant, semblen ser

---

de Huizinga; però aquest gran llibre estudiava un punt i moment, les corts de Borgonya, amb símptomes efectivament propis d'una tardor, que no és el cas de l'humanisme català, ni quan s'obre pas o, millor dit, treu el cap entre l'adversitat ni quan eclosiona a Nàpols; i tampoc no sembla adient d'aplicar-ho només a l'entorn valencià, quan justament comporta una accepció esplendent en tans aspectes (Butinyà, 2010e) i revela ja una incipient però progressiva assimilació. Ara bé, a la vista de la mateixa naturalesa de l'Humanisme més val no adoptar postures excloents, i, fet i fet, la fase de camí cap a la consolidació, que hem anomenat d'acomodament, entenem que també, si es vol, es podria arribar a qualificar d'aclimatació, amb expressió així mateix del món de les ciències naturals, ja que ofereix un carés lent i difús, el qual potser es podria concebre sota la petja climàtica i amb variacions a llarg termini.

els principals i d'entre els més reconeguts de la cultura catalana en el trànsit cap a la modernitat; i són els que corresponen a l'empenta humanística.

En aquesta fase també ens trobarem amb el fenomen de la relativitat. Així, veiem que si s'hagués donat un March al temps de Metge li hauria correspongut igualment la fase d'acomodació, ja que (tot i que contingui algunes notes noves) no és un promotor de novetats; però, i un Roig i un *Spill*, etc.? On i com posar-hi la ratlla?[56] Cal deixar les preguntes obertes si escau i no constrènyer-les, però si ens centrem al dibuix elemental que hem fet, observem en Roig la sàtira anticlerical sedimentada, ja que fa "un espill carnavalesc i deformador" (Hauf, dins Peirats: 13), amb el qual provoca la riallada; i això és ben diferent de la punta esmolada de llança del *Sermó* de Metge, feridora de debò. Però no s'identifica del tot amb el flaix més reculat, perquè alhora presenta alguns elements que no són tan comuns en un segle anterior: l'atenció a l'individu, l'observació crítica i moral, la llibertat d'exposar uns fets immorals amb tarannà sarcàstic, cosa que afecta de ple a aquell caràcter d'espill. Si fa no fa algunes notes podien aparèixer en les velles obretes de narrativa breu o en les de to popular, però són elements que no s'hi donaven plegats, almenys com els presenta l'*Spill*. Encara, entre les seves fonts figura una traducció de Corella i *Lo somni* (Guia 2010, 46-51); aquesta es podria afirmar ja que dintre de l'atac misogin, al marge de la font comuna del *Corbaccio*, s'hi copsa algun refrany que no té aquesta procedència, com feia Metge. El darrer estudi citat, a més, valora molt l'expressió lingüística, que es tradueix en un afany per l'estil, molt a tenir en compte en una obra composta per un total de 16.247 versos; segons Guia, "L'ús que s'hi fa d'unitats fràsiques i d'unitats estilístiques per a modalitzar el discurs és magistral", 245.

En aquests casos farem bé de no entestar-nos a fer-los encabir dins una periodització o classificació estricta (segons hem dit suara),

---

[56] Quant a la poesia passa tres quarts del mateix amb les figures del XV castellà que es veuen influïdes pels conceptes escolàstics. Di Camillo (93-95) arriba a parlar d'un efecte paralitzant, que castrava el sentiment més genuí. Ara bé, no crec que els col·legues castellans tinguin dubtes envers la idea d'un March humanista, majorment quan ha estat tan absorbit pels humanistes del Segle d'Or; mentre que dins l'àmbit català, a l'inrevés, hi hauria pocs que s'atrevissin avui a qualificar-lo així en rodó.

cosa que no deixa mai de ser deformadora ja tan sols pel fet de forçar-la; però resulta útil d'observar com són notes que coincideixen amb les que es van obrint pas[57]. Així, a més d'aquesta pruïja estilística, si a l'*Spill* es perceben notes medievals, com s'han vist de semblants al *Libro de Buen Amor*, no és menys cert que pel llibre passa el corrent de la novel·lística sentimental, el discurs *de amore* del segle XV, la tradició novedosa del debat amorós d'àmbit universitari, etc. I és que en l'Humanisme es donen la mà deixes, tendències i matisos que profunditzen en alguns casos en fonts medievals i que seguiran manifestant-se durant el Renaixement. I tampoc no hem de perdre mai de vista que el corrent afecta tota la persona humana amb la seva complexitat.

Hi anirem, però, per una altra via que, bé que ho complica tot, és via que revela per què no pot haver-hi més claror; a més, anticipa aspectes que tractarà, des d'altres vessants, la professora Recio. Hi ha un passatge al començament del llibre II de *Lo somni* que permet apreciar que ja des de l'inici hi havia un estat acomodat, o de còmoda instal·lació, simplement perquè aviat es posaren de moda les consignes petrarquesques; i això es degué al fet que Petrarca va ser molt aviat assimilat pels alts cercles, cortesans i eclesiàstics, com constata Metge[58]. A *Lo somni*, el rei Joan diu a l'autor, demostrant definitivament l'avantatge de la mort sobtada, i per tant descarregant de responsabilitats a la colla d'amics de Metge, als quals s'havia responsabilitzat de l'accident del monarca:

> E no·t recorda la qüestió (que diu Patrarca en los *Remeys de cascuna fortuna*) que fou antigament entre alguns insignes e savis hòmens, ço és a saber qual manera de morir era millor?

---

[57] Potser podríem pensar que tenen la marca de ser notes evolutives, però això, com és sabut, no equival a progrés. I és ací quan convé de destacar la semblança amb el *Lazarillo* (Peirats 42-44); semblança que es veu subratllada amb la proposta que l'autor en sigui Vives. Possibilitat que ha defensat Francisco Calero (2009) i a la qual caldria sumar les pampallugues que pot produir la mera proposta suposant el record de la lectura de l'obra de Roig per part del gran humanista valencià. Quedi això tanmateix tan sols esmentat, car, sent tema tan esquerp, queda reservat en principi per als entesos en fets de llengua.

[58] Cal afegir que tota la crítica a l'uníson ha interpretat aquest passatge entre els que feien d'aval a Metge davant les acusacions de què eren objecte ell i els seus amics; val a dir, Petrarca els hi feia d'escut, i la seva citació, servia de garantia doctrinal.

En la qual entrevench Július Cèsar, qui aquella difiní dient que la mort sobtosa e inopinada[59] (ed. Butinyà 2007a, 129).

Metge ha citat el *De remediis una utriusque fortuna* (II, 113) a fi de quedar bé socialment i d'alliberar-se de les acusacions lligades a la mort repentina de Joan I; punt tan greu que s'ha considerat sovint, erròniament, el mòbil únic de *Lo somni*, però que a la vista de la vàlua i amplària del diàleg es confirma que només va fer d'estàrter per a l'arrencada. Així doncs, Petrarca (i no cal que ens ho confirmin a més les traduccions de Canals) ja era de prestigi al món cultural d'alt nivell cap al final del Quatrecents català. I això vol dir que estava ben assegurada la seva pertinença a la ideologia tradicional, que era la que manava. Val a dir, el mateix fundador s'havia acomodat.[60]

Quan un moviment, que comença per moure coses, es fa estable, comença a esdevenir una moda i a tenir ascendència social, fet que fa que deixi de moure (promoure, remoure...); bé que aleshores és quan en realitat sembla que sigui poderós a causa del seu triomf. No és cap contradicció ans la confirmació del principi d'acomodament.

Ara bé, també cal matisar dins una mateixa fase. I així com podíem diferenciar postures i actituds dins la mateixa obra de Metge, comptant amb obres de rebel·lia i obres classicitzants que podrien subdividir-la (Butinyà 2002a:76-145), però ens hi hem fixat només al darrer vessant, al del diàleg, també en aquesta altra fase, podent mirar a camps diferents, com el de l'espiritualitat, o a la producció en llatí (historiografia, epistolografia, biografia...), o a altres moltes manifestacions literàries, ens hi fixarem tan sols a la temàtica cavalleresca.

I hi veiem que el *Curial* vol transmetre uns valors adaptats a una nova versió de la cavalleria, mentre que el *Tirant* constata com són de fet; a tot estirar, exposa el contrast respecte a com eren al passat[61].

---

[59] En algunes publicacions (2002a...) n'he derivat també una broma irònica envers Petrarca (que no cal excloure, ja que en Metge tot el que soni a humor s'ha de tenir present), a causa del fet paradoxal o risible que Cèsar, qui en fou víctima, havia defensat aquell tipus de mort.

[60] Bona prova és que així l'entenia el cercle cultural més elevat. Motiu pel qual atendrem unes referències petrarquesques, en el capítol 1.2.2, que fins i tot pot estranyar no veure a la fase introductòria sent Petrarca mentor i capdavanter, ja que comptem a l'avançada amb un testimoni crític del seu gir: Metge.

[61] Veus ací la raó de l'inici: l'episodi del comte de Vàroic i les instruccions

No es tracta tanmateix de la presència de didactisme, ja que totes dues obres hi aspiren, com gairebé fou universal a l'Edat Mitjana (i ben mirat potser al llarg de tota la història de la literatura). Però mostren diferents maneres d'acomodar-se o aclimatar-se unes novetats. L'obra de Martorell mereixeria sota aquestes pautes un llibre, ja que n'és una bona font d'anàlisis i matisacions de tota mena[62]. Però ens centrem al *Curial*, per tal com el fet d'ajustar-nos-hi ens ha semblat molt fructífer i diàfan, ja que els aspectes més innovadors potser hi tenen menys a veure amb els fets d'armes (tot i que contenen novetats) que amb els fets d'amors; i a la relació sentimental dels protagonistes apercebem unes coordenades (si es vol, urbanes i acords amb la problemàtica que desenvolupa la novel·la sentimental) que ja no són medievals i que enfonsen les seves arrels en actituds humanistes front al concepte de l'individu davant de l'amor.

El seguit alliberament-i-acomodament a través de les novel·les cavalleresques, així mateix és clarivident fent entrar en joc la literatura castellana, ja que hem indicat sovint que el gest assassí de la cavalleria en la literatura, culminat per Cervantes, l'inicià Martorell (Butinyà 1990). Gest tanmateix que té un precursor en Metge, i això ens fa estendre'l a altres gèneres, ja que el notari amb els debats i romanços al·legòrics no fa altra cosa que afilar la guillotina per a deixar-la caure estrepitosament. I si això, en canvi, a la Corona de Castella no ho advertiren, fou en primer lloc perquè tampoc no ho van entendre a la mateixa Corona d'Aragó, ni fins i tot al cercle napolità, on no hi ha cap referència en aquest sentit. I així, Metge ha passat incomprès fins als nostres dies[63].

---

lul·lianes, segons veurem més avall (4.1.).

[62] Una petita mostra: les noves lleis, de tirada positiva, dins l'espectre de la projecció politicosocial (Bouwsma 136), afavorien la generació d'un tipus sense escrúpols, com ara Hipòlit, vencedor o beneficiat d'una llarga obra on mor l'heroi. Però encara aquell personatge es fa indispensable tenint en compte que no sols és reflex d'un individu dubtós que socialment anirà en creixença ans també és expressiu de tolerància; tolerància àdhuc per part del lector. I així, elements que són constitutius del moviment fan més planer el *Tirant*, obra que es troba encara a l'espera d'una interpretació global, sobretot a la llum d'una perspectiva humanística; a part, és clar, del pes sabut de la mitologia i del consabut de l'erotisme.

[63] Però amb aquest tipus de mostres literàries, encara que no siguin conegudes,

Aquests contactes extraordinariament permeables entre les literatures "nacionals" estan presents tostemps en el segle XV i sens dubte en el XVI. I als de la Corona aragonesa i castellana uniríem el regne de Portugal[64]. Perquè si l'influx del *Tirant* en la novel·lística cavalleresca castellana ha estat més que provat, la traducció catalana de la *Cárcel de Amor* i la descendència d'aquesta obra en el cercle lletraferit i humanista de la València dels tombants de segle també ho prova, així com la curiosa coincidència de temes i tonalitats entre la novel·la sentimental i les anomenades *novel·letes sentimentals*. I potser no hi ha ningú millor per a comprovar-ho que la figura del Conestable de Portugal, rei dels catalans, que si amb la seva *Sátira de felice e infelice vida* entra de ple en el món de les lletres castellanes, ho fa des del món cultural del renaixement de les lletres de la cort d'Avís i ho fa assentat temporalment a Catalunya. I encara hi podríem afegir exemples pouats a les figures d'Isabel de Castella[65] i la reina Germana de Foix, com a patrocinadores del món cultural humanista-cortesà.

I si seguim amb el contrast que havíem iniciat: a les corts del *Tirant* trobem uns personatges femenins cultes, que saben llengües, fet molt modern i molt real sembla ser al seu temps, almenys pel que fa a l'àmbit de València, i reflecteix un naturalisme que és fruit d'unes vivències, que alhora serien ben enteses pel públic oient. Això es dóna sense escarafalls, normalment, suaument, així com al *Curial*. Però ací, a més, se'ns exemplifica amb la mora Càmar, que s'interessa per l'*Eneida* i és un model per als cristians degut a la seva

cal comptar-hi de ferm; val a dir, encara que no s'hagin valorat o que no figurin al famós cànon. Justament aquests casos esmentats fan d'anella o frontissa, eines tan necessàries per tal de temperar els salts culturals o d'alleugerir les incomprensions.

[64] Per a la producció humanística en Portugal, de to més aviat científic, poden consultar Batllori 1995, 79-86, 32ss.; tot i no seguint el fil literari com a prioritari, hi observa així mateix el vaivé d'humanistes europeus, primfilant els trets en els diferents autors, en què predomina l'orientació cap a les ciències positives, en contrast amb la resta de la Península. D'altra banda, remetem sovint a les produccions sentimentals portugueses estudiades per Cortijo.

[65] Bé que no és gens estrany, pot ser oportú de comentar que a la traducció del *Curial* (Butinyà 2004f), si bé s'ha anat molt sovint a la consulta del diccionari etimològic de Coromines, a vegades resultaren fructíferes observacions sobre la cort d'aquesta reina; així, un petit detall quant al vocable 'refrigeri', que amb sentit d'hospitalitat hi aplica Valdeón Baruque (2003).

excel·lència de virtut en amor; sembla doncs que hi ha encara més factors renovadors afegits, bo i sent el model una pagana. Per contra, en Corella n'hi ha a dojo d'exemples classicistes cridaners i no volen dir res nou ni revolucionari en realitat, perquè hi fan un paper superficial, classicista tan sols epidèrmicament; no s'hi tracta, doncs, de la més gran o menor ascendència dels clàssics i gentils com a guies morals (fet principalíssim que inicià Dante i va entendre tan bé Boccaccio, i que rubrica amb tan de nervi *Lo somni* i subscriu Curial-Enees). Ara bé (i per això hem entrecreuat les notes realisme-naturalisme i classicisme), com tret principalíssim d'aquelles novel·les s'ha considerat el realisme (val a dir, que responen a la realitat), fet en què totes dues obres hi excel·leixen: com la Güelfa hi havia moltes dones, així com també amb el perfil de Carmesina. Fins al punt que a Riquer aquest tret li serví per a definir el gènere de la novel·la cavalleresca, tot oposant-lo als llibres de cavalleria castellans (1964: 575-578). Però observem que també compta amb una bona dosi de realisme i naturalisme la *Tragèdia de Caldesa* de Corella (amb expressions com la del comiat de l'amant: "Adéu sies, manyeta!", dins un entorn estilístic d'exquisiteses mitològiques), i és un autor que se sol deixar fora de l'ombra humanística.

Són obres que pertoquen a la fase on els primers gestos i tirades s'han assumit de manera multiforme i ja no suposen l'impacte d'Orfeu o Tirèsias, veritables revulsius a *Lo somni*, i on la ideologia naturalista era un clam. I si tornem a Roig, no es tracta que hagués llegit o no els clàssics, potser més aviat és que no hi té la disposició, i molt menys per a rellegir-los; això sí, freqüentment, n'agafa exemples o casos deformats a través de la tradició (Peirats: 64-67), que és també una manera d'anar-hi de retruc. Així doncs, els fenòmens, a la llum que hi donem, sembla que poden funcionar donant una resposta ordenada; i així, a la fase d'acomodació veiem uns entorns mesurats, més o menys tocats d'una nova moda, continguda i sense esclat efervescent però, i, en bona lògica, una producció coherent.

La llengua ho explicita magistralment amb el fet de la prosa valenciana abarrocada, ja que, des del primer impuls ennoblidor dels homes de la Cancelleria barcelonina, que la feien acurada i artística, s'ha anat complexificant i ara (comptant que s'hi gesta l'anomenada valenciana prosa) fins i tot costa d'entendre's; ha perdut la claredat d'una fase d'eclosió en què era un mitjà essencialment transportador de continguts, nobles o pràctics, amb major o menor adaptació al model llatí[66]. Ara, aquests s'han fet més secundaris, i hi ha més tranquil·litat i menys neguit quant a remoure el fons de les qüestions. Un exemple de nou el tindríem a l'*Spill*, tot i que no sigui en realitat valenciana "prosa", però sí és una llengua ben complicada (i és valenciana).[67]

Consegüentment, si hem repetit sovint que constitueixen el conjunt valencià figures de transició, sent així mateix per antonomàsia de trànsit el mateix moviment, i envoltat per casos semblants a altres literatures, mal que pesi encara, hi caldrà anar pensant en la denominació humanística, com hem comentat. Però no es farà realitat mentre no es ductilitzi el concepte Humanisme i vagi arreplegant accepcions, com ha esdevingut amb altres moviments, com ara el Romanticisme. Ara bé, dins del marc del nostre estudi i seguint el nostre fil, el motiu d'arrenglerar-les o no dins l'espectre de l'Humanisme no recau tant al fet que siguin indecisos o de transició o bé responguin a una o altra tradició les seves fonts, sinó al fet que es doni en la seva obra la condició d'haver acomodat uns fets culturals que s'havien introduït com a renovadors o alliberadors; com acabem de veure amb la tirada naturalista. Segons ha estudiat Cortijo a la novel·la sentimental, els textos (catalans i castellans) defensaven una nova moral burgesa amorosa, en consonància amb una època en crisi, reflectida en els textos humanistes universitaris i cortesans; això els hi arrenglera, doncs, més que la quantitat i la puresa de les influències o àdhuc la mateixa mentalitat. Per coses com aquesta s'ha dit sovint que el moviment es detecta bé a les actituds, més enllà del fet lingüístic, de les fonts utilitzades o àdhuc de la ideologia.

Podria escaure de comptar amb el cas de la literatura basca,

---

[66] Per a l'elegant adequació de Metge al llatí, vegeu l'esplèndid estudi de Riquer dins la seva edició de 1959.

[67] Potser March sigui un cas de "valenciana poesia", val a dir de llengua forçada mitjançant la sintaxi, d'acord amb el procés comentat. Esperem però la publicació de la tesi doctoral d'Elena Sánchez (*Estudi de la llengua d'Ausiàs March a través de les col·locacions. Una aproximació semiautomàtica*, que obtingué les màximes qualificacions al juny de 2010) i que pot tenir comentaris al respecte.

tot i que sembli complicar la troca. Havent valorat convenientment l'aportació tan valuosa de la literatura oral, veiem que Patricio Urquizu l'alinea amb altres europees ("Como en otras literaturas europeas, la lituana y la albanesa, por ejemplo, el primer libro impreso en euskera surge con el Renacimiento a mediados del XVI", 36), i recull en primer lloc, uns poemes de Bernat Detxepare –conservats excepcionalment en un únic exemplar a la Biblioteca Nacional de París-, que mostren els trets que ací estem considerant: manifesten l'ànsia d'universalisme, s'adrecen directament al text o llibre, fan al·lusió a la impremta, a la valoració de la llengua pròpia (a *Kontrapas*, 164-165), a la defensa de la dona (*Ematzen fabore*, 166-171), i palesen una religiositat no estrictament escolàstica però amb ressò bíblic, així com tracten de manera planera amb la divinitat (*Mosen Bernat Etxaparere Kantuia*, 172-179).[68]

Tornant al nostre fil, cal comptar sempre i a l'avançada que la conflictivitat en la percepció dels trets prové ja del mateix Petrarca, com bé advertí Metge acusant la seva disjunció; recordem la divisió de l'obra que hem avançat prenent-la com a obra seguidora-rectificadora del *Secretum*, al qual és sabut que imitava, segons havia vist en 1933 Martí de Riquer[69]. I hi volem insistir subratllant el joc dels llibres, ja que aquesta concepció en realça la mímesi, car per a la visió de *Lo somni* com un anti-*Secretum*, el llibre que hi dóna el joc és el III, d'aclaparador refús[70]. Però potser és més valuosa

---

[68] Tot i que aquestes notes cal interpretar-les sota el focus potent del context que li és propi, el de les lletres eusqueres, cal ressaltar que no desdiuen de les que anem veient, segons argumenta Gómez Moreno més avall (3.1.), o segons constatem als textos en català, de Ferrer Sayol al *Curial* o Despuig. Malgrat aquella manca de context apropiat i també de coneixement nostre, ens interessen perquè permeten observar l'interès d'integrar les literatures particulars en espais més amplis, així com fan veure el desconeixement que tenim de literatures més o menys veïnes però que reben els mateixos influxos; és a dir, les diferents literatures conviuen amb altres literatures que semblen ignorar-les.

[69] Tot el diàleg, amb els tres llibres, és mirall del *Secretum*, bé que el llibre III és el que gira sobretot contra el tractat petrarquesc; només queda exclosa la introducció, que tracta de l'infern mitològic, però que és necessària per a donar recolzament al veritable paper de Tirèsias, qui encarna sant Agustí, l'interlocutor de Petrarca.

[70] Ací, bé que marginalment, convé aclarir un petit canvi quant a les investigacions de Butinyà, estrictament pel que fa a la col·locació del llibre II, que havia entès inclòs *a posteriori* a causa dels nefastos esdeveniments ran de la mort del rei, ja que,

com a mostra d'aquella disfunció la que obtenim, no des del reflex i assimilació personals d'una obra petrarquesca, com esdevé a *Lo somni*, ans a través d'uns comentaris que mostren ja una recepció i filtració social[71]. En aquest sentit és reveladora la traducció al català dels comentaris d'Illicino (Bernardo Lapini de Montalcino, o de Siena, 1418-1476) als *Trionfi* de Petrarca, que bé podrien ser emblemàtics d'aquesta fase en les lletres catalanes, ja que segons comenta l'editora és a aquesta audiència, ja sensibilitzada, a la que hi responien, àdhuc pel fet de deixar els versos originals en italià, per respecte, i traduir sols el comentari, que era el més efectiu per les connotacions morals (Recio 2009, 23-25).

Vist així, s'entén bé la continuació en un Renaixement com el català, suau o difòs, i no hi ha tanta estranyesa o daltabaix a explicar (com ha passat a l'àmbit de la Filologia catalana, on s'ha fet costa amunt d'acceptar un Humanisme en plenitud amb un Renaixement fluix), ja que aquesta literatura ha tingut unes molt altes consecucions humanístiques, ja realitzades. Les quals alhora provenien d'un segle XIV amb un vèrtex molt i molt alt, on figuren a més de Metge, un Arnau de Vilanova i sobretot Ramon Llull. I no caldria alarmar-se massa tampoc davant d'una davallada degut al fet que la baixada de creació literària és normal arreu, a totes les literatures i a totes les èpoques (segons hem comentat més amunt), i que cap no es manté de manera seguida durant una successió indefinida de segles[72]. És a dir,

---

de temàtica molt de circumstàncies, enllaça amb els altres com un pop. Això es així, però de manera normal, pel fet dels imprescindibles lligams; ara bé, el que dóna la clau per a la funció mimètica de tot el diàleg amb el diàleg petrarquesc és el III, com hem dit a la nota anterior. És a dir, aquest és el que fa autènticament de clavilla. Si els altres dos llibres (I i IV) tracten de la mort i la moral, el II, segons el model tripartit dels tres llibres del *Secretum*, respon a la ferma vivència religiosa, que té el seu fonament als paral·lels entre rei-Déu, presó-vida terrenal, els quals s'hi asseguren amb fonts petrarquesques (Butinyà 2007c) i s'hi subratllen àdhuc mitjançant esquitxos litúrgics; vivència encara que s'adiu amb el fideisme que clou el I llibre i que acusa la frase del *De remediis* (I, 49), ja molt al final de l'obra, al IV.

[71] Hem vist un fet semblant dintre de *Lo somni*, car ja se'ns hi revelava l'èxit social del mentor.

[72] Així, no hem sabut trobar en altres literatures replantejaments de l'entitat del moviment anterior pel fet que el moviment següent no sigui esplendorós; tot i que siguin lligats, ja que en realitat tos els moviments ho són.

sota aquest senzill punt de vista (tot i que en tractar de la llengua, en donarem fonaments de més solidesa), sembla que la mal anomenada Decadència no hauria de ser obstacle tampoc per a la concepció d'un humanisme català amb entitat plena. Per tant, el moll de la qüestió de les discutides causes de la Decadència podria raure en bona part a la distinció entre tots dos grans moviments, Humanisme i Renaixement, que arreu i sovint s'han confòs. I això arrossega la distinció subtil dels passos que ací tant ens preocupen.

El treball de Sònia Gros, llatinista que observa el *Curial* des de la línia elegiaca, mostra un enfocament al qual donem molta importància per al nostre estudi. Així mateix el de la professora Roxana Recio, bona coneixedora de Petrarca i de la literatura medieval catalana. Totes dues mostres, segons el que hem anat indicant, són expressives de l'acomodament humanístic. Fem notar, en el primer cas, la quantitat de punts que cobren ara sentit -no ja categoria o brill- en conèixer la seva ascendència; i en el segon, la revolucionària mirada sobre autors considerats fins ara monolíticament medievals, perquè el fet de reconèixer-hi Petrarca ho fa canviar, ja que és el condicionament que normalment s'ha considerat com a vàlid per tal d'arrenglerar-hi els fenòmens (Puig 1991: 297).[73]

La literatura catalana s'encaixa naturalment com una peça dins els encontorns del tros del *puzzle* humanístic peninsular, segons anem repetint de diferents caires, ja que soluciona de manera semblant els problemes comuns. La solució envers els fets relatius a la llengua ho fa així mateix palès; camp de tant relleu s'ha confiat al professor Antoni Ferrando, que l'ha treballat en profunditat. Hi tracta *de la preocupació*

---

[73] No és la primera vegada que diem en aquest treball que ens hi manca molt estudi, així com també hem dit sovint que en falta molt i molt quant a l'obra petrarquesca, generalment escassa en traduccions, i el que és pitjor, en referències. I malament podrem distingir fets com el de l'acomodament humanístic si no tenim ben clars el procés i els passos de cada entorn (capítol 4.2.). I per tal de no esquivar la pedrada diré que el motiu de la desfilada amorosa triomfal, a què ens hem referit ací sovint, de clara arrel petrarquesca, com analitza Recio, ningú no l'havíem connectat a l'escena del somni de la Güelfa (Ferrando 2007, 377), cap al final del *Curial* (bé que al DVD jo l'anomenés desfilada, ja que en fa l'efecte precisament!). Però encara que no desfilin, hi ha tota una sèrie de punts parells, com ara el somni o el lloc amè, i hi surt una galeria de personatges, formada per parelles d'enamorats de totes les cultures, sense excloure els amants il·lícits, que en podria constituir un preciós exemplar de recreació poètica petrarquesca.

lingüística, atenent sobretot Nebrija en relació a la llengua catalana. Al seu treball sobre el famós gramàtic i humanista es mostra que els humanistes no només s'interessaren pel llatí, així com que també són humanistes els que no ho empren; d'altra banda se'ns dóna una explicació per tal com com en un cas hom reeixí (Nebrija) i en l'altre no (Pau).

És sabut que la llengua, sobretot a causa de la convivència amb el llatí, experimentà en tot el procés diferents impulsos, que també han estat causa de polèmiques a l'hora de referir-se a l'Humanisme. Ens hem centrat entorn de les idees preceptistes, on cal comptar amb el referent de Nebrija, així com ens hi fixem als debats i a les gramàtiques, aspectes tots ells d'efectiva utilitat per al nostre estudi.

A continuació, el tema de les traduccions arrodoneix el panorama, permetent comprovar el gran paper de la llengua en relació a l'Humanisme. Advertim que, bé que es tingui en compte el context de la Corona de Castella (capítol 2.2.1.), les línies més generals que pertoquen el conjunt hispànic es tractaran després (capítol 3.1.), junt amb la visió sobre les posicions de la crítica.

Si *l'activitat traductora* sempre ha tingut molt a dir sobre els fets de llengua, és ben significativa per al canvi humanista; potser àdhuc se'n pot considerar una pedra de toc partint del rebuig envers els vells traslllats[74]. I és quelcom ben natural que ho sigui atenent que afectava un punt clau, com és no ja la recepció dels clàssics ans la de les autoritats en general (que inclou les Escriptures, és clar); bagatge que, com hem dit, es començava a llegir filtrat pel jo, a la vegada que es tractava amb eines com més va més rigoroses.

Hem comptat ací amb dos treballs que reflexionen al voltant del fet de traduir en relació amb l'Humanisme en la Corona catalanoaragonesa, sense perdre de referència les realitzacions hispàniques[75]. Si de primer s'intentaran destacar ací algunes notes

---

[74] Cal insistir potser al pròleg de Ferrer Sayol a la traducció del *De re rustica* de Pal·ladi, poc conegut però que transmet finament la problemàtica que patia la transmissió de les obres i de què n'eren víctimes els mateixos traductors (Butinyà 1996a).

[75] Aquestes s'han assentat ja com un ferm conjunt primerenc gràcies a l'estudi de González Rolán *et alii* (2001); cal afegir que el treball de 2002 ha tingut una virtut important: la de donar consistència i entitat, per mitjà de la mateixa bibliografia, a l'Humanisme anterior a Nebrija a la Península (62).

peculiars en relació a la traducció en aquesta Corona, en funció del lector
i dins el context peninsular (capítol 2.2.1.), després se'n presentaran[76]
dos casos representatius i autors de què en parlem sovint: fra Antoni
Canals i Bernat Metge (capítol 2.2.2.).

A continuació farem una ullada als *estudis recents sobre
l'humanisme hispànic*, ja que una de les maneres de fer útils els fets
exposats és de contrastar-los des de la situació actual. Però no basta
tampoc ací de fer-ho dins el reducte de la Catalanística sinó que cal
considerar el context hispànic a causa de –com anem repetint- els
contactes evidents que es donaren en aquell temps, directament i
personalment entre els autors, i indirectament mitjançant textos i
lectures; molt en especial, com tothom sap, ran de la cort del Magnànim,
a Nàpols, però també abans, a Avinyó, seu de la cúria papal. Però
encara, hi ha un principi preliminar que fa obligat el contrast: que els
fenòmens culturals no es poden considerar aïllats.[77]

Les reflexions finals *sobre l'Humanisme i el Renaixement*
afecten, d'una banda i més estrictament, l'àmbit català; i d'altra, un
de més ampli i general, que lògicament haurà de consistir en una visió
hispanista i en una altra de teòrica. Fem notar a l'avançada que aquest
punt final (final només per aquest nostre estudi en concret, però esperem
que inicial pel fet d'incentivar d'altres) sembla oferir un sentit coherent
amb el conjunt europeu; per tant, així com al principi, anirem a pouar
a Bouwsma, qui si abans ens hi va servir de far, ara ens farà de port.

Potser una de les idees que cal subratllar amb més relleu
sigui que, a un esbós de periodització que aspira a fer una distinció
de fases en l'evolució de l'Humanisme, per tal d'una major claredat,
i d'individuar-lo així del moviment cultural següent, el Renaixement,
s'ha de superposar un postulat: que totes dues unitats culturals,
Humanisme i Renaixement, formen alhora una unitat indissoluble
amb concomitàncies més grans que les generalment acceptades. Si

---

[76] Tan sols a tall de mostra, ja que també podríem haver anat a Ferran Valentí o
altres, oferint-s'hi un bon ventall.

[77] Podríem esmentar molts treballs exemplars en aquest sentit, però pel fet de
ser recent, de tractar d'època propera i encara de portuguès, àrea cultural que hem tractat
menys en aquest estudi, volem recordar el d'Andrés José Pociña 2006, que permet de
seguir els diferents motius literaris i connectar Gil Vicente amb una xarxa peninsular
necessària per a la valoració dels seus textos.

les periodtizacions compleixen, com és sabut, un propòsit didàctic de primer ordre, no ho és menys de distorsió de la realitat. Com alguns crítics han assenyalat darrerament amb una veu d'alerta, les actituds humanistes enfonsen en molts casos les seves arrels en l'Edat Mitjana i troben la seva realització plena en època renaixentista[78]. Així doncs, si en aquest volum hem indicat a la vegada moments, èpoques o períodes d'evolució, això no implica una segregació ahistòrica de moviments culturals inconnexos. Així mateix, ens interessa fer notar, com mostra el cas de les traduccions intervernacles, la indissoluble conjunció dels *humanismes peninsulars*. Les *novetats* humanistes, en primer lloc procedents d'Itàlia, es fan sentir en el nucli de la Península Ibèrica, i van passant (amb fronteres fluïdes) entre els regnes aragonès i castellà, *tanto monta*, creant entre ells més nexes d'unió que de separació. El trasvàs d'humanistes italians pels regnes peninsulars, les traduccions del castellà al català i del català al castellà, ja sigui de textos en llatí, ja sigui de textos en vernacle, impliquen que per sobre de construccions nacionals opera un ideal de difusió cultural humanista que s'exerceix per igual al llarg de l'àmbit peninsular.

Ara bé, a diferència d'altres humanismes vernacles, a l'àmbit català s'acabarà passant d'un bilingüisme vernacle-llatí amb reforçament de la llengua vernacla (des de traduccions a la mateixa des del llatí i amb un tràfec constant de traduccions interpeninsulars) a una situació de desavantatge per al vernacle[79], fet que anuncia la cort bilingüe de Germana de Foix. Així doncs, no estranya que davant de fet tan dissonant insistim a la recerca d'aclaracions. I posem ara els ulls a la proposta de Badia i Margarit (1996), qui havent tractat de la *questione della lingua* en les llengües romàniques introdueix l'apartat que denomina *La contradicció de les lletres catalanes*, per tal com, havent estat promotores de l'humanisme primerenc en el segle XIV i generoses propulsores de l'humanisme madur del XV, a partir de 1500

---

[78] Recordem ací la insistència de Júlia Butinyà per a enclavar les arrels en Llull (2006a), qui tot just va ser tan ben entès pels renaixentistes. Hi ha especialistes en humanisme que el consideren entre els que són "en cierta medida 'prehumanistas'" (Hernández Miguel, 85).

[79] Hem de remetre al capítol 2.1. com a nova aportació clarificadora del contrast entre els resultats per part de les diferents llengües peninsulars.

(quan altres literatures esclaten amb el Renaixement i es plantegen de ferm aquella qüestió), perden la confiança en la llengua, experimentant un considerable desnivell en el pla de la creació. La crisi, per a la qual s'han aportat moltes dades i explicacions, llargament debatudes, que hem fressat ja, i a les quals cal sobreafegir el gran trauma de la guerra civil (1462-1472), continua sent desconcertant a la llum de la producció valenciana del moment de maduresa, que encavalca el segle XVI, i que ha fet qualificar sovint el segle XV com el Segle d'Or d'aquestes lletres, ja que significa tant per a considerar les lletres catalanes antigues com una literatura rica, variada i pletòrica[80].

L'explicació del Dr. Badia n'és clarivident. Ja que més enllà de les causes, obre tres opcions per la llengua en el segle XVI: el recurs al llatí, cultivat des de la centúria anterior per una plèiade de personalitats (com ara el cardenal Joan Margarit, símbol de la convivència italocatalana humanística), però que es va anar esvaint, tret d'excepcionalitats com Joan Lluís Vives; l'adopció del castellà, que fou la tendència progressivamente favorable (i dóna com fet simptomàtic que la primera edició valenciana de les poesies d'Ausiàs March, del 1539, a càrrec de Baltasar de Romaní [81], inclogui ja la versió castellana); i com tercera opció, l'ús militant del català, que tant s'ha practicat als nostres dies, però que aleshores sols es va donar en grups reduïts.

Aquestes explicacions planeres així mateix fan per a les nostres conclusions i epíleg. Ja que és lògic que, donat el relleu dels fets lingüístics en relació a l'entitat del moviment humanístic, hi tornem a les acaballes del nostre estudi, perquè la llengua, element amb tant protagonisme als seus inicis i tan sensible al seu procés (d'acord amb el major o menor predomini del llatí o a l'origen del bilingüisme), no cal oblidar-la a l'hora de fer-ne l'inventari final.

[80] Comentari que vaig fer a la Laudatio del Dr. Badia i Margarit com a Honoris Causa de la UNED, d'on recullo aquests paràgrafs (2010c, 124-125), ja que hi seguia de prop el seu treball.

[81] Cal assenyalar l'edició facsímil que es publicà en 1997, en 2 volums, *La primera edició valenciana de l'obra d'Ausiàs March (1539)*, i *Las obras de Ausiàs March traducidas por Baltasar de Romaní* (editada per la Institució d'Alfons el Magnánim, València); el primer inclou l'estudi introductori (pp. 11-74), edició i glossari a càrrec de Vicent J. Escartí, i el segon conté la traducció castellana.

A l'últim, dins el context ampli d'aquest final remembrem que els occidentals venim (d'entre els ancestres culturals on ens reconeixem més, com superficialment ja ho denota el turisme) del Renaixement, val a dir de la inicial empenta humanística; fet que ens fa enfocar el tema reforçadament a la recerca de no perdre res de la riquesa cultural de l'embranzida primera, perquè amb l'Humanisme estem parlant d'aquells orígens, tan sensibles a la Corona d'Aragó (capítol 4.1.). I si ja hem fet una ullada cap el passat des del present, amb els textos, els fets de llengua i els panorames crítics, valorarem ara, a tall de cloenda, el present des de l'experiència del passat[82]. És a dir, gràcies a la imparcialitat i a l'amplitud requerides per mitjà d'aquesta observació, farem una ullada reflexiva des de la història, però ara dins un panorama general, ibèric en concret (capítol 4.2.); d'una banda, podria contribuir a la recomposició de l'actitud filològica, tan parcel·lada per l'herència del segle XX[83] que ha possibilitat concepcions empobridores o poc flexibles, i de l'altra ens podria ajudar a fer llum encara sobre el fet lingüístic, tan sensible en l'actualitat. Totes aquestes reflexions semblen conclusions almenys vàlides des de l'objectiu d'avançar en l'estudi i el diàleg, i ens posen a l'aguait per a l'epíleg.

Es fa evident que, havent dibuixat el que va suposar el canvi observat i el seu procés, després de tot el remogut, i també del cabdal que es remogué, cal una reordenació dels conceptes, especialment pel que fa als de tall humanístic; així, havent posat o aixecat qüestions que generen desordre, ens plantejarem fins a quin punt cal ordenar de nou les coses.

Però en primer lloc, dins d'aquestes reflexions finals, reblarem el clau sobre l'humanisme a la Corona catalanoaragonesa, el qual, en la línia de desenvolupament retòric i conceptual humanístic, hem vist coherent amb el panorama italià i el castellà: els seus textos entren en

---

[82] Aquesta interacció entre passat-present és considerada per Lledó com a positiva si es fa d'una manera col·laborativa (al final del capítol 4.2.).

[83] Se n'han fet referències al llarg del llibre des de diferents vessants; encara, i només a tall d'exemple, el professor Francisco Abad, defensor també del text a ultrança, en parlà de la "Quiebra de la Filología", assenyalant així mateix arrels en aquestes èpoques (*Cien años del "Centro de Estudios Históricos: 1910-2010*, taula rodona dins el Seminari del màster universitari Ciencia del Lenguaje y Lingüística Hispánica, 2 de juny de 2010, UNED, Madrid).

conjugació amb el Marquès de Santillana i Boccaccio, amb Mena i amb Petrarca. Formant un paradigma harmònic dins dels orígens de l'humanisme medieval.

I això no és només una frase bonica de fermall, ja que n'és bon exemple de la seva vigència el treball de la professora Recio (capítol 1.2.2.), que ressegueix les primeríssimes petjades humanistes i n'esbrina puntualment un fil, a la llum del contrast amb obres castellanes. I en troba petges fins i tot a obres considerades fins ara homogèniament medievals, com ara *La Faula*. Ara bé, les seves descobertes resulta que es confirmen des d'altres obres de més gran acceptació humanística, com ara el *Curial*, i on tampoc no s'havien distingit. Així, hi trobem la desfilada triomfal de regust petrarquesc (en solucionar-se el problema amorós); així com recursos de Petrarca als *Trionfi* expliquen passatges d'aquesta novel·la incompresos abans, com el fet que l'autor intervingui adreçant-se als personatges directament, cosa que té lloc al III llibre ("segons en l'altre libre ·t diguf", ib. 278). I si aquella escena del somni-desfilada-triomf amorós suara esmentat no s'havia explicat mai a la llum petrarquesca, aquest detall d'intervenció per part de l'autor abans no sols estranyava sinó que alguns l'incloïen entre els errors del copista o degut a poca destresa per part de l'autor! Mentre que així es desembulla de manera ben planera: com havia fet el mestre italià, l'autor estava implicant directament i sentimentalment el seu lector. I ens hem de demanar si aquesta explicació, d'acord amb altre cas que se'ns hi aporta d'una obra castellana, escrita però a la Corona catalanoaragonesa, la *Triste deleytaçión*, potser àdhuc serveix per a justificar la familiaritat d'anomenar la protagonista "la" Güelfa. Val a dir, les troballes que ha fet aquella professora, amb perquisicions a la literatura italiana i la castellana, serveixen per a identificar fets enigmàtics o bé que encara no tenien explicació a la literatura catalana.

Encara, la típica profunditat de l'escorcoll al neguit amorós com a fet humà d'amplíssim ressò, o bé a la devoció i dedicació a la feina d'escriptura, coses que bé copsa i expressa Núñez de Toledo –i que veiem al capítol 4.2.-, ens fan posar aquesta aportació de costat a March, qui sembla que encara està mancat d'una exègesi acabada[84]. Perquè sense ser capellà ni teòleg, les seves idees filosòfiques i també religioses, lligades a la persona com a ser moral o a la impossible búsqueda de l'amor com a concòrdia o a la recerca de l'amor espiritual, i àdhuc la seva pruïja persistent, viscuda a través dels versos, malgrat les dissemblances, ens hi remeten d'una manera ben natural. I sense pensar a contactes ni influències, així com a l'obertura i immersió al text pròpia del comentador de Juan de Mena podríem dir que havia precedit Metge, potser que ara March anuncia, amb un llenguatge fosc i poètic, el que tan clarament i en prosa expressa l'autor castellà[85]. I no caldria buscar peces intermitges, com ara el *Tratado de amor* o altres. Són actituds i neguits comuns d'un corrent, que afloren d'ací i d'allà, segons van encetar a Itàlia.

---

[84] Segons Badia, a les dificultats de la seva poesia, s'afegeix "la mancança d'una tradició exegètica digna d'aquest nom" (1987, 11). I tot i que comptem, després d'aquesta data amb més estudis, i edicions, continua sent un poeta almenys difícil. Ara bé, si ens fixem a un dels poemes que Badia ressegueix en aquell treball (el XVIII), bé que no podrem acordar amb algun comentari ("No deixa de ser decebedor des d'una òptica ara exclusivament femenina que tot l'autoconeixement d'una dona només hagi de servir per a frenar l'esclat de la sensualitat dels mascles que la sotgen"), que sembla deixar també de banda l'estudiosa, observem que acaba apuntant que molts dels versos del cicle 'Llir entre cards' desenrotllen "el motiu de l'ebrietat d'amor" (24), i que eren més profunds, en la realitat autèntica del seu sentir, del que mostra el joc retòric. Que era on volíem arribar.

[85] Així doncs, aquestes facetes humanístiques que complementen el dibuix del conjunt es reben d'estudiosos de la Filologia en llengua castellana, que valoren uns aspectes en els seus humanistes, als quals han fet de precedent alguns autors catalans que presenten els mateixos símptomes; però als quals paradoxalment els estudiosos de l'àrea de català no anomenen humanistes; i per tant, hom no hi sap com definir-los o bé a quina llum contemplar-los, ja que no tenen lloc ni context de comprensió, no sent hàbil el d'Humanisme. Tot plegat, això subratlla l'oportunitat del títol del nostre llibre.

Lo somni, entre l'*Àfrica* i el *Secretum*

Júlia Butinyà (UNED, Madrid)

Vaig començar la línia d'investigació sobre Metge fa uns 20 anys, amb un article al "Butlletí de la Reial Acadèmia de Barcelona" (1989-90) sobre el *Libre de Fortuna e Prudència,* i no l'he deixada mai. Amb tot, cal dir que va tenir origen a investigacions sobre el *Curial,* ran d'haver reconegut el mateix passatge de la *Farsàlia* a totes dues obres i amb tractament semblant. Per a aquells primeríssims humanistes, els textos que els fan de fonts no sols són mitjans artístics i eloqüents sinó que en són el pa i la sal; són doncs el seu aliment i estímul, cosa que els diferencia dels autors anteriors. El tractament de les seves fonts, doncs, ha de comptar amb les qüestions formals –tècniques d'inserció, etc.- però sobretot les funcionals –significació i expressivitat, etc.-. Car en són elements capitals, al marge de la seva procedència, val a dir de pertànyer a una o altra tradició, així com del mitjà d'on la prenguin. Ací observarem l'ús de les dues fonts petrarquesques que figuren al títol i la seva funció.

Al meu entendre, a la Filologia catalana ens costa de donar a *Lo somni* la dimensió que requereix, col·locant-lo al davant dels posteriors diàlegs renaixentistes occidentals i de costat als diàlegs clàssics, lloc que li atorga la seva categoria artística -definida pel mestre Riquer-, amén de la filosòfica –sostinguda pel professor Batllori, entre altres; bé que fins ara s'havia considerat que Metge no coneixia els diàlegs platònics més que de referència-. Quant a això darrer, amb tot, cal considerar que molt recentment certes suggerències d'Helena Guzmán deixen entreveure que, a Avinyó i al voltant del cercle de Fernández de Heredia, hagués conegut almenys l'antologia de Joan Estobeu, per les coincidències amb el misoginisme de Semónides[86],

[86] "Se percibe fácilmente un esquema mental de cuño platónico en la disposición mental del diálogo. Cuando se lee con detenimiento *Lo somni,* se tiene la sensación de estar leyendo no uno sino varios de los diálogos de Platón con sus diferentes estilos según

tot i que li'n pogués arribar per altre vies; destaca a més l'hel·lenista que s'hi percep fàcilmente un esquema mental d'encuny platònic en la disposició mental del diàleg i que es té la sensació de trobar-se no pas davant u sinó davant diferents diàlegs de Plató, amb els estils corresponents a les distintes èpoques.

Així doncs, ens manca encara molt estudi per a aproximar-nos a valorar-lo; entre les causes més abstractes potser es troba el fet que som una Filologia molt jove en relació a la categoria d'aquesta obra i la personalitat de l'Humanisme d'aquesta Corona, i entre les concretes potser cal fer notar les escasses referències a Petrarca des de les nostres lletres, familiaritat que sí tenia per contra Metge[87].

El fet de la precocitat del nostre Humanisme, així com la proximitat temporal amb el primer moment italià, en què a les nostres lletres s'experimentaren els primers símptomes, n'explica diversos trets[88]; així, el fort impacte dels grans trescentistes italians, sobretot de Boccaccio, a la cancelleria de Barcelona, segell que es manté a la producció literària posterior, napolitana i valenciana. Així mateix, la proximitat d'un Llull, qüestionat i d'ortodòxia dubtosa, és una peça que encaixa bé en aquells orígens[89]. Amb Metge, que comprèn a fons Dante i Boccaccio, que dóna una opinió ambivalent i molt atrevida envers Petrarca, i que rep forta empremta lul·liana, tenim una personalitat molt sensible a aquella sacsejada inicial.

---

sus épocas: desde la estructura de intervenciones cortas hasta el esquema de última época, donde priman los parlamentos largos de los participantes" (2009).

[87] Comentari que he fet sovint, des de la ressenya a una traducció de part del *Cançoner* (Butinyà 2004d) fins a l'inici del capítol sobre *Bernat Metge* dins el *Panorama crític de la literatura catalana I*, 311.

[88] Així ho argumento -bé que és una idea lògica i, a més, no pas exclusiva meva- als treballs dels darrers anys sobre temàtica humanística, que són més aviat d'abstracció: 2010e, 2008a, 2008b, 2006a, 2004 a,b,c.

[89] Línia que estic resseguint darrerament i amb què tanco la trilogia sobre els orígens de l'Humanisme en Butinyà 2006a. Això té fàcil explicació en el fet que la posició d'autenticitat d'aquells homes revolucionaris, que implicava la recuperació de la puresa del cristianisme -nota dels primers humanistes, que atacaven en moral els plantejaments obsolets- i que a ell li fa corregir el mentor italià, és adient amb el reformisme de Llull.

Abans de referir-nos a la seva obra cabdal, *Lo somni*, però, observarem un fet general. Perquè, a la distància de més de sis segles, sobta com Metge va saber copsar el que és la literatura, des del sentit dialògic, segons han assentat els estudis recents de teoria literària; així, Gadamer, ben assumit pels especialistes actuals. Perquè cal tenir en compte que si s'ha valorat (Domínguez Caparrós 2009: 77-83) que Castellet, en 1957, es va avançar a Jauss quant a entendre la funció del receptor, cal recordar que si Petrarca inicià l'orientació dialògica completa, incloent la direcció ascendent a més de la descendent, això ho trobem també en Metge.[90]

El fet dialogístic propi del text entès com a conversa, cal considerar-lo, segons acabem d'apuntar, doblement: la conversa que manté l'autor amb les seves fonts i la tan valorada actualment entre autor-lector. I això té lloc a l'obra del nostre notari, ja que orientà els textos a un doble vessant: cap a l'audiència i cap a les fonts, com havia fet Petrarca; així com emulà tota mena de recursos que l'italià hauria après als clàssics.

Veiem aquest dialogisme en Petrarca, tant al mateix text –així, al *Secretum*- com traspassant els límits del text –al *Griseldis*-: al primer dialoga l'autor amb sant Agustí, i al segon s'adreça a Boccaccio en unes cartes Senils que, mitjançant les fonts, determinen la seva versió del darrer conte del *Decameró*, emmarcant-lo; és a dir es tracta d'unes epístoles interactives, que donen raó de la traducció i constitueixen una unitat amb el text traduït. Aquesta complexa fórmula dialèctica fa desplegar una altra dimensió en el text, en una dinàmica de conversa, en què, a més de la projecció descendent, tan estudiada actualment entre autor-lector, cal veure l'ascendent, és a dir la que manté l'autor amb l'autor-font. I això es comprova al *Griselda* de Metge, que segueix el *Griseldis*; i amb més complexitat a *Lo somni*, que en molts aspectes és continuació del *Griselda*.

En aquesta fórmula dialèctica alguns estudiosos (Cortijo) han assenyalat el paper de primer rang que correspon a les *artes conscribendi*

---

[90] Tanmateix, caldria esmentar una primera fórmula dialèctica, la del desdoblament del mateix autor, que en les lletres catalanes havia practicat Llull al *Desconhort* (Butinyà 2005) i és un fet ben conegut a *Lo somni*, on Metge es desdobla amb el rei Joan.

o manuals notarials i epistologràfics (vegeu també 1.1.2.). Nascuts
a la cúria romana papal i de difusió posterior per tot l'àmbit de
la Romània entre els segles XIII i XV, propicien l'acomodació
del nou esperit ciutadà, lletrat i legal a la pràctica de la discussió
dialèctica amb la literatura clàssica. La societat en moviment,
comercial, mercantil, als començos de la ciutat, es transforma en
les lletres en un ritme d'intercanvi entre ponents, que discuteixen
idees i intercanvien punts de vista. No és d'estranyar que algunes
de les obres clàssiques de més substància "recuperades" pels
humanistes primerencs siguin els diàlegs ciceronians, en què es
combina dialèctica, filosofia i epistolografia. El profund arrelament
de l'esperit humanista des dels inicis a la Corona d'Aragó té un
deute envers les obres dels preceptors de l'*ars dictaminis*, que hi
tingueren àmplia difusió.

Però abans d'entrar a observar-hi el gran diàleg, per tal de donar
un fil conceptual a la posició de Metge envers Petrarca així com de la
nova lectura de *Lo somni* de què partim, en faré una petita introducció,
en un parell de paràgrafs:

Bernat Metge, gran i insigne humanista, i no sols des de
les lletres catalanes, fa manifest al I llibre de *Lo somni*, junt amb
una encesa admiració per l'*Africa,* el gran i inacabat poema de
Petrarca, un ferm rebuig de la ideologia del tractat doctrinal del
Secretum. Aquesta doble actitud metgiana quant a les actituds
estètica i moral del gran mentor és la mateixa que manifestà al
Griselda, aproximadament uns 10 anys abans, alhora que reproduïa
el joc de traducció-i-marc petrarquesc. Al plantejament que he
mantingut des de mitjans del decenni de 1990 rere el joc de fonts
petrarquesca i ciceroniana –entre el *Secretum* i el *De senectute*[91],
repetida aquesta per dues vegades i aplicada a matèries diferents
com hi va fer Petrarca (Butinyà 1994)-, he afegit des del 2000 una
nova font d'Horaci (2003b), que pot ratificar-lo; i encara dues més:

---

[91] Respecte a l'entrada del *De senectute* a la Península Ibèrica a través de
Catalunya, no s'ha d'oblidar la possible influència del diàleg dictaminal de Boncompagno
da Signa *De senectute*, part de la tríada d'obras d'*amore* d'aquest *trufator maximus*,
professor de Bologna, que entaula un diàleg crític amb l'autor romà (Cortijo 2005).

una de Boccaccio, el *De casibus virorum illustrium* (2003a) i l'altra, d'un autor clàssic que és citat entre els que li són molt familiars: Sèneca. Es tracta en concret de l'epístola 8 a Lucili, que si a l'inici de *Lo somni* sembla haver deixat petges formals molt exactes, a la cloenda es fa ressò del diàleg dels dos autors –Metge i Petrarca- en profunditat (2007b).

Aquestes dues darreres fonts són presents al començament i al final del diàleg, marc on ja s'havien reconegut Boccaccio i Petrarca en conjunció, i on ara se sumaria la veu senequiana, constatant per tots cantons que som al davant d'una conversa entre autors. Com s'esdevenia al *Griselda*, on s'entenia la inicial dels italians i, sobrevinguda, l'opinió de Metge, qui de pas hi introduïa Ovidi (Butinyà 2002c). De fet, Metge, encarrerant llur conversa, aporta els clàssics com a guies morals totes dues vegades. Aquesta interpretació, encara, està d'acord amb l'esmena envers la doctrina tradicional que havia fet mitjançant Lucà al *Libre de Fortuna e Prudència* (1989-90).

Cal tenir ara en compte –i reprenem el fil d'aquest treball actual- que el cap del moviment humanista, Petrarca, havent estat pioner a tants aspectes, com ara a emprar aquestes vies innovadores retòriques, no va influir proporcionalment en creativitat artística, si excloem la lírica –menor per a ell i que no li treia temps dels seus quefers, i a més desconeguda als temps de Metge-. El motiu es fa palès al final del *Secretum*, degut al fet que l'avortà, almenys pel que fa a la seva repercussió directa; ja que, influenciat pel sant, abandona el projecte d'escriure l'*Africa* com a un assumpte terrenal i inútil; de fet, un destorb en la contemplació de la mort i la divinitat.

I ara cal fer intervenir Metge, qui -com l'autor del *Curial*, bé que ell no ho manifesti en un capítol de teoria literària, potser innecessari donada la proximitat de Petrarca- deixa veure a *Lo somni* que intueix les tendències de la modernitat, i rebutja l'orientació petrarquesca menyspreadora d'una estètica humanitzada, fent-la contradictòria amb la dedicació a la divinitat; cosa que s'adiu però va molt més enllà que la vistosa declaració moral antimisògina, que sembla que actualment tothom accepta. La no subpeditació a aquell criteri, Metge l'havia expressat ja al *Griselda*, on imita

Petrarca, entrant en les seves tècniques literàries però oposant-se-li en continguts a causa del vernís religiós amb què Petrarca havia tenyit el darrer conte del *Decameró*. I a *Lo somni* rebla la seva divergència, acusant la desnaturalització -de la misogínia (a través del *Corbaccio*) a la concepció artística- d'un corrent que per antonomàsia s'havia engegat com una restauració de la dignificació humana i hi suposava una empenta.

Aquestes coordenades ens permeten de situar-nos al damunt del títol enunciat, ja que a *Lo somni*, rere els tres interlocutors –Metge actor[92], Orfeu i Tirèsias-, Metge dialoga amb molts altres autors; i bé que ara no seguirem l'hipotext de les fonts (Butinyà 2002a), que ho deixa veure amb prou claredat, ens centrarem als punts on aflora la seva discussió amb Petrarca, però només quant afecta les dues obres de referència: l'*Àfrica* i el *Secretum*[93].

Començaré per recordar el que és ben sabut: al bell cor del I llibre, havent citat fragments ciceronians del *Leli*, favorables a la immortalitat, fa al·lusió al *De republica*, on Scipió l'afirmava també ran el seu somni; i a continuació Metge encimbella Petrarca, qui ho havia fet recentment:

Aquesta matexa oppinió havia haüda lo dit Scipió, qui per tres jorns abans que morís disputà molt sobre lo bon regiment de la cosa pública, de la qual disputació fou la derrera part la inmortalitat de les ànimes. E dix aquelles coses que son pare, Publi Scipió li havia dit sobre la dita inmortalitat, quant aprés sa mort li era aparegut en lo sompni que féu, lo qual recita Tul·li en lo libre *De republica*; e Petrarca, semblantment en lo *Africa*. (La exposició del qual, si·t recorde, feta per Macrobi, te prestí en Mallorcha e la't fiu diligentment studiar, per tal que jo e tu ne poguéssem a vegades conferir). *Lo somni*, ed. Butinyà 2007a: 92-95.

Encara, hi ha una referència que apuja el valor del passatge, ja que hi esmenta la versió de Macrobi del *Somnium Scipionis*, recordant

<hr>

[92] Cal tenir present un altre desdoblament: Metge autor i Metge actor o personatge.

[93] Jaume Turró així mateix reconeix la imatge de les tenebres humanes que esmenta Tirèsias al III de *Lo somni* i que Riquer atribuí a l'*Africa*, al proemi i al final del *Secretum*, entrant en la dinàmica de joc de fonts que ací estem analitzant. Aspecte que considero no sols ben interessant ans també adient amb el nostre plantejament.

el rei que n'havien parlat. I observem que ell fa el mateix que l'autor llatí, i, en l'entorn d'un somni, al·ludeix a converses mantingudes sobre la immortalitat entre dos amics, havent mort l'un d'ells, oferint així un bell joc de miralls entre la realitat i la ficció. Bé que de moment ens interessa ressaltar que envolta d'una aurèola l'*Àfrica*, deixant la moderna obra de Petrarca enlairada a l'altura o de costat a les grans obres de l'Antiguitat.

L'ombra de Ciceró s'estèn molt més al llarg de l'obra, i de manera molt accentuada cap al final de la discussió sobre la mort, al llibre I, en identificar-se d'amagat amb les paraules del final del *De senectute*, quan atorga que les ànimes siguin inmortals: "E així ho crech fermament, e ab aquesta oppinió vull morir".[94]

Ara bé, cap al final de tota l'obra tornem a trobar aquestes paraules, aplicades a l'amor humà, que era el tema dels dos darrers llibres. I d'aquesta repetició ens en dóna la raó de ser una altra font, ara de Petrarca: el *Secretum*. Però no s'hi esmenta Petrarca en bona lògica, com abans tampoc Ciceró.

La causa d'aquesta repetició –segons vaig presentar també en aquell treball de 1994, bé que l'he anat complementant amb posterioritat amb aspectes com el present- té l'origen al començament del III llibre del *Secretum*, on l'autor i el sant discuteixen amb cert aire de desafiament: Francesco mostra un posat positiu quant a l'amor humà i manté que, encara que estigui equivocat, vol morir en aquell error. Agustí se n'adona que s'hi inspira a la postura ciceroniana envers la immortalitat, procedent del final del *De senectute* -la qual acabem de veure al I de *Lo somni*-. I davant d'aquesta gosadia, que jutja d'extrapolació abusiva, alerta l'autor que cal marcar ben bé les diferències per tractar-se de temes tan dispars; car l'actitud de Ciceró era virtuosa per si mateixa, al marge que fos o no certa, pel fet de tractar-se de la immortalitat. Però no ho és el seu cas -estimar una dona-, que de fet sempre allunya de Déu.

El paral·lel dels dos textos l'he donat sovint, però convé afrontar-los de nou, destacant els punts principals, ja que en fa d'engranatge literàriament per a tota l'obra:

---

[94] Font –i joc de fonts- que vaig reconèixer i publicar en Butinyà 1994 i que ha estat ratificada per la crítica metgiana (Cingolani 2006, entre altres).

Ag. *Dic ergo —quoniam prius amoris mentio facta est-: nonne hanc omnium extremam ducis insaniam?*

Fr. Si infamem turpemque mulierem ardeo, insanissimus ardor est; si rarum aliquod specimen virtutis allicit inque illud amandum venerandumque multus sum, quid putas? Nullum ne tam diversis in rebus statuis discrimen? (...) *Quod si tibi forsitan contrarium videtur, suam quisque sententiam sequatur; est enim, ut nosti, opinionum ingens varietas libertasque iudicandi.*

Ag. *In rebus contrariis opinio diversa; veritas autem una atque eadem semper est.* (...)

Fr. Perdis operam; nulli crediturus sum; sucurritque tullianum illud: *'Si in hoc erro, libenter erro, neque hunc errorem auferri micho volo, dum vivo'.*

Aug. Ille quidem de anime immortalitate loquens opinionem pulcerrimam omnium ac volens quam nichil in ea dubitaret quamque contrarium audire nollet ostendere, huiuscemodi verbis usus est; tu in opinione fedissima atque falsissima iisdem verbis abuteris, *Secretum* III, 1964, 614-616.

I llibre: E a la veritat, no és hom en lo món qui de rahó vulla usar axí com deu que necessàriament no hage a·torgar, attès tot ço que m'havets dit, que les ànimes sien inmortals. E axí *ho crech fermament, e ab aquesta oppinió vull morir.*

-Com oppinió? —dix ell-, ans és sciència certa; car oppinió no és àls sinó rumor, fama o vent popular, e tostemps pressuposa cosa dubtosa, Lo somni, 106.

III llibre: *Hom del món no pot haver felicitat qui pos sa amor en dona.* E creu-ne a mi, qui no ignor lurs costums.

-¿No en sa muller, almenys? –diguí yo.

-No en sa muller –respòs ell- ni en altre, 192.

IV llibre: ... Disertament e acolorada, a mon ju□ has respost a tot ço que jo t'havia dit de fembres. *La veritat, però, no has mudada; car una matexa és.* E si volies confessar ço que·n dicta la tua consciència, atorgaries ésser ver tot ço que t'he dit dessús.

-No faria jamay –diguí jo-; *ab aquesta oppinió vull morir*, 278.

Francesco s'hi deixa convèncer i rectifica, havent d'admetre que malgrat l'excel·lència de la seva estimada i tot la seva excel·lència en virtuts en algun moment li ha provocat l'allunyament diví. Metge, tanmateix, situat al damunt d'aquell passatge, que plagia, manté la mateixa frase, fins i tot, rodonament i descaradament; i a més, no ho fa envers una dona excelsa ans envers la seva amant, que era una arreplega de vicis i el non plus ultra de vileses, segons li garanteix l'endeví Tirèsias.

Val a dir, Metge està homologant la noblesa d'aquella actitud per si mateixa i per a tots dos objectes amorosos, diví i humà, transformant una qüestió religiosa (la petrarquesca) en una de filosofia moral: com havia fet al *Griselda*. (Fem atenció a un detall: si estigués defensant l'amor matrimonial, que també hi postposava Petrarca, advocaria per la seva dona i no per una amant! Així doncs, trobem aquella idea ciceroniana (amb l'actitud caracerística ciceroniana d'adhesió a la pròpia opinió, afirmant que tot i que sigui errònia, vol morir en aquell error) repetida al llibre I i al IV, és a dir aplicada de primer a Déu i després als homes. En contra del sant Agustí petrarquesc.

Per tant, s'ha traslladat la discussió originària Petrarca-Agustí a Petrarca-Metge, qui esmena la posició vencedora en aquella anterior dialèctica. Amb això contradiu la doctrina més ferma, que tot al llarg de l'Edat Mitjana marcava les competències entre el camp de la humanitat i la divinitat; amb el benentès que ara la postura medievalitzant no l'abanderava un autor de la tradició sinó el més modern i actual, qui encapçalava el nou moviment, prestigiadíssim al seu temps, fins i tot entre els cercles eclesiàstics.[95]

D'on desprenem que, més enllà de l'encesa i declarada defensa a favor de les dones, que salta a la vista des d'un estrat superficial, el que Metge està assentant clandestinament és l'antropocentrisme; rubricant així una faceta important de la renovació iniciada a Itàlia, la qual no sols afectava el tractament dels clàssics, ans també l'ètica i s'estenia a l'home per complet. Ran d'aquest fets es poden treure moltes reflexions; potser

---

[95] Que això era així ho prova la citació lluent del *De remediis* (vegeu també el punt 1.), a començament del llibre II, en una ocasió que li servia a Metge d'escut per tal com avala la mort sobtada, que afavoria l'accident del rei Joan i, per tant, la innocència dels seus sospitosos amics. Val a dir, Petrarca era no sols capdavanter dels humanistes ans el guia per a tothom que participés d'un nivell cultural.

la principal sigui que per a Metge, més enllà de l'antimisoginisme –tot i
ser punt destacadíssim per a ell-, està assentant el predomini del factor
humà -l'antropocentrisme o l'universalisme-, anteposant l'ètica a la
religió, o almenys fent-les harmòniques.

Però hi ha més matissos a desprendre'n; i ens hi fixarem a
un relacionat amb la primera citació petrarquesca, al cor del I llibre i
que ja hem vist. Perquè prolongant el paral·el amb el *Secretum* -cosa
que ja va fer el Dr. Riquer el 1933- fins al final de l'obra i tenint en
compte la profunda admiració manifestada envers l'*Africa*, podem
trobar-hi l'explicació de la cloenda de *Lo somni*, que la crítica -segons
fa palès amb la gran diversitat d'opinions- no sap ben bé com enfocar
a la llum de la barreja d'elements contradictoris i prou indestriables de
tradicionalisme recalcitrant i d'humanisme del més classicista. Aquesta
mescla tanmateix, fent aflorar la mímesi del final del *Secretum* i tenint
en compte l'afrontament exposat, ens revela que Metge està palesant
allò en què riscava de convertir-se la nova revolució –de què n'eren ben
conscients- en cas de seguir pel camí engegat al diàleg secret.

I pot explicar-nos fins i tot el tall entre l'Humanisme i el
Renaixement, ja que la renovació renaixentista, d'arrel molt i molt
petrarquesca, no tenia un sòlid fonament regenerador, tal i com es podia
esperar dels orígens de l'Humanisme, ans procedia d'una escissió o
d'una reculada. Ja que si reprenem el fil conductor (Metge ens diu al
I que admira una obra de Petrarca, l'*Àfrica*; però als llibres III i IV
no accepta la doctrina del *Secretum*, la qual condemna aquest poema),
entendrem que, en conseqüència, clogui el diàleg, ben enfonsat,
denunciant com espúria la conclusió petrarquesca. Amb aquella mescla
difícil d'entendre, doncs, estaria subscrivint que és conscient de la
desvirtuació que, per al corrent revolucionari, suposava el diàleg secret
del gran mentor. Sense oblidar que a les paraules finals l'indueix a deixar
la doctrina d'amor d'Orfeu, així com havia fet Agustí a Francesco al
llarg del III del *Secretum*.

Ratifica aquest plantejament una font d'Horaci -el *Sermonum*
II, 5, que vaig exposar en 2003 i que es projecta sobre el llibre III-,
segons la qual Metge fulmina la figura de Tirèsias, qui, en la mateixa
situació que el personatge llatí a la sàtira, fa alhora el mateix paper

de sant Agustí a *Lo somni*; es comprova que assumeix tots dos papers perquè en tots tres casos el mitològic endeví fa de corruptor[96]. Per tant, Metge subratlla el signe nefast de l'agustinisme petrarquesc; alhora que se'ns il·lumina que rebutgi el *Corbaccio* mentre que, també ocultament, havia exalçat el *Trattatello in laude di Dante* o *Il Comento alla Divina Commedia*, amb el qual inclús havia glossat el *De natura et origine animae* agustinià.

Així mateix ho corrobora la propera font que proposem per a aquesta cloenda, que vaig presentar aquell mateix any: la introducció al llibre VIII del *De casibus*, on Boccaccio reconeix -també en un somni- que Petrarca l'ha convertit; ja que se'ns està assegurant per diverses vies que la conversió petrarquesca no era pas una conversió, ans ben al contrari, una corrupció o una conversió invertida. Metge hi deixa també una petja prou clara a l'última frase de *Lo somni*, quan diu que es troba destituït de la virtut dels propris membres, frase que no s'havia localitzat enlloc i que és calcada d'aquell passatge boccaccià (la destaquem amb cursiva); amb el seu fàstic suggeriria la inversió: que la conversió del certaldès era falsa.

et esto expergefactus aliquando a cepti laboris cura revocarer ... Sed ecce visum est michi, nescio quibus missum ab oris, hominem astitisse aspectu modestum et moribus, venusta facie ac miti placidoque pallore conspicua, virenti laurea insignitum et pallio amictum regio, summa reverentia dignum. Quem adhuc tacentem, dum reseratis oculis somnoque omnino excusso acutis intuerer agnovi eum Franciscum Petrarcam optimum venerandumque preceptorem meum,	Me vench fort gran desig de dormir. E levant-me en peus, passegí un poch per la dita cambra; mas, soptat de molta son, covench-me gitar sobre lo lit e, sobtosament, sens despullar, adormí'm, no pas en la forma acostumada, mas en aquella que malalts o famejants solen dormir. Estant axí, a mi aparech, a mon viyares, un hom de mitge statura, ab reverent cara, vestit de vellut pelós carmesí sembrat de corones dobles d'aur, ab un barret vermell en lo cap. ...

---

[96] Per aquesta assumpció del Tirèsias horacià per part de Metge, vegeu 2.2.2.

cuius monitus michi semper ad virtutem calcar extiterant et quem ego ab ineunte iuventute mea pre ceteris colueram et michi conscius erubui eo viso, *De casibus* VIII, 1, pp. 650-652.	E quant haguí ben remirat, especialment lo dessús dit hom de mige statura, a mi fo viyares que veés lo rey En Johan d'Aragó, de gloriosa memòria, qui poch temps havia que era passat d'aquesta vida, al qual jo longament havia servit. E, dubtant qui era, spaordí'm terriblement. Ladonchs ell me dix, 56.
Satis animadversum est quietem corporis nimiam torporis matrem et ingenii hostem fore; quod quidem estsi iam dudum ignavia mea sepius expertus sim, nunc tamen in fere letiferam incidi. Nam dum omissis habenis in amplissimum ocium avidus liquissem labantia membra, in tantum tanque profundum demersus soporem sum ut, nedum alteri, *verum michi ipsi immobilis factus mortuus fere viderer* (650).	sobtat de molta son, covenc-me gitar sobre lo llit, e sobtosament, sens despullar, adormí'm, no pas en la forma acostumada, mas en aquella que malalts o famejants solen dormir, 56 (...) E jo desperté'm fort trist e desconsolat, *e destituït tro al matí següent de la virtut dels propris membres; així com si lo meu spirit los hagués desemparats*, 282.

Aquest passatge boccaccià, a més de la cloenda, també podria reflectir-se a l'inici de l'obra, fent de marc[97] -tècnica boccacciana valorada ja al *Griseldis*-; segons hem afrontat al paral·lel amb les primeres línies de *Lo somni*. Aquesta arrencada ja anava ben fornida de fonts, però afegint-hi la del passatge del *De casibus*, que hem apreciat a la cloenda, ofereix fins i tot més escaiença que la influència coneguda del *Corbaccio*, ja que aquest reprodueix una situació de caràcter sentimental i aquella altra ho fa d'un somni amb efectes morals; i en concret, tracta d'una conversió falsa, fet al voltant del qual gira tot

---

[97] Els marcs són un recurs de gran relleu i d'arrels complexes, que evidentement passen pel *Decameró*. Darrerament els he analitzat a l'obra inicial lul·liana (2009c).

Lo somni[98]. Donat el preciosisme culturalista d'aquells humanistes, no cal escandalitzar-se pel fet d'amuntegar-s'hi fonts; ja ho va advertir Riquer (1933: 246-247) en afegir la del *Secretum* a la del *Corbaccio* -assenyalada a l'edició de Casacuberta- a causa de la semblança de les aparicions.

I hi ha una altra ombra emmarcant l'obra sencera, la senequiana, a tall de motllura encara més profunda. Per a copsar-la bé farem abans una mica de resum a risc de ser reiteratius, reprenent el fil argumental i conductor: Metge ens diu al I que admira una obra de Petrarca, l'*Àfrica*; però als III i IV no accepta el plantejament moral que se'n fa al *Secretum*, on aquella és condemnada. Bé, doncs, el fonament per a aquesta rectificació moral darrerament he plantejat que la va pouar al moralista per antonomàsia, a Sèneca, qui d'acord amb l'equilibri metgià, constaria a través de les cartes a Lucili, com l'alfa i l'omega en obra de tan alts continguts morals com és aquest diàleg. D'altra banda, aquest autor és ben escaient en obra de tirada tan moralitzant, i ja s'havia localitzat en les *Tragèdies*; encara, tinguem present que és citat pel rei entre els que li són familiars (Butinyà 2007a: 98-99).

Exposem els textos amb semblances:

Quod ego tibi uideor interim suadere, in hoc me recondidi et fores clusi, ut prodesse pluribus possem. Nullus mihi per otium dies exit: partem noctium studiis uindico: non uaco somno, sed sucumbo et oculos uigilia fatigatos cadentesque in opere detineo, Sèneca, *Lletres a Lucili*, 8, p. 15.

entorn mitgenit, studiant en la cambra on jo havia acostumat estar, la qual és testimoni de les mies cogitacions, me vench fort gran desig de dormir. E levànt-me en peus, passegí un poch per la dita cambra; mas, soptat de molta son, covench-me gitar sobre lo lit, 56.

---

[98] Cal ressaltar ací que, de diferents maneres, la crítica coincideix a entendre *Lo somni* com una obra exponent d'una conversió. I observem el seguit de conversions: Boccaccio hauria estat convertit com Ulisses a la sàtira horaciana. De nou hi trobem, doncs, el refús de Metge, ara envers un consell hipòcrita com abans l'agustinià, que no era cristià (vegeu també el capítol següent, 1.1.2.); en tots dos casos qui corromp va vestit de la pell de Tirèsias.

Observem les concomitàncies: reclusió, estudi nocturn, somni sobtat degut a una intensa vigília i treball esgotador; amén de tractar-s'hi d'un insomni d'origen intelectual, tant a Sèneca: "Tu me, inquis, uitare turbam iubes, secedere et conscientia esse contentum? Ubi illa praecepta uestra, quae imperant in actu mori?" (15), com a *Lo somni*. On, rere la veu de l'autor, ressona la senequiana.

Aquella epístola –bé que amb una endreça factícia- comença així: "Tu me, inquis, uitare turbam iubes, secedere et conscientia esse contentum? Ubi illa praecepta uestra, quae imperant in actu mori?"(15). Gest que cal tenir ben present a *Lo somni* perquè el fet de recriminar un autor amb els seus propis textos és una tècnica que Metge fa seva, com ja s'adonà també Riquer (1975: 461), afirmant que era sens dubte intencionat que refusés el Boccaccio en italià mitjançant el Boccaccio en llatí. Metge, doncs, retreu Petrarca d'haver citat aquella obra senequiana, precisament al mateix *Secretum*, quan no aplicava la seva doctrina, ja que a causa dels escrúpols no seguia el manament de treballar fins a la mort en la feina i es recloïa en una vida retirada i d'aïllament[99].

La sistemàtica era del mateix Petrarca, qui deia en boca de sant Agustí cap al final del *Secretum*: "Verbis tuis te commoneo" (*Secretum* III, 348), val a dir se servia del seu testimoni en contra d'ell, segons hi explica i aplica retreient Agustí a Francesco els versos de l'*Africa*. Tot això, doncs, no són meres tècniques literàries, ans converses i esmenes que es donen en nivells de gran fondària textual. I encaixen amb el sentit al qual ens anem apropant avui sobre la naturalesa de la literatura.

Observem, gairebé a tall de comprovació d'aquesta interpretació que aquest recurs el veiem també a la famosa XIV de les *Familiars*, on renya Ciceró –qui havia definit la carta com conversa entre amics absents- per la seva actitud social, que li havia distret de la tasca de filòsof. Per tant, som davant del joc humanístic de les rectificacions i de tirar-se les coses noblement en cara. Ja s'adonà Riquer també que Metge feia seu aquest recurs, afirmant que era intencionat que refusés

[99] Agreujant l'incompliment, encara, Petrarca ho havia defensat a la Senil XVII, 2 -"la altissima de non interrompendo per etatem studio", en paraules de Branca (1991: 170, n.48)-, i és la famosa epístola que precedeix el *Griseldis*.

el Boccaccio en italià mitjançant el Boccaccio en llatí.

Així, resumint, veiem que al final, a l'igual que al començament de l'obra –en començar a somniar a la seva cambra-, Metge fa conjugar Boccaccio i Petrarca amb Sèneca, qui ja era una veu del *Secretum*. Des de la intertextualitat en significats, més enllà de les formals, pot valer com a resum d'afrontar la conclusió final petrarquesca: "Finem faciam: effuge scopulos. Eripe te in tuum", 671, a la metgiana segons el darrer consell de l'endeví: "E pus en la tempestuosa mar has viscut, fé ton poder que muyres en segur e tranquil·la port", 282. Ja que ho afirma la intertextualitat del llibre II: "qui procellosos inter fluctus vixerim, moriar in portu" (600).

Per tant, al final de l'obra catalana, reprenem la citació senequiana del comença, que revelava ja una conversa, la qual afecta el treball amb un sentit social o estrictament humà, i que s'hi torna contrària al discurs de Petrarca, a causa d'haver malentès les seves fonts.

Observem ara les darreres paraules de Tirèsias, imitant el *Secretum*: "Hages assats treballat per altres, e entén en tos fets propris (no dich però mundanals ni transitoris, mas spirituals e perdurables)", 280. Frase que resum la repetida oposició entre l'amor diví, d'una banda, i l'amor humà i a si mateix, d'una altra, per part del sant Agustí petrarquesc, i que afectava la redacció de l'*Africa* ("aliis scribens, tui ipsius oblivesceris", 664), ja que la fama, com l'amor a la dona, allunyen de Déu ("Cogita quantum per illam ab amore Dei elongatus...", 660 passim). Així, ho reaferma en un manament cap al final: "Dimitte Africam, eamque possessoribus suis linque; nec Scipioni tuo nec tibi gloriam cumulabis: ille altius nequit extolli, tu post eum obliquo calle niteris. His igitur post habitis, te tandem tibi restitue", 676.

Mentre que el missatge senequià, que té com temàtica principal tractar ensems les coses humanes i les divines, estimulava a l'esforç intel·lectual i artístic en ares de la utilitat, dient Sèneca que si treballa durament és només a fi de poder ésser útil a molts i en interès de la posteritat. Paraules, per cert, que coincideixen també amb les que recomana el rei Joan a Metge, segons diu al llibre II: "E si en scrits ho volies metre, ja se'n seguiria major profit en lo temps esdevenidor a molts, de què hauries gran mèrit", 152.

El gir conceptual fet en correcció de la malinterpretació d'un clàssic –un dels objectius d'aquells homes renovadors- hi té una aplicació exactísssima[100]. I en aquest cas té repercussió no sols en la moral ans en l'estètica. I així, avui, no podem gaudir de l'*Africa* completa, cosa que deixa esculpida críticament Metge, ja que ell no hi cau a l'error. Contràriament i sota consignes esteticistes[101], compleix l'encàrrec del rei Joan, en qui un cop més s'hi hauria desdoblat l'autor, en franca oposició a Petrarca.

Segons havíem avançat, el Renaixement seguiria la línia encetada per Metge, però de manera més superficial, sense coneixement d'aquestes filigranes, teòriques, secretes o gairebé privades. Car tot això no són meres tècniques literàries i no cal justificar-ho amb intertextualitats; es tracta de matisos polèmics, que es donen en nivells de gran profunditat textual, i que encaixen amb els avenços recents sobre la naturalesa dels textos. I *Lo somni* és també una resposta d'adhesió a Sèneca, qui havia mantingut en aquella epístola una conversa sobre el treball sota un sentit social, amb missatges contraris al discurs petrarquesc.

Car si reprenem aquesta conversa textual front a les tendències de la teoria literària actual, pel que fa a la naturalesa dels textos, copsarem que la seva conversa arribaria a pocs entenedors i molt selectes, potser solament els seus amics, guiats per ell mateix. Segons Gadamer, l'obra només 'parla' quan parla 'originàriament', és a dir, 'com si m'ho digués a mi mateix'. Això significa que allò que diu així imposa una mesura, una entesa o unes regles de joc; el text és la resposta a aquella pregunta

---

[100] Exactament igual que havia fet al *Griselda* amb Ovidi, segons hem comentat al començament, qui mitjançant les *Pòntiques* –que constituïen l'única citació de la lletra dedicatòria- proposava de prendre les adversitats com una oportunitat per a la virtut, en lloc d'afrontar-les amb la ressignació tradicional, com feien els dos italians (Butinyà 2002c).

[101] Pot rubricar-ho el diàleg que hi subsegueix:

"-O senyor! –diguí jo-, e de mi us trufats? E són bastant a sostenir lo càrrech que als meus flachs muscles assajats imposar? Cuydats que no·m conega? Per ignorant que sia, no ignor que la mia força és pocha e l'enginy tard e la memòria fluxa" (152).

-Si manament meu –dix ell- ha loch en tu axí com solia, jo t'ho man; e si no, prech-te e t'amonest que a mon vot no dons repulsa. Lo teu saber és suficient a açò, si lo no voler-ho no l'empatxa", 152-154.

original i marca la distància entre l'obra i el lector (Gadamer 1991: 671). Que al temps de Metge imperava la veu en direcció contrària és un dels punts de recolzament d'aquest treball; però un altre més profund és considerar el valor d'aquelles converses, que existeixen –al marge del canon!- i que des de la història literària i cultural les hem de saber recompondre. Perquè han existit i viuen als textos.

Aquest enfocament teòric també ens dóna l'explicació de la desviació crítica experimentada quant a Metge als darrers decennis, ran d'haver-se descobert els documents incriminatoris, publicats el 1957 per Marina Mitjà, perquè van fer entrar en conflicte la ciència històrica i la filològica (Butinyà 2010d); mentre que aquesta ha de comptar que l'Art documenta una realitat social, com succeeix als fets històrics de *Lo somni*. Ara bé, aquesta realitat social no pot mai determinar aquella, cosa que esdevé quan la consciència històrica arriba a modificar l'actitud del filòleg (Gadamer 1991: 410).

Tocant al gènere i en relació amb aquests conceptes, tindrem present també que bé que defensa l'*Africa* del mateix Petrarca, Metge no fa un poema; però tot i sent un diàleg, pertany a les obres de prosa agradable i de ficció. I aquests trets ubiquen preferentment *Lo somni* en una línia assagística, la qual combina l'aspecte hedonista amb el pensament exigent i lliure que -arraconada la ideologia unilateral o única, que bé retrata el final del *Secretum*- s'ha anat imposant amb el temps fins als nostres dies, dissenyant el gènere de l'assaig[102]. Segons una actitud que davallava de les humanistes, que aportaren un nou concepte del goig, sumant als valors cristians els estoics i els epicuris, els quals ja manifestava aplegar Sèneca en aquella epístola. Parell de punts que ens deixen veure Metge com a precedent d'aquell gènere i també de l'humanisme cristià.

Així doncs, cal apreciar com Metge deixa de banda els tractats de l'estil del *Secretum*, així com havia ultrapassat els debats i els poemes al·legòrics rere el *Libre de Fortuna e Prudència* (Marco 2010), alhora que pren l'*Africa* com model: el que ha canviat és el concepte de la literatura, que recolza una nova assumpció de l'Antiguitat, fonamentada

---

[102] En sintonització amb l'Humanisme en el sentit més ampli -el que explica la seva pervivència-, la profunditat intel·lectual i la bellesa de la manera d'exposar-la li fan un precedent del modern gènere de l'assaig (Butinyà 2010a).

a més del rigor, en l'estètica plaentera i la llibertat ideològica. Tots ells trets de la modernitat. Pas que no va donar decididament, malgrat totes les seves consecucions i d'haver establert el patró humanístic, el gran Petrarca.

Tot esdevenia però molt i molt d'hora, perquè la seva conversa secreta amb Petrarca, que ara estem sentint potser per primera vegada amb plenitud de so, entenent l'al·lusió a l'*Africa*, és precedent de discussions posteriors, que (tot i perdent bona part de les filigranes de gosadia i càrrega de profunditat) desguassen al Renaixement[103].

---

[103] Di Camillo clou així el seu estudi: "El resultado de este empeño fue un fermento intelectual que, trascendiendo a gramática, retórica, historia, poesía y ética de los 'studia humanitats', afectó a las restantes disciplinas: la jurisprudencia, la medicina, la fislosofía, la teología, las ciencias naturales y las artes mecánicas. Sobre todo revolucionó la literatura y las artes plásticas" (295-296).

Lo somni o la reivindicació ontològica de l'home

José Ramón Areces (UNED, Madrid)

El treball present pretén mostrar la influència de l'Humanisme en l'obra de Bernat Metge[104], a més de comparar l'obra d'aquest autor, *Lo somni*[105], amb la *Coronación* (Pérez Priego) de l'autor castellà Juan de Mena. No obstant això, per tal de poder construir un context que ens permeti realitzar el nostre propòsit, es fa necessari d'establir, com premissa prèvia, el concepte de ser humà i d'Humanisme, així com d'analitzar els factors que varen incidir en el desenvolupament d'aquestes dues idees dintre de l'àmbit peninsular hispà. Així doncs, passem a determinar, en primer lloc, el concepte antropològic de ser humà.

La definició de ser humà ens permet retrotreure'ns a Grècia, època en la qual, segons la informació que aporta Javier San Martín Salas, aquest és definit com "aquel animal que habla", és a dir, aquell animal capaç de proferir la realitat. Sota aquesta premissa, els pensadors grecs assentaren els principis vertebradors de tota la cultura occidental, en considerar que la capacitat humana d'argumentar i d'arribar a l'enteniment es devia a la facultat discursiva de tot ser humà. Posteriorment, aquesta imatge d'un ser, l'home, obert a la realitat, serà cristianitzada, en considerar que el *logos* humà no és altra cosa que la participació d'aquest en el *logos* diví.

Però, a més, durant el període hel·lenístic, s'amplià la imatge de l'home per influx de l'estoicisme, que aplicà al concepte anterior la idea de filantropia, segons la qual l'amor és el principi de la vida intel·lectual i mental. S'hi afegí el fet que l'etapa hel·lenística

---

[104] Hem basat, principalment, el nostre treball de *Lo somni* en l'estudi de Butinyà 2002a.

[105] Per a la lectura de *Lo somni*, seguim la traducción al castellà de Butinyà 2004f.

fou un període convuls i de grans canvis en les fronteres, cosa que obligà l'home a abandonar el seu espai i a recloure's en ell mateix, allunyat de la protecció de la seva *polis* i dels seus costums mítics. Aquesta circumstància va fer que els estoics veiessin l'home com a un element integrant de l'univers, sent la seva veritable posada la mateixa naturalesa. D'aquesta manera, es passà de la noció d'*anthropos*, vinculat a la *polis,* a la idea de l'home com un ser obligat a la filantropia envers tothom[106]. Els romans, per la seva banda, entengueren la idea d'*humanitas* des d'aquest concepte, sent el seu màxim defensor Ciceró, qui la va transmetre a la posteritat.

Tanmateix, la idea del ser humà no passa a la cultura occidental sense haver estat abans filtrada pel tamís hebreu. En el concepte de l'home de la cultura hebrea, la naturalesa passa a un segon pla, per a prendre protagonisme la història, ja que el ser humà sols es pot entendre des d'un esdeveniment personal, en què fou creat per Déu, en un acte estrictament personal, que es prolonga en una conversació personal de Déu amb els sers humans, a través del seu poble elegit i sota la promesa d'una futura salvació. D'aquesta forma, es pot observar la importància que assoleixen l'oïda i el fet d'escoltar en la imatge que de l'home hom té en la cultura hebrea.

Evidentment, el cristianisme heretarà la idea d'història dels hebreus, però aplicarà la noció d'universalisme dels estoics, ja que els cristians es veuen en l'obligació d'explicar l'evangeli a tots els pobles. I com que l'home cristià no és un estoic, ja que està separat de la naturalesa per la Història de la Salvació, això condueix a la seva revalorització ontològica, concepte present en tots els humanismes, encara que la naturalesa humana sigui intrínsecament dolenta, degut a l'acció d'Adam.

Avançant en el temps, durant els segles XV i XVI, es forja altra imatge del ser humà, fonamentada en la rehabilitació ontològica de l'home cristià medieval que, arrencat de la cadena dels sers, adquireix un estadi superior, atorgant-li una ànima, destinada a la vida eterna i a la seva unió amb Déu. En efecte, aquesta revalorització ontològica serà

---

[106] Aquest ideal d'igualtat i fraternitat entre tots els sers humans està present en les comèdies de Menandre, Plaute i Terenci, recollit en la frase terenciana *homo sum, humani nihil a me alienum puto* (home sóc i, per tant, res humà m'es aliè), que ja es trobava en el teatre de Menandre.

recollida, durant el Renaixement, però s'hi introduiran factors profans, substituint els elements teològics per altres d'índole antropològica, car la dignitat de l'home es veurà des de les possibilitats pròpies del ser humà. Tanmateix, serà el descobriment de l'ALTRE l'eix sobre el qual voltarà la concepció de l'home en el Renaixement, conseqüència lògica dels descobriments geogràfics del moment, que portaren a la confrontació de la cultura europea amb altres cultures. L'ALTRE és considerat com una sèrie de circumstàncies i fets que cal conèixer, que ens poden obrir noves metes i valors, als quals cal aspirar per a millorar-nos nosaltres mateixos.

Analitzada, per tant, la concepció que sobre l'home s'ha anat tenint, des de l'antiguitat clàssica fins el Renaixement, es fa indispensable ara d'abordar l'altra qüestió esmentada a l'inici de l'article: l'origen de l'Humanisme, pròpiament dit. I recollint les idees exposades per Nicholas Mann (dins Kraye 1998, 19 ss.), observem que l'origen del terme humanisme es troba en la veu llatina *humanitas*, usada per Ciceró i altres autors per a referir-se als valors culturals que proporcionaven els *studia humanitatis:* llengua, literatura, història i filosofia moral. Aquesta idea i els conceptes que contenia foren recollits en el segle XIV pels intel·lectuals italians, entre els quals destacava Petrarca, els quals aconseguiren que, ja en el segle XV, els *studia humanitatis* formessin part del currículum universitari. D'aquesta manera, a la Itàlia del Quatrecents, el terme *humanista* feia referència a la persona coneixedora de la literatura clàssica i de les disciplines vinculades a ella, com la retòrica. A Espanya, ens trobem també amb el mateix valor semàntic per a la veu *humanista* a mitjans del segle XVI. Però haurem d'esperar fins al segle XIX per a trobar el substantiu *humanisme,* terme que s'emprarà per a designar l'estudi de l'antiguitat grecollatina i els valors que aquesta representa.

Per consegüent, l'Humanisme no començà almenys des del segle IX com un concepte, ans com una pràctica consistent en l'estudi de l'antiguitat clàssica. I, precisament, aquesta idea no és pas una qüestió menor, ja que ens permet de visualitzar la cadena de transmissió de tot el llegat clàssic a la cultura occidental, al mateix temps que reflecteix el gran treball filològic de restauració de textos i fonts, les reconstruccions arqueològiques del llegat grecollatí o la seva influència en la teologia, la filosofia, el pensament polític, la jurisprudència, la medecina, les matemàtiques i les arts. Fins i tot ens trobem amb altres elements importants en el desenvolupament de l'humanisme europeu, molts d'ells allunyats, en aparença, de l'esfera cultural, però directament relacionats amb els orígens de l'Humanisme. En tenim un exemple a la necessitat que va haver, durant l'Imperi carolingi, de formar tota una classe de funcionaris públics que ajudessin a controlar políticament i jurídica l'Imperi. Per això, es crearen escoles catedralícies, on es formà un clergat secular i urbà, allunyat de l'ambient monacal, en el qual va arrelar el gust per la cultura i els autors clàssics. En definitiva, amb les dades aportades anteriorment, veiem com els homes cultes europeus del segle XII no sols aplicaven l'erudició clàssica a les lletres, sinó que també ho feien amb finalitats pràctiques i laiques: traduccions de textos filosòfics, científics o mèdics. A més, la literatura en llengua vernacla es va veure influïda per la literatura clàssica, sent-ne bona prova el *Roman de Thébes, Eneas* i el *Roman de Troie*, junt amb la producció de *florilegia*, antologies que arriben progressivament a un públic més nombrós.

És obvi, encara, que, durant l'Edat Mitjana francesa, el coneixement dels clàssics no va poder arribar a desenvolupar-se com es faria des dels *studia humanitatis,* degut a la influència de l'Església. L'ensenyament clerical es basava en el dret canònic, la nova lògica d'Aristòtil i la teologia escolàstica, on la cultura i la literatura pagana poc podien dir. Al contrari, Itàlia es fonamentà en un model social urbà, on predominava l'interès comercial i el dret civil, front als interessos de l'Església. Aquesta fou la causa que a Itàlia es formés una classe de lletrats laics, juristes i funcionaris, amb una gran preparació professional i cultural, que entenien la retòrica com una capacitat vàlida per a la vida pràctica. Així, l'art de parlar en públic es transformà en l'*ars dictaminis* o art d'escriure cartes, cosa que originà que els *dictatores* fossin presents a l'esfera política. I justament, del *dictamen* sorgirà un dels grans gèneres d'Humanisme, i que tindrà una gran repercussió en el Renaixement: l'epístola, gènere que Petrarca convertirà en un art capaç d'allotjar el discurs polític, les reflexions personals, l'erudició o l'assaig filosòfic.

Altre factor important que defineix l'humanisme italià i que s'ha d'assenyalar és la interpretació, per part dels juristes, dels grans textos del dret romà, el *Codi* i el *Digest*. Aquesta interpretació s'aplicà als problemes legals del moment amb una gran consciència històrica, la qual cosa revaloritzà els conceptes i valors de l'antiguitat clàssica. A més, aquest interès pel dret romà i per la seva glossa va tenir com resultat que la classe jurista fixés la seva atenció en altres facetes de la cultura clàssica, com ara la història, la filosofia moral i la poesia. D'aquesta manera, els alts funcionaris començaren a imitar els poetes llatins, escrivint versos en llatí, alhora que Pàdua, Verona, Bolonya o Avinyó es convertiren en els grans centres de creació poètica neollatina i d'erudició clàssica, per on desfilaren les grans figures de l'humanisme italià: Lovato, Petrarca, Crisoloras o Boccaccio.

De totes les idees que hem donat fins aquest punt, Bernat Metge serà hereu, però també es veurá influït per altres fonts que li eren més properes, d'entre les quals destaca la figura de Ramon Llull[107], l'obra del qual representa la majoria d'edat de les lletres catalanes, car s'esforçà -i ho assolí- perquè la llengua romanç catalana aconseguís una expressió, tant en el pla de la llengua com en el del pensament, equiparables a qualsevol de les altres llengües de cultura, obrint així el camí cap als posteriors autors catalans, que veuran la seva llengua vernacla com l'instrument més natural per a expressar els seus pensaments.

Dintre de la vasta producció literària de Ramon Llull, crida l'atenció, per la relació que guarda amb l'objectiu d'aquest treball, el fet que en el seu *Disputatio clerici et Raymundi phantastici* ens proporciona dades autobiogràfiques, afirmant que "he estat un home casat, he tingut fills; era bastant ric, lasciu i mundà. Vaig deixar-ho tot de bon grat per poder-me dedicar a fomentar l'honor de Déu i el bé públic, i a exaltar la santa fe" (ed. Badia 2008, 117).

Tot just, aquest propòsit mena Ramon Llull a idear un *Art*, un mètode apologètic, consistent en una sèrie de taules mòbils, sobre les quals es trobaven inscrits una sèrie de conceptes fonamentals, comuns a totes les ciències i dels que participaven tots els sers.

---

[107] Per a comentar el pensament de Ramon Llull, seguim É. Gilson.

Aquestes taules podien combinar-se en diverses posicions, de manera que s'hi obtenien de forma mecànica totes les relacions conceptuals, que es corresponien amb les veritats essencials de la religió i que, alhora, posaven en evidència els errors dels averroistes, dels jueus i dels musulmans, veient-se aquests dos darrers obligats a acceptar la Trinitat.

La pedra angular del pensament de Llull la trobem, més concretament, en el conjunt de regles que l'autor ens proporciona, per a poder combinar correctament els principis anteriors, i en la idea que l'enteniment ha de transcendir els sentits, àdhuc transcendir-se ell mateix, de manera que reconegui l'existència necessària de coses que no comprèn. Tot això es veu emmarcat dintre de la tradicional idea medieval que Déu se'ns ha revelat per mitjà de dos fonts: La Bíblia i el Llibre del món. Així doncs, el coneixement de les perfeccions dels conceptes fonamentals de totes les ciències no és altre que el coneixement directe de les perfeccions de Déu, esdevenint el coneixement pura teologia.

A partir d'aquest supòsit, l'objectiu principal de l'acció lul·liana consisteix a intentar reunir, per la causa de la cristiandat, tota la humanitat, mitjançant la saviesa cristiana. Per això, Llull ideà un *Art,* la característica principal del qual -i veus ací la seva originalitat- fou la generació de la doctrina mateixa, i no al revés. Però, per a poder desenvolupar tota la seva activitat, Ramon Llull s'afanyà a conèixer l'ALTRE, a obrir-se al seu oponent. En aquest sentit, i en relació al món musulmà, el nostre beat s'esforçà per aprendre àrab i s'interessà per comprendre l'univers cultural islàmic, de manera que, en aprehendre l'ALTRE, aconseguí un coneixement més gran de si mateix i de la fe cristiana. En efecte, el sistema filosòfic de Ramon Llull ens presenta el nostre filòsof com un ser obert al coneixement, que busca el sentit del ser humà des de la raó, confrontant-lo amb el seu contrari, esdevenint així un ser dialògic en relació al món. D'aquesta manera, la postura de Llull serà una de les primeres balises que el pensament humanista occidental desenvoluparà, dintre de l'àmbit cristià i teològic de l'Europa medieval, i que, posteriorment, veurem amplificada en els autors tant humanistes com prehumanistes del continent.

Avançant una mica més en els principis humanistes de Ramon Llull, observem com tot el seu sistema filosòfic està emmarcat dintre de la tradició de la retòrica medieval, sent de rellevant interès, per al nostre treball, l'ús que fa el nostre filòsof d'una de les cinc parts de la retòrica: la memòria[108].

La memòria de Ramon Llull no es basa en la tradició clàssica de la retòrica, que pretenia identificar les intencions espirituals amb similituds corporals, sense fonamentar la memòria en veritats o "reals" filosòfics. A més, per als aristotèlics la memòria no era una facultat en si mateixa, sinó que es trobava dintre de la prudència i la intel·ligència, realitzant un paper auxiliar. Al contrari, el lul·lisme, com art de la memòria, deriva del platonisme agustinià, al qual s'havien unit certes consideracions neoplatòniques, amb la pretensió d'assolir les causes primeres, a les quals Llull denominà *Dignitatis Dei*. Tot l'*Art* lul·lià gira, per tant, entorn aquestes *Dignitatis Dei*, que es converteixen en una mena de Noms Divins[109] o atributs, com en el sistema neoplatònic d'Escot d'Eríugena.

El que hem exposat mostra, a la vegada, com Ramon Llull, malgrat viure en la gran era de l'Escolàstica, no era un escolàstic, sinó més aviat un filòsof platònic, que s'arrenglerava amb el platonisme d'Anselm, els victorians i Escot. Per tant, el seu intent de fonamentar el seu art de la memòria en els Noms Divins o en l'evocació de les Idees platòniques, l'apropen més a les posteriors idees renaixentistes que a les concepcions filosòfiques medievals.

A més, l'*Art* lul·lià no empra metàfores corporals, per a excitar la memòria, sinó que utilitza una notació alfabètica, introduint en el seu sistema un element d'abstracció molt acusat. A això s'uneix altre element molt original: la irrupció del moviment en

---

[108] Per al comentari de la memòria l·luliana seguim Yates 2005, 197 ss., i Lullus 2008, cap. III B (Marta M. M. Romano i Òscar de la Cruz, *The human realm*, 363-459). Cal afegir que a *Lo somni* es reflecteix la memòria lul·liana: "Més encara, la ànima racional és creada a fi que tostemps entena, am e record Déu" (Butinyà 2007, 82 i nota 73).

[109] Llull utilitza els diferents Noms de Déu, ja que aquests també són emprats en la càbala hebrea i en la tradició musulmana. La seva intenció és de tendir ponts entre les diferentes religions amb la idea de convèncer musulmans i jueus de la validesa del seu *Art*.

la memòria. Front als esquemes conceptuals medievals amb l'ordenació estàtica de tots els sabers, les taules conceptuals lul·lianes es mouen, per tal de combinar tots els seus elements, intentant de representar el moviment de la psique humana, en un esforç per delinear les rutes de l'autoconeixement, convertint la memòria en font de coneixement.

A la vegada, la memòria lul·liana és considerada com la facultat de recordar, recopilar i tornar a anomenar coses del passat amb la finalitat de fer-les presents, sent aquesta un organ en si mateix que resideix en l'occipital (cervell posterior), on les coses recordades s'emmagatzemen. Aquestes coses poden ser fantàstiques i es reben de la imaginació, encarregant-se la memòria de transmetre-les directament a l'intel·lecte, o poden ser coses corpòries que la memòria transmet a través de la imaginació.

Així mateix, la memòria juga un paper molt important respecte a l'amor i la fe en Déu, ja que s'encarrega de recordar els articles de fe i les virtuts, estant en contínua comunicació amb altres facultats de les quals rep les formes de les coses conegudes i estimades, les quals, més tard, depenent de les seves qualitats, són retingudes o oblidades.

D'altra banda, i seguint amb el raonament lul·lià, l'art de la memòria es concep com l'operació de memoritzar l'*Art* com un tot, en tots els seus aspectes i operacions. Aquest fet introdueix un element nou en la memòria, ja que aquesta, en registrar tots els procediments, es va convertint en un mètode d'investigació lògica, front a la memòria de la retòrica clàssica tradicional, que sols intenta memoritzar el donat. Únicament accepta una regla de tradició clàssica retòrica: la norma aristotèlica que establia la necessitat de repassar constantment allò que es volia retenir a la memòria. En efecte, aquesta acció és considerada primordial, per a recordar tot l'*Art* lul·lià i els seus procediments, i així ho posa de manifest en el seu llibre *Liber ad memoriam confirmanda,* encara que diferencia dos tipus de memoria: la primera, natural, i rebuda per l'home quan és creat, i la segona, artificial. Dins de la memòria artificial, distingeix, a la vegada, dos tipus: una que consisteix a millorar la memòria mitjançant medicaments, i l'altra que es basa a recordar, constantmente, el que es vol retenir.

Fins ací, queden analitzats breument tres factors de relleu, segons el nostre parer, en els inicis de l'Humanisme: el concepte de l'home, els *studia humanitatis* i, a l'àmbit català, la influència de Llull. Passem, ara, a estudiar com aquests factors influeixen en l'obra de Bernat Metge, obviant la influència petrarquista en la seva obra, que si bé tingué molta fondària, ha estat ja abordada suficientment en altres treballs. La nostra intenció és, doncs, d'analitzar el reflex de l'obertura envers l'ALTRE en la seva obra *Lo somni* (Butinyà & Ysern), per mitjà d'un breu comentari.

El primer que volem destacar és el propi títol de l'obra, *Lo somni,* en la mesura que incideix clarament en la seva relació amb el pla oníric en el qual Metge centra la seva obra[110]. Evidentment, Metge ens presenta un somni literari, però circumscrit a una situació personal molt determinada: el seu empresonament, pel fet d'implicar-li com culpable de malversació de fons i de la mort sobtada de Joan I. Així, podem imaginar Bernat Metge escrivint el seu llibre a la presó, necessitant de tota la seva memòria, per tal de poder envestir la seva obra. Davant d'aquesta situació real, el nostre poeta articularà tot un *univers dramàtic,* amb l'única ajuda del seu talent i, hi insistim, de la seva memòria, amb la doble intenció de mostrar-nos les seves idees i de ser perdonat pel nou monarca, qüestió aquesta que tampoc no és objecte d'aquest treball.

Com veurem més endavant, Bernat Metge s'afrontarà amb la tradició en un gran exercici de reflexió, activarà tots els seus coneixements de manera crítica i no li importarà de pagar-hi peatge. I és, precisament, aquesta actitud la que el col·loca junt a Ramon Llull i tot el seu *Art,* malgrat que no comparteixen ni moment històric ni objectius comuns. Ambdós autors, però, sempre es mantenen al costat de la raó i de l'activitat intel·lectual, desmarcant-se del coneixement passiu. Al seu endins, realitzen grans esforços intel·lectuals d'introspecció i d'autoconeixement i s'hi veuran necessitats d'un gran teatre de la memòria que els ajudi a estructurar el seu univers intel·lectual.

Per altra banda, l'Humanisme del nostre autor es veurà influït per la societat plural catalanoaragonesa, en la qual convivien jueus,

---

[110] Com indica Isidoro Arén Janeiro*:* "los sueños son proyecciones, fragmentos de experiencias, de acontecimientos, que surgen en los bastos espacios de la memoria .

musulmans i cristians, i que tenia contactes amb els ducats hel·lènics. Totes aquestes circumstàncies allunyaren aquesta societat de postures cristianes fonamentalistes, obligant, en certa manera, que s'hi fomentés una certa tolerància, que també es reflectirà en el tarannà conciliador i comprensiu que sura en *Lo somni*.

L'obra, dividida en quatre llibres, va descubrint-nos el pensament de Metge, fent-nos testimonis de la seva obertura cap a l'ALTRE. Per això, triarà el diàleg, de tall platonicociceronià, com element vertebrador de les seves intencions, encara que, curiosament, el seu diàleg es presenta de forma dialèctica, sense que s'hi pretenguin mostrar les tesis de l'autor i sense que aquestes siguin argumentades. El diàleg es converteix, per conseqüent, en un recurs per a exposar idees contràries (Butinyà 2005a), seguint la línia de sant Gregori i sant Tomàs. Hi hem d'afegir la gran influència del diàleg dels trescentistes italians, concretament del *Secretum* de Petrarca, del qual pren la seva estructura. No obstant això, l'obra que més influirà en el tarannà dialogador de Metge serà el *Libre del gentil e los tres savis* de Ramon Llull, autor que, a la seva vegada i a l'igual que Metge, es va veure influït per sant Agustí, sobretot per les *Confessions* i pel *Llibre de Job*. De Ramon Llull, Metge prendrà, especialment, el seu tarannà dialogador i el diàleg intern, producte de la memòria activa.

En *Lo somni,* conflueixen, per tant, la lògica i la dialèctica, per l'argumentació, mentre que la poètica i la retòrica s'aplicaran als personatges i les diverses circumstàncies. Tot això fa, de nou, indispensable l'ús de la memòria, per tal d'organitzar els pensaments de l'autor. Però l'objectiu final de Bernat Metge serà la recerca de la veritat, element que vincula directament la seva obra amb els diàlegs clàssics, dintre de la tendència del primer humanisme a sintetitzar la tradició clàssica amb la cristiana. Aquest fet, esmentat ja més amunt, genera un text atemporal i obert, emparentat amb els trescentistes italians.

Igualment, el recurs del somni o visió, de gran tradició medieval, s'hi converteix en un element estructurador de l'obra, independentment de la seva faceta estètica. I, precisament, en aquest sentit, Metge afirma que "sobtosament, sens despullar, adormí'm, no pas en la forma acostumada, mas en aquella que malalts o famejants solen dormir" (Butinyà 2007a, 56). Per què el somni de Metge té aquestes característiques? Què és el que el fa semblant al somni dels marginats, igualant-s'hi el poeta?

Metge es col·loca en una posició marginal, per a anar obrint, a poc a poc, l'angle dels seus pensaments, fins a situar-los en posicions humanistes. El recurs de què se'n val, en aquest cas, és una escenografia, on la memòria activa es veu incentivada, des de la intimitat de l'autor, intimitat que se'ns presenta de forma oberta i dialogant. A això s'afegeix, com apunta J. Butinyà (2002a), que Metge sempre situa la seva visió dintre del marc del somni, oposant-se així a Petrarca, autor que, en el *Secretum,* contextualitza la visió en el pla de la realitat, convertint la seva visió en una aparició sobrenatural.

Doncs bé, en aquesta línia de pensament mencionada anteriorment i, més en concret, en relació amb l'ús del somni com recurs literari que deixa anar els pensaments del poeta, són reveladores les anotacions de Gilbert Highet (109), quan afirma que fou l'obra de Ciceró *El somni d'Escipió,* recollida al final del seu llibre *De la República,* el text de l'antiguitat clàssica que més hi influí en els autors medievals, ja que aquesta obra es conservà durant tota l'Edat Mitjana, amb l'increment del comentari que Macrobi en va fer[111].

Efectivament, tots aquests referents apareixen reflectits en *Lo somni* de Metge. De bon començament, ja en el primer llibre de l'obra, afronta la postura epicúria amb l'estoica, en tractar el tema de la inmortalitat de l'ànima. En la seva defensa s'esgrimeix l'argument de l'escala de les criatures de sant Agustí, argument que, al seu moment, tingué una gran influència en Ramon Llull. Segons aquest concepte, els àngels s'erigiren com sers ontològicament perfectes, ja que no participen de la corrupció del cos. A continuació, se situarien els homes, sers amb ànima i cos, fet que els diferencia dels animals, mancats d'ànima. Tanmateix, Metge hi introdueix una innovació, car revaloritza l'home, en considerar que la seva ànima

---

[111] Malgrat tot, per a trobar el costum d'exposar idees filosòfiques en forma de somnis o visions, podem també recordar Plató, autor que influirà de manera decisiva en l'obra ciceroniana.

immortal pot assolir la unió amb Déu, sempre que s'hagi tingut una vida virtuosa. D'aquesta manera, un plantejament filosòfic, com és el de la immortalitat de l'ànima, passa a convertir-se en una qüestió ètica: els homes han de conrear la raó i la llibertat. Aquesta idea constitueix un tret purament humanista que, d'altra banda, ja es trobava en Llull.

Realitzada ja la primera obertura del *compàs ontològic* de Metge, l'autor és conduït a reflexionar sobre la manera que l'home té per a aconseguir la seva unió amb Déu. El nostre autor hi considera que tot aquell que no hagi portat una vida de bones accions, buscant l'amor de Déu i trobant consol i guia en el coneixement, s'allunya de la gràcia divina. Aquestes tres premisses, necessàries per la salvació eterna, són accessibles a qualsevol home, independentment del seu origen social.

Com podem observar amb aquest plantejament, la restauració ontològica de l'home ressona, de nou, en l'obra de Metge, car com que tots els homes són iguals en el pla ontològic, tots poden participar de la gràcia divina, sense que els estaments socials determinin l'individu. Per altra part, s'aprecia que Bernat Metge se situa en tot moment en el territori de l'ALTRE: en el de l'home genèric i en el de l'home social, per a aprehendre el seu *status* òntic que, també, s'aplica a si mateix, trobant un igualitarisme universal en el ser humà, que fa avançar el seu pensament a postures que més tard trobarem en altres autors, i que també l'afronten a la tradició i, fins i tot, li fan corregir autors que li han inspirat, com ara Petrarca.

És, precisament, aquest últim punt el que ens fa abordar l'actitud antimisògina del nostre poeta en el marc de la seva obra. Com a premissa, i per tal de trobar l'origen de la misogínia, dintre de la cultura occidental, ens hem de retrotreure a les consideracions d'Aristòtil, recollides en la seva obra *La generació dels animals*. El filòsof grec hi afirma que la formació d'un individu es genera per la lluita entre la Forma i la Matèria, sent masculí el principi de la Creació. Aquest principi masculí és, a la vegada, la Causa Eficient, és a dir, la que dóna al procés inicial el seu primer impuls, així com la Causa Formal, que determina el caràcter particular del curs que segueix el procés. Així mateix, el principi masculí actua sobre la Matèria, que és femenina i que no té capacitat actuant. En la lluita que entaulen Matèria i Forma, es decidirà quina serà la naturalesa de l'embrió. Si venç la Forma, el nadó serà varó i, si venç la Matèria, neixerà una femella. En conclusió, l'ideal o norma és la reproducció idèntica: d'un principi masculí, un nen varó, que serà més perfecte en la mesura que s'assembli més al pare. Per tant, com més s'allunyi d'aquesta norma, més propera estarà la monstruositat.

Però, aleshores, quin lloc ocupa la dona en aquesta teoria? Per Aristòtil, la dona no és un ser perfecte ja que s'allunya del paradigma de perfecció: el masculí. Tanmateix, el seu paper és necessari, ja que, gràcies a la seva intervenció, la raça humana es pot reproduir. Així, la dona es veu com un home inacabat, castrat, sense capacitat actuant, sent el seu paper passiu en la reproducció, acció que només es pot aconseguir mitjançant la capacitat actuant masculina[112]. Quan la Matèria, femenina, triomfa sobre la Forma, no sols es generen individus poc semblants als seus pares o dones, sinó que també poden sorgir monstres, l'essència dels quals no va contra Natura, ja que la seva generació entra perfectament en el cicle de la vida. Aquest fet porta a afirmar a Aristòtil que la Naturalesa no s'equivoca, perquè, encara que produeixi sers que s'apartin de la norma, de la "generalitat dels casos", aquests monstres no posen en perill l'equilibri del cosmos.

En definitiva, si haguéssim de perfilar, per consegüent, una taxonomia de la raça humana aristotèlica, seria així:

PERFECCIÓ
Home varó idèntic al seu progenitor
IMPERFECCIÓ
Home varó no semblant al seu progenitor
Dona
Monstre

És curiós observar com aquesta idea de l'equilibri universal passarà d'Aristòtil a sant Agustí i d'aquest a tota l'Edat Mitjana, malgrat que en aquest període la Naturalesa passi a denominar-se

---

[112] Aquesta imatge de la dona com a home castrat tindrà una gran repercussió en el subconscient europeu, i es troba des del mateix Aristòtil fins a Freud.

Déu. De fet, aquestes reflexions aristotèliques seran interpretades de manera interessada relegant la dona a una posició debilitada en relació a l'home, car, bé que fos realment l'organització social la que provocà aquesta situació d'indefensió de la dona (primogenitura; matrimonis concertats, intervenció de l'Església als enllaços matrimonials; hegemonia del sacerdoci masculí; celibat eclesiàstic, etc.), seran les qüestions ontològiques d'origen artistotèlic les emprades per a refrendar dita actitud misògina i relegar la dona a un segon pla. Hi resulten reveladores les aportacions de Le Goff (1999) sobre el *status* de la dona a l'Edat Mitjana, car, segons aquest investigador, en una societat militar i masculina, immersa en guerres constants, com la societat medieval, la fecunditat era vista com una maldició més que com un avantatge. A més, la precària situació de la dona medieval es veuria incrementada amb l'expansió del cristianisme, ja que aquesta religió va fer responsable a la dona del pecat original. Amb tot, l'aportació de les dones a l'economia medieval no va ser un fet de poca importància. Elles eren les responsables de bona part dels treballs agrícoles i dirigien els gineceus, on es confeccionava tota la vestimenta del senyor i dels seus cavallers, i això feia que hom les nomenés jurídicament com *la banda de la filosa*[113]. Aquest fet tindrà àdhuc la seva repercussió literària, ja que donà lloc a l'aparició d'un gènere en relació a aquesta activitat: *la cançó de roba*. Altrament, es coneix el paper actiu de la dona en determinats nuclis de poder, com és el cas d'Elionor d'Aquitània o Maria de França, les inventores de l'amor modern.

Del paràgraf anterior podem deduir com la dona és considerada pecadora, egoista o lasciva, sent la causa principal per la qual l'home es veu condemnat a pecar. D'aquesta manera, i a poc a poc, l'amor es converteix en una font de conflicte. D'això dóna constància Curtius (2004, 160 ss.), a propòsit del *Roman de la Rose*. Segons aquest autor, existeix una clara diferència entre la primera part de l'obra, que reflecteix l'amor de manera al·legòrica, i la segona,

---

[113] Es oportú de recordar la frase amb què a *Lo somni* es recorda la seva traducció del *Griselda*, "car tant és notòria que ja la reciten les velles per enganar les nits, en les vetles, com filen en ivern entorn del foch" (Butinyà 2007, 244 i n. 388), assenyalant el pobre estament de les dones. Bé que també s'hi pot rastrejar al *Curial*.

escrita quaranta anys després, en la qual se'ns adverteix dels perills de l'amor i se'ns dóna una visió de la dona degradada, ja que s'hi considera responsable de la corrupció moral de l'home, cosa que fa a la Naturalesa valedora de la lascívia en una espècie de paròdia obscena. El perquè d'aquest canvi té la seva explicació en la condemna que de l'amor fa l'averroisme escolàstic, perquè aquest corrent, tot i ser criticat per sant Tomàs i condemnat per l'Església, va tenir una gran influència en el pensament europeu, segons es pot observar àdhuc en l'obra de Shakespeare. També, l'actitud antimisògina es fa present en la gran obra final de la literatura medieval en castellà, *La Celestina*, on, al llarg de les seves pàgines, tots els seus personatges es veuen arrossegats per les més baixes passions, i la figura de la dona es mostra prou distorsionada. N'és prova el diàleg entre Calisto i Semproni, en el primer acte, ja que el criat hi afirma que la dona és imperfecta en relació a l'home.[114]

Breument perfilada la situació de la dona medieval, passarem ara a analitzar la posició de Metge davant una gran tradició misògina, fonamentada tant en hàbits socials com en imatges literàries, les quals va haver d'afrontar. El nostre poeta no estalvià esforços per a alçar la veu contra aquesta concepció de la dona, però la seva proposta no volia significar feminisme, car en cap moment es volgué convertir en garant dels drets socials o civils de la dona, o almenys no ho deixa translluir a la seva obra. El que Metge proposa, de nou, és una equitat ontològica entre homes i dones, tots dos presoners de les seves pròpies passions. De nou, el poeta català se situa en el lloc de l'ALTRE, possiblement del més desconegut dels nostres iguals: la dona, per a rehabilitar-la en la seva essència. I, a més, ho fa a la valenta, dialogant enèrgicament amb Tirèsias i atorgant-li a aquest assumpte un enorme pes específic en el seu diàleg. Tan important com el que li dóna a la immortalitat de l'ànima. Per Metge és un tema cabdal aconseguir deixar clara la seva postura al respecte, construint el seu discurs amb paraules clares, estructures sintàctiques precises i utilitzant elements de la vida

---

[114] Semproni. "En que ella es imperfecta, por el cual defecto desea y apetece de ti y a otro menor que tú. ¿No has leído el filósofo cuando dice: 'Así como la materia apetece a la forma, así la mujer al varón'", 45.

quotidiana. Amb això sembla buscar la familiaritat del tema, per tal de connectar millor amb els seus potencials lectors, evitant que una terminologia complexa els allunyi de la matèria tractada[115].

Segons Butinyà (2002a), sembla que el nostre poeta no es posiciona contra el filòsof d'Hipona ans contra l'agustinisme, ja que Metge rebia influència directa positiva de sant Agustí i no sols a través de Petrarca, qui l'hauria deformat, com esdevé amb Boccaccio.

Afrontar tota una tradició i un més que arrelat costum social, en defensa, en aquest cas, de l'*status* òntic de la dona, és una de les característiques principals de l'humanisme català i troba la seva manifestació en autors com Metge, el qual mai no es va retreure de corregir tant les fonts clàssiques o els costums socials com els trescentistes italians.

Arribats en aquest punt, ens sembla interessant de comparar, en la mesura que calgui, l'obra de Bernat Metge, *Lo somni,* amb la d'altre gran representant de l'humanisme castellà: Juan de Mena i el seu poema *La Coronación*[116]. Totes dues obres parteixen de plantejaments semblants, ja que els poetes s'hi emplacen en el món dels somnis i utilitzen la visió com a eix constitutiu de les seves obres. Cal afegir-hi l'ús de fonts clàssiques en els seus textos, destacant la influència de les *Metamorfosis* ovidianes. A més, cal ressaltar que tos dos foren funcionaris reials, educats en els cercles intel·lectuals italians, la qual cosa els relacionà estretament amb el desenvolupament humanístic procedent dels trescentistes italians. Tanmateix, filant més prim hi observem que llurs interessos són divergents en molts aspectes.

Juan de Mena escriu la seva *Coronación* en vers, concretament en cinquanta cobles reials, front a Metge, que utilitza la prosa com a mitjà d'expressió. Això ens fa reflexionar sobre la finalitat de cada obra, ja que la difícil poesia de Mena, plena de cultismes i estructurada per mitjà de l'hipèrbaton, implica que el lector hagi de fer un esforç per tal d'entendre-la. Encara més, el mateix autor es va veure en la necessitat d'escriure en prosa un *Comentario a la Coronación* per

---

[115] Observiem la coincidència amb els capítols de Roxana Recio (1.2.2., i també 2.2.1.), atents així mateix a la proximitat o familiaritat amb el lector.

[116] Fem notar que també es contrasta també l'autor castellà als capítols 3.1. i 4.2.

tal d'explicar-se millor. Però, per què actuà així el poeta cordovès? L'explicació la trobem a la finalitat de l'obra: la búsqueda de la Fama[117]. Juan de Mena pretén refrendar-se com a gran poeta, elogiant la figura d'Íñigo López de Mendoza, Marquès de Santillana. Per això fa gala de tot el seu art poètic, amb la intenció de demostrar el seu gran quefer artístic. Ací Mena s'arrenglera amb la tendència medieval de la búsqueda i consecució de la Fama, allunyant-se de l'altra tendència de tall ascètic, que menyspreava la Fama com mitjà de reconeixement social, per a buscar refugi en la religió i la seva promesa de vida eterna. Tot això fa de Mena el primer poeta en castellà amb plena consciència del seu ofici, condensant en la seva obra tot el que sobre la Fama s'havia dit, en l'esfera profana medieval en llengua vernacla, i també el que abans només es podia dir en llatí. La valoració de la Fama meniana constitueix, per conseqüent, tota una novetat en la seva època, no arrelada en el pensament general, cosa que provocà que la seva poesia es veiés carregada de repeticions, aclaracions i didactisme, amb l'objectiu que el seu missatge fos entès.

Al contrari, Bernat Metge no buscarà reconeixement social en *Lo somni*, encara que no s'hagi d'oblidar la intenció de l'autor de ser perdonat pel nou monarca, gràcies a la seva obra. Malgrat això, Metge escriu la seva composició en una gran prosa catalana, clara i concisa, amb la intenció de reivindicar l'especial *status* de l'home en el món, explicant el ser humà des del ser humà mateix, com si es tractés d'una declaració d'intencions. Davant d'aquesta perspectiva, Metge no emprarà un estil difícil ni fosc, sinó que intentarà donar un caràcter didàctic a la seva obra, buscant la millor claredat per a l'exposició.

Altre element important que comparteixen tots dos autors és l'ús de les fonts clàssiques, més marcat en el cas de Mena, que hi acut tant al seu poema com al seu *Comentari*. Però el tractament que fa Mena dels clàssics també ve donat per la seva búsqueda de la Fama. Per al poeta cordovès, els autors clàssics arribaren a assolir tal perfecció en l'art poètic que les seves obres els fan eterns: la seva Fama serà recordada per les generacions a venir, sent aquest tipus

---

[117] Per a reflexionar sobre la Fama en Juan de Mena, seguim María Rosa Lida de Malkiel 1983, 278 ss.

de Fama, i no la que ensalça tant l'elogiat com l'elogiador, la que
interessa a Mena. L'autor demana la tutela dels clàssics, per a reclamar
la Fama que, com gran poeta que és, es mereix. Aquest fet el separa
de la gran part dels poetes del segle XV castellà, que es mantenen en
els marges tradicionals, elogiant sants i herois. A més, la seva obra
sempre insisteix a la importància del poeta en la creació de la Fama,
de tal manera que la glòria i l'obra artística seran equivalents. Per
això, en la *Coronación* designa els autors de grans obres literàries
com mereixedors de tenir els seients honorífics de les Muses. D'altra
banda, la Fama en Mena constitueix també un element sublimador:
la glòria eterna del record que iguala homes de diferent condició, ja
que el valor del talent està per sobre de la classe social. Tot això fa
que Juan de Mena es dreci com el poeta de la individualitat i, en certa
manera, de l'exaltació del propi jo.

Front a aquesta postura artística i vital, podem situar el
tarannà dialogador i oberturista de Metge, autor que es reaferma,
reconeixent l'alteritat, reflexionant sobre l'ALTRE. El poeta català
no busca la fama ni el reconeixement personal; la seva obra té com
objectiu l'humà, el que és compartit, el qual es converteix en el seu
veritable territori epistemològic: es reconeix a si mateix, coneixent
l'ALTRE.

Quant al tractament del mite d'Orfeu, Juan de Mena reflexiona
sobre la condició dels pecadors, en les cobles XIII-XVI, situant-
se davant d'una escenografia infernal esgarrifadora, on, entre altres
personatges, es troba amb Tesífone, fúria infernal que li demana que
miri enrere i que sigui ferm en les seves conviccions, perquè a tots
ens és fàcil de recaure en el pecat. Per això, li recorda la faula del fill
de Calíope, Orfeu. A partir d'ací, Mena realitza una lectura al·legòrica
d'aquest mite, en considerar el seu protagonista com el símbol de la
saviesa i del bon enteniment, perquè gràcies al seu cant i a la seva
lira redimeix els homes pecadors, representats pels rius. La seva dona,
Eurídice, simbolitza la carn i la tendència al pecat que tot home savi ha
de saber dominar, ja que, quan la serp mossega Eurídice, se'ns hi està
mostrant, al·legòricament, el pecat mortal que fereix el pecador, el qual
sols serà redimit per mitjà d'oracions i dejunis, representats pels cants i

la música d'Orfeu. Una vegada perdonada del seu pecat mortal, Eurídice
ha d'anar rere l'enteniment i la saviesa, personificades en Orfeu. Però a
aquest li està prohibit de mirar enrere perquè, si l'ànima que s'allibera
del pecat mortal hi torna a caure, estarà condemnada al càstig etern.
Tot plegat, en la faula d'Orfeu, Mena es complau en la narració i en la
descripció de la història, fet que l'apropa a la narrativa renaixentista.
Però, amb això, s'allunya del model ovidià, aclarint breument totes les
al·lusions mitològiques del seu relat i ordenant els seus esdeveniments
d'acord amb les seves intencions: l'encís del cant és el que permet a
Orfeu d'accedir a la presència del rei. D'altra banda, contextualitza la
seva narració, descrivint-nos Orfeu com "muy gran juglar, a lo menos
tañía tan bien una cítola o vihuela".

Pel contrari, l'ús que fa Metge de la mitologia clàssica
li serveix per a plasmar veritats objectives, personificades en els
personatges mitològics. Així observem, seguint Butinyà (2002a), com
Metge no pretén envoltar, amb personatges mitològics, dogmes o
idees a l'estil dantesc, sinó que els seus personatges mitològics poden
ser compresos per qualsevol lector, en representar la veritat objectiva,
veritat que s'hi pretén mostrar de manera ben clara.

En definitiva, si comparem l'Orfeu de Mena amb el metgià
podem advertir algunes diferències, tot i que ambdós autors recorren
com a font al *Llibre X* de les *Metamorfosis* d'Ovidi.

Mentre que Mena ens presenta Eurídice com la representació
del pecat carnal, Metge es desmarca d'aquesta caracterització i ens
retrata una Eurídice virtuosa i fidel, rebutjant així la tradició i el
mateix Boccaccio. Més encara, el fet que Orfeu es torni per a mirar
Eurídice ve causat per un accident, sense que simbolitzi el seu refús
al pecat.

L'Orfeu de Metge, situat en un infern, l'escenografia del qual
és una barreja de trets clàssics i cristians, fa tornar el mite a la seva
font clàssica, on els amants es trobaven fora de qualsevol sospita
de culpabilitat. El nostre autor no llegeix el mite amb mentalitat
medieval i així fa que Ovidi es dreci com a figura profètica, en font de
coneixement i de raó. Com assenyala Butinyà, "los héroes amorosos
son inocentes al extirpar del amor toda moral de culpabilidad",

2002a, 279. I tot just, aquesta dada relaciona Metge amb la idea de la innocència humana, com a essència pura de l'home.

També, Metge i Mena utilitzen, de distinta manera, un altre personatge mitològic: Tirèsias. Per un costat, en la cobla VI de la *Coronación,* Juan de Mena ens conta la faula de Penteu, a qui la seva mare, Àgave, afeccionada al vi, donà mort, trossejant el seu cos i escampant-lo per tota la Índia. El destí de Penteu fou vaticinat per Tirèsias, que li aconsellà que retés culte a Bacus. Però Penteu es negà a fer-lo, condemnant-se ell mateix. Per Mena, Penteu simbolitza l'home pecador i viciós, que es nega a lloar Déu, condemnant-se a la pena eterna. Al contrari, Tirèsias és la representació d'home bo, que aconsella els altres que facin el correcte, perquè visquin en pau i harmonia amb el seu Déu. Per tant, en aquesta cobla, la faula de Penteu va unida a la història de Jason i de Medea, on la venjança d'aquesta sobre el seu infidel marit posa de relleu les desgràcies que comporta la conducta pecaminosa i luxuriosa de Jason, no només per a ell, que fou condemnat al foc etern, sinó també per a tota la seva família, ja que Medea assassinà els fills tinguts a llur matrimoni.[118]

Per altre cantó, i en darrer lloc, ens trobem amb la història de Penèlope i Ulisses, al qual Mena considera un personatge detestable, degut als seus ardits i mentides, la deslleialtat del qual només pot ser castigada amb la pena de l'infern. Dintre de la seva explicació sobre la història de Penèlope i Ulisses, el poeta castellà intercala la faula de Narcís i la profecia que va fer Tirèsias sobre el seu futur. També s'introdueix la llegenda de Tirèsias, l'home que va viure set anys sent dona, per a –després- tornar a ser home. Sobre aquestes dues narracions, Mena no suggereix cap ensenyament moral. Perquè Tirèsias és caracteritzat de manera positiva per Mena, que hi segueix la tradició.

Metge, al contrari, recolzant-se a la sàtira horaciana, on apareix un Tirèsias degradat, que consella malament Ulisses pel que fa a Penèlope i que presenta la dona com el gran objecte de la luxúria,

---

[118] Per a copsar l'humus humanístic, tinguem en compte la referència al mateix mite en acabar el tercer i últim llibre del *Curial*, quan no sembla venir a tomb; referència eròtica en aparença, però de clar subconscient menaçador (Ferrando 2007, 389).

corregeix tota la tradició, seguint el camí de la moralitat i defensant la seva posició antimisògina, com hem apuntat més amunt.

Ens trobem, doncs, davant d'una figura, Bernat Metge, que representa el desenvolupament i ampliació de nous camps d'expressió i de pensament, en el corrent humanista europeu. La seva funció com a receptor de tota una tradició filosòfica i literària es fonamenta en l'acció intel·lectual, de manera que hom li pot aplicar els plantejaments fenomenològics de Roman Ingarden, ja que l'autor català pren la tradició com un objecte purament intencional, com si d'una estructura esquematitzada es tractés, sent el receptor el responsable de completar el sentit d'aquesta tradició, des de la seva realitat. Però la decisió de Bernat Metge no serà de completar dita tradició des de la veritat de les autoritats, sinó que s'hi afrontarà a tot allò que s'allunyi de la raó i de l'humà, en un exercici de determinació i aclaració de qüestions, com ara la misogínia o la immortalitat de l'ànima. Front a una tradició de recepcions, se situa, per tant, el pensament crític del nostre autor, fet que apropa *Lo somni* a l'assaig modern.

Tot això troba el seu reflex en l'estil emprat per l'autor, car la prosa de Metge sempre busca la claredat i la precisió en els seus plantejaments. Ho prova, per exemple, la seva comparació entre l'empolainament de la dona i el de l'home, en què fa gala d'un registre col·loquial que, sense estar exempt d'un vocabulari culte d'acord amb la matèria tractada, recorre a estructures paral·lelístiques i asindètiques per a imprimir, d'una banda, velocitat al relat i, d'altra, per a incidir, a través d'un recurs de repetició, en la igualtat, en aquest punt, entre l'home i la dona. Es tracta, encara, de fórmules estilístiques recurrents en altres tipus de textos de l'època, com és el cas de l'embruix d'amor que la *Celestina* fa en l'obra de Fernando de Rojas.

Finalment, cal destacar que Bernat Metge fa un recorregut intel·lectual en espiral, a través de tot el pensament europeu occidental, recollint tot allò que li és necessari[119] i, sobretot, considerant la filosofia com una disciplina històrica, idea que ja apareix de manera

---

[119] "Metge, pues, sin prescindir del concepto de autoridad de las Sagradas Escrituras, hizo una bella puesta a punto de la historia desde lo filosófico, algo que no se hará hasta bien entrado el Romanticismo" (Butinyà 2008b).

latent en els *studia humanitatis*, donat que cada sistema filosòfic, cada filòsof, representa sempre una veritat ajustada al seu temps i de la qual és partícep la seva pròpia comunitat, veritat traduïble, interpretable i aplicable a qualsevol ser humà. La seva obra, doncs, ens anima a reconstruir el sistema d'expectacions que els autors prehumanistes i humanistes hispànics tingueren al seu abast, per tal de conèixer —així les preguntes a les quals les seves obres intentaren respondre.

Escenes de seducció en el *Curial e Güelfa*. Una lectura des dels clàssics.

(Sònia Gros. UNED, Girona).

> Virgilio vidi, e parmi ch'egli avesse
> Compagni d'alto ingegno e da trastullo
> Di quei che volentier già il mondo lesse:
> L'uno era Ovidio, a l'altro era Catullo,
> L'altro Properzio, che d'amor cantaro
> fervidamente, e l'altro era Tibullo (*Triumphi Cupidinis*,
> IV, 19-24)

Els estudis més recents sobre la novel·la cavalleresca catalana *Curial e Güelfa* ressalten de manera significativa el seu caràcter humanista, vinculat a un ambient italià, potser el de la cort napolitana d'Alfons el Magnànim, on podria haver estat escrita l'obra[120]. D'aquesta manera ho entenen, efectivament, un bon nombre dels estudiosos actuals més destacats de l'obra, com Júlia Butinyà o Antoni Ferrando. Aquest últim, editor de la versió més recent de la novel·la, conclou després de l'estudi detallat del marc històric de l'obra i les fonts utilitzades per l'autor: "Comparats els referents culturals del *Tirant* i del *Curial*, s'imposa la conclusió que els de la primera novel·la són essencialment catalanescs, mentre que els de la segona semblen aclaparadorament italians. Ara bé, el vernís cultural del *Curial* no amaga la seva innegable catalanitat espiritual. Simplement apunta que és un producte català ben arrelat a Itàlia, potser a una Itàlia particularment oberta a la cultura francesa i, en molt menor grau, a la castellana, com era el regne de Nàpols" (Ferrando, 1997: 352)[121].

---

[120] Aquesta fou la primera hipòtesi sobre l'autoria de l'obra a partir de l'anàlisi de Rubió. Altres estudiosos, en canvi, han postulat el caràcter medieval de l'obra i l'autor: "Malgrat les seves fonts renaixentistes i les seves exhibicions de cultura "moderna" el *Curial e Güelfa* és encara una novel·la medieval" (Riquer & Comas 1980: 631).

[121] Ferrando, últim editor del *Curial*, insisteix (2007: 5-35) en els contactes de

L'ambient refinat que viu la ciutat en aquest moment, el cercle d'intel·lectuals italians estretament vinculats a la figura del sobirà, contribuirien a explicar alguns dels trets d'aquesta novel·la, imbuïda de l'esperit humanista de retorn als clàssics. És el lloc i el moment idoni per al retrobament amb els textos clàssics i, com a conseqüència, la seva reinterpretació i reelaboració creatives. Els intel·lectuals al servei del monarca, entre els més destacats Leonardo Bruni, el Panormita[122], Lorenzo Valla, coneixen, llegeixen i reescriuen els autors clàssics, no només els grans noms ja venerats a l'etapa medieval, com Virgili o Ovidi, sinó que redescobreixen altres autors pràcticament ignorats en aquest període, com els poetes elegíacs Catul, Properci o Tibul. En aquest ambient d'entusiasme pel món clàssic, es reprenen i actualitzen temes i motius de la literatura llatina, d'una manera més conscient i intencionada, també en l'àmbit de la literatura amorosa[123]. En aquest moment interessa, més que mai, deixar ben clar el nexe amb els clàssics i interpretar des de la seva perspectiva les noves obres literàries. Sense entrar en la qüestió de la possible gestació a l'entorn napolità, el *Curial e Güelfa*, exhibeix, com veurem, el tarannà humanista que dominava a la cort del Magnànim.

El *Curial e Güelfa* apareix, en efecte, com una novel·la refinada, ambientada en un món cavalleresc estilitzat. S'insereix en la tradició cavalleresca, de llarg conreu medieval, i, alhora, la supera amb un elaborat joc de materials literaris diversos, entre els quals cobren especial rellevància algunes fonts llatines com Virgili o Ovidi, juntament amb l'empremta innegable dels tres grans trescentistes

l'obra amb els corrents humanistes del XV i remarca l'ambientació italiana de la novel·la, aspecte igualment apreciable en el pla lingüístic amb la presència en el text d'italianismes i paral·lelismes sintàctics amb l'italià. Encara més, l'alternança de determinades variants diatòpiques en l'obra suggereix que l'autor vivia en un lloc de confluència de catalanòfons de molt diversos orígens dialectals, lloc que, en opinió de Ferrando, en el moment en què es data la novel·la, només podia ser Nàpols (2007: 23).

[122] Sabem, per exemple, que Antonio Beccadelli, el Panormita, qui fou secretari del Magnànim, copià un manuscrit amb l'obra de Properci el 1427, el conegut com *Vaticanus Lat. 3272* (Ramírez de Verger: 61).

[123] Ferrando (2007: 5) emfatitza com a tret singular de la novel·la la presència d'elements erudits procedents de la cultura clàssica grecollatina, elements que qualifica com a "eco del nou aire humanista que bufa d'Itàlia".

italians[124]. D'altra banda, l'atenció que ha concitat l'obra recentment ens subministra dades valuoses de tipus divers sobre el *Curial*, la qual cosa ens permet una aproximació més rigorosa a la novel·la[125].

És evident el pes de l'element amorós en la novel·la *Curial e Güelfa*. L'evolució de la relació sentimental dels dos protagonistes constitueix, en la nostra opinió, el nucli argumental de l'obra, més enllà de la trama cavalleresca[126]. La petjada del món clàssic en la novel·la catalana és, en una primera lectura, innegable[127]. Provarem amb una relectura minuciosa d'algunes escenes de l'obra de descobrir-ne mostres de la presència en l'àmbit amorós.

És ben sabut que l'elegia eròtica llatina creà, a partir de la tradició grega anterior, un codi amorós que hauria d'esdevenir clau en la concepció literària sentimental del món occidental, transmès, de forma indirecta en el període medieval[128] a través de les diverses

---

[124] A propòsit de la literatura clàssica al *Curial*, afirma Xavier Gómez amb contundència: "Dir que en aquest autor és fonamental, és no dir res de nou. Gairebé cap fragment d'aquesta novel·la és exempt de referències clàssiques" (1988: 46). El mateix estudiós proposa Ovidi, en especial les *Metamorfosis*, com a font directa de nombrosos passatges de la novel·la (1988: 65). De fet, juntament amb la *Genealogia* de Boccaccio, són les fonts més utilitzades en el *Curial* per als passatges de contingut mitològic, en opinió de Gómez. Pel que fa a la presència de Boccaccio, ha estat identificada en fragments concrets gràcies als treballs de Butinyà i Stocchi; i Ferrando ha rastrejat la petjada fins i tot en la versió que la novel·la ofereix de la llegenda de la duquessa falsament acusada d'adulteri, de tradició germànica (1996: 208).

[125] Serveixin a tall d'exemple els darrers encontres internacionals dedicats al *Curial* l'any 2007 i a començament del 2008, la recent traducció de l'obra a diferents llengües europees o la nova edició del text a càrrec del professor Ferrando, també l'any 2007.

[126] Ja ho va suggerir Rubió: "El *Curial* és una novel·la fina de matís, molt més acostada al gènere sentimental que al tipus cavalleresc" (1984: 417). Espadaler, en canvi, es mostra de forma taxativa en contra d'aquesta qualificació: "Hom no arriba a entendre com és que s'ha pogut qualificar el *Curial* de novel·la sentimental" (1984: 190). Ferrando (2007: 5) també subratlla la primacia del component sentimental en la novel·la.

[127] Compartim l'afirmació d'en Xavier Gómez respecte a la novel·la: "Per a qui ha llegit *Curial e Güelfa* resulta innecessari d'explicar per què aquesta obra resulta especialment atractiva per a un filòleg clàssic" (1993: 71).

[128] Curtius en el seu estudi clàssic sobre l'Edat Mitjana Llatina, ja demostrà amb abundants testimonis que a Europa mai es va perdre la substància cultural del món antic. La literatura europea constitueix, en la seva opinió, un conjunt orgànic, nodrit per un corrent vital que arrenca de Grècia i Roma, que es manté amb vigor i es renova amb originalitat al llarg de l'Edat Mitjana. Això no resulta un obstacle, tanmateix, per

reelaboracions dels textos amorosos d'Ovidi. Al seu torn, la renovació humanista suposa un retrobament amb els poetes elegíacs llatins, que se suma al coneixement indirecte a través de les obres dels trescentistes italians[129], autors, sens dubte, presents en el *Curial e Güelfa*[130], i indiscutiblement cabdals per captar l'esperit de la novel·la catalana[131]. Aquests factors conflueixen en la nostra novel·la en una visió de l'amor renovada a la llum dels vells clàssics. Vegem-ne algunes mostres a través de les escenes de seducció.

Oculi sunt in amore duces

Els poetes amatoris llatins havien recollit de la poesia grega el motiu de l'amor com a foc que inflama els enamorats. Per a ells sovint l'amor és un *ignis*, una *flamma*, un *ardor*. En els versos de Catul, Acme confessa davant el seu estimat Septimi:

...multo mihi maior acriorque

ignis mollibus ardet in medullis.[132] (*Carmina*, 45, 15-16)

Ovidi s'interroga:

Captaque femineus pectora torret amor?[133] (*Amores*, III, 2, 40)

---

reconèixer el canvi d'actitud envers el món clàssic, que es transforma per a alguns en autèntic entusiasme, esdevingut a partir de l'Humanisme.

[129] Petrarca els inclou expressament en el cànon dels grans poetes llatins dignes de ser coneguts pel món:

Virgilio vidi, e parmi ch'egli avesse

Compagni d'alto ingegno e da trastullo

Di quei che volentier già il mondo lesse:

L'uno era Ovidio, a l'altro era Catullo,

L'altro Properzio, che d'amor cantaro

fervidamente, e l'altro era Tibullo. (*Triumphi Cupidinis*, IV, 19-24)

[130] La petjada de Petrarca, Dante i Boccaccio es reconeix amb claredat en molts fragments de l'obra i ha estat identificada des de fa temps en passatges especialment rellevants pel que fa al sentit de la novel·la, com ara els tres pròlegs.

[131] El propi Espadaler assenyala a propòsit de la unitat estilística de l'obra: "sostenida por una muy elegante prosa de raíz cancilleresca, que incorpora la experiencia estilística del Boccaccio del *Decamerón*, y que hace patente la frecuentación de los clásicos, es una de las virtudes del *Curial*" (2003: 31).

[132] "...com és cert que un foc molt més gran i més ardent que el teu crema dins les meves tendres entranyes". Utilitzem l'edició del text llatí i traducció al català d'Antoni Seva i Josep Vergés per a la Fundació Bernat Metge.

[133] " ...i no és l'amor per una dona que inflama el meu pit presoner?" Seguim

I Properci reconeix:

Me quoque consimili impositum torquerier igni.[134] (*Elegies*, III, 6, 39)

Aquesta és probablement la metàfora amatòria més repetida des del començament fins al final de la novel·la: l'amor és en el *Curial*, en primer lloc, un foc que encén i inflama els enamorats, en especial, en aquesta obra, les dames. Quan Dione presenta el déu de l'amor incideix en aquest aspecte:

...e Cupido, fill seu, força e constreny, enflama e encén a amor. (III.21, 299)[135]

La situació es dóna amb la Güelfa:

E quant més lo comunicava, tan més en la sua amor s'escalfava e s'encenia. (I.8, 49)

També Làquesis patirà el foc de l'amor:

-Maravell-me-dix la Güelfa- com no torna en Alamanya-. Respongueren ells: -Senyora, no pot; tant és encesa en l'amor de Curial. (II.126, 254)

I la imatge del foc de l'amor s'aplica, així mateix, a Càmar:

Emperò, com Johan no curàs de Càmar d'aquella cura que ella volguera, la mesquina de Càmar, que encesa era del foch de Curial, qui en ella com en forn de vidre cremava, se consumava tots jorns. (III.43, 319)

Aquesta passió que inflama els enamorats està en la nostra novel·la estretament vinculada als ulls i a la mirada[136]. Per als elegíacs llatins[137], igualment, els ulls juguen un paper crucial en l'enamorament.

---

l'edició del text llatí i traducció al català de Jordi Pérez Durà i Miquel Dolç per a la Fundació Bernat Metge.

[134] "Jo també he estat agitat i torturat per un ardor semblant." Utilitzem per a la citació del text llatí i la traducció al català la 2ª ed. del text a cura de Josep Vergés per a la Fundació Bernat Metge.

[135] Citem a partir de l'edició del *Curial e Güelfa* de Ferrando.

[136] Aquest aspecte s'ha ressaltat precisament com un dels punts de contacte més marcats entre la poesia de Petrarca i la dels elegíacs, de Properci més concretament, "leit motiv che, in forma più globale permea l'intero Canzoniere" (Caputo: 116).

[137] Hauf, de la seva banda, analitza el paper preponderant de la mirada en la passió amorosa, en especial en el cas de Làquesis i Curial, en la nostra novel·la, i la relaciona amb la tradició occitana de la *fin'amours* (2004: 262). No obstant això, és necessari recordar que en la tradició literària grecoromana l'amor neix habitualment

Properci ho recorda:

Cynthia prima suis miserum me cepit ocellis,

contactum nullis ante cupidinibus.[138] (*Elegies*, 1, 1-2)

Talment com ho fa Ovidi:

Tu quoque, quae nostros rapuisti nuper ocellos.[139](*Amores*, II, 19, 19)

Quan Làquesis es disposa a conquistar Curial, el narrador adverteix:

...la qual tenia los hulls ficats en aquells de Curial, e dins si matexa, contenta de la bellesa e cavalleria d'aquell, tota ansiosa, aparellava nova manera com a Curial plaure pogués. (I.23, 79)

La Güelfa, d'altra banda, decideix cercar un enamorat "e axí donà llicència als hulls que mirassen bé tots aquells qui eren en casa de son frare" (I.4, 46). En el banquet Curial i la Güelfa es busquen apassionadament amb la mirada:

E, no obstant estigués molt apartat, encara mirava la senyora, quant los qui servien a la taula e los altres qui davant staven se apartàvan algun poch, e malahia tots aquells qui entre ell e ella se interposaven. E quant aquells, per apartar los caps o en altra manera, fehien finestra, tantost los ulls de abdós los enamorats ocupàvan aquell loch, e com la finestra se tancava tot plaer los fugia. (I.8, 50)[140]

---

d'una mirada. Píndar, Sòfocles, Eurípides i els poetes de *l'Antologia Grega*, remarquen la importància de la mirada en el naixement de la passió (Sabot: 372). És també un motiu freqüent en la novel·la sentimental grega, on moltes vegades, es relaten escenes d'enamorament instantani a partir de la simple visió de l'amant:

Nada más verla, al punto estuve perdido, pues la belleza hiere más profundamente que un dardo y se desliza por los ojos hasta el alma, ya que el ojo es la vía para la herida amorosa (...) Admiraba su estatura, me pasmaba de su belleza, me palpitaba el corazón, la miraba con impudor, me daba vergüenza de ser sorprendido así. Me forzaba a desprender mis ojos de la muchacha, pero ellos no querían: al contrario, se aferraban allí, arrastrados por la seducción de la belleza, y triunfaron al final. (Aquiles Tacio, *Leucipa y Clitofonte*, I, 4, 4-5)

El motiu és recollit pels elegíacs llatins, que hi al·ludeixen de forma repetida. És per això que, en paraules de Properci, *Oculi sunt in amore duces* (*Elegies*, II, 15, 12).

[138] "Cíntia fou la primera que em captivà amb els seus dolços ulls, míser de mi, jo que encara no havia estat tocat de cap desig".

[139] "Tu també, que fa poc has fascinat els meus ulls...".

[140] Júlia Butinyà destaca a propòsit d'aquesta escena el sincretisme o la voluntat d'hibridació como a trets definitoris del moviment humanista, aspecte que es percep en la convivència d'imatges noves i antigues en la novel·la: "imatges que conjuguen amb les

Quan la Güelfa no pot gaudir de la companyia del cavaller, es consola a contemplar-lo:

e lo dia que no s'i junyia, Curial tot lo jorn jugava pilota davant lo palau e era per ella contínuament mirat e vist. (I.12, 56)[141]

Altrament, l'atractiu de Làquesis resideix en gran part en els seus ulls, com la Cíntia de Properci:

Tenia los pus bells hulls e pus resplandents[142] e alegres que en algun temps fossen stats vists; ab los quals no era persona que ella miràs que de present no li fes oblidar totes altres coses e solament de mirar a ella haver cura contínua. (I.23, 79)

I és el que Curial més admira en ella, segons contesta a la pregunta de la mare de la jove:

Senyora, totes les coses que yo veig en Làquesis són les pus belles del món, emperò los seus ulls són tan bells que yo no crech que Déu sàpia tornar altra volta a fer-ne altres tals. (I.23, 81)

Coneixedora de l'enorme atractiu que els seus causen en Curial, Làquesis els utilitza per seduir el cavaller. Amb un suggerent missatge envia una de les seves donzelles:

-Curial, Làquesis se recomana a vós, e diu que ir, al sopar, vos altàs dels seus hulls, e, si a vós poguessen aprofitar o fer algun plaer aprés que ·ls se hagués trets, no curant de son dan, ja los se haguera arrancats del cap per donar-los-vos; mas, sabent que a vós no valdrien res e a ella farien gran fretura, ha cessat; emperò tramet-vos aquests de la sua roba, pregant-vos que, si volets la sua vida, vos en façats jupons, e, ella veent, los vistats. (I.25, 84)

El motiu dels ulls, símbol de la bellesa i els sentiments de la jove, es repeteix en regals i vestits per al seu amant:

Li donà una tenda, ab quatre retrets, molt bella, tota de cetí ras

d'última moda, com les mirades dels enamorats entre els caps dels comensals, que sortia a *La belle dame sans merci* d'Alain de Chartier" (1993d; en premsa a).

[141] El motiu es recull igualment en alguns dels relats del *Decameró* l'empremta dels quals es percep en el *Curial e Güelfa* (II, 6; IV, 1).

[142] És exactament el mateix tret –els *ulls resplandents* (I, 22, 8)- que es destaca de la bellesa del protagonista masculí, Curial. El clixé dels ulls com a estrelles procedeix de la poesia alexandrina, que l'utilitza amb profusió. Els elegíacs l'incorporen al seu conjunt d'imatges amoroses, de manera que amb freqüència al·ludeixen als ulls de la dona estimada com a *sidera*. A partir d'ells, el tòpic s'incorpora a la literatura eròtica occidental:
Argutos habuit, radiant ut sidus ocelli (*Amores*, III, 3, 9)
Els seus ulls eren expressius; brillen com estels els seus ulls.

carmesí, brodada de laços d'or e de ulls.[143] (II.34, 176)

Vestia Làquesis una roba de setí ras carmesí, brodada de ulls e de laços d'or. (II.60, 204)

Contra ells escomet el cavaller quan, conscient de la seva falta, experimenta un penediment momentani:

A, ulls falsos e traÿdors! ¿E per què yo no us arranque ara de la mia faç, per tal que altra volta no ·m furtets a aquella de qui són?-. E, mesclant ab aquestes paraules sospirs e sanglots infinits, recordant-se de la gran falta que a la Güelfa havia feta en mirar Làquesis ab ulls desijosos, havia desig de plànyer-se greument[144]. (I.23, 82)

Amb els ulls, insisteix el narrador, malgrat el deteriorat estat físic, Curial podrà apreciar la bellesa de Càmar:

si los ulls de Curial no eren enganats, no li era atribuïda bellesa alguna que en ella no fos mills que ells no podien expressar. (III.42, 317)

La noia, al seu torn, es fixarà, igualment, en els ulls del captiu:

…pres esment de la bellesa del cors de Curial e de la resplandor del seus ulls, e mirà-li la boca e totes les circumferències de la cara, e féu juyhí que en lo món pus gentil home no havia ne encara podia haver. (III.43, 318)[145]

Un altre motiu característic de la poesia elegíaca llatina és el del captiveri amorós. Per als elegíacs, en efecte, l'amor sovint esdevé una presó, i l'enamorat un captiu de la dona estimada. La Güelfa al·ludeix els seus sentiments davant la seva donzella Arta:

-Arta, yo no ·m pensava que y hagués altres ferits sinó los del torneig; mas ara veig lo contrari, e crech que n'i haurà d'apresonats-. (I.32, 103)

Aznar, company de Curial, pren en matrimoni la germana del

---

[143] En la darrera traducció al francès de la novel·la, el traductor recull el sentit dels "ulls" de la roba de Làquesis com *ullets* o *traus*, amb un terme diferent: *oeillet*. No obstant això, com ell mateix recorda, "les oeillets étant, au sens étimologique, de petits yeux" (Barberà: 84, nota 22). La relació amb els ulls de la jove és, en qualsevol cas, evident.

[144] Hauf identifica en aquesta maledicció dels ulls un tòpic de la poesia cortesana, en el qual conflueixen el doble vessant evangèlic i clàssic (2004: 269), en concret rastreja, respecte a aquest últim, ressons del tema de la ceguesa d'Èdip en la novel·la, reflex de la ceguesa intel·lectual del protagonista Curial.

[145] La importància de la mirada s'ha relacionat, així mateix, amb l'estètica de la llum, en plena expansió a partir del segle XIII (Sabaté: 11).

cavaller Guillalmes de la Tor amb les següents paraules:

Senyora, si tots los presoners han tal carceler com yo he, no deuen haver dubte de mort, ne deuen desijar exir de presó; per què, si a vós ve en plaer, e a vostre frare, yo us vull per muller. (II.110, 242)

Curial, autèntic captiu a Tunis, rebutja amb dignitat el tresor que Càmar, la seva estimada, li ofereix:

Càmar: estoja aquexa moneda per a tu, e vulles te esforçar; car yo no vull exir de catiu, ans viuré e morré catiu teu. E Déus no ·m leix tant viure que llibertat pusca aconseguir ne exir de ton poder (...) Axí que en aquest ort me trobaràs catiu teu mentre viuré, e sinó la mort no ·m traurà de ton poder. (III.58, 333)

Properci, d'altra banda, descriu com és capturat per un grup d'Amorets, al servei de la seva estimada:

Quorum alii faculas, alii retinere sagittas,
  Pars etiam visa est vincla parare mihi.
Sed nudi fuerant. Quorum lascivior unus,
  "arripite hunc", inquit, "iam bene nostis eum.
Hic erat, hunc mulier nobis irata locavit."
Dixit, et in collo iam mihi *nodus* erat. (*Elegies*, II, 29, 5-10)[146]

De la mateixa manera que en el *Curial* es repeteix el motiu del *llaç d'or*, símbol de la seducció de Làquesis[147]:

Vestia aquell jorn Làquesis una roba de domàs blanch forrada de herminis, tota brodada d'ulls, dels quals exien laços d'or fets en diverses maneres.- E, jatsia los llaços fossen buyts, certes molts hi éran cayguts, e entre ·ls altres Curial, al qual lo llaç estrenyia tant que ja no era a ell lo fugir. (I.23, 80)

---

[146] "Els uns portaven unes petites torxes, d'altres sagetes, i una altra part, fins i tot, em semblà que preparaven cadenes. Anaven, però, tots nus. Un d'ells, més enjogassat: "Aferreu-lo –diu -; ja sabeu que és ell: aquest era, aquest, el que una dona irada ens ha lliurat". Digué, i jo ja tenia un nus al coll".

[147] En aquest sentit, Hauf al·ludeix a les suggerents associacions paronomàstiques amb el nom de *Làquesis*, a partir de la coincidència fonètica amb la veu llatina, *laqueus*, i recorda el sentit del terme en l'exegesi religiosa medieval. Això, en la seva opinió, oferiria una possible lectura de la novel·la en clau al·legòrica en un procés d'identificació de la seductora Làquesis amb el llaç del dimoni i la mort espiritual: "la vieja seducción pagana es ahora recreada desde una mentalidad medieval para convertirse en antiseducción cristiana" (2004: 284). L'estudiós recorda, això no obstant, l'aparició del motiu en Ovidi o l'ús de *lo laç d'amor* en sentit amorós en el *Tirant*.

El *llaç d'or* resultarà crucial en l'enamorament del cavaller:

Llevant-se de l'altar, se'n anà al lit, lo qual era molt ricament cubert d'un cubertor tot blanch, de domàs, forrat de herminis, brodat d'ulls e de llaços d'or, segons era la roba de Làquesis. D'aquest mateix domàs eren les cortines, en aquesta matexa forma brodats; per què Curial, mirant aquest llit, se començar a maravellar molt. (I,23, 82)

I la pròpia Güelfa hi farà referència:

Yo ·m pens que ell no trigarà de venir, si donchs no és que Làquesis ab los seus llaços lo prenga altra volta e ·l faça tornar del camí. (I.30, 99)

Festes i banquets

El banquet, sovint unit al vi i la seva influència en l'amor, és un dels escenaris preferits pels poetes elegíacs. Ovidi ho recomana explícitament:

Dant etiam positis aditum convivia mensis;

   Est aliquid praeter vina, quod inde petas.

Saepe illic positi teneris adducta lacertis

   Purpureus Bacchi cornua pressit Amor. (*Ars*, I, 229-233)[148]

Festes i banquets sovintegen, igualment, en el *Curial e Güelfa*. Curial i Làquesis es coneixen precisament en un banquet en honor del cavaller:

Lo gran sopar fonch aparellat e les taules meses. Aquells dos cavallers, senyaladament Curial, foren honorablement en la taula col·locats; les viandes foren moltes e foren servits splèndidament.- Per què lo duch de Baviera, volent davant tots usar de la sua magnificència, havent una molt bella filla donzella, de edat per ventura de quinze anys -e era la pus bella per fama e per fet que en aquell temps en l'imperi d'Alamanya se trobàs-, presa aquella per la mà, se'n vench davant Curial e dix-li... (I.22, 73)

Escenari ideal, com en Ovidi, per a l'enamorament:

---

[148] "Es presenten també ocasions a les taules parades per a un convit; hi ha alguna cosa, a més del vi, que hi pots cercar. Sovint allí l'Amor porprat, quan Bacus havia begut, ha atret i serrat amb els seus tendres braços les banyes del déu." Seguim l'edició del text llatí i la traducció al català de Jordi Pérez Durà i Miquel Dolç per a la Fundació Bernat Metge.

Illic saepe animos iuvenum *rapuere* puellae,

Et Venus in vinis ignis[149] in igne fuit. (*Ars*, I, 243-244)[150]

En la novel·la catalana és la bella Làquesis qui serveix el vi al cavaller

...[ordonà] la altra filla donzella, la qual Làquesis era nomenada, lo servís de vi (I.23, 79),

el qual, en contemplar-la, queda immediatament captivat per la bellesa de la noia:

...con Curial miràs aquesta atentament e contemplàs particularment totes les sues belleses, tantost furtà lo seu cor a la Güelfa, a la qual primerament l'avia donat, e ·s començà a dispondre de presentar-lo a Làquesis. (I.23, 79)

Si Ovidi aconsella moderació en el beure:

Vina parant animum Veneri, nisi plurima sumas (*Remedia*, 805)[151],

així actua, en efecte, Curial:

...ell menjava poch e bevia menys. (I.23, 80)

Festes i banquets, a més, ofereixen el moment idoni per al contacte i la intimitat entre els amants:

Mas aprés que les taules foren llevades, lo duch vench en aquella part, e manà seure la sua filla prop Curial. (I.23, 81)

És l'ocasió perfecta per a les insinuacions amoroses:

Hic tibi multa licet sermone latentia tecto

dicere. (*Ars*, I, 569-570)[152]

Tal com fa la mare de Làquesis amb el cavaller:

---

[149] Ovidi mostra predilecció per aquesta imatge del vi que inflama encara més el foc de l'amor. Paris confessa a Helena:

Saepe mero volui flammam compescere, at illa

crevit et ebrietas ignis in igne fuit

Sovint he volgut ofegar la flama en el vi, però ella cresqué, i l'embriaguesa fou foc en el foc. (*Heroides*, XVI, 231-232)

[150] "És allí que sovint les noies han captivat el cor dels joves; Venus, després del vi, ha estat foc damunt del foc".

[151] "El vi prepara el nostre esperit a l'amor, si no en prens massa". Seguim l'edició del text llatí i la traducció al català de Jordi Pérez Durà i Miquel Dolç per a la Fundació Bernat Metge.

[152] "Llavors et serà llegut de dir, amb mots velats, mil coses que ella creurà que són dites per a ella".

111

-Curial, vets ací lo llit[153] de Làquesis; dormits bé e guardats-vos que no somiets algun mal-. Curial respòs: -Senyora, aquest llit bé ·m pens que sia plasent; no, emperò, crech que sia de dormir ni de reposar-. Per què la duquessa, entenent les paraules de Curial, tota rient, pres comiat. (I.23, 81)

Ovidi prossegueix amb els consells sobre com aprofitar l'ocasió que ofereixen els banquets:

Atque oculos oculis spectare fatentibus ignem.[154] (*Ars*, I, 573)

Talment actuen, en efecte, Curial i la Güelfa al començament de la seva relació, quan es busquen amb la mirada al banquet:

...no obstant estigués molt apartat, encara mirava la senyora, quant los qui servien a la taula e los altres qui davant staven se apartàvan algun poch, e malahia tots aquells qui entre ell e ella se interposaven. E quant aquells, per apartar los caps o en altra manera, fehien finestra, tantost los ulls de abdós ocupàvan aquell loch. (I.8, 50)

És el moment també per al cant, la música i la dansa. Properci lloa el banquet com a marc idoni per a la vida amorosa i, per tant, per a la poesia eròtica:

Ista senes[155] licet accusent convivia duri:

---

[153] El llit, com a lloc de l'encontre amorós, és un altre element recurrent en la poesia eròtica llatina.

O me felicem! o nox mihi candida! et o tu
lectule deliciis facte beate emis!
Oh, que en sóc de feliç! Quina nit més deliciosa! I tu també
    llit plaent pels meus amors! (Properci, *Elegies*, II, 15, 1-2)

En el *Curial* desenvolupa, a més, un paper crucial en el procés de seducció de Làquesis.

[154] "...i de fitar els seus ulls amb ulls que delaten el teu foc".

[155] També apareixen en els versos dels elegíacs, en efecte, les figures dels vells envejosos. Catul al·ludeix a les seves murmuracions en un cèlebre poema:

Vivamus, mea Lesbia, atque amemus,
rumoresque senum severiorum
omnes unius aestimemus assis
Visquem, Lèsbia meva, i estimem-nos, i que les murmuracions dels vells massa severs no valguin per a nosaltres més que un as (*Carmina*, 5, 1-3).

En el *Curial*, *els vells envejosos*, personatges que presenten evidents connexions amb els *lauzengiers*, tenen certa importància en el desenvolupament dels esdeveniments. Així, són ells qui denuncien la relació del cavaller amb la Güelfa al marquès:

...los dos ancians, girant los ulls vers aquella part, solament veren lo apartar dels caps d'aquells dos que amor, sens avisar-se de ço que fèyan, dolçament havia a aquell besar produïts. E no parlant, mas *murmurant*, anaren fins a la cambra del marqués (I,

Nos modo propositum, vita, teramus iter.

Illorum antiquis onerantur legibus aures:

 Hic locus est in quo, tibia docta, sones. (*Elegies*, II, 30, 13-16)[156]

Aprés que foren dinats, los ministres vengueren e comencen a cornar, e l'emperador pres la emperadriu per la mà e tot rient començà una baxa dança, aprés dels quals seguiren molts, e ·n dançaren altres moltes. Gran e molt alegra fonch la festa que l'emperador féu aquell dia. (I.23, 78)

I amb unes festes magnífiques culmina, efectivament, la novel·la:

...no cessaven de riure, de cantar e de dançar. Les viandes foren moltes en aquell sopar, e los vins preciosos en gran abundància, axí que tothom fonch servit esplèndidament. (III.101, 387)

La donzella Festa, com no podia ésser d'altra manera, sobresurt especialment en aquest escenari:

...e lo rey pres a Festa per la mà: -On que vós siats no staran sens festa-. Aquí dançaren e cantaren, e feren molta alegria, e Festa cantava axí bé e mills que donzella que fos en lo món. (II.56, 200)

En l'elegia eròtica romana el banquet és el moment dels senyals secrets entre enamorats:

Me specta nutusque meos vultumque loquacem,

 excipe furtivas et refer ipsa notas;

verba superciliis sine voce loquentia dicam;

 verba leges digitis, verba notata mero; (*Amores*, I, 4, 17-21)[157]

i de la gelosia incontrolada, com la que pateix Paris en el banquet davant la visió d'Helena i el seu espòs Menelau:

At mihi conspiceris posita vix denique mensa,

 Multaque, quae laedant, hoc quoque tempus habet (...)

---

p.39, 14-19).

 O intriguen constantment per impedir que la relació progressi i aconsegueixen l'allunyament temporal de Curial i la seva senyora.

[156] "Bé que els insensibles ancians blasmin les nostres festes; nosaltres, però, vida meva, seguim el camí emprès; aquells tenen les orelles feixugues d'antigues lleis. Ara és l'hora de sonar, oh flauta docta ".

[157] "Mira'm, mira els senyals del meu cap i el llenguatge del meu rostre; espia els meus signes furtius i torna-me'ls. Et diré amb les sobrecelles paraules que parlaran sense veu, llegiràs paraules escrites amb els dits, paraules escrites amb el vi".

Multaeque ne videam, versa cervice recumbo,
     Sed revocas oculos protinus ipsa meos.
Quid faciam, dubito; dolor est meus illa videre
     Sed dolor a facie[158] maior abesse tua.
Qua licet et possum, luctor celare furorem,
     Sed tamen apparet dissimulatus amor. (*Heroides*, XVI, 217-218; 233-238)[159]

Gelosia semblant a la que experimenta Làquesis contemplant la bellesa i el triomf de la Güelfa:

Resplandia la bellesa d'aquella senyora sobre quantes eren. Ay, e com cuydà morir Làquesis, ferida de tres enveges, ço és, del marit, de la bellesa, e de la festa! Mirau-la: mudava la color en mil maneres. (III.100, 386)

Làquesis, que ·l viu, mala☐lo cavaller, mas la Güelfa en son cor li tornava les saluts. Cuydava morir Làquesis de malenconia, e tota rabiava de mal talent. (III.100, 383-384)

Res est blanda canor

El protagonista masculí de la novel·la, Curial, apareix com a excel·lent cavaller i, a més, malgrat el modest origen, sobresurt, tal i com indica el seu nom, com a perfecte cortesà:

...tornà molt prudente e abte; car tantost fonch molt bell cantador, e après sonar esturments (de què devench molt famós)...(I, 30, 18-20)[160]

---

[158] Les paraules de Paris evoquen el comportament de Curial en el banquet en què el cavaller és servit per Làquesis:
Emperò ell menjava poch e bevia menys, car no·n gosava demanar, per ço que Làquesis anant a la copa no li giràs la squena. (I, 99, 17-19)

[159] "Però a mi em veus tot just quan la taula ja és parada, i aquest temps també té moltes coses que punyen (...) Per no veure moltes coses, m'ajec amb la testa girada, però tu mateixa, tot seguit tornes a cridar els meus ulls. Dubto què faria: és el meu dolor veure aquelles coses, però més gran dolor allunyar-me del teu rostre. De la manera que m'és llegut i puc, faig per amagar la meva follia; però és vistent l'amor que dissimulo". Seguim l'edició i traducció del text de les *Heroides* d'Adela Mª Trepat i Anna Mª de Saavedra.

[160] Curial, així mateix, és presentat en la novel·la, amb un tret característicament humanista, des de molt jovenet, com un home cultivat:
Per què lo fadrí, així com aquell al qual seny no fallia, durant lo temps de la disfavor, per no perdre temps, après gramàtica, lògica, rectòrica e philosophia, e fonch

Sobresurt en la dansa:

L'emperador ladonchs vench vers aquella part, e manà que tothom s'apartàs e que dançassen. E axí·s féu. Per què Curial, manant l'emperador, pres a la duquessa deliure per la mà, e seguint-los molts senyors e senyores, féu una baxa dança, ab tanta gràcia e ab tan gran donari que açó fonch una gran maravella. (I.22, 74-75)

I domina l'art de la música i el cant:

...Curial los convidà e ·ls féu gran festa, e pres una arpa e sonà maravellosament, axí com aquell qui n'ere gran maestre, e cantà tan dolçament que no semblava sinó veu angelical e dolçor de paradís. (I.36, 110)[161]

D'altra banda, en l'Antiguitat grecoromana la dansa, la música i el cant estan estretament vinculats a la poesia amorosa. Els poetes romans i, en especial, Ovidi, subratllen l'atractiu eròtic de la dansa:

Quis dubitet, quin scire velim saltare puella

ut moveat posito bracchia iussa mero? (*Ars*, III, 349-351)[162]

I convida els joves a admirar la dansa i el cant de les noies:

Bracchia saltantis, vocem mirare canentis,

et, quod desierit, verba querentis habe. (*Ars*, II, 305-306)[163]

Encara més, el poeta aconsella als homes, tal i com fa Curial, practicar les arts, eminentment femenines, del cant i la dansa:

valent home en aquestes sciències, e axí mateix poeta molt gran, en tant que en moltes partides, sabent-se la sua ciencia, devench molt famós i era tengut en gran stima. (I, 26, 7-14)

[161] Matilde Cortés contraposa la dedicació de Curial a l'estudi i a la poesia a l'activitat com a cantor, adduint que es tractava d'una afició censurable des de la moral de l'època, i la considera un dels motius del càstig de l'heroi:

En altres paraules, des que es veu afavorit, subordina la fama que li havia donat l'estudi, el conreu i la interpretació de la poesia llatina a la fama curialesca que aconsegueix com a cavaller i com a trobador-cantor de temes amorosos en llengua neollatina (1996: 49).

En la nostra opinió, no veiem una oposició clara entre ambdues activitats, tal i com testimonia l'inici del llibre I de la novel·la, en el qual es narra el començament de l'educació de Curial i s'al·ludeix a totes dues facetes sense cap matís de censura per part del narrador (vid. I, 30). D'altra banda, és durant el captiveri al nord d'Àfrica, en plena etapa de transformació vital, quan Curial compon la seva cançó dedicada a la Güelfa.

[162] "¿Qui pot dubtar que vull que una dona sàpiga dansar, a fi que, si li ho demanen, pugui moure, en acabar un festí, graciosament els braços?"

[163] "Admira els seus braços, quan dansa, la seva veu, quan canta, i, quan haurà cessat, fes veure que te'n dols".

115

Si vox est, canta, si mollia bracchia, salta

et quacumque potes dote placere, place. (*Ars*, I, 595-596)[164]

Cíntia, l'estimada de Properci, sobresurt, segons el poeta, en la dansa, el cant i el domini dels instruments musicals:

Quantum quod posito formose saltat Iaccho,

egit ut euhantis dux Ariadna choros,

et quantum, Aeolio cum temptat carmina plectro,

par Aganippaeae ludere docta lyrae;

et sua cum antiquae committit scripta Corinnae

carmina quae quivis non putat aequa suis. (*Elegies*, II, 3, 17-22)[165]

Properci la imagina absent, lluny de Roma, al camp assajant danses rústiques:

...protinus et nuda choreas imitabere sura. (II, 19, 15)[166]

Làquesis, la dama més bella i seductora de l'obra, destaca per la seva gràcia:

Miraven-la tots, e ·ncenían-se de la su· amor, car, ultra la bellesa que havia, era tan graciosa, que no la veya persona qui d'ella no s'altàs. (II.41, 186)

Tal com Properci comenta de la seva estimada:

Quantum quod posito formose saltat Iaccho,

egit ut euhantis dux Ariadna choros, (*Elegies*, II, 3, 17-18)[167]

Curial admira l'encant de Làquesis en servir el vi al banquet:

Làquesis, acompanyada de molts cavallers e donzelles, anà per la copa e, venint, la presentà a Curial. És ver que Curial conexia que li era molt gran càrrech pendre-la de la mà de Làquesis; encara li semblava major càrrech, refusant-la, fer-la-y tenir, per què alargant la mà, pres la copa e begué. E com Làquesis cobràs la copa, la duquessa, sa mare, li dix: -Làquesis, beu lo romanent per amor de Curial-. E axí

---

[164] "Si tens veu, canta; si els teus braços són àgils, balla; si tens altres mitjans per a caure bé, cau bé".

[165] "...és la bellesa dels seu dansar, quan ha deixat la copa d'Iacus, a la manera d'Ariadna dirigint els cors de les evants, i quan assaja càntics amb el plectre eòlic, semblant, pel seu aciençament, a les muses aganipees; i quan, escrivint, competeix amb l'antiga Corinna, els versos de la qual ningú no considera que igualin els de Cíntia".

[166] "...i després, nua de cames, imitaràs la dansa de les nimfes".

[167] "és la bellesa del seu dansar, quan ha deixat la copa d'Iacus, a la manera d'Ariadna dirigint els cors de les evants".

ho féu[168]. (I.23, 80)

Pel que fa a aquesta darrera escena, cal remarcar que el motiu dels amants que beuen de la mateixa copa apareixia, igualment, en la literatura amorosa grega[169] i és, a més, recollit en els versos dels elegíacs llatins. Ovidi aconsella a l'amant:

Fac primus rapias illius tacta labellis

pocula, quaque bibet parte puella, bibas; (*Ars*, I, 575-576)[170]

I evoca una escena similar amb Corina:

Quae tu reddideris, ego primus pocula sumam,

et, qua tu biberis, hac ego parte bibam. (*Amores*, I, 4, 31-32)[171]

L'atractiu dels personatges del *Curial e Güelfa*, tant masculins com femenins, resideix, en gran part, en la dimensió cultural, que abasta des del coneixement dels clàssics llatins[172] i la literatura sentimental italiana[173], al domini del cant i la música. Es tracta d'un tret especialment rellevant pel que fa als personatges femenins i que apunta, una vegada més, a la presència del món clàssic. Quant a la Güelfa, al començament de l'obra, quan el narrador la presenta, després de remarcar-ne l'extraordinària bellesa, afegeix a continuació:

---

[168] Hauf assenyala en el seu estudi que "la escena de la seducción culmina con una sensual comunión en la misma copa" (2004: 268).

[169] Una escena similar podem llegir-la en la novel·la grega *Leucip i Clitofont* (s. II):

Sátiro nos escanciaba el vino y puso en práctica cierto ardid amoroso: nos cambia las copas, sirviendo la mía a la joven y la suya a mí, y tras echar vino en una y otra copa y hacer la mezcla nos la ofrece. Yo, que me había fijado en la parte de la copa en que la muchacha al beber había puesto los labios, bebí aplicando en ese punto los míos, dándole así un beso a distancia, y besé la copa al mismo tiempo. Y ella, al verlo, comprendió que yo besaba la huella de sus labios. Pero Sátiro, cuando se llevó las copas juntas, de nuevo nos las cambió, y vi ya entonces que también la joven me imitaba y bebía del mismo modo. (II, 9)

[170] "Malda per agafar el primer la copa que hauran tocat els seus dolços llavis, i per beure pel mateix costat on ella haurà begut".

[171] "La copa que tu li hauràs lliurada, jo l'agafaré el primer i, on tu hauràs begut, allí beuré jo".

[172] Aspecte ressaltat curiosament en la jove móra Càmar.

[173] És de sobres coneguda l'escena de la novel·la en què Làquesis intenta justificar davant la mare els seus sentiments per Curial recordant els amors tràgics de Ghismonda.

Era aquesta Güelfa molt sàvia[174], e suau, e temprada en sos moviments. (I.2, 45)

El qualificatiu, sense més detalls, es repeteix més endavant:

...lo marquès hach molt gran plaer, e ·n parlà ab ella; mas la Güelfa, axí com aquella qui era molt sàvia senyora...(I.34, 107),

i s'aplica també a la seva criada Festa, *aquella sàvia donzella* (II, 178, 25). Curial, el seu estimat, no es queda pas enrere en aquest aspecte. Entre els motius pels quals la Güelfa se'n enamora, el narrador subratlla:

E, no havent esguart a claredat de sanch[175] ne a multitut de riqueses, entre ·ls altres li plagué molt Curial, car veent-lo molt gentil de la persona, e assats gentil de cor, e *molt savi* segons la sua edat, pensà que seria valent home si hagués ab què. (I.4, 46)

Al mateix temps, Melchior, el seu mentor, l'aconsella repetidament en idèntic sentit.

Quan el rei de França lloa les virtuts de Curial, en ressalta aquest aspecte:

...és molt abte e virtuós, savi e de gran e notable consell; però no me'n maravell, car entre los grans philòsofs, poetes e oradors[176], veig que és tengut en gran stima. (II.116, 247)

I insisteix un cop més:

Si ·l volets en cambra cantar, dançar e solaçar curialment, dich-vos que algú dels altres no ·s pot egualar ab ell; e, partit d'aquí, no lexa l'estudi, ans tracta reverencialment los libres, que tots quants lo conexen ho han a gran maravella. (II.116, 247)

En la mateixa línia, quan Curial és coronat per Apol·lo, el déu s'expressa en els següents termes:

-Millor e pus valent entre los cavallers, e major de tots los

---

[174] Exactament el mateix tret que destaca Boccaccio en Ghismonda en el relat IV, 1 del *Decameró*.

[175] El nou concepte de *nobilitas* del *Curial* ha estat assenyalat com un tret humanista de l'obra (Butinyà, Miguel).

[176] L'eloqüència era una virtut molt considerada entre els elegíacs llatins. Ovidi recorda que Calipso i Circe es van enamorar d'Ulisses no a causa de la seva bellesa sinó precisament de l'eloqüència:

Non formosus erat, sed erat facundus, Ulixes

Et tamen aequoreas torsit amore deas (*Ars*, II, 123-124).

Ulisses no era pas bell, però era bon conversador: fou prou perquè dues deesses marines s'abrusessin pel seu amor.

poetes e oradors[177] qui vuy són-. E comunicà-li tota la sapiència de la sua deïtat, en manera que Curial fonch informat axí de les virtuts e estrenuïtats dels cavallers, com de la composició e ordinació dels libres. (III.34, 309)

Entre les virtuts que els elegíacs apreciaven en la dona estimada, cobra especial importància, en efecte, el domini del cant i dels instruments musicals. Ovidi alliçona les joves en aquest sentit:

Monstra maris Sirenes erant, quae voce canora
    quamlibet admissas detinuere rates;
his sua Sisyphides auditis paene resolvit
    corpora (nam sociis inlita cera fuit).
Res est blanda canor: discant cantare puellae
    (pro facie multis vox sua lena fuit). (*Ars*, III, 311-316)[178]

Molt interessant en aquest aspecte, igualment, resulta l'escena del reconeixement de Curial i la Güelfa, en la qual el cant del jove hi té un paper rellevant[179]:

Venguts los catius, lo marquès los oyhí, e altà's tant *d'aquell cantar* e *d'aquella cançó de l'orifany*, que açó fonch maravella

---

[177] És necessari, no obstant això, recordar l'ús d'aquests termes en la llengua medieval: "El ideal cultural de la tardía Antigüedad era la retórica, en la cual estaba incluida la poesía. La identificación de la filosofía con la retórica es producto de la nueva sofística; a partir de entonces, retórico, filósofo y sofista significan una misma cosa, aun en el Occidente latino". (Curtius: 300)

[178] "Monstres del mar eren les Sirenes que amb la seva veu melodiosa retenien les naus per ràpides que passessin. En escoltar-les, fou a punt de deslligar-se el descendent de Sísif –els seus companys tenien tapades amb cera les orelles -. Bonica cosa és el cant: que les noies aprenguin a cantar –a moltes, en comptes d'una cara bufona, la veu els serví de mitjancera -."

[179] En tota aquesta escena es reconeix de forma clara la presència de Boccaccio, qui recull el mateix motiu del reconeixement de l'amant mitjançant una cançó en el relat X, 7 del *Decameró*. El motiu ja apareixia al *Novellino*, on hi figurava efectivament la mateixa composició de Rigaut de Berbezilh *Atressí com l'orifanz*. En aquest sentit, l'autor del *Curial* actua com un autèntic humanista esmenant el seu model i reprenent la *razó* trobadoresca, substituïda en el cas de Boccaccio per una altra cançó no relacionada directament amb l'argument del relat.

Martí de Riquer destaca el fet que l'autor del *Curial* atribueix una cançó tan divulgada a Catalunya, l'autoria de la qual cap lector de l'obra no ignorava, al protagonista de la novel·la, al temps que en subratlla la importància de la faceta de poeta: "Curial, doncs, assoleix el perdó de la Güelfa gràcies, principalment, a una poesia. No oblidem que l'autor insisteix diverses vegades en les facultats poètiques del cavaller (...) i en la seva habilitat a cantar i sonar instruments". (1980: 626) gran. E de continent tramès a dir a sa sor, que jahie malalta, que allí havia dos catius *qui cantàvan molt bé*, si ·ls volie oyr. La Güelfa respòs que li plaÿa, e axí lo marquès manà que a la Güelfa los amenassen (...)

E axí com aquests dos catius foren davant ella, *fonch-los manat que cantassen*; e ells *començaren a cantar la cançó de l'orifany*. La Güelfa, que oyhí aquella *cançó*, maravellà's molt e manà'ls que *la tornassen a cantar*, e axí ho feren (...) La Güelfa tornà a manar que ·ls digués que venguessen; los quals venguts, manà·ls que *tornassen a cantar aquella cançó*. E axí *cantaren*.

E aprés que *hagueren cantat*, la Güelfa apellà Curial, e demanà-li d'on era e com havia nom; respòs que de Normandia, e havia nom Johan. E parlava francès contínuament; (...) manà-li que *li digués aquella cançó de paraula, sens cantar*; e ell ho féu tantost. E com ella la hach oyda, li dix qui havia feta aquella *cançó*; ell dix que no sabia, que en Tuniç la havia apresa de uns mercaders. –Ay, trista yo –dix ella–, que yo coneguí bé aquell qui la féu!–. Lo catiu respòs: -Si vós l'aguéssets ben conegut, no·l haguérats exellat-. –E con sabs tu que yo l'exellàs? –dix la Güelfa. Respòs: -Saber-ho ho deig. Que só estat en catiu set anys, per una vostra fellonia-. E començà a parlar lengua lombarda. (III.73, 347-348).

La música i el cant contribueixen a crear un ambient especial en aquesta escena clímax en la trama de la novel·la, en la qual l'al·lusió al coneixement de diverses llengües fa pensar, evidentment, en un fals captaire, com, sens dubte, també en una dama de la seva altura intel·lectual: som, en efecte, davant una *puella docta*[180].

Amb tot i això, és Càmar el personatge femení en qui l'autor, paradoxalment, ha accentuat els trets de dona cultivada[181]. La

---

[180] Entre les qualitats que els poetes elegíacs subratllen en les estimades sobresurten de forma significativa la cultura i el refinament, aspectes que comparteixen, sens dubte, amb les protagonistes del relat català.

[181] Recordem que Càmar i Curial passaran gran part del temps junts llegint i comentant poesia llatina. Així mateix, la jove acudeix a l'autoritat dels clàssics per recolzar les seves afirmacions davant la mare, Fàtima, i recorre a la Dido virgiliana per

soledat de la noia, reclosa a casa per ordre del gelós pare, afavoreix el contacte amb els captius i, en la seva relació, la música hi juga, una vegada més, un paper interessant:

…sallint de casa se'n entrava en aquell ort, e ab aquells catius, qui maravellosament cantàvan, tot lo dia se stava, e encara la mare, qui moltes vegades li feya companyia. Cantava molt bé Camar, e Johan mostrà-li moltes cançons, e ab acorts cantava ab ella[182]. (III.43, 318)

Conclusions

El professor González Rolán es pregunta en relació amb els inicis de l'Humanisme a la Península Ibèrica, "en qué medida calaron, se absorbieron o asimilaron los valores puestos en circulación por los humanistas italianos y que, como es bien sabido, suponían una ruptura con la concepción del mundo y del hombre predominante en la época anterior, la que se situaba a medio camino entre la Antigüedad y la Nueva que con ellos comenzaba" (2003, 26). Doncs bé, la lectura atenta d'algunes escenes de l'obra mostra, en efecte, la presència de motius amatoris propis de l'elegia eròtica llatina en la novel·la cavalleresca *Curial e Güelfa*. Alguns, com el paper de la mirada en la passió amorosa, la visió de l'amor com a foc, com a presó, procedeixen sens dubte en últim terme dels elegíacs llatins, tot i comptar amb una llarga tradició literària. Comparteixen,

justificar el seu propi suïcidi.

[182] Insistim, una vegada més, en la connexió de dansa, música i cant en la poesia eròtica llatina: "Le chant va de pair avec la danse et la musique et entre aussi dans l'art de séduire ». (Sabot: 260)

Ovidi recorda els atractius femenins més destacats:

Haec quia dulce canit flectitque facillima vocem,
    Oscula cantanti rapta dedisse velim;
Haec querulas habili percurrit pollice chordas:
    Tam doctas quis non possit amare manus?
Ille placet gestu numerosaque bracchia ducit
    Et tenerum molli torquet ab arte latus.

Aquesta, perquè canta dolçament i té tan fàcils inflexions de veu, jo voldria, mentre canta, robar-li petons. Aquella, amb hàbil polze, recorre les cordes harmonioses: unes mans tan doctes, ¿qui podria no estimar-les? Aquella altra m'agrada pels seus gestos, balanceja rítmicament els braços i corba, àgil, amb art els seus flancs lascius (*Amores*, II, 4, 25-30).

a més, motius menors com la valoració del cant i la música, les festes i banquets com a escenari idoni per a la relació amorosa o, fins i tot, els amants que beuen de la mateixa copa. Juntament amb molts altres motius configuren un discurs amorós que evoca en molts moment de l'obra l'imaginari eròtic de Catul, Properci o Ovidi. Una sensualitat exquisida i elegant ens anuncia, sens dubte, una nova mentalitat, signe d'una nova concepció de l'ésser humà, capaç de proclamar, com Càmar, el seu plaer amorós obertament. Al costat d'altres trets presents en la novel·la, com la concepció de la passió amorosa com un sentiment agredolç o una ferida, la valoració de la bellesa, el poder de la poesia en l'amor, la presència de *puellae doctae*, de dones que llegeixen, comenten i reinterpreten els autors clàssics amb criteri propi, delaten una concepció en aquest moment innovadora[183] de l'ésser humà, que enllaça en el pla amorós amb la poesia eròtica de l'Antiguitat grecoromana.

La novel·la *Curial e Güelfa* es mostra, segons apunten les investigacions més recents, com una obra de gran complexitat i elaboració literàries, que recull i recrea fonts molt diverses. La lectura des de la perspectiva de la tradició literària amorosa dels clàssics grecollatins hi desvela nombrosos punts de contacte i reforça, en la nostra opinió, la visió de la novel·la catalana com una obra d'esperit essencialment humanista, que, a l'ombra del cristianisme, absorbeix els postulats classicistes en aspectes concrets com l'erotisme. La rellevància de la bellesa física dels protagonistes, la valoració de la dimensió cultural dels personatges, inclosos els femenins, constitueixen elements fonamentals en la novel·la que remeten al món clàssic. La sensualitat, tothora refinada i deliciosa, entronca, sense cap mena de dubte, mitjançant els trescentistes, en especial Boccaccio, amb el codi amorós creat pels elegíacs llatins, codi que recull, igualment, l'altra gran novel·la cavalleresca de les lletres catalanes, el *Tirant lo Blanch*,

---

[183] És precisament per aquest motiu que ens atrevim a qualificar la novel·la catalana d'humanista, entenent el concepte en un sentit ampli (González Rolán 2003: 28), "el humanismo en sentido amplio se identifica con la asimilación de los métodos culturales clásicos, cuyo reflejo más evidente es la imitación", com una nova actitud, un nou tarannà davant la vida de caràcter antropocèntric i fonamentat bàsicament en la imitació dels clàssics grecollatins.

la qual, a diferència del *Curial*, potencia extraordinàriament la visió de l'amor com a font de plaer sensual (Gros 2008).

La presència d'una tradició literària amorosa que es remunta en darrer terme als clàssics grecollatins en la nostra novel·la és una evidència davant dels textos de Catul, Properci o Ovidi. La proximitat als clàssics en el tractament dels motius eròtics que hem analitzat per part del *Curial*, corrobora l'esperit de reivindicació del món grecollatí que l'autor postula de forma explícita en molts moments del seu relat. Un erotisme, el del *Curial*, evident però contingut, senyal del nou esperit dels temps que alena en la novel·la, del nou tarannà ideològic que impregna l'expressió del sentiment amorós, sense condemnes morals, avalat per la tradició dels clàssics, en harmonia amb la visió cristiana.

Així ho evidencien tants passatges de l'obra, des del cèlebre episodi de les monges a les escenes de seducció de Làquesis, els intents desesperats de Càmar per retenir el seu captiu o l'explosió del desig amorós dels protagonistes després de les noces. Indubtablement, som davant un retorn cultural al món dels clàssics, també quant al discurs amorós de l'obra. Sense excloure altres possibilitats interpretatives, les nostres consideracions no pretenen, en definitiva, sinó aportar un altre element, en aquest cas la perspectiva dels clàssics grecollatins, que completi l'anàlisi d'aquest *vertader joiell* de la narrativa catalana[184]. Acabem amb una reflexió de Mariàngela Vilallonga:

> La voluntat de l'ús d'una llengua elegant equiparable a la de l'antiga Roma, prioritàriament la llengua llatina però sense deixar de banda la llengua vulgar. Això i només això ha de ser definidor de tots els humanismes. Però és molt. És una voluntat d'imitació dels clàssics, d'escriure a l'ombra de Roma, de la mateixa manera que Roma va escriure a l'ombra de Grècia. És un sentir-se hereus culturals del món grecollatí i en això basar la seva cultura, de la mateixa manera que Roma es va sentir hereva cultural de Grècia i en això va basar la seva

---

[184] Ferrando (2007:5-35), per exemple, subratlla en la introducció de la recent edició de la novel·la, que, en la seva opinió, es tracta d'una obra d'entreteniment però amb una evident intencionalitat política a favor del Magnànim i en contra de la política del papat.

cultura. De la mateixa manera que la Roma antiga s'erigeix com a transmissora de la cultura grega intentant superar el model, els humanistes s'erigeixen com a hereus de la cultura grecollatina antiga, intentant també superar el seu model. (Vilallonga 2001: 480)

Trets –voluntat de l'ús d'una llengua elegant i d'imitació dels clàssics- que sens dubte percebem en el *Curial*. La confrontació d'aquestes escenes del *Curial* amb els versos dels elegíacs llatins suggereix, en efecte, una sintonia entre els textos en el tractament dels motius eròtics que depassa la simple erudició superficial o el vernís classicista a la moda del moment per assolir una reeixida actualització de la literatura eròtica clàssica.

Una altra mostra de l'assimilació de Petrarca a la Corona d'Aragó: la desfilada triomfal i la seva manipulació

Roxana Recio (Creighton University, Omaha, USA)[185]

A pesar de la rellevància donada posteriorment al *Cançoner*, els *Triomfs* de Petrarca és l'obra en llengua vernacla que més atenció va rebre per part dels intel·lectuals de l'època. L'acceptació d'aquesta obra de Petrarca va unida a l'assimilació de l'Humanisme. La mentalitat humanística s'allunya dels esquemes estàtics estrictament medievals i permet un ampli ventall de possibilitats que, mantenint el respecte als clàssics, dóna origen a modificacions, reestructuracions, versions i adaptacions d'un model assimilat. Són aquestes noves idees les que afavoreixen l'assentament gradual de l'obra de Petrarca a la Península. Com podrà veure's en aquest treball, és a la Corona d'Aragó on trobem l'inici d'aquest procés.

Cal assenyalar el gran canvi que amb la seva poètica, no sols exposada en el *Canzionere* sinó amb la seva forma de tercets narratius en els *Trionfi*, porta a terme Petrarca. Si per al desenvolupament de la poesia en general, i molt particularment la poesia amorosa, el seu capítol IV del *Triumphus primus amoris* fou decisiu, capítol en el qual per primera vegada en la història de la literatura es posa de relleu la psicologia de l'enamorat, que no és altra cosa que la introspecció amorosa, per al veritable assentament dels seus *Triomfs* és la desfilada narrativa la que fa que el gènere triomf s'estengui fins ben entrat el segle XVII.

La desfilada narrativa petrarquista, a diferència de Dante i Boccaccio, és d'estructura molt més flexible, i aquesta flexibilitat permet que dintre de l'estructura de la desfilada trobem distintes

---

[185] Per a Martí de Riquer, amb admiració i agraïment.

El present estudi forma part d'un treball molt més ampli de pròxima aparició. El capítol en què aniran més desenvolupats aquests assumptes es basa en gran part en la *Història de la literatura catalana* del professor Riquer.

aproximacions: laudatòries, morals, filosòfiques o fins i tot dramàtiques (Sticca 52-53). Per a entendre l'arribada de l'Humanisme i la seva acceptació a la Península no queda altre remei que endinsar-nos en el món intel·lectual de la Corona d'Aragó. Si acudim a les històries de la literatura catalana, ens hi trobem normalment que la crítica annexa quasi totes les obres d'aquesta època, amb excepcions com Metge i altres pocs, als seus antecedents francesos, concretament el *Roman de la Rose* i els trobadors, i en alguns casos a Dante. Segons he explicat amb Rocabertí i Carrós Pardo (Recio 1996d, 19-40; Recio 2000), el que inicialment es pensava que venia de Dante o d'origen francès no és més que una assimilació petrarquista. Amb relació a les desfilades triomfals cal assenyalar una trajectòria que no s'ha de confondre. Primer, es tracta de destacar com Petrarca i la seva aportació única a la literatura va penetrant dintre de la cultura catalana. Segon, es tracta de demostrar com aquesta penetració es converteix en un model modificable amb diferents intencions. Recordem que hem dit que una de las característiques de la desfilada de Petrarca és la flexibilitat narrativa que ajuda a recrear-la amb distintes intencions.

En el segle XIV a la Corona d'Aragó ens trobem amb *La Faula* de Guillem de Torroella. Martí de Riquer indica que aquesta obra és una narració escrita en 1268 versos octosíl·labs apariats i que es pot concloure que és anterior a 1375 (Riquer 1985, 2: 206). Per Riquer aquesta obra està dintre de les obres al·legòriques de tema artúric amb antecedents francesos. És indiscutible que existeix un fons lirico-narratiu comú a l'època, que ens fa pensar que això sigui així. No existeixen matisos ni anàlisis de la desfilada d'aquestes obres. Curiosament Gerardo Vacana, seguint Calcaterra, afirma que la data del *Triomf de l'Amor* és anterior a 1340-1342. Aquestes dades s'han de tenir en compte quan es parli d'un contacte entre la Corona d'Aragó i els autors italians.

La Faula apareix en el *Cançoner dels comtes d'Urgell*[186]. La seva relació amb els *Triomfs*, des del punt de vista de l'estructura narrativa, es pot basar en línies generals en com apareixen en l'obra certs personatges i en la manera en què se'n tracten els sentiments amb

---

[186] Vegeu l'edició de Llabrés. Riquer (1985, 2: 206-16) i Bohigas & Vidal Alcover (xii-xiv) expliquen l'argument de l'obra.

la intenció evident de commoure el lector. En el poema de Torroella apareixen en primer lloc una sèrie de personatges, dintre d'unes vitrines en el palau, que són famosos i fan referència a les seves diferents històries (paral·lel amb Encina). També, a través del diàleg, Torroella emfasitza la tristesa o el dolor dels personatges amb llargues explicacions en primera persona. Amb això s'individualitza la pena i s'hi dóna un toc humà, més proper al lector, a aquells personatges artúrics. A més, ja cap el final del poema poden trobar-se gravats a l'espasa els personatges, els quals van desfilant, els uns alegres, a qui els manca la virtut, i els altres tristos, a qui els manca el valor, i que són personatges anònims. Hi ha en *La Faula*, segons acabem de veure, dos tipus de personatges: uns de coneguts i famosos, i altres en què el poeta es recrea per tal de connectar encara més la desfilada amb el món de la cavalleria.

En *La Faula*, trobem passatges on s'expressa dolor i sentiment utilitzant, dintre del marc narratiu de la desfilada, veus independents que incrementen l'estat interior dels personatges. Per exemple, quan apareixen Amor i Valor, dues dames formoses, germanes del rei, que senten parlar Artur amb la seva espasa i dir el següent:

Suspirant dis ab gran enuy
E comoguts de gran tristor:
"Per coy so mes en grief dolor,
Iscalibor, ma bon·espea?
Car tal cosa m'as devisea
D'on mon cor és dolan e tristes.
Ay pris e dompney, tan perdistes
Lo jorn que je lexé le monde
E me·n entrey en mer profonde
En la nef on mey mis la fea
Por venir en cest·encontrea
On auroy esté plausers ans,
Toutes foys liés e joyans
E sans tot corrous jusque si!
Ay espea! Por coy te vi
En cestuy poynt a tel meschief?
Car tu me fas de chief en chief
Cleramant veyor mon domatge;

Car puys je vi bayxer paratge
E pris enlonger de valor,
E dompney depertir d'amor
Por si mauvaysa companyia,
E l'orda de xivalleria
Si devoyser de sa manera,
La vie m'est estrange e feyra
E suy de la mort desirans."
Adonchs ploron pus que d'abans
las duas donas que lay eron. (vv. 760-787).

Aquest plant en boca del rei, escrit en primera persona, és un exemple de com el poeta introdueix la idea de commoure a través de la tristesa, del plor, perquè el lector rebi, més que una narració que conta una història determinada, una sensació de complicitat amb la situació per la qual Artur, l'autor, la cavalleria i fins i tot Amor i Valor, dels quals s'especifica que són vídues i orfes (v. 738), estan passant. Els mateixos editors moderns de l'obra posen en cursiva aquests parlaments que intensifiquen l'ús de la primera persona. Es podria arribar a pensar que es fa per a una millor comprensió del poema. Tanmateix, està ben clar que la idea és destacar les paraules que el rei està dient, "comoguts de gran tristor" (v. 761). En els dos últims versos s'hi insisteix al fet sentimental, en deixar-nos entendre el narrador que totes dues germanes Amor i Valor que escolten el rei també acaben plorant.

Existeixen altres passatges en els quals veiem com, dintre d'aquest marc de literatura fantàstica de tradició artúrica, apareixen ja els aspectes d'un hibridisme. L'hibridisme narratiu es basa en la combinació d'elements propis provinents del món cavalleresc i una intenció de commoure, fent partícep el lector del dolor i la tristesa del personatge. Precisament són aquests passatges els que donen a entendre que ja en aquesta obra de Torroella trobem els primers influxos d'una narrativa distinta: no només la que conta històries assenyalant breument si el personatge està o no trist o alegre, sinó posant-hi èmfasi, amplificant el que sent. Des d'aquest angle, a l'igual que en la literatura castellana es considera el *Siervo libre de amor*, de Rodríguez del Padrón, per la seva estructura, l'inici del gènere de la novel·la sentimental, Torroella presenta la primera desfilada triomfal contaminada amb noves tendències. Torroella és el primer a adaptar, modificar en el sentit suara esmentat, una desfilada a la manera de Petrarca. Dels versos 1120 a 1155 hi ha un artifici narratiu que permet a Torroella, dintre de la seva tradició artúrica, d'introduir personatges que desfilen. És un altre moment del poema en què es pot veure la infiltració de la desfilada de caràcter italià. Em refereixo a quan el propi Guillem, és a dir Torroella mateix fet personatge, després d'haver-li demanat al rei el motiu de la seva tristor sent un home tan afortunat (vv. 1105-1109), mira l'espasa del rei i aquest li hi mostra uns homes inscrits a tall de desfilada. Els uns anaven amb els ulls tancats i anaven contents, i els altres amb els ulls tapats i estaven plorosos. Els primers no eren sinó els reis avars, que menyspreaven el valor; els altres eren els qui, apreciant-lo, no tenien coratge per a portar a terme les seves empreses, i per això es trobaven sempre sospirant (vv. 1157-1187).

Cal destacar els següents punts en la narració: que en un moment determinat de la narració Guillem s'adorm en un prat, convertit ja en personatge, i, en despertar-se, se'n va de viatge cavalcant (vv. 198-407), que es presenten en el poema figures al·legòriques com Amor i Valor, que es veu un rei angoixat, i que existeixen invocacions religioses, com la que s'adreça a la Mare de Déu (connotació cristiana de l'obra). És necessari recordar que en el *Roman de la Rose* existeix un somni, la primavera i una filosofia d'amor que no topa amb la poètica amorosa stilnovista, i que per tant hi ha un fons líric comú a Europa que maneja sempre els mateixos elements. No obstant això, si ens fixem que estem parlant d'una narració descriptiva dintre de la qual sembla importar més commoure el lector que descriure-li unes situacions, és inevitable pensar que el poema de Torroella es troba en aquell moment de transició molt primerenc en què les modalitats literàries noves de l'Humanisme comencen a imposar-se i a aparèixer en la literatura peninsular.

Per tal de poder comprendre millor el que ací s'està afirmant es pot comparar amb una altra obra que, a diferència de la de Torroella, no dóna aquell pas endavant. Es tracta de *Blandín de Cornualla*, obra al·legòrica i de fantasia, de la primera meitat del XIV o dels últims anys del XIII, típica de la literatura artúrica, de la literatura de Bretanya, en vers en català (Pacheco 11-12). Hi podem veure com no existeix cap intenció de commoure, ni de fer còmplice el lector. Els personatges parlen d'una manera concisa, hi ha connotació cristiana i moral, però en cap moment es troba aquest sentiment que Torroella presenta en la seva obra. Per exemple, quan Blandín es troba per un camí amb una formosa donzella que esperava en un camp i que estava cantant cançons amoroses. La narració apareix de la forma següent:

> E quan Blandín vi la donzella
> apertament se'n va vers ella,
> e bellament la saludet,
> e d'amors ell li demandet,
> e dis: -Donzella de gran paratge,
> com és aissí en tal boscatge?
> e di, de qui és tan bell caval?
> Prec Dieus que lo garde de mal,
> car, per ma fe, ell és mot bell
> a cavalcar a tot donzell.-
> Adonc la donzella respondet
> cortesament a Blandinet,
> e dis: -Senyor, per veritat,
> dirai-vos-ho tot de bon grat.
> Jou sui donzella d'otramar
> que aventura vaoc cercar,
> e vuell ara peridre ma dinada
> am mon cheval per esta prada;
> e si dinar am mi vos plasia,
> per ma fe, molt gran gauig n'hauria,
> car de vianda hai a bastament
> a mi e a vós verament.-. (Blandinet 49)

A despit de fer referència que es canta, la cançó no apareix en el poema, amb la qual cosa queda reduïda a un ornament estilístic dintre d'un lloc amè, típic de la tradició anterior a l'humanisme italià. Si s'hagués posat en boca d'aquesta donzella una cançó, el poema hauria arribat al nivell d'una introspecció amorosa o d'una atmosfera sentimental, que ací no existeix[187]. Tot acaba entre els dos amb un dinar, i el que se li explica al lector és simplement la pregunta de Blandín a la donzella sobre qui és, perquè es troba allí. S'especifica que hi ha un cavall blanc. Però és simplement un conte que no apel·la per a res els sentiments ni la complicitat del lector. Es tracta d'un llenguatge, com hem vist, descriptiu i essencialment cortès que només porta a relatar-nos la trobada de dos personatges. Això és típic d'aquestes composicions, i és el que Torroella trenca. Cobren importància les afirmacions de Pacheco en relació a l'evolució del gènere:

> En l'evolució d'aquest gènere hom pot veure com els narradors van anar abandonant els arquetipos i els ideals del món cavalleresc i cortesà, i com des de finals del segle XIV començaren a acceptar com a temes literaris els esdeveniments prosaics, però essencialment humans, de la vida quotidiana. El món fàntastic i meravellós, característic en les narracions medievals, té encara cabuda en moltes composicions, però, d'alguna manera, s'ha humanitzat: els elements d'aquell món han perdut llur caràcter extraordinari i sembla com si els autors volguessin sotmetre'ls a les lleis del món físic i concret que gradualment anava convertint-se en el marc habitual de les narracions. Les coordenades d'espai i temps fixen els límits de la plausibilitat, i els autors incorporen als textos referències cronològiques i detalls explícits de l'entorn físic que mostren aquella acceptació del món empíric; la geografia i l'onomàstica de les obres duen a ambients coneguts i familiars, i molt sovint els lectors poden identificar-se amb les circumstàncies i amb els valors ètics i socials dels protagonistes. (Pacheco 8)

Pacheco explica en aquesta cita el que hem tractat de demostrar fins al moment. *La Faula* entra en aquesta evolució de gènere cap a l'humà i familiar, on s'intenta que el lector sigui còmplice en identificar-se amb els sentiments i el món, que perd el valor de l'extraordinari per a semblar-hi més proper. Precisament un dels grans encerts de Petrarca en els *Triomfs* és, a més de commoure

---

[187] Respecte a la importància de les cançons intercalades en el discurs narratiu, vegeu Recio 1996d, especialment el primer capítol.

a través de la presentació de les penes d'un personatge, presentar sis poemes pròxims al lector.

Pot semblar un contrasentit parlar d'aspectes humans i familiars en una obra on hi ha màgia, persones transformades en animals, bruixeria, etc., i on també trobem que l'autor és transportat a un lloc que no té res a veure amb la realitatd. Tanmateix, com indica Isabel de Riquer, Torroella tracta de crear un ambient versemblant:

> Describe lo que ha visto, fundiendo coordenadas reales, su miedo ante la enorme ballena que le lleva a rezar la "oración del gran peligro", vv. 62-71, su asombro al oír hablar a la serpiente, vv. 184-185, su curiosidad ante el silencio y el llanto del rey, su interés en saber si es verdaderamente *aycell qui atendon li bretó*, vv. 922-923, con elementos verosímiles, el caballo ricamente enjaezado o la arquitectura suntuosa, con otros fantásticos, los animales-guía, la serpiente parlanchina con un carbunclo en la frente, su diálogo con personajes literarios, etc., producto todo de sus lecturas múltiples y acumulativas y que quedan sólidamente amalgamadas en *La faula*. (…) La isla Encantada de incierta geografía se nos describe no como un espacio habitual y natural, pero tampoco antinatural, pues Guillem de Torroella se esmera por hacerlo familiar y verosímil para sus lectores. (2005, 181)

Així, la presència de la màgia no és obstacle perquè dintre de l'estructura de l'obra puguem dir que realment l'autor viu una fantasia que li porta a expressar introspeccions sentimentals, i àdhuc amoroses, en boca de personatges en primera persona. La màgia en l'obra catalana es pot interpretar com un element que té una funció semblant al somni en les obres de procedència italiana, com per exemple en el *Triunfo de Amor* de Juan del Encina.

També és quelcom significatiu el context en què apareixen els personatges de la desfilada en *La Faula*. A l'igual que en el *Triunfo de Amor* de Encina, el grup de personatges que s'hi mencionen en la desfilada està en la paret, concretament en unes vidreres que, també com en Encina, es troben en un palau. En *La Faula* es parla aleshores de Tristany, de Lançalot del Llac, de Perceval i d'una sèrie de cavallers artúrics, dintre del que Isabel de Riquer anomena 'galería' de enamorados famosos" (*ibid*. 181).

La flexibilitat que presta el marc narratiu de la desfilada de Petrarca permet el desenvolupament dels aspectes sentimentals en la narració utilitzant el discurs directe, a través de personatges que expressen els seus sentiments o, com en altres autors, amb cançons afegides. Recordem que en Ovidi no hi ha desfilada i que en l'*Amorosa visione* de Boccaccio els parlaments en primera persona (faig referència clara al capítol cinquè, que es considera el Triomf d'Amor) es limiten, com en Dante, a un o dos versos, no hi ha una recreació per a presentar els personatges al lector[188].

Els vertaders precursors del canvi cap a les formes humanístiques es troben, com en altres gèneres tals com la traducció sense anar més lluny, a la Corona d'Aragó. Guillem de Torroella constitueix d'aquesta manera amb *La Faula* un interessantísim antecedent en el camp peninsular literari. En cap moment s'està negant en aquesta obra la tradició francesa. El *Roman de la Rose* i el cicle artúric estan presents en aquesta fase primària de l'Humanisme català. Gens per això, aquest tipus de narració en la qual apareixen una galeria de personatges, un viatge i l'autor també com personatge dintre de la narració té visions de personatges claus amb els quals manté un diàleg directe per tal d'apel·lar el sentimentalisme del lector, ja deixa veure com en una època primerenca, almenys a la Corona d'Aragó, hi havia una relació amb aquesta nova desfilada narrativa que a la darrera Edat Mitjana aporten els *Triomfs* de Petrarca. No es tracta d'un text que ha assimilat totalment l'obra de Petrarca, sinó que el que ací es vol puntualitzar és que respon a una paulatina transformació cap a les formes per ell establertes. El cas de Juan del Encina, com en el món de la traducció esdevenia amb la traducció castellana del *Decameró*, indica que hi ha una intertextualitat en aquest tipus de composicions que també arriben de la Corona d'Aragó. No sembla molt probable que Juan del Encina en el seu *Triunfo de Amor* (mescla d'ideologia ovidiana i estructura petrarquista) acudís a una font artúrica. És molt possible que Encina, a l'igual que el traductor del *Decameró* al castellà, prengués com model per al seu *Triomf* aquesta estructura provinent d'Aragó i que veiem en Torroella. La serietat d'Amor i Valor en Torroella desapareix en

---

[188] Recio 1996d, 9-11. Per les tradicions triomfals, vegeu Recio 1993.

Encina, i aquest autor castellà dóna als seus personatges una connotació de festa i gairebé orgiàstica que l'uneix amb Ovidi i que, per al que tractem en aquest treball, ens serveix com exemple de la flexibilitat de les desfilades que s'han posat de moda ran dels *Triomfs* de Petrarca. Seguidament, veurem com la connotació de festa es transforma en els següents dos autors en una connotación de crítica social, de paròdia anticlerical.

D'una manera cronològica després de Torroella apareix a la Corona d'Aragó la *Triste deleytaçión*. Malgrat ser considerada una obra castellana, a través de la llengua se sap que es va escriure a la Corona d'Aragó. A diferència de Torroella, la connotació ideològica de la desfilada no és seriosa, ni apel·la els sentiments. En la *Triste deleytaçión* es busca la paròdia anticlerical, fer riure el lector i denunciar una situació social. En tractar-se ja d'una obra del segle XV es veu més clarament la relació quasi desenvolupada i manipulada respecte al tipus de desfilada que posa de moda Petrarca.

La *Triste deleytaçión* és una obra anònima del segle XV. En termes generals, narra la història d'un cavaller que, aturmentat pels problemes de cada dia, decideix escapar amb el seu cavall. Se'n va en un viatge imaginari per tal d'escapar dels seus problemes i en tornar se n'adona que la seva dama s'ha fet monja. El cavaller entra en un monestir i l'obra termina amb una carta en la qual ell li declara que segueix estant enamorat[189].

Aquest treball s'ocupa només de la part del paradís. El que el poeta hi veu dóna lloc a una composició que s'interrompeix en rodó en ser transportat de cop i volta el poeta enamorat del paradís a la seva terra, és a dir, de l'altre món a aquest. Aquesta composició consta d'onze estrofes en quintetes dobles octosil·làbiques, molt usuals en la poesia de cançoner i en la poesia tradicional castellana en general, amb un total de 110 versos. Com que és el que el poeta veu en el paradís, ve encapçalada per la rúbrica "Demuestra qué vio en aquell", que acompanya el text.

Hom podria dir que, així com a l'infern la trama la componen la descripció de personatges i la història del jutge que va voler condemnar

---

[189] Per a l'argument, vegeu Gerli 13.

el poeta, ací la trama és una desfilada de personatges. Com es pot observar, entre els personatges que apareixen hi ha una abundància de dones i, com cosa curiosa ja apuntada per Gerli, molts eclesiàstics (13). Manca una descripció minuciosa dels personatges individualment: no es diu com són físicament, ni es descriu el seu estat d'ànim, ni es conta la història de la seva vida.

Des dels primers treballs sobre la *Triste deleytaçión* hom ha considerat la part que se centra en el paradís com el triomf que apareix en l'obra (Gerli 13; Riquer 1956, 64), seguint la categorització que figura en la penúltima estrofa del propi text, és a dir, la d'un "triunfo de amores":

> En ste triunfo d'amores
> alí vi, y'os do la fe.

També cal tenir en compte que tot això ens situa davant una perspectiva on el fet de començar *in medias res* o terminar amb brusquedat era una cosa que a ningú no podia estranyar, donada la popularitat i peculiar constitució de la tradició estableta per *I Trionfi* (Wilkins 748-51). Cal assenyalar que en tractar-se d'una obra inacabada (car la mort sorprengué Petrarca abans de terminar-la) es presta a algunes llibertats, tant en la seva publicació com en la seva interpretació. Així, el *Triomf de l'Amor* aparegué publicat moltes vegades de manera independent dels altres triomfs.

No obstant això, si es compara la desfilada de la *Triste deleytaçión* amb l'obra de Petrarca, la cosa es complica (el text apareix en Gerli 120-22). Analitzant el *Triomf de l'Amor* de Petrarca ens trobem que les característiques principals són: a) el somni, b) un guia (amic, missatger), c) un lloc amè, d) desfilada de personatges que per amor sofreixen o que serveixen incondicionalment l'amor, e) la dama angelical, f) el poeta ferit (encès) per l'amor, g) descripció dels efectes que l'amor produeix en el poeta enamorat.

De seguida, salta a la vista que la composició de la *Triste deleytaçión* titulada per l'autor "Triunfo d'amores" se'ns presenta amb la característica de la desfilada de personatges solament. Tanmateix, per a jutjar aquesta desfilada és necessari comptar amb la part anterior de l'obra, titulada "Cómo llegaron en el Parayso de los enamorados". Hi apareixen dues característiques dels triomfs. La primera, que es relaciona amb la tradició de Petrarca, és la del lloc amè, que és un jardí que pertany a una casa de "claror reluziente". La segona, es relaciona més amb la tradició ovidiana, car el poeta indica que té aquesta visió despert, en comptes d'a través d'un somni, encara que s'especifica que per mitjà d'un "son angelical" el poeta fou privat del sentit. El poeta descriu així el seu estat:

> mas un son angelical
> me uvo sin más ferido
> con un rayo divinal,
> la potencia del qual
> me privara el sentido.
> La fuerça intellectiva
> puesta en qualque virtut
> da en la contemplativa,
> junta con la sensetiva,
> en la tal beatitut;
> el armonía intonada
> con la dulçe visión
> fizo la cosa creada
> una con la increada
> por partiçipaçión. (*Triste* 119)

Pel que fa a la desfilada de personatges, presenta així mateix unes peculiaritats que no són les pròpies d'una desfilada dins de la tradició, tal i com quedà establerta per Petrarca. Els personatges, en primer lloc, no conten les seves penes d'amor. En segon lloc, els personatges no són captius d'amor, no presenten un sofriment. En tercer lloc, el poeta no forma part de la comitiva, ja que no es descriuen els efectes de l'amor en la desfilada i falta la dama de la qual el poeta està enamorat. Tampoc no entraria dintre de la tradició d'Ovidi, en no haver una forta connotació sexual i en no aparèixer la figura de l'amor ni de la dama. Som danvant d'un text que, encara que utilitza algunes de les característiques del gènere triomf, no hi pertany realment.

Per altra banda, s'ha de destacar la ironia en aquesta desfilada de la *Triste deleytaçión*. La ironia no sols arrela en el fet de l'abundància d'homes d'església en un paradís d'enamorats, com indica el professor

Gerli, sinó també en el propi llenguatge utilitzat. En el llenguatge destaquem certs aspectes que augmenten l'atmosfera irònica. El primer aspecte és la utilització de clàusules en llatí com "Gloria in eccelçis Deo" i "Fiat voluntas tua". Com hom sap, aquest és un recurs que ajuda a posar de relleu la paròdia. Al respecte diu Carmelo Gariano:

> La mezcla de lo sagrado con lo profano se realiza siempre en un sentido perpendicular o descendiente, pues acentúa los elementos humorísticos del espíritu seglar a costilla de lo religioso. (Gariano 106)

El segon aspecte consisteix a posar l'article definit davant d'un nome propi, per exemple, "la Bobadilla", la qual cosa ajuda a crear l'ambient familiar i popular. Altre aspecte a tenir en compte és com estan presentats els personatges. Tot sembla una festa, ningú no pateix (no perdem de vista que hom està al paradís) però hi ha un tret de desimboltura, de relaxació molt visible. Ho veiem en l'estrofa número set, quan diu que veu dones de "reluciente figura" i "otras cogidas del talle". Penso que també augmenta el caràcter irònic tanta abundància de dones en actitud de certa relaxació. Possiblement el mateix fet que es tractés de personatges contemporanis augmentaria en el lector de l'època les ganes de riure, augmentaria, tot plegat, el caràcter irònic del text.

S'aprecia en definitiva que hi tenim al davant la paròdia d'un triomf, entenent que la paròdia és una forma literària que es crea en incorporar elements d'una forma ja existent en una manera que crea un contrast conscient. Aquests contrastos imitatius resulten de la juxtaposició de dues aproximacions distintes a la mateixa forma, com indica Gilman:

> Parody is a literary form which is created by incorporating elements of an already existing form in a manner creating a conscious contrast. These imitative contrasts result from the juxtaposition of two unlike approaches to the same form. (Gilman 3)

Aquesta paròdia es pot relacionar amb aspectes del riure propi del carnaval. Com indica Bakhtin, una de les característiques del carnaval és la jocosa relativitat que s'usa per a tractar les veritats oficials i les auctoritats (11). El riure de carnaval presenta per Bakhtin tres característiques principals:

Es, ante todo, un humor festivo. No es en consecuencia una reacción individual ante uno u otro hecho "singular" aislado. La risa carnavalesca es ante todo patrimonio *del pueblo* (este carácter popular, como dijímos, es inherente a la naturaleza misma del carnaval); *todos* ríen, la risa es "general"; en segundo lugar, es *universal*, contiene todas las cosas y la gente (incluso las que participan en el carnaval), el mundo entero parece cómico y es percibido y considerado en un aspecto jocoso, en su alegre relativismo; por último esta risa es *ambivalente*: alegre y llena de alborozo, pero al mismo tiempo burlona y sarcástica, niega y afirma, amortaja y resucita a la vez. Bakhtin 17)

Cal destacar que aquesta ambivalència estava present des dels orígens en les desfilades triomfals romanes, que, com s'aprecia en algunes sàtires de Marcial (Llibre I, 4; Llibre VII, 8; Bakhtin 6), incloïen en termes quasi iguals la glorificació i la ridiculització de la figura del vencedor.

De fet és significatiu que es denomini a aquesta composició des del principi com a "entremés":

Vy en ste entremés. (*Triste* 120)

El títol que apareix en el text, "triunfo d'amores", està en funció de la ironia general que es filtra en tot el fragment, així com al començ de la composició la paraula "entremés" està en funció de l'estructura general de la *Triste deleytaçión*[190].

Pel que ací ens afecta és interessant com, havent-se popularitzat l'obra de Petrarca, el gènere pot servir com vehicle de la paròdia, quedant les seves característiques tan reduïdes que donen origen a una obra diferent per complet, una obra aliena al gènere triomf. Rodríguez Adrados explica:

Se da el fenómeno, incluso, de que un género que en ciertos aspectos es continuado, es en otros practicamente vaciado por dentro, pasa a tener un significado muy diferente. (Rodríguez Adrados 171)

La forta ironia, la presentació de personatges com Rodríguez

___
[190] Per al mot "entremés" i la seva relació amb el carnaval, vegeu Recio 1992 i els estudis de Cortijo sobre la novel·la sentimental (2001).

del Padrón i l'atmosfera en general són les bases de la transformació de les característiques dels triomfs. Aquesta mena de paròdia carnavalesca, com indica Bakhtin, no té un caràcter negatiu:

> La parodia medieval (sobre todo la anterior al siglo XII) no se propone sólo describir los aspectos negativos o imperfectos del culto, de la organización eclesiástica y la ciencia escolar. Para los parodistas, todo, sin excepción, es cómico; la risa es tan universal como la seriedad, y abarca la totalidad del universo, la historia, la sociedad y la concepción del mundo. Es una concepción totalizadora del mundo. Es el *aspecto festivo del mundo* en todos sus niveles, una especie de revelación a través del juego y de la risa. (Bakhtin 84)

En aquest treball s'estudia la desfilada en la *Triste deleytaçión*, escrita en castellà amb aragonesismes, perquè la idea és ressaltar com en la literatura entra l'humanisme italià a través de la Corona d'Aragó, en la qual el castellà i el català eren utilitzats pels intel·lectuals per a les seves composicions. S'hi busca un marc ampli per a entendre no sols ja la penetració de l'Humanisme, sinó com es va assentant el petrarquisme en Aragó i després en la Península. La crítica catalana (la castellana rara vegada s'ocupa de la producció en català) considera en la seva major part que una producció escrita en castellà ja no forma part del desenvolupament del món cultural català. D'on prové la reacció negativa que produeixen els autors de cançoner bilingües del segle XVI, segle en què per a la crítica catalana comença la mal anomenada "decadència". Al contrari, han de veure's les produccions de la Corona d'Aragó dins un conjunt, en relació a la penetració humanística a la Península, i el que es veu negatiu del bilingüisme s'ha de considerar una superioritat intel·lectual sobre els autors castellans, limitats a la seva llengua i, en el millor dels casos, al llatí. Per aquesta aproximació quant a la producció literària de la Corona d'Aragó, s'ha portat a terme l'estudi de la *Triste deleytaçión*. També, com veurem tot seguit, la connotació anticlerical ajuda a traçar un camí amb la pròxima producció literària que s'estudia.

Per la seva banda, *La Sort* d'Antoni Vallmanya és un exemple de l'assentament total de Petrarca com a model. En algunes de les seves composicions apareix el nom de Petrarca com autoritat i com model. Vallmanya, d'altra banda, no és l'únic poeta català que esmenta Petrarca dintre del seu text en aquest sentit. Hi ha nombrosos exemples en el *Cançoner de l'Ateneu* i en el *Cançoner de París*. Vallmanya és ja un autor que ha assimilat i portat Petrarca a la seva cultura, especialment el dels *Trionfi*. A més, la seva producció és una mostra de la importància que entre els poetes tingueren els *Trionfi*, molta més que el *Canzionere*.

Vallmanya, utilitzant un llenguatge de la lírica cortès i seriós, arriba fins el més còmic i gairebé es podria dir grotesc, com grotesc i escandalós ens queda el seu poema a la monja que rebutja el seu amor. *La Sort* no és altra cosa que una desfilada de monges que pateixen d'amor i que es comparen amb dones famoses de l'antiguitat. A la Corona d'Aragó, segons vam veure ja amb la *Triste deleytaçion*, la tradició anticlerical és rodona. En aquest cas Vallmanya és contundent a deixar ben clar com mantenien relacions o almenys eren proclius a tenir-les les monges del convent on ell mateix era notari.

Martí de Riquer explica l'obra i esmenta les dones de les quals se'n serveix Vallmanya:

> La *Sort*, després d'unes estrofes anodines sobre la dissort amorosa de l'autor, presenta una mena de visió on li apareixen diverses monges del monestir de Valldonzella (…), cadascuna de les quals és lloada i comparada amb una dona il·lustre de l'Antiguitat, la personalitat de la qual és explicada en una nota en prosa. Les monges apareixen amb nom i cognom, i són, per aquest ordre: Elionor Vallseca (la compara a Hipodama), Caterina Boyl (a Lavínia), Aldonça Janer (a Medea), Violant Sayol (a Camiola), Beatriu Relat (a Deianira), Serena Alòs (a Vetúria), Serena Vallseca (a Cenòbia), Beatriu Borja (a Harmonia), Na Vives (a Lucrècia), Na Malla, Na Planella, Na Gibert i Na Ribes, aquestes darreres sense paral·lelisme antic. (Riquer 1980, 4: 51-52)

Riquer seguidament posa un dels exemples més satírics, que és el de Caterina Boyl (Riquer 1980, 4: 52). Per al nostre propòsit ací, vegem com s'expressa Vallmanya sobre Beatriu Relat:

> Ab plasent gest e falaguera vista
> E donos ris e forma delitabla
> De laltra part alegre no pas trista

De be honest se mostra honorabla
Una ques diu na Beatriu Relada
Laqual en si falagria nudrir
Hel seu bell vis orne lo monastir
Axi Deu l'ha dinsignes ben dotada
E prosperada
E graciada
En ella cert causar no veureu ira
Interes gens no li fa Deianira[191].

Vallmanya es complau a insistir en el físic de Beatriu dient que amb la seva bella cara guarneix el monestir. A través d'aquestes dones i la seva relació amb dones de l'antiguitat es va establint una desfilada de personatges que Vallmanya recrea, incorporant a la descripció física la història que comporta la referència a la figura de l'antiguitat. Aquestes al·lusions a personatges de l'antiguitat és un contrapunt irònic a l'obra de Petrarca, car el model de l'antiguitat està totalment distanciat del que hom suposa que una monja ha de ser. Encara que Deianira no apareix explícitament esmentada en els *Triomfs* de Petrarca (Torres Amat 642), el model de la comparació amb l'antiguitat és clarament el dels *Triomfs*. Si ens fixem en la història de Deianira, la idea escandalosa de Vallmanya envers les monges s'hi fa més palès, car Deianira per tal de conservar l'amor d'Hèrcules li va donar una camisa que li havia proporcionat el centaure Nesus, la qual va tenir l'efecte de cremar-lo viu al moment en què se la posà. La ironia de Vallmanya consisteix a presentar les monges com dones que no són models de pietat o religiositat, sinó que les associa a models de concupiscència i altres vicis. A través d'aquests personatges femenins es forma una bastimentada paròdica que constitueix la ideologia poètica de la desfilada.

Després de parlar de cadascuna de les dones famoses, hi ha un moment en el poema en què el dolor (en termes jocosos) és tant gran que el poeta no pot continuar "cubert de dol no podem me tenir" (*ibid*. 642) i aleshores fa:

Recort hagui de moltes e no duna

---

[191] Torres Amat 641. Cito per aquesta edició, tot i que existeix una edició moderna de Jaume Auferil.

de pasta temps quenamorats amaren
E foren tals segons Petrarchan gruna
Que desamant lur amats destentaren. (*ibid*. 642)

És en aquest moment quan la ironia i la paròdia arriben al seu cim. El fet que digui que està de dol no és més que una burla envers les monges, ja que en cap moment no presenta cap mena de dolor o desconsol, sinó que es limita a contar les històries amb intenció d'escandalitzar.

Més significatiu que es mencioni Petrarca ho és el cinisme a ridiculitzar les monges del seu convent d'una manera tan a l'estil dels *Triomfs* i amb un escarni que al final, en la "Tornada", ratlla en la blasfèmia:

Retret damor hesperança nantada
E grat exempl en tot loch me puch dir
Car tres dolors en mi veig produhir
E desviada
E relaxada
A Jesús prech quen pigors mals la veia
Pus de samor sens rahoxin bandeia. (*ibid*. 643)

No cal ser molt intel·ligent per a entendre que l'amor que Jesús vol d'aquestes monges no és el que es descriu en el poema. A més, en pàgines anteriors Torres Amat transcriu composicions que no són desfilades, sinó poemes que, segons Vallmanya, les monges li demanen per als seus enamorats[192].

Aquesta visió anticlerical de *La Sort*, barrejada amb la seva assimilació de Petrarca, li dóna un to molt diferent al que presentava la *Triste deleytaçión*. Comencem a comprendre en analitzar aquests textos, com la tardana Edat Mitjana utilitza no ja sols l'element carnavalesc i l'exageració en les burles que porta a un grau prou elevat, sinó l'humor com un veritable instrument de crítica social. Concretament en els segles XIV i XV, una vegada que la noblesa supera en poder el rei i els pagesos es converteixen en burgesos -val a dir, propietaris de les seves terres o comerciants-, la qüestió social fa la seva aparició. És una qüestió amb dos pilars sòlids: la corrupció del clergat i la por a

---

[192] Torres Amat 638-39. Altres composicions de Vallmanya es troben en Pagès 347-61.

la mort. Dos són també les raons perquè apareguin l'humor, la ironia i l'element grotesc en aquestes composicions: la descentralització de Déu a Home i el desencís amb la pròpia vida. Arriba un moment que per a l'home del XIV la vida no té sentit i, per tant, el que cal fer és passar-lo el millor possible, sense restriccions de cap mena. Aquest sentiment passa i es reflecteix en gran part de la producció del XV, a despit de moviments com la *devotio moderna*. Cal tenir en compte que la pesta negra no només deixa un rastre de mort considerable sinó també un corpus important de literatura, el *Decameró*, sense anar més lluny. Mai fins ara (almenys que jo sàpiga) no s'ha destacat la veritable aportació de Boccaccio a les produccions triomfals peninsulars. No es tracta solament, com diu Vittore Branca, que fou el primer intel·lectual italià que creà una estructura narrativa determinada on s'inclouen una sèrie de triomfs que més tard acull i desenvolupa Petrarca (Branca 271), sinó de quelcom molt més rellevant pel que fa a la producció peninsular: d'aportar Ovidi com ideologia dintre de l'estructura d'un poema llarg amorós que no necessàriament és una desfilada segons imposà Petrarca amb l'èxit aclaparador dels seus *Trionfi*. El que ara cal ressaltar és que quant a la Península Ibèrica (ja hem parlat del cas d'Encina) la introducció dels autors italians i de l'Humanisme es produeix a través dels intel·lectuals catalans. És indiscutible que la relació entre la Corona d'Aragó i Itàlia facilita els escriptors d'estar més en contacte amb les noves idees. Hom podria pensar en el cas de Santillana, però cal recordar que aquest autor és del segle XV.

Per tant, i a tall de conclusió, l'assentament definitiu de Petrarca també es pot veure en la manera en què es va modificant la seva desfilada a través del temps. No sols s'hi tracta d'una senzilla modificació de detalls, sinó d'una recreació poètica. Primer s'ha vist el cas de Guillem de Torroella, que representa l'inici de l'assimilació de les noves idees humanístiques. Amb els exemples de la *Triste deleytaçión* i de *La Sort* de Vallmanya ens trobem ja amb un gènere en vies de desenvolupament. Pel que fa a la paròdia i al carnaval en les desfilades triomfals, s'ha de deixar clar que l'estructura els poetes la prenen de Petrarca, qui ran del seu èxit amb l'estructura i la ideologia dels *Trionfi* renova la tradició narrativa i crea un gènere nou (Stinger 193; Cortijo 2001).

143

Elio Antonio de Nebrija i Jeroni Pau: fortuna diversa de dos humanistes interessats pels seus respectius vulgars

Antoni Ferrando (Universitat de València) [193]

Objectius

En un estudi sobre Elio Antonio de Nebrija, Sylvain Auroux (2006: 52-53) presentà una taula cronològica sobre l'inici de la gramatització dels diferents vernaculars europeus, que bé mereix l'atenció dels historiadors de la llengua. En el cas del català, aquest procés s'hauria iniciat amb les gramàtiques de Josep Ullastre (1743), Joan Petit (1796) i Josep Pau Ballot (1815). En canvi, per a l'occità ja hauria començat amb les *Razós de trobar*, de Ramon Vidal de Besalú (*c*.1200), el *Donatz proensals*, d'Uc Faidit (c.1240), i *Les leys d'Amors*, de Guilhem Molinier (1356). El procés, en el cas de l'italià, s'hauria encetat amb les *Regole della lingua fiorentina* o *Grammatichetta vaticana* (1437-1441), de Leo Battista Alberti, i amb les *Regole grammaticali della volgar lingua* (1510), de Gianfrancesco Fortunio, editades el 1516. Per al castellà, el punt de partida hauria estat la famosa *Gramática de la lengua castellana* (1492), d'Elio Antonio de Nebrija. En aquest cronograma crida poderosament l'atenció el retard del català quant a la seua incorporació al procés de gramatització, malgrat haver

---

[193] Aquesta tasca se situa al si de la matriu d'IVITRA, dins dels projectes «Gramática del Catalán Antiguo» (MICINN, Ref. FFI2009-13065); «Constitució d'un Corpus Textual per a una Gramàtica del Català Antic» (Institut d'Estudis Catalans, Ref. IVITRA-IEC/PT2008-S0406-MARTINES01); «Estudio, edición, traducción y digitalización de corpus documentales y literarios referidos a la historia de la Corona de Aragón medieval. Aplicaciones TIC y educativas» [acrònim: Digicotracam] (Generalitat Valenciana, Programa Prometeo «para grupos de investigación en I+D de excelencia», Ref. Prometeo-2009-042, "aquest projecte està cofinançat pel FEDER de la UE"); "Multilingual Digital Library of the Mediterranean Neighbourhood" (MICINN, Ref. FFI2010-09064-E); i GITE "Història de la Cultura, Diacronia Lingüística i Traducció" (GITE-09009-UA). Vegeu:http://www.ivitra.ua.es i http://www.digicotracam.ua.es.

estat una de les principals llengües de cultura de l'Europa medieval. En realitat, no hi hagut tal retard: simplement Auroux no tingué en compte les *Regles d'esquivar vocables o mots grossers o pagesívols* (d'ara endavant citades abreujadament com a *Regles*), fetes "a ju□del reverend prevere mossèn Fenollar e misser Hierònym Pau [e] altres hòmens diserts catalans e valentians e prestantíssims trobadors", que, cap al 1492, l'arxiver Pere Miquel Carbonell copiava a Barcelona al seu manuscrit *Adversaria* (ara Ms. 69 de l'Arxiu de la Catedral de Girona). L'existència d'aquestes *Regles*, parcialment inspirades en la *Grammatichetta* d'Alberti i, sobretot, en *De syllabis et accentibus* (1488), de Paolo Pompílio, avala la plena inserció de la llengua catalana en els corrents culturals de l'època i les reflexions coetànies sobre el vulgar. D'entrada, remarquem la coincidència cronològica entre la data d'aparició de la *Gramática* de Nebrija i la data de la còpia realitzada per Carbonell.

Certament, les *Regles* no es poden considerar en sentit estricte com una gramàtica del català, però contenen propostes de gramatització, que prou que justifiquen que siguen tingudes en compte en la història dels processos de gramatització de les llengües. Probablement són un extret d'un text més extens, que només ens ha arribat en forma de notes manuscrites i que s'ha salvat de l'oblit gràcies a la diligència de l'esmentat arxiver barceloní. De fet, han passat desapercebudes fins que, el 1950, van ser editades per primera vegada per Antoni M. Badia i Margarit, el qual les ha tornades a editar el 1999, ara amb un exhaustiu estudi filològic i historicolingüístic i amb la proposta d'atribuir- ne l'autoria a Carbonell. No es van donar, al seu moment, les condicions històriques perquè fossen completades ni, menys encara, divulgades, bé mitjançant la transmissió manuscrita, bé mitjançant la impremta. Cal advertir, tanmateix, que el susdit opuscle d'Alberti tampoc no tingué una gran repercussió, ja que no va gaudir del favor de la impremta i només ens ha arribat una còpia manuscrita. Haurem d'esperar la publicació de les *Prose della volgar lingua* (1525), de Pietro Bembo, per veure com l'italià es dota per primera vegada d'una proposta de gramatització àmpliament reconeguda i difosa.

En altres ocasions (Ferrando 2003, 2005, 2011*a*, 2011*b*) he abordat l'estudi de les *Regles* quant al problema de l'autoria, de l'orientació correctiva de les seues prescripcions, de la informació diatòpica que contenen i de l'ambient cultural en què es van gestar. Al meu parer, les *Regles* són, en síntesi, un producte dels debats humanístics a la Roma del totpoderós cardenal Roderic de Borja, vicecanceller de l'Església (1457-1492), atribuïble sobretot al gran humanista barceloní Jeroni Pau, sota l'impuls de Paolo Pompílio. Sense menystenir la dimensió col·lectiva de les *Regles*, en tant que fruit d'uns debats, i el probable aprofitament de dades procedents del valencià Bernat Fenollar, d'ara endavant les presentaré com a obra de Jeroni Pau, ja que, tal com he argumentat en altres ocasions, sense la seua iniciativa i les seues aportacions, aquelles no haurien existit. L'escassa formació humanística de Carbonell i l'anàlisi filològica, sociolingüística, cultural i paleogràfica de les *Regles* m'impedeixen d'acceptar la proposta de Badia i Margarit de convertir en autor a qui el manuscrit no el presenta com a tal i a qui s'hi revela, almenys en aquest cas concret, com un copista maldestre. Encara que tornaré a insistir en aquest punt, bàsic per a comprendre la situació de l'humanisme hispànic a les darreries del segle XV, ara el meu objectiu principal se centrarà a donar compte del context cultural que va fer possible les *Regles*, dels criteris que les van inspirar i de les raons del seu fracàs polític, tot contrastant-ho amb la fortuna de la *Gramática de la lengua castellana*, de Nebrija, una obra dedicada a la reina Isabel la Catòlica, que gaudí del favor de la impremta i de la protecció reial i que, a diferència de les *Regles*, contenia un veritable projecte de planificació lingüística al servei del poder polític, en aquest cas al servei de la corona de Castella.

Català i castellà a l'època dels Reis Catòlics

La situació del català i del castellà en les darreres dècades del segle XV i primers anys del XVI i, en concret, en el moment que documentem les *Regles* de Pau, i la *Gramática* de Nebrija, és indestriable dels profunds canvis polítics, econòmics i culturals que es van produir aleshores a la Corona d'Aragó i al regne de Castella. Bastarà oferir-ne unes breus pinzellades històriques per contextualitzar millor l'aparició d'ambdues obres.

El matrimoni de Ferran II d'Aragó (1479-1516) i d'Isabel I de Castella (1474-1504) va comportar la unió estrictament dinàstica de les dues corones. Encara que pactada sota el principi de la igualtat *de jure* entre les dues corones, la unió, en el moment de materialitzar-se amb l'entronització de Ferran II a la Corona d'Aragó (1479), ja fou *de facto* desigual en termes d'extensió geogràfica, demografia i poder econòmic. Més encara, el pacte matrimonial estipulava que el rei havia de residir a Castella. Aquesta desigualtat anirà en un *crescendo* imparable a mesura que transcorren els anys. El 1492, Castella conquesta el regne de Granada i descobreix i incorpora Amèrica i, vint anys més tard, s'annexionarà la part ibèrica del regne de Navarra. Limitant-nos a la península Ibèrica, això representava que uns 384.000 kms2, amb uns 4.300.000 habitants, corresponien a la corona de Castella; 108.000 ^{kms2}, amb uns 855.000 habitants, a la Corona d'Aragó; i 12.000 ^{kms2}, amb uns 100.000 habitants, a Navarra. El desequilibri territorial i demogràfic entre Castella i Aragó només era compensat per la vinculació dels regnes de Sicília (26.000 ^{kms2}) i de Sardenya (24.000 ^{kms2}) i, posteriorment (1504), del regne de Nàpols (69.000 ^{kms2}) a la Corona d'Aragó, amb una població total que duplicava la dels seus dominis hispànics.

Si era gran el desequilibri territorial i demogràfic, encara ho era més el lingüístic. Encara que el basc era parlat en mitja Navarra i en quasi tot el territori de l'actual Euskadi, llavors majoritàriament sota la monarquia castellana, i el gallec i l'astur-lleonés en aproximadament la mateixa àrea d'avui, el fet evident és que la resta de la població del regne de Castella, a excepció dels moros granadins, que eren aràbòfons, i els guanxes de les Illes Canàries, s'expressava en castellà. En altres mots, el castellà era la llengua habitual d'aproximadament el 90% de la població cristiana del regne de Castella així com dels mudèjars no granadins. En canvi, als territoris hispànics de la Corona d'Aragó, la proporció de catalanoparlants a penes superava el 70%, ja que els més de 70.000 musulmans valencians continuaven parlant en àrab, i l'aragonés era la llengua de la major part del regne d'Aragó i d'una dotzena de poblacions de la zona ponentina del regne de València, és a dir, de vora 200.000 parlants. No cal dir que aquesta proporció de catalanòfons caldria rebaixar-la a menys de la meitat si hi comptàvem el napolità, el sicilià i el sard dels dominis d'Itàlia. Des del punt de vista sociolingüístic, i deixant a banda l'ús del llatí, Castella i la Corona d'Aragó encara presentaven, a les acaballes del segle XV, tres situacions ben diferents: 1), mentre que el gallec i l'astur-lleonés havien perdut el seu estatus de llengua administrativa i literària i el basc continuava sent una llengua bàsicament oral, l'aragonés no havia deixat de ser llengua administrativa i literària al regne d'Aragó, ni l'àrab la llengua administrativa i de cultura dels moros valencians; 2) l'aragonés, que ja estava relativament castellanitzat, començà a ser percebut com una llengua prescindible, en tant que llengua d'alta cultura, en favor del castellà; i 3) si considerem el conjunt de la Corona d'Aragó, el català no sols havia de compartir amb l'aragonés la condició de llengua administrativa als regnes hispànics i amb el sard a Sardenya, sinó que havia esdevingut una llengua cortesana residual a Sicília i a Nàpols. En altres mots, mentre el regne de Castella tenia una estructura política unitària, on, a banda del llatí, l'única llengua cortesana i administrativa era el castellà, la llengua de la reina Isabel, la Corona d'Aragó presentava uns estructura políticament confederal i lingüísticament plural, però *de facto* supeditada a Castella, amb un rei, Ferran II, resident en el regne veí i igualment de llengua castellana. A tall d'exemple, només caldrà recordar que la sentència que signà Ferran II per posar fi al conflicte dels pagesos de remença a Catalunya s'estengué en castellà i se signà a Guadalupe (Extremadura). Com veurem després, Nebrija se'n farà eco, d'aquesta supremacia política i sociolingüística del castellà, en la seua *Gramática*. I, de manera indirecta, també Pau se'n farà ressò a les *Regles*, en admetre alguns mots i modismes cortesans en castellà en boca de catalanoparlants, si bé en desaconsellava d'altres.

La solidesa cultural, política i demogràfica del castellà a la darreria del segle XV, de la qual és una bona prova el fet que la *Gramática* de Nebrija fos el primer tractat gramatical imprés d'una llengua romànica, es manifestà en la difusió d'una *scripta* que, avalada pels usos cortesans i per una bona literatura, tendia a a esborrar una gran part de la variació diatòpica. El castellà tendí així mateix a imposar-se en els usos administratius no sols de les terres de llengua basca, sinó també en l'àrea del gallec i de l'asturià-lleonés. I ben aviat absorbirà el navarrés (Moreno 2005: 118-124). No cal dir que el prestigi del castellà en el conjunt de la península Ibèrica es consolidà amb la unió dinàstica de les corones d'Aragó i de Castella. A Portugal era objecte de conreu literari a la cort, tal com podem constatar al *Cancionero de Resende* i en les obres de tipus cortesà de Gil Vicente. I, a la Corona d'Aragó, penetrà ràpidament en els estaments nobiliaris de València i Barcelona. A les acaballes del segle XV encara viuen grans figures de les lletres catalanes, però, després de la mort de sor Isabel de Villena (1490), l'autora de la *Vita Christi*, i de la de Joan Roís de Corella (1497), famós per les seues proses mitològiques i per la traducció de *Lo Cartoixà*, la literatura catalana entrà en una devallada inaturable, almenys pel que fa productes amb ambició estètica, que no remuntarà fins a la Renaixença. La noblesa s'adaptà enjorn a la nova situació en un intent de complaure els monarques, d'integrar-se millor en la vida cortesana i en les empreses militars de la monarquia, com són les guerres de Granada, el Rosselló, Nàpols i Navarra, i de marcar distàncies socials amb els seus connacionals. La tendència al conreu del castellà ja s'adverteix en l'ús que se'n fa als cartells de benvinguda a Ferran II i Isabel I que les principals famílies nobles de la ciutat de València feren penjar als seus palaus amb motiu de la visita reial que hi feren el 1482. No cal dir que una actitud semblant es donava igualment a Barcelona: al cançoner conegut com *Jardinet d'orats* (1486), copiat pel notari Narcís Gual, són en castellà 20 de les 84 cançons antologades així com els lemes que utilitzen els cavallers de l'alta societat barcelonina en la justa que s'hi descriu. L'impacte del castellà com a llengua àulica és tal, que el convers aragonés Gonzalo García de Santa María, a *Las vidas de los sanctos religiosos* (c. 1486), ja justificava amb aquestes termes la seua opció pel castellà: "Porque el real imperio que hoy tenemos es castellano, y los muy excellentes Rey e Reina nuestros senyores han escogido como asiento e silla de todos sus reynos el reyno de Castilla, deliberé de poner la obra presente en lengua castellana. Porque la fabla comúnmente, más que

150

otras cosas, sigue al imperio. E quando los Príncipes que reynen tienen nuy esmerada e perfecta la fabla, los súbditos esso mismo tienen".

La pèrdua del català com a llengua cortesana i l'adhesió de la noblesa autòctona a la nova llengua àulica es traduirà en una percepció social negativa de la llengua pròpia. És cert que el català mantingué als seus territoris l'estatus jurídic de llengua "oficial", però la introducció de virreis, inquisidors, bisbes i abats de llengua castellana, per designació directa o indirecta de Ferran II, afectà el sentiment lingüístic dels estaments enlairats de la població autòctona. El principal magnat valencià de l'època, Serafí de Centelles, tercer comte d'Oliva (1480-1536), en pocs anys passarà de ser protector de les lletres catalanes a un gran mecenes de les castellanes i s'identificarà tant amb la nova llengua àulica que arribarà a considerar-la com a "natural y propia mía". L'admiració pel castellà penetrà fins i tot entre sectors burgesos catalanòfons als servei de la monarquia. Ja el 1479, l'arxiver Pere Miquel Carbonell s'adreçà en castellà al secretari reial aragonés Gaspar de Ariño, "por me abilitar e responder a V.S. por la mesma manera". En pocs anys, aquest sentiment s'imposarà entre les capes ciutadanes més vinculades amb la monarquia. Així, el valencià Narcís Vinyoles no s'estigué de proclamar, al pròleg de la seua versió al castellà del *Supplementum chronicarum mundi* (1510), que l'havia traduït en "esta limpia, elegante y graciosa lengua castellana, la qual puede muy bien y sin mentira ni lisonja, entre muchas bárbaras y salvages de aquesta nuestra España, latina, sonante y elegantíssima ser llamada" i de considerar-se'n "devoto" i "ahijado". Ara bé, cal dir que tal admiració no es traduí encara en un procés de substitució lingüística. D'altra banda, la situació políticament subalterna de les terres catalanòfones afavorí la consolidació de la fragmentació onomàstica de la llengua: mentre que els valencians la designaven com a valenciana i els mallorquins com a mallorquina, els catalans solien restringir el nom de català a la llengua del Principat.

També el castellà guanyà posicions com a llengua administrativa als regnes de la Corona d'Aragó, fins i tot contra usos jurídics consagrats. Ja hem vist que Ferran II promulgà en castellà la sentència de Guadalupe (1486), i és en la mateixa llengua que comunicà als jurats de València la seua victòria al Rosselló contra el rei de França (1493). El 1494 es creà el

Consell Suprem dels Regnes d'Aragó, que substituí la Cancelleria reial, i que actuava des dels llocs de residència del rei. Si tenim en compte que, dels seus 37 anys de regnat, Ferran II a penes en passà tres i mig en els seus dominis privatius, bé podem considerar que el català deixà ben d'hora de ser llengua cortesana i anà retrocedint progressivament com a llengua cancelleresca. La nova Monarquia hispànica també tendí a suplantar els usos del català en les relacions internacionals, com ara amb els estats d'Itàlia. Més encara, mitjançant una calculada política matrimonial, procurà assegurar la seua influència política en alguns dels principals regnes de l'Europa occidental. Aquesta tendència no podia sinó redundar en favor de l'expansió i el prestigi internacional del castellà. Tant és així que Lluïsa de Savoia, la mare del futur Francesc I de França (1494-1547), l'educà no sols en francés i italià, sinó també en castellà.

Tot plegat contribuí a encetar un procés de substitució lingüística horitzontal, si bé parcial: horitzontal, perquè no ultrapassà una classe social, la noblesa, i encara els sectors més enlairats, i només parcial, perquè, més que d'una substitució en tots els usos lingüístics, es limità en la major part dels casos als usos literaris i als usos orals més formals. És, per tant, evident que al llarg de la generació llarga que va des de la unió dinàstica castellano-aragonesa (1479) a la confluència de les dues corones en una sola persona, Carles I (1516), es va produir un intens canvi polític i cultural, que consagrà l'expansió del castellà als regnes de la Corona d'Aragó, n'assegurà la supremacia en el conjunt dels dominis de la Monarquia hispànica castellà i provocà la provincialització del català en termes de prestigi social i literari, de minorització numèrica i de consagració de la fragmentació onomàstica.

L'impacte de l'humanisme italià en l'àmbit hispànic: Nebrija i Pau

Si hi ha uns trets bàsics que comparteixen les biografies de Nebrija i de Pau –els dos millors humanistes d'ambdós regnes a la seua època–, és que tots dos es formaren a Itàlia, que tots dos aconseguiren el reconeixement dels seus respectius senyors, la reina Isabel de Castella i el cardenal vicecanceller de l'Església Roderic de Borja, i que tots compatibilitzaren l'estima pel llatí i per la seua respectiva llengua materna. Tanmateix, la seua trajectòria vital i intel·lectual és ben diferent.

Encara que ben conegudes, destacaré algunes de les fites més importants de la biografia de Nebrija, especialment pel que fa a la seua vinculació a la monarquia castellana i a la repercussió de la seua obra en la Corona d'Aragó. Elio Antonio de Nebrija (1442-1522), natural d'aqueixa població de la Bètica –com ell mateix se n'agradava de recordar–, inicià els seus estudis universitaris a Salamanca i els completà a Itàlia entre 1460 i 1470. De retorn a Castella, residí primerament a Sevilla, com a familiar del cardenal Alonso Fonseca i, el 1475, es traslladà a Salamanca, on fou catedràtic de Gramàtica (1476-1486). Gràcies als seus contactes amb fra Hernando de Talavera, confessor de la reina Isabel, aconseguí el favor reial per a publicar les seues obres més importants. També comptà amb la protecció de Miguel de Almazán, secretari del rei Ferran. Dedicà a la reina les *Introductiones latinae* (1481), el seu llibre més famós, que traduí al castellà (1486), a petició de la reina, per tal que les monges poguessen "leerlas y entenderlas". L'obra tingué tant d'èxit en l'àmbit universitari i entre els cercles cultes que es reedità desenes de vegades als segles XV i XVI tant a Castella com a la Corona d'Aragó: en concret, la primera edició barcelonina és de 1497 i la primera valenciana, de 1499. Entre 1486 i 1505, Nebrija passà a Extremadura, al servei del seu protector Juan de Zúñiga, mestre d'Alcántara. Ací redactà la seua *Gramática de la lengua castellana* (1492), llibre concebut per a l'ensenyament del llatí, també dedicat a Isabel la Catòlica, "señora natural de España i las islas de nuestro mar", i un gran *Vocabularium* hispano-llatí, de molt gran ressò nacional i internacional. Encara que no tingué la difusió de les *Institutiones latinae*, la *Gramática* és una obra que el consagrà com un gran filòleg, en posar constantment i rigorosament en contrast el llatí i el castellà. A diferència de la *Gramática*, el *Vocabularium* també fou objecte de nombroses edicions. A la Corona d'Aragó s'imposà aviat sobre els repertoris lexicogràfics de Joan Esteve i de Jeroni Amiguet. El 1507, es publicà a Barcelona, sota el títol de *Vocabularius Aelii Antonii Nebrissensis*, amb la traducció al català dels termes castellans, realitzada per fra Gabriel Busa. Després d'una nova estada en la Universitat de Salamanca (1505-1513), durant la qual rebé noves prebendes, ara de mans del Rei Catòlic (1508), Nebrija va ser cridat pel cardenal Cisneros perquè ensenyés gramàtica a la Universitat d'Alcalá de Henares i perquè l'ajudés en la revisió i edició de la *Bíblia complutense*. Ací passà els nou darrers anys de la seua vida. Va ser en aquesta última etapa de seua la seua vida que publicà les *Reglas de ortografía castellana* (1517). Com a cronista regi, traduí al llatí la *Crónica* d'Hernando de Pulgar. La protecció del cardenal Cisneros impedí que fos processat per la Inquisició a causa de les seues interpretacions de certs passatges de l'Escriptura. A més dels estudis de gramàtica, filologia i retòrica, Nebrija s'ocupà, com era freqüent entre molts humanistes de l'època, de qüestions d'arqueologia, cosmografia, botànica, filosofia, teologia, història i geografia, i publicà els seus treballs tant en llatí com en castellà. Entre els no estricament lingüístics, mereixen ser esmenats la *Isagoge Cosmograhia* i *Muestras de la historia de las antigüedades de España*.

Jeroni Pau (*c*.1454-1497), natural de Barcelona i canonge de Vic i de Barcelona, es formà en dret, arqueologia, cosmografia, retòrica, geografia, història, grec i llatí a les universitats italianes de Pisa, Florència, Sena, Perusa i Bolonya. El 1475, encara *"adolescens"* –segons reporta Carbonell a *De viris illustribus catalanis* (1476)– escriví *De fluminibus et montibus Hispaniarum libellus*, que dedicà al seu protector, el cardenal valencià Roderic de Borja. Aquest mateix any, Pau és documentat a Roma com a *familiaris continuusque commensalis* del vicecanceller. Allí és nomenat successivament *"abbreviator"* i *"examinator in prima uisione"* (1479) i *"litterarum apostolicarum vicecorrector"* (1486), a les ordres del també valencià Joan de Borja i Navarro d'Alpicat. A Roma s'integra en el cercle d'humanistes que conformen l'Accademia Pomponiana, fundada per Giulio Sanseverino *alias* Pomponio Leto, amic de Roderic de Borja, i col·labora amb Bartolomeo Sacchi il Platina, prefecte de la Biblioteca Vaticana. Entre els seus millors amics en la cúria vaticana i en els cercles humanistes de Roma destaquen, entre els italians, a part de Leto i d'Il Platina, Giovanni Battista Caccialupi i, sobretot, Paolo

Pompílio, i, entre els connacionals, els valencians Joan Llopis, Pere de Roca i Francesc de Borja, els mallorquins Teseu Valentí i Esperandéu Espanyol i el català Nicolau Vilosa. Però també es relaciona amb erudits castellans com Juan del Río, Bernardino López de Carvajal i Francisco de Toledo. Tots ells comparteixen en major o menor intensitat el fervor humanista. Pau participa activament en tota mena de debats humanístics que se celebraven a Roma. Entre els més coneguts, podem destacar el que va tenir lloc, cap al 1485, al palau de Roderic de Borja, sobre la unitat o la pluralitat de llengües en la Roma antiga i sobre el procés de corrupció del llatí, de què ens informa Paolo Pompílio als seus *Notationum libri quinque*. Pau es posicionà a favor de la tesi de Biondo Flavio, que, contràriament a Leonardo Bruni, defensava en el llatí la coexistència de dos registres dins de la mateixa llengua. A Roma va redactar un bon nombre d'epigrames i epístoles en llatí, llengua de totes les seues obres conegudes, que han estat aplegades, estudiades i editades per primera vegada per Mariàngela Vilallonga (1986), totes elles inèdites a excepció de l'esmentat *De fluminibus et montibus Hispaniarum libellus* (Roma 1491), de *Barcino* (Roma 1491), dedicada a Paolo Pompílio, i de *Practica Cancelleriae Apostolicae* (Roma 1493), que li publicà el protonotari Francesc de Borja. La major part d'elles van ser adreçades o dedicades als seus protectors i amics. Va col·laborar amb Pompílio en la replega d'un vast *Vocabularium* de neologismes, vulgarismes i idiotismes d'Itàlia, Hispània, la Gàl·lia i altres països, que restà inacabat per la mort d'aquell, el 1491. Malalt, Pau torna definitivament a Barcelona el 1492, pocs mesos abans de l'elecció de Roderic de Borja com a papa, sota el nom d'Alexandre VI. A Barcelona encara pogué ajudar el seu cosí Carbonell en la redacció de les *Cròniques d'Espanya*, però només fins al regnat de Pere el Cerimoniós, ja que morí el 1497, quan Carbonell se n'ocupava.

L'atenció de Jeroni Pau al vulgar: la redacció de les *Regles* i els límits de la seua autoria col·lectiva

Hi ha un corrent d'opinió que creu que només poden ser considerats autènticament humanistes aquells erudits que escriuen la seua obra exclusivament en llatí. Tanmateix, molts humanistes compatibilitzaren l'atenció i l'ús del llatí i del vulgar. Tal és el cas de Nebrija i de la major part dels quinze humanistes que Carbonell biografià a *De uiris illustribus catalanis*. Badia ha batejat com a humanistes "durs" aquells que només s'expressen en llatí. Aquest seria el cas de Jeroni Pau, ja que, potser molt condicionat pel seu llarg sojorn a la cúria i a la cort romana del cardenal Roderic de Borja, no ens ha deixat cap obra en català, a part les *Regles*. Ara bé, la seua biografia i la seua bibliografia ens permeten confirmar el seu interés pel vulgar, almenys en altres dos projectes: la seua col·laboració amb Pompílio en el recull del *Vocabularium* romànic ja esmentat, i la seua intervenció en les *Cròniques d'Espanya*, de Pere Miquel Carbonell. Certament, totes tres obres tenen una dimensió més o menys col·lectiva, però el paper de Pau com a expert en filologia, arqueologia i història hi va ser decisiu. I en totes tres s'adverteix la influència de Pompílio.

Paolo Pompílio (c. 1455-1491) fou el gramàtic i l'humanista romà més important del seu temps. Eclesiàstic i vinculat a la cúria romana del cardenal Roderic de Borja, Pompílio dedicà versos tant a aquest com al seu fill Pere Lluís de Borja, de qui fou preceptor, i mantingué un tracte assidu i amical no sols amb Pau, sinó també amb els humanistes valencians Pere de Roca i Joan Llopis –a qui dedicà la seua *Vita Senecae*– i amb els mallorquins Esperandéu Espanyol –preceptor de Cèsar Borja–, Teseu Valentí i Arnau Descós. En l'Accademia Romana, que presidia, coincidí amb molts d'aquests amics seus valencians, catalans i mallorquins i amb lletraferits castellans i d'altres nacionalitats. És gràcies a aquests contactes que podem explicar-nos la curiositat de Pompílio per les llengües romàniques, la bona coneixença d'Hispània i, sobretot, la seua estima per les terres catalanes. De fet, fou Pompílio, autor d'una *Historia Balearica*, qui empaità Pau a escriure *Barcino*.

Ja hem vist que la preocupació de Pompílio pel vulgar no és una opció aïllada dins l'humanisme italià del segle XV i que alguns d'ells es plantejaren la qüestió de si les llengües vulgars podien ser ennoblides lingüísticament mitjançant el recurs al llatí i esdevenir així vehicles d'alta cultura. En aquest sentit, ens interessa recordar algunes de les iniciatives de Leo Battista Alberti (1404-1472). Aquest, quan era secretari pontifici d'Eugeni IV, convocà un certamen en què proposà com a tema de debat l'amistat (*Certame Coronario*, 1441). Però el jurat que l'havia de jutjar, constituït per curials pontificis, determinà deixar desert el premi adduint que no era idoni tractar en vulgar el tema proposat. El desenllaç hagué de disgustar Alberti, ja que s'havia pronunciat prèviament a favor de l'ennobliment del vulgar. Per això és probable que Alberti fos l'autor d'una *Protesta*, apareguda anònimament, en què els seus protagonistes, que s'autoqualificaven de "huomini plebei e vulgari", es queixaven de l'exclusió del vulgar, "quella lingua qual favellorono e vostri patri e avoli" (citat per Badia 1999: 49). Poc després, Alberti donava a conéixer les seues *Regole della lingua fiorentina* (*c*. 1442), que recorden el títol, i anticipen la metodologia, de les *Regles* de Pau.

Mariàngels Vilallonga (1986) ha fet veure que les observacions de Pompílio sobre el català i sobre altres llengües romàniques deuen molt a Pau. Així, a *De syllabis et accentibus* (1485), dedicat a Cèsar Borja, de qui també era preceptor, Pompílio parla del "*iotacismo, labdacismo et zetacismo*" de diverses nacions i, en concret, dels vicis dels catalans: "*Catalani gens hispana uix sonum C a sono S dignoscunt, et L, posita inter dentes lingua, efferunt, quod olim labdacismum dixerunt*", informacions imputables a Pau. També Pompílio podria haver intercanviat informacions amb Pau a propòsit de la situació de les romanalles romàniques al nord d'Àfrica, ja que aquell, segons ha estudiat Varvaro (2000), aporta dades concretes de llocs, com l'illa de Gerba, a les costes de Tunis, llargament ocupada per la Corona d'Aragó, en què encara persistien. El mètode de formulació de les *Regles* és també el que usa Pompílio a *De syllabis et accentibus*. No anava desencaminada Vilallonga (1986: 133) quan suggerí que les *Regles* podien tenir a veure amb la col·laboració de Pau en aquell ambiciós *Vocabularium* o "vast recull de tots els mots, ordenats per grups de significats, als quals incorporaria mots nous, correctament formats, que, des de fa set-cents anys, han anat apareixent en boca del poble, a Itàlia, la Gàl·lia, Hispània i altres nacions de llengua llatina" ("*vastum opus omnium uocabulorum per naturas rerum, addens noua vocabula perpolite conficta, quae a uulgaribus a septigentis annis hactenus per Italiam, Galliam et Hispaniam et alias nationes latini nominis suborta sunt*"), que Pompílio deixà inacabat en 1491. Iniciatives que, altrament, confirmen la compatibilitat entre l'opció d'escriure totalment o preferentment en llatí i l'estudi de les llengües romàniques.

El català no fou certament el primer centre d'interés de Pau, però, potser induït per Pompílio, s'hi interessà cada vegada més. De fet, els connacionals amb què es relacionava a Roma en feien un ús epistolar (a vegades amb un bon gust estilístic) i un ús oral més o menys sistemàtic, i alguns, alternant o no amb el llatí, el conrearen literàriament, sobretot com a "trobadors", entre els quals podem destacar Guillem Ramon de Centelles, Arnau Descós, Joan Llopis i Esperandéu Espanyol. Pau no devia ser-ne alié.

Pau reunia, doncs, la formació i les condicions imprescindibles per a compondre les *Regles*. Carbonell n'avala l'autoria taxativament tant al títol de l'"Additió per bé parlar la lengua catalana, feta per lo magnífich doctor e litteratíssim misser Hyerònym Pau, canonge de Barcelona, e altres perfetament pronuntiants lo vulgar català", o segona part de les *Regles*, com al títol de la primera part, que ja hem vist i que esdevindrà el títol definitiu de l'opuscle, però en aquest cas amb confirmació de l'autoria de Pau per partida doble: afegint el seu nom a l'interlineat ("misser Hierònym Pau") i remarcant-lo en anotació al marge ("lo magnífich doctor e literattíssim misser Hierònym Pau, canonge de Barcelona"), que després serà anul·lada. En efecte, les entrades compreses entre els números 1 i 174 corresponen a una transcripció inicial, i les compreses entre els números 175 i 325, a l'esmentada "Additió", que, anul·lada així mateix pel copista, serà substituïda per: "Seguexen-se additions de vocables a parlar pertinentment". Aquesta articulació inicial de les *Regles* en dues parts ha condicionat les percepcions sobre l'autoria de cada part. Ara bé, com que l'autoria de Pau és explícita en aquesta "Additió" o segona part, feta amb els mateixos criteris de la primera –fins al punt que, com diria Badia (1999: 139), "s'assemblen com dues gotes d'aigua"–, i com que l'afegit "misser Hierònym Pau" en el subtítol de la primera part expressa el reconeixement per part de Carbonell de la intervenció de Pau en el conjunt de les *Regles*, la conclusió n'és prou evident: l'autor principal de tota l'obra és Jeroni Pau.

Ara bé, les *Regles* no ens han arribat sinó en la forma i
l'extensió en què ens les copià Carbonell, amb no poques equivocacions
i algunes contradiccions i manipulacions, i probablement incompletes,
tal com suggereix alguna de les seues formulacions metalingüístiques
i el fet que el copista hagués deixat al manuscrit uns fulls en blanc
després d'haver-les transcrit. Badia (1999), en atribuir les *Regles*
a Carbonell, no sols descarta la intervenció de Pau més enllà de ser
un "referent d'autoritat" –si bé en algun moment afirma (1999: 412)
que les *Regles* "només arribaren a existir gràcies a la presència de
Pau a Barcelona"–, sinó que també menysté la presència de dades de
Bernat Fenollar, el qual, en tot cas, també hauria estat un altre "referent
d'autoritat", condició que llavors se solia aplicar als grans escriptors
clàssics de Roma o als pares de l'Església. Bastarà una breu incursió
biobibliogràfica sobre Fenollar i Carbonell per a situar en les seues
justes dimensions l'abast de la seua intervenció a les *Regles* i, doncs,
per a confirmar que només Pau en podia ser l'autor bàsic.

Bernat Fenollar (*c*.1435-*c*.1516) fou famós com a expert
en poesia i defensor del purisme idiomàtic, tal com reflecteix la seua
freqüent intervenció en nombrosos debats i certàmens poètics de
l'època, bé com a participant, bé sobretot com a secretari, ja que
aquest càrrec comportava fer la censura de defectes de versificació
i de llengua dels concursants. Va atényer el màxim reconeixement
social, el 1474, quan el virrei Lluís Depuig li encarregà l'organització
i la màxima responsabilitat en el veredicte del gran certamen marià de
1474 "en lahors de la Verge Maria", i el 1479, quan Ferran II el nomenà
"escrivà de ració" i "capellà i mestre de la capella". Ara bé, no sembla
haver estat el "prestantíssim trobador" més indicat per a ser adduït
com a referent d'autoritat de les *Regles*, quan tothom, a Barcelona o
a València, considerava que aquest referent havia estat Ausiàs March
(1400-1459) i que aleshores ho era Joan Roís de Corella (1435-1497).
Si les *Regles* l'esmenten en lloc preferent –preferència que el copista
Carbonell no gosà alternar en afegir posteriorment el nom de Jeroni Pau
al títol original de l'opuscle–, devia ser per alguna raó més real que la
de ser un referent d'autoritat. Les *Regles* contenen nombrosos exemples
de mots i de trets característics, encara que no exclusius, del català de

València, com *perea, nosatres, pleit, maixcarat, peixcador, peraire, hui, rabosa, roín, marmolar, roïdo, medir, rata penada, tripajoc, pernoliar, cabàs, salmitre, margalló, unflat,* etc., que poden explicar perfectament la procedència valenciana d'una part dels materials usats per Pau i justificar l'explicitació preferent del nom de Fenollar al títol. És cert que no coneixem cap obra de Fenollar d'estructura similar a la de les *Regles*, però sí que es manifestà en diverses ocasions en favor del *sermo urbanus*. Ja de jove, probablement cap al 1459, va pronunciar una *Sentència* contra el *sermo rusticus* de l'Horta de València, no conservada, que li va crear fama d'home lingüísticament exigent i rigorós fins al punt que el seu contertulià i amic Jaume Gassull se'n burlava, anys més tard, en *La brama dels llauradors de l'Horta de València contra lo venerable mossén Bernat Fenollar, prevere.* Aquesta *Brama* no és cap resposta a les *Regles*, com suggerí Sanchis Guarner, però sí que sembla ser un eco de potser més d'un debat lingüístic protagonitzat per Fenollar. Quan Jaume Roig es complau d'afirmar a l'*Espill* (*c.* 1460) que l'escrigué en "l'aljamia e parleria dels de Paterna, Torrent, Soterna" –afirmació insòlita en l'època– és a dir, en la parla dels "llauradors de l'Horta de València", ens fa la impressió que indirectament s'està posicionant contra aquella *Sentència* jovenívola de Fenollar en favor del *sermo urbanus,* de què se'ns parla a *Lo procés de les olives.* L'escenari de la *Brama* de Gassull sembla inspirar-se en l'esmentada *Protesta* atribuïda a Alberti. Fenollar devia estar al corrent de les novetats culturals de Roma i de Nàpols. Era fill d'un mercader de Penàguila, enriquit pel comerç amb Nàpols. Els seus dos col·laboradors principals, Jaume Gassull i Narcís Vinyoles, també tenien moltes connexions amb Itàlia. Jaume Gassull nasqué probablement a Nàpols, ja que era fill d'Andreu Gassull, secretari del Magnànim. Vinyoles, probablement de València, fou un bon poeta en català i italià i tenia familiars que vivien a Sicília (Guia 1998; 2000). És ben possible que Fenollar, Gassull i Vinyoles estiguessen al dia dels debats sobre la llengua que es produïen a Itàlia: els fils de contacte entre València i Roma eren prou més ferms, constants i intensos del que Badia considera. Tanmateix, les *Regles* exigeixen uns ideals humanístics i una perspectiva global de la llengua que difícilment trobaríem en Fenollar.

Pere Miquel Carbonell (1434-1517) nasqué, visqué i morí a Barcelona, d'on mai no va eixir llevat de quan va fer una breu peregrinació a Montserrat (1494). Encara que no tenia formació universitària, s'aplicà a l'estudi de les humanitats i de la història. Partidari de Joan II durant la guerra civil catalana, va ser nomenat arxiver reial (1476), càrrec que li facilità els contactes amb els cercles cultes de Barcelona. Conreà la poesia, però amb resultats mediocres, i no es coneix cap contacte seu amb les grans figures literàries de la València del segle XV, com Ausiàs March, Joan Roís de Corella i el mateix Fenollar. Grafòman impenitent, la seua millor aportació a la cultura catalana és haver-nos transmés una gran part de l'obra de Jeroni Pau. Vanitós i conscient de les seues limitacions intel·lectuals, tendí a apropiar-se materials d'altri, fins i tot del seu cosí Pau. Així, a *De uiris illustribus catalanis* (1476), si bé fa constar al preàmbul que "alguns dels seus fets han estat extrets d'entre fragments del meu compatriota el jurisconsult Jeroni Pau" (*"quorum quaedam ex fracmentis contribuli mei Hieronymi Pauli iurisconsulti excerpta"*), de fet molts d'aquests materials li va ser fornits per Jeroni Pau, ja que alguns dels biografiats residien a Itàlia i mai no va tenir cap notícia directa. Delerós de veure's associat amb el seu cosí, Carbonell, en copiar les *Regles,* es permeté d'afegir a la regla 48 el comentari que "*vaig anar* a misser Hierony Pau ne a mi, Pere Miquel Carbonell, no par sían bons vocables", frase en què incorre en dues contradiccions amb el sentit correctiu d'aquelles: "Hierony" en lloc de "Hierònim" (regla 56) i "sían" en lloc de "sien" (regles 5-8). Carbonell hi fica la cullerada en més d'una ocasió, però els errors i contradiccions en què incorre en el procés de còpia són massa cridaners i nombrosos (Ferrando 2005, 2010b) perquè no el qualifiquem, almenys pel que fa a les *Regles*, de lingüísticament incompetent. D'altra banda, si hagués estat l'autor de les *Regles*, no hauria deixat d'afegir el seu nom entre els "hòmens diserts catalans e valentians" als quals n'atribueix els criteris correctius. I no gosà fer-ho. Difícilment podria ser autor de les *Regles* qui, com ja vam fer veure Colón (2001) i jo mateix (2003, 2011*b*), optava en els seus escrits per solucions proscrites a les *Regles* i qui, sense conéixer el català de València, hi recomanava preferentment solucions valencianes en cas que l'oposició correctiva no fos entre la solució vulgar i la solució culta. Una bona part dels mots adduïts a les *Regles*, com *llonganissa, margallons, serigot, posterol, toïssa, odà, senalla, escabell, morterol, tripajoc, tabustol*, etc., no apareixen en l'obra coneguda de Carbonell i són aliens al tipus de vocabulari que solia usar. I ell, certament, no hauria usat *motu proprio* la doble denominació de la llengua a les *Regles*, i menys encara hi hauria invocat uns referents d'autoritat "catalans e valentians", i, entre aquests, algú, com Fenollar, totalment absent en els seus escrits i entre les seues coneixences. La biografia i la bibliografia de Carbonell no sols descarten la seua presumpta autoria sobre les *Regles*, sinó que aquestes haguessen estat un "projecte" seu que algun moment hauria comunicat a Pau, com proposa Badia (1999: 157).

En el seu estudi sobre Pere Miquel Carbonell, Alcoberro (1997, I: 67) assenyala que el paper de Jeroni Pau en les *Cròniques d'Espanya* va ser "remarcable, fins i tot decisiu. I això en la doble vessant d'instigador de l'obra i d'inspirador directe d'alguns passatges. Probablement, sense l'estímul del canonge les *Cròniques d'Espanya* mai no haurien vist la llum". Efectivament, la participació de Pau hi va ser prou més intensa que la d'instigador i inspirador directe de l'obra. Ho reconegué en nombroses ocasions el mateix Carbonell, malgrat la seua tendència a apropiar-se de materials d'altri. Així, quan afirma: "Amb lo qual misser Hierònym Pau, e legint yo los cosmògraphos e històrichs aprovats, é trobat de tota aquesta gesta la clarícia e la medul·la". Segons Carbonell va declarar, redactà en poc més de dos anys (1495-principis de 1497) els primers cent fulls, mentre que tardà setze anys (1497-1513) per a transcriure la *Crònica de Sant Joan de la Penya* i redactar cinquanta fulls de collita pròpia. Tot fa pensar que Carbonell partí d'uns materials de Pau, que, ja a la seua obra *Barcino* (1491), amb esment explícit de les gestes dels catalans a l'Àfrica i a l'Orient, anunciava de redactar. Les *Cròniques d'Espanya* contenen informacions de caire lingüístic que només podien ser aportades per Pau, com quan assenyala l'origen i els equivalents alemany, borgonyó, picard, provençal, llenguadocià, francés i aragonés dels mots catalans *donzell* i *cavaller* (citat per Alcoberro 1997, I: 111).

Un tipus d'observació plurilingüe que també trobem en Nebrija, bon coneixedor de l'italià i de francés, quan en la seua *Gramática* assenyala els equivalents de *dominus* en italià (*ser, miser*), castellà (*mi señor*), francés (*mosier*), aragonés (*mosen*) i fins i tot en àrab (*abi, cid, mulei*) (citat per Henríquez 2000: 82). No anava desencaminat Jordi Rubió (1984: 463) quan, a propòsit de les *Cròniques d'Espanya* (1495-1513), comentava que Carbonell s'havia apropiat "moltes més fonts de les que taxativament declara", si bé "avui ens és difícil d'apreciar la intensitat que pogué assolir la intervenció de Jeroni Pau com a corrector del seu llibre". El paper de Pau a les *Cròniques d'Espanya* fou sens dubte prou més intens que el d'un corrector, mot que, en tot cas, hem d'interpretar com a informador i com a revisor.

Roma, capital per antonomàsia del moviment humanista, escenari de la gènesi de les *Regles*

Les informacions de les *Regles* suggereixen que l'escenari de la seua gènesi devia ser un centre humanístic i alhora una cort plurilingüe. Aquest centre, a les acaballes del segle XV, no podia ser ni Barcelona ni València, ja provincianes i desproveïdes de cort reial. Només podia ser la Roma cosmopolita del vicecanceller Roderic de Borja (1457-1492), capital per antonomàsia de moviment humanista. Doncs bé, és a Roma que Jeroni Pau gesta quasi tota la seua obra intel·lectual. Gràcies als seus contactes amb els curials i els humanistes romans, Pau té una rica experiència de la realitat lingüística europea –la que suggereix l'esmentada referència de Carbonell a propòsit de *donzell* i *cavaller*–, però té, sobretot, uns contactes molts intensos amb cortesans i humanistes italians i hispànics. No altrament s'explica la presència, i fins i tot en alguns casos la recomanació, a les *Regles*, d'alguns mots italians o italianitzants com *miniar, força, assai, a plan pla, amendosos, flumaire*, etc., o castellans com *sombrero, andar mi madre, lacayo, sayo, no cumple, a passo, roïdo*, etc., generalment menys acceptats. Més encara, en el cas de la llengua catalana, el canonge barceloní té l'oportunitat de conéixer i reconéixer directament els seus diferents matisos diatòpics: Nicolau Vilosa el devia informar del parlar de l'Empordà; Joan Galceran de Castre-Pinós, del del Rosselló; Francesc de Remolins, del de Lleida; Esperandéu Espanyol, del de Mallorca; Joan de Borja Navarro d'Alpicat, Francesc de Borja, tots els altres Borja il·lustres de la cúria romana i els seus grans amics humanistes valencians Joan Llopis i Pere de Roca, del de Xàtiva i València, etc. I pot constatar el prestigi del català de València, que és la parla dels seus superiors i sens dubte la que més sovint devia escoltar. De fet, Jeroni Pau ja havia establit contactes amb valencians arran del seu viatge a la ciutat de València, situable entre 1473 i 1474, i encara n'establirà més amb altres valencians en el seu recorregut per diverses universitats italianes, ja que en parla en la seua *Epistula de Hispaniarum uiris illustribus*, anterior a 1475. Concretament, hi destaca la presència a Roma dels valencians Bartomeu de Gerb, de qui diu que és "el més gran dels matemàtics de la terra valenciana" ("*mathematicorum Romae summum ex agro Valentino Bartholomeum Gerbium*"), i de Joan Llopis, de qui diu que "sobrepassa les forces de la joventut amb la importància del seu talent i els seus gloriosos costums" ("*Ioannem Lupium Valentiae ortum adolescentiae uires ingenii celsitudine et gloriosis moribus superantem*") (Vilallonga 1999, II: 35). I també per aquells anys degué conéixer el també valencià Joan de Bònia, metge, que, de retorn a València, serà processat per la Inquisició. Noms, per cert, biografiats per Carbonell sense disposar d'altra informació que la de Pau. És així com Pau obté una privilegiada visió de conjunt de la llengua catalana i, en particular, del català de València. Fruit d'aquells contactes amb erudits valencians i mallorquins és el fet que Pau faça compatible la seua estima per la seua Barcelona nadiua amb l'estima per les ciutats de València i Mallorca, ben palesa a *Barcino* (1491), on manifesta que "València i Mallorca a les Balears, capitals de regnes, hauran de ser celebrades amplament en una altra obra" ("*Valentia, et in Balearibus Maiorica regnorum sedes alio opere celebrandae*"). No altrament s'explica també el reconeixement de la diversitat històrica dels seus connacionals no catalans i, tanmateix, de les seues arrels comunes, que el duu a afirmar: "Per aquest motiu alguns, no a l'atzar, als valencians i mallorquins i als habitants d'aquests regnes, a partir de llur origen i llengua, els anomenaren catalans" ("*Unde non temere quidam Valentinos et Maioricenses horumque*

regnorum incolas ab origine atque lingua Catalanos appellavere")
(citat per Villalonga 1986, I: 341). Les informacions i les orientacions
lingüístiques de les *Regles* són probablement el testimoni més fefaent
d'aquesta profunda coneixença dels homes i de les terres de llengua
catalana i, particularment, dels valencians.

Un dels arguments utilitzats per Badia (1999) per a descartar
la suposada coautoria de Fenollar i Pau és la distància entre València
i Roma, els seus respectius llocs de residència. Certament, no hi
ha una tal coautoria, però no per les raons adduïdes per Badia. Si hi
havia una ciutat catalanòfona intensament relacionada amb Roma,
o una catedral llavors més estretament vinculada a la Seu apostòlica,
aquesta era València, d'on era bisbe Roderic de Borja (1456-1492) i
beneficiat, Bernat Fenollar. En oferir-nos la prosopografia dels canonges
de València en temps dels Borja, Vicent Pons i Milagros Cárcel Ortí
(2005: 914) afirmen: "Nunca Roma y Valencia estuvieron tan cerca
no sólo por el pontificado de Alfons de Borja-Calixto III y Rodrigo de
Borja-Alejandro VI, sino por la cantidad de canónigos que son a la vez
cardenales, arzobispos, obispos o curiales de Roma, o que, sin serlo,
la documentación notarial acredita que *in Romana Curia residens*".
Centrant-nos en els anys d'estada de Jeroni Pau a Roma, aquest tingué
ocasió de relacionar-se més o menys estretament no sols amb els més
alts eclesiàstics valencians, com els cardenals Ausiàs Despuig i Lluís
Joan del Milà; els arquebisbes o bisbes Pere de Roca, Pere Garcia i
Bartomeu Martí (cosí germà de Roderic); secretaris i procuradors del
cardenal vicecanceller com Joan Llopis (parent de Roderic), Joan de
Borja Navarro d'Alpicat i Francesc de Borja (tots dos cosins germans
de Roderic), Gaspar Casanova, Joan del Castellar (nebot de Roderic),
Martí Enyego (oncle de Roderic), Genís Fira (secretari de Joan de Borja,
fill del vicecanceller), Bartomeu Vallescar i Joan Marromà, tots ells
canonges de la catedral de València i molts d'ells, en el futur, cardenals o
bisbes; un bon nombre de parents, servidors i familiars del vicecanceller,
com Jaume Casanova, Jaume Serra, Joan de Vera, Francesc de Lloris,
Francesc Desprats, Miquel Gomis, Miquel Guia, Joan Guillem i Lluís
Perellós, majoritàriament també canonges de València, Oriola, Xàtiva
i Sogorb, alguns d'ells, en el futur, també cardenals o bisbes; etc. Són

centenars els valencians de tota condició i professió social –nobles, cavallers, soldats, juristes, metges, notaris, etc.– que s'instal·len a Roma, fins al punt que circulava la dita que "València és Roma i Roma és València". Les relacions són tan intenses que no falta el correu setmanal i fins i tot diari entre ambdues ciutats. A la ciutat de València, les autoritats ofereixen classes d'italià als que es proposen estudiar o comerciar amb Itàlia. Una bona part dels humanistes valencians de la segona meitat del segle XV, sobretot si són conversos, s'estableixen a Itàlia i, particularment, en la Roma del vicecanceller i papa Borja: a més dels eclesiàstics ja esmenats (Joan Llopis, Pere de Roca, etc.), s'hi estableixen definitivament Gaspar Torrella, Pere Pintor, Francesc Argilagues, Guillem Despuig, Francesc Vicent, etc. D'altres, com Joan de Bònia, Joan Esteve, Joan Boix, Onofre Capella, Martí Monlleó, etc., tornen a València, després d'haver-se format i d'haver viscut molts anys a Itàlia. Entre aquests últims, destaquen, més per les biblioteques humanístiques que van aplegar que per la seua obra humanística, els canonges Jordi Centelles, germanastre del poderós i culte don Serafí de Centelles, comte d'Oliva, i Macià Mercader, que en diverses ocasions fou vicari general de la diòcesi valentina almenys fins l'any 1484.

Entre València i Roma es produeixen intercanvis de tota mena: a la cort de Roderic de Borja es repeteixen els debats i les sessions poètiques que es fan a València. En concret, Ausiàs March hi rep una atenció especial (Chiner 2002): no debades havia debatut amb na Tecla de Borja, la "bisbessa" de València, germana de Calixt III. Els valencians residents a Roma també concorren als certàmens que se celebren a la capital del regne. Així, el canonge Martí Enyego, vicari general de la diòcesi de València en diverses ocasions entre 1479 i 1492 i procurador general del seu bisbe Roderic de Borja, i el també canonge Genís Fira, procurador del cardenal vicecanceller i del seu fill Joan de Borja, participen, com a jutge i com a poeta respectivament, en el gran certamen marià de València de 1474, organitzat per Bernat Fenollar i convocat pel virrei Lluís Despuig, germà del cardenal Ausiàs Despuig; el canonge Guillem Ramon de Centelles, secretari del vicecanceller i protonotari apostòlic, presenta una "*oratio*" al certamen immaculista valencià de 1486, al qual també concorre el seu germanastre, el famós i culte canonge

Jordi Centelles, i el susdit Bernat Fenollar; el canonge Joan Llopis presenta una composició "*in prosa latina*" al certamen immaculista de 1488; Genís Fira actuarà com a jutge en el certamen dedicat a santa Caterina de Sena de 1511, etc. El mallorquí Arnau Descós, que concorre al certamen immaculista valencià de 1486 i que és autor d'uns *De triumphis in laudem B. Virginis Mariae latino verso et patria lingua*, no sols estava ben relacionat amb els cercles intel·lectuals de València sinó també amb els de Roma (Ferrando 1983). I el també mallorquí Esperandéu Espanyol va convocar, a Palma, el 1492, un certamen poètic en honor dels Reis Catòlics (Barceló/Ensenyat 2000:97). Els moviments de persones i les notícies entre ambdues ciutats són recíprocs i fluids. El Grau de València –esmentat a les *Regles*, que condemnen la pronúncia popular valenciana "Guerau", tal com apareix reflectida al *Crònica i dietari del capellà d'Alfons el Magnànim* (Rodrigo ed. 2011)– n'és el punt d'arribada i de partida. Allí arribà i d'allí isqué Roderic de Borja en la seua visita a la península Ibèrica, el 1472-1473. I aquest devia ser el camí a través del qual arribava a Roma notícia de les activitats, dels escrits i de les posicions de Fenollar quant a la seua defensa del *sermo urbanus*. Pau no deixà de rebre una informació privilegiada i constantment actualitzada de la vida cultural de València.

És en aquest context d'"hòmens diserts catalans e valentians e prestantíssims trobadors" i d'altres "perfetament pronuntiants lo vulgar català" que circulaven per la cúria romana, molts dels quals es reunien a l'Accademia Pomponiana, que s'ha d'emmarcar la gènesi de les *Regles*, de datació probablement molt pròxima a la publicació de les *Regulae grammaticales*, de Guarino da Verona (Roma, 1491). Ben mirat, si hagués de posar cara i ulls a tots aquells "hòmens" que van dir la seua en els debats romans sobre els criteris de correcció lingüística aplicables a la llengua catalana, crec que no m'allunyaria massa de la realitat si el subtítol de les *Regles* fes aixf: "Mots o vocables que deu evitar qui bé vol parlar la llengua catalana, recollits per Jeroni Pau, amb notes de Bernat Fenollar i la col·laboració d'altres humanistes com Joan Llopis, Pere de Roca, Francesc de Borja, Esperandéu Espanyol i Nicolau Vilosa, i de poetes i experts en poesia com Esperandéu Espanyol, Martí Enyego, Genís Fira, Joan Llopis,

Guillem Ramon de Centelles i Arnau Descós". No cal dir que en la nòmina no podria figurar Pere Miquel Carbonell, "mal prosista en català" i "aprenent d'humanista aplicat, però de poc talent" (Rubió 1984: 463) i "poetastre pedant i vanitós" en català (Badia 2006: 117), ubicat lluny de Roma. Només Pau, amb la seua bona formació humanística a Itàlia i des de la privilegiada talaia romana, reunia les condicions idònies per a aplegar les informacions que reflecteixen les *Regles*, per a contrastar-les amb uns interlocutors adients, per a adoptar els criteris correctius que proposa i per a concebre-les i formular-les. Té tota la raó Badia (1999: 428) quan afirma que "sense Pau, les *Regles* no haurien existit". I, més recentment, el mateix Badia (2008: 48) sembla obert a revisar les seues conclusions quant a la hipòtesi de l'autoria de Pere Miquel Carbonell, en manifestar, a propòsit de les seues discrepàncies amb Colón sobre aquesta hipòtesi, que "qui ens separa no sé si és Bernat Fenollar o Pere Miquel Carbonell, i tot fa creure que Jeroni Pau hi portarà la pau de la veritat objectiva que tots dos cerquem".

La Gramática de la lengua castellana i les *Regles*: convergències i divergències entre dos projectes "nacionals"

Encara que concebuda com una gramàtica per a l'aprenentatge del llatí i estructurada com a tal – "Ortographia" (Libro I),"Prosodia i silaba" (II), "Etimologia i dicion" (III) , "Sintaxi i orden de las diez partes de la oracion" (IV)–, la *Gramática castellana* de Nebrija va més enllà d'aquest propòsit, tal com el mateix autor explicita al "Prologo" i a las "Introducciones a la lengua castellana para los que de estraña lengua queran aprender" (V). Ara no ens interessa examinar-ne la doctrina gramatical, sinó els objectius que es proposa aconseguir i els mitjans per a aconseguir-los. Davant la diversitat lingüística –de la qual era ben conscient, perquè era andalús–, Nebrija busca fixar una norma ortogràfica i gramatical per al castellà, de manera que: a) els que tenen el castellà com a llengua materna la puguen "reduzir en artificio y razon", és a dir, que puga ser objecte d'estudi; b) els que estudien "la lengua castellana" puguen "venir al conocimiento de la latina" , i c) els que

siguen "de alguna lengua peregrina" puguen "venir al conocimiento de
la nuestra" (Libro V, folis 54r i v). Al "Prologo" encara es concreten uns
objectius més precisos: que puga servir no solament als "enemigos de
nuestra fe" (en al·lusió, sobretot, als guanxes de les Illes Canàries i als
moriscos granadins, tot just sotsmesos al "iugo" dels vencedors), atés
que tenen "necessidad de recebir las leies quel vencedor pone a vencido
i con ellas nuestra lengua", sinó a "los vizcainos, navarros, franceses,
italianos i todos los otros que tienen algun trato i conversacion en
España i necessidad de nuestra lengua", és a dir, a tots els súbdits del
regne de Castella que no són de llengua castellana i als diplomàtics
i comerciants estrangers que s'hi han de relacionar. En el primer
cas, Nebrija adopta una posició glotofàgica, mentre que en el segon
ofereix el castellà com una útil eina de comunicació, potser amb una
intencionalitat assimilista quan els al·lòglotes, que en algun cas, com
els gallecs i els astur-lleonesos, ni tan sols hi són esmentats, són súbdits
cristians del regne de Castella (Henríquez 2000: 76).

Es tracta, per tant, de tot un programa de gramatització i de
difusió del castellà al servei d'un país políticament i econòmicament
emergent, que se sent dominador de les comunitats lingüístiques
minoritzades i en situació d'igualtat o de superioritat en relació amb
altres "naciones de peregrinas lenguas". Sabedor que "siempre la lengua
fue compañera del imperio", Nebrija planteja la seua *Gramática* com un
instrument d'expansió del castellà als servei dels interessos estratègics
de la corona castellana: no debades s'adreça a la reina Isabel, de qui
afirma que ja havia posat "debaxo de su iugo pueblos barbaros i naciones
de peregrinas lenguas" i de qui lloa haver reeixit a ajuntar "en un cuerpo
i unidad de reino" els "miembros i pedaços de España, que estavan por
muchas partes derramados".

Val la pena situar aquesta visió de Nebrija en tot el seu context
històric, ja que s'ha prestat a manipulacions, especialment en moments
d'exaltació del nacional-patriotisme espanyol (Bierbach 1989). Nebrija
comença la seua dedicatòria a la reina recordant-li que, havent observat
"el antiguedad de todas las cosas, que para nuestra recordacion i
memoria quedaron escriptas, una cosa hallo i saco por conclusion mui
cierta: que siempre la lengua fue compañera del imperio, i de tal manera

le siguio que juntamente començaron, crecieron i florecieron, i despues juntamente fue la caida de entrambos". Havent constatat aquest procés en "la lengua ebraica, griega i latina, podemos mui claramente mostrar en la castellana: que tuvo su niñez en el tiempo de los juezes i reies de Castilla i de Leon, i començo a mostrar sus fuerças en tiempo del mui esclarecido i digno de toda la eternidad el rei don Alfonso el Sabio, por cuio mandado se escrivieron las *Siete Partidas*, la *General Istoria* y fueron trasladados muchos libros de latin i aravigo en nuestra lengua castellana, la qual se estendio despues hasta Aragon i Navarra i de allí a Italia, siguiendo la compañia de los infantes que enbiamos a imperar en aquellos reinos. I assi crecio hasta la monarchia i paz de que gozamos, primeramente por la bondad i providencia divina, despues por la industria, trabajo i diligencia de vuestra real Majestad. En la fortuna i buena dicha de la qual los miembros i pedaços de España, que estavan por muchas partes derramados, se reduxeron i aiuntaron en un cuerpo i unidad de reino, la forma i travazon del qual assi esta ordenada que muchos siglos, iniuria i tiempos no la podran romper ni desatar". Gràcies al poder de Castella –recordem que Ferran II, en enumerar els seus títols territorials, esmenta en primer lloc la seua condició de "rey de Castella" –, Nebrija s'enorgulleix de veure la seua llengua castellana convertida en llengua de comunicació i fins d'adopció de Navarra, de la Corona d'Aragó i dels regnes d'Itàlia. I, en recordar-ho a la reina, li assenyala l'alta responsabilitat que contrau quant al futur de la llengua i del país. Una llengua que està "tanto en la cumbre, que más se puede temer el decendimiento della que esperar la subida". Notem, però, que Nebrija utiliza Espanya en la seua accepció històrica i ètnico-territorial d'Hispània, i que no confon mai castellà i espanyol, ni la codificació unitària del espanyol amb la unitat lingüística d'Espanya, almenys tal com ho fa explícitament Ibáñez Martín en el prefaci a l'edició de Pascual Galindo y Luis Ortiz (Madrid, 1946) i com es troba encara en estudis d'història lingüística de l'espanyol, que perpetuen "les mêmes topos, les mêmes anachronismes et dans la même perspective "castillanocentriste" qu'avant" (Bierbach 1989). En un altre indret de la *Gramática*, Nebrija distingeix entre "gente" i "nacion": "la gente tiene debaxo de si muchas naciones, como España a Castilla, Aragon, Navarra, Portogal; la nacion, muchas ciudades i lugares, que son tierra i naturaleza de cada uno". És a dir, no confon Espanya i Castella. Ara bé, s'hi fa ressò d'una percepció que devia estar molt estesa: que el castellà ja formava part del patrimoni lingüístic d'Aragó (en sentit de Corona d'Aragó) i de Navarra (tot i que no serà conquistada fins al 1512) i que la seua presència als regnes d'Itàlia vinculats a la Corona d'Aragó era una conseqüència del caràcter castellà de la dinastia regnant i de la Monarquia hispànica. I per això parla que també tots aquests "tienen ia necessidad de saber el lenguaje castellano". De fet, moltes cròniques castellanes del segle XV presenten els reis de Castella com a reis d'Espanya i ja deixen entreveure la mateixa visió subalterna de la Corona d'Aragó que expressa Nebrija. Difícilment podia arribar l'humanista andalús a una altra conclusió quan presenta la unitat personal de Castella i Aragó com "un cuerpo i unidad de reino", que ningú no podrà "romper i desatar".

En la dedicatòria de la *Gramática*, Nebrija vincula la sort de la llengua a la fortuna política. Conscient que la fortalesa de la llengua rau en la seua unitat absoluta, es proposa "reduzir en artificio este nuestro lenguaje castellano para que lo que agora i de aqui adelante en el se escriviere pueda quedar en un tenor i entenderse en toda la duración de los tiempos que estan por venir, como vemos que se a hecho en la lengua griega i latina, las quales, por aver estado debaxo de arte, aunque sobre ellas an passado muchos siglos, todavia quedan en una uniformidad". En altres paraules, Nebrija, amb la seua *Gramática*, pretén uniformar la llengua castellana i dotar-la d'una estabilitat atemporal, semblant a la de les llengües clàssiques, ja que "hasta nuestra edad anduvo suelta y fuera de regla, i a esta causa a recebido en pocos siglos muchas mudanças, porque, si la queremos coteiar con la de oi a quinientos años, hallaremos tanta diferencia i diversidad cuanta puede ser maior entre dos lenguas". Però, sobretot, pretén oferir-la a la reina com un instrument útil per a la *política lingüística* de la nova Monarquia hispànica. I la reina, dona hàbil i intel·ligent, no sols coincideix amb Nebrija en l'objectiu de convertir la llengua majoritària del seu regne en instrument de cohesió dels seus dominis, sinó que devia sentir-se afalagada en constatar que l'autor del projecte de codificació del castellà li reconeix la suprema autoritat lingüística. Nebrija, en obtenir el suport de l'"imperio", és a dir, del poder polític, hi veu la possibilitat de convertir en realitat el seu somni d'una llengua castellana depurada d'irregularitats i corruptel·les –ell en deia "barbarismos"– i homologada a una llengua clàssica i alhora de veure-la imposada a infidels i vençuts, potenciada als regnes veïns i difosa en l'àmbit internacional . Es produí així una simbiosi perfecta entre un poder polític que necessita les eines tècniques d'un intel·lectual al seu servei i el projecte lingüístic d'un intel·lectual que necessita la coerció del poder polític per a poder vehicular el seu projecte codificador. Precisament per això, el de Nebrija fou un programa de codificació lingüística totalment reeixit, ja anticipat en les orientacions de les *Introductiones latinae* (Salamanca, 1481), les de més ressò nacional i internacional.

Ben diferent és l'estructura, l'abast codificador i l'ambició de les *Regles*. Aquestes, segons hem vist, consten de 325 entrades (en sentit estricte, 311 de caràcter lingüístic i 14 de caràcter metalingüístic), que s'estructuren d'acord amb el mètode correctiu de l'*Appendix Probi*: després de consignar un vulgarisme, un arcaisme o una variant dialectalitzant, es recomana, per a "qui bé vol parlar la lengua catalana", el cultisme, la forma moderna o la variant més general i prestigiosa corresponent. És a dir, parteixen sempre de les formes habituals de la llengua parlada i cerquen com a objectiu proposar les alternatives més cultes, més prestigioses i més generals. Així, per exemple, s'hi preconitza substituir "*ànimas* per *ànimes*", "*fonoll* per *fenoll*", "*aidar* per *ajudar*", "*martre* per *màrtir*", "*perea* per *peresa*", "*garballó* per *margalló*", "*vaig anar* per *aní*". En alguns casos les regles s'enuncien en forma de norma gramatical, com quan es diu: "Vet regle general: que los vocables o mots se han scriure segons la primera, segona o terça persona, com ara: *yo demane, yo camine*; en la fi hi ha *e*, e no *a*. Com hi haurà *a*, són en los altres de terça persona, com ara: *aquell camina, aquell demana*" (regla 324). Però en general oposen dos mots, el mot rebutjable i el mot recomanable, que exemplifiquen criteris ortogràfics, ortoèpics, morfològics, sintàctics, semàntics i lèxics, i afecten tant la seua realització oral com l'escrita i tant la variació diastràtica com la diafàsica i diatòpica.

Les *Regles* propugnen el *sermo urbanus* i el *sermo litteratus*, és a dir, el "bon parlar" (198), "avisat" o educat (229) i modern, propi dels estaments econòmicament ben situats de les principals ciutats, exigible en qualsevol "loch elegant" (229), en oposició al *sermo rusticus* o "pagesívol" (2 i 173) i al *sermo vulgaris* o "grosser" (2), propi de la "gent baixa" (285-290) o de "persones de baixa sort" (78-80), tant de les ciutats com de la pagesia. La pauta de la norma culta la donen tant els "cortesans" i els "elegants parladors e trobadors" (173) com les "persones disertes e doctes" (199).

Les *Regles* oposen bàsicament dos registres –dicotomia que ja trobem en la retòrica llatina quan oposa *urbanitas* a *rusticitas*–: el parlar "avisat" (229) o culte i el parlar "grosser" o "pagesívol" (2); però deixen entendre que la qüestió és més complexa, ja que els mots "grossers" no necessàriament són sempre "pagesívols". Conscient d'aquesta complexitat i coneixedor dels debats humanístics sobre la *questió de la llengua*, Rafael Martí de Viciana (2002: 77-78) distingirà, anys a venir, exactament el 1574, al *Libro de alabanças de las lenguas hebrea, griega, latina, castellana y valenciana*, "tres maneras de hablar": "La primera y más principal es la que hablan los hombres de sciencia y letras, porque guarda la propiedad del término, siguiendo la verdadera significación, pronunciación, ortographía y accento; y en caso que éstos no hallen o tengan algún buen término, acuden a tomarle del griego o latín, que son las dos princesas en bien hablar, y con esto tienen su lengua muy corregida y copiosa. La segunda manera es la que hablan los cavalleros y gente principal cortesa y ciudadana, que hablan muy cortés, polido y gracioso; y es buena lengua y bien hablada, empero si no ay en los tales letras, adelgazan su polideza que se van confundiendo acortándola como los vestidos de que usamos [...]. La tercera y última manera de hablar es la que hablan los villanos y gente commún, que ésos aplican a cada passo términos contrarios e improprios; y cuanto más va, tanto corrompen su lengua, de los quales no ha de tomar exemplo alguno sino de la más esmerada y apreciada lengua de que usan los hombres de letras". La citació de Viciana permet comprendre i delimitar millor els dos registres bàsics de les *Regles*: la primera i la segona "maneras de hablar" corresponen al model "avisat" o culte que preconitza Pau; la tercera, al model "grosser" o "pagesívol" que desaconsella Pau.

Ben al contrari que la *Gramática* de Nebrija, les *Regles* de Pau no són ni s'estructuren com un tractat gramatical, encara que contenen elements de gramatització, ni es presenten com un mitjà per a l'aprenentatge del llatí, ni es posen al servei de cap *política lingüística*, ni es dediquen a cap sobirà, ni invoquen la intervenció del poder polític per a imposar-les, ni es proposen la seua difusió mitjançant la impremta, ni parteixen d'un projecte exclusivament personal. Més encara, no ens han arribat de forma completa –car el copista ens adverteix que "lo qui·s segueix ha ésser continuat en la fi de tota aquesta obra" (164), i deixa en blanc tres folis i mig–, no van tenir cap ressò en la seua època, no han estat objecte d'estudi i edició fins a mitjan segle XX i se n'ha qüestionat l'autoria. Ara bé, les *Regles* comparteixen amb la *Gramàtica* de Nebrija el propòsit de donar unes pautes unitàries i cultes d'orientació ortogràfica, ortoèpica, gramatical i lèxica que puguen servir per a "bé parlar" i per a bé "scriure" la llengua vulgar, en aquest cas, la "lengua catalana", una dèria semblant per ajustar ortografia i pronunciació, una data similar de redacció i la mateixa inspiració humanística. En tot cas, s'hi pot constatar una petita diferència en la qüestió ortogràfica: mentre que Nebrija adopta un cert eclecticisme entre el corrent fonetista i el corrent etimologista llavors presents en les discussions gramaticals (Echenique 2006: 416), Pau propugna l'etimologista.

La gramatització realitzada per Nebrija s'ajusta a les pautes d'aquesta mena de processos descrits per Sylvain Auroux (2006: 43-46). En primer lloc respon a uns interessos materials pràctics: la necessitat d'assimilar lingüísticament els pobles vençuts i la de potenciar les relacions polítiques i econòmiques internacionals. I en segon lloc, a uns interessos polítics i culturals concrets i coincidents: la necessitat de cohesionar la pròpia comunitat lingüística i la de desplegar una política d'expansió lingüística al si de pròpia comunitat política i de cara als altres països. En canvi, les *Regles* de Pau no s'ajusten sinó molt parcialment a les pautes descrites per Auroux: perseguien la cohesió del registre culte de la llengua catalana, però no aspiraven a convertir-se en un projecte de codificació lingüística susceptible de ser vehiculat per un poder polític. Difícilment hi podien aspirar, quan el català havia perdut el poder polític, aleshores lligat indestriablement a una Monarquia hispànica de signe castellà.

La comparació entre ambdues obres ofereix un interés sociolingüístic extraordinari. Tant la *Gramática* de Nebrija com les *Regles* de Pau són un fidel reflex de dues situacions polítiques, culturals i sociolingüístiques gairebé oposades: mentre la llengua castellana, amb la constitució de la Monarquia hispànica, inicia un camí d'autoafirmació i de glòria, la catalana es precipita cap a una profunda crisi d'identitat i de confiança, que ja la duu a admetre italianismes i a aproximar-se a algunes solucions castellanes. Les preocupacions bàsiques de Nebrija són la unitat i la cohesió de la llengua –que la llengua no vaja "suelta y fuera de regla", com en deia ell– i la expansió i imposició de "nuestra lengua castellana". En canvi, les *Regles* es limiten bàsicament a exemplificar la reflexió humanística de Pau i dels seus interlocutors sobre una "lengua catalana" susceptible de ser preservada en la seua unitat per la via del registre culte i urbà, però sense voluntat ni possibilitat de projecció pública.

El poder i l'*auctoritas* lingüística en Nebrija i en Pau

Una de les qüestions que planteja l'estudi comparatiu de la *Gramática* de Nebrija i de les *Regles* de Pau és el tema de l'*auctoritas* lingüística, estretament relacionat amb el poder polític. És un fet conegut que, al llarg de la història, el poder polític ha condicionat la vida de les llengües, bé mirant d'imposar la dels grups dominants en el cas de les comunitats plurilingües, bé potenciant la modalitat del centre del poder, per tal de cohesionar el grup lingüístic propi, en el cas de les comunitats monolingües, o bé combinant totes dues *polítiques lingüístiques*, en el cas de les comunitats lingüísticament més complexes, que potser ha estat la situació més habitual.

La conformació de la *scripta* i de la llengua literària de les principals llengües romàniques està, per tant, íntimament lligada a l'acció lingüística del poder polític del qual depenen. Ja al segle XIII, els monarques dels principals regnes de l'Europa romànica occidental van coincidir a potenciar la individualització de les seues respectives llengües. Si els humanistes dels segles XV i XVI van voler restaurar el llatí clàssic com a llengua de cultura universal, també molts dels seus defensors es van plantejar la "questione della lingua", és a dir, la possibilitat de dotar el vulgar de la maduresa lingüística que consideraven inherent a les grans llengües clàssiques de l'antiguitat. Ben aviat, aquests últims es van adonar que, si volien vehicular les seues propostes de gramatització i d'enriquiment lèxic de les seues respectives llengües romàniques a partir del llatí, havien de comptar amb el suport del príncep, més encara si aquest assumia actituds cesaristes, com van adoptar molts monarques de l'Europa occidental a partir del segle XV. És així com ho va veure Nebrija, en posar la seua *Gramática* sota el patronatge de la reina Isabel. No estava en joc una qüestió estrictament lingüística o un model didàctic, que també, sinó bàsicament una qüestió de poder. Nebrija era conscient que les propostes i les orientacions de la seua *Gramática* servirien de ben poc si no eren imposades pel poder polític. Per això tanca el seu pròleg afirmant que el seu objectiu és "sacar la novedad desta mi obra de la sombra y tinieblas escolásticas a la luz de vuestra corte: a ninguno más justamente pude consagrar este mi trabajo que a aquella en cuia mano i poder no menos está el momento de la lengua que el arbitrio de todas nuestras cosas". Dit altrament, Nebrija reconeix que només la reina pot fer prevaler l'objectiu principal que s'hi proposa: assegurar que en tots els seus dominis s'impose la codificació unitària, sistemàtica i pretesament atemporal de la llengua castellana que ell hi defensa. Bastaran dos exemples del mateix Nebrija per a corroborar que atribueix al poder polític la capacitat normativa sancionadora: en relació amb la representació del fonema linguopalatal lateral pel dígraf *ll*, que Nebrija condemna, el gramàtic castellà creu que no se'l podrà eradicar "hasta que entrevenga el autoridad de vuestra alteza [la reina Isabel] o el consentimiento de aquellos que pueden hazer uso" (I, 10); una frase similar utilitza quan proposa que el dígraf *ch* porte una titla en la *h* per a representar el so palatal africat sord i diferenciar-lo així del so velar oclusiu sord que té en llatí (Echenique 2006: 427). Nebrija confia, per tant, en la reina com a *auctoritas* lingüística, però al mateix temps sembla condicionar aquesta *auctoritas* al "consentimiento" dels experts, és a dir, a l'acceptació d'aquests i per això espera veure el seu treball "favorecido de los ombres de nuestra nacion". Com ha recordat González Ollé (2002*b*:194) , aquesta matisació de Nebrija es pot relacionar amb el criteri del *consensum* de Quintilià i és imputable a la seua formació humanística a Itàlia i, en concret, a l'estudi d'obres gramaticals llatines, com ara *De grammaticis et rethoribus*, de Suetoni. Creu Nebrija que, independentment del fet que la norma "sea cogida del uso de aquellos que tienen autoridad para lo poder hazer", la millor manera de preservar-la és seguir l'exemple de "nuestros poetas" (Juan de Mena, el Marqués de Santillana, Juan del Encina) "i otros autores, por cuia semejança devemos de hablar". El mateix González Ollé (2002*b*:195) reporta que Nebrija, en definir "grammatica" a les *Introductiones latinae*, remet l'*auctoritas* al parer dels doctes: *Scientia recte loquendi recteque scribendi ex doctissimorum virorum usu atque autoritate collecta*. És a dir, que Nebrija reconeixeria "en los príncipes una immediata competencia lingüística, participada con los doctos".

Si exceptuem el recurs al poder polític com a última instància en l'*auctoritas* lingüística, el criteri de les *Regles* és semblant al preconitzat per Nebrija, és a dir, al del "consentimiento" dels experts. Així, al títol de les *Regles* s'afirma que aquestes són fetes "a juý del reverend prevere mossèn Fenollar e misser Hierònym Pau [e] altres hòmens diserts catalans e valentians e prestantíssims trobadors", i en altres indrets de l'opuscle podem llegir, a propòsit del mots dialectals, "dels quals no acostumen usar los cortesans ne elegants parladors e trobadors" (173), que aquests són fàcils de reconéixer "entre persones de bon ingeni e experiència" i que almenys certs castellanismes "no stan bé en persones disertes ne doctes" (197). Si Pau no addueix l'*auctoritas* lingüística del poder polític és probablement perquè el català ja no en té, de poder polític: per als seus objectius, Nebrija pot comptar amb la reina, però Pau no pot comptar amb el rei Ferran II, que, resident a Castella, no té el català com a llengua habitual ni cortesana, ni s'interessa per la seua sort, ni tampoc pot comptar amb el cardenal Roderic de Borja, que té el llatí com a llengua "oficial" de la cúria romana i que només té el català com a llengua cortesana menor, purament circumstancial, en tot cas objecte d'atenció en els cercles humanistes per la forta presència de valencians i catalans a Roma.

Hem dit que el criteri de l'*auctoritas* en Nebrija era semblant al de Pau quant al *consensum* dels doctes, però no idèntic. Per a Nebrija descansa en els experts, amb la sanció del poder polític. A penes hi ha cap referència als usos cortesans. Ben mirat, només s'hi refereix pròpiament en un cas, a propòsit de la forma de l'article determinat, quan exemplifica l'ús d'"el infante, la infante, segund el uso cortesano". Hi ha encara un segon cas, a propòsit de la representació de la "partezilla *don* cortada deste nombre latino *dominus*", que Nebrija considera que "dévesse escrivir por breviatura como los pronombres latinos", adduint que és així "como lo escriven agora los cortesanos en Roma", és a dir, als curials de la Santa Seu, però s'hi fa referència al llatí i no al castellà (citat per González Ollé 2002*b*: 193). En canvi, per a Pau el bon ús el donen no sols les "persones disertes e doctes", sinó també els "cortesans e elegants parladors e trobadors". Aquesta divisió de criteris ja està ben documentada des de mitjan segle XV: mentre que notables com Alonso de Cartagena, Juan de Lucena i Nebrija reivindiquen l'*auctoritas* per als *litterati* i menystenen la dels cortesans –Nebrija arribà a exclamar, a propòsit d'una praxi lingüística incorrecta entre els cortesans de Roma: "Tanto pudo la ignorancia de los cortesanos!" (citat per González Ollé 2002*b*: 193)–, n'hi ha d'altres com Gonzalo García de Santa María o, ja al segle XVI, Juan de Valdés, que invoquen la dels cortesans. Els partidaris de la primera posició argumenten, com fa Juan de Lucena, per boca d'Alonso de Cartagena, en la seua *De vita beata*, composta a Roma el 1463, que molts nobles i cortesans no s'esforcen a expressar-se de la millor manera possible i, per tant, les seues maneres de parlar no es poden prendre com a model lingüístic. En certa manera, la posició de Cartagena connecta amb el debat sobre la pretesa incompatibilitat entre les armes i les lletres, molt viu a l'època. En canvi, els partidaris de la segona posició creuen que sí s'esforcen. Ningú, al segle XV, ho expressà millor que l'esmentat García de Santa María a *Las vidas de los sanctos religiosos* (c. 1486): "Porque la corte de los Reyes van por todo e toman de cada qual lo mejor, e los que fablan delante de los Reyes y Príncipes trabajan de poner sus razones en los mejores términos que saben e alcançan, en cada logar es hovida la lengua de la corte por de todas la mejor e más encimada". A diferència de Nebrija, Pau busca la síntesi entre els dos criteris: no debades ell i els seus col·laboradors més pròxims eren "diserts" i alhora "cortesans".

Aquesta tensió entre els dos models lingüístics més prestigiosos, el de base cortesana i el de base culta, té un reflex indirecte en un altre tòpic de l'època: la determinació del territori que generaria el parlar més prestigiós d'una llengua. Aquella dicotomia no es donava a Itàlia, ja que solien coincidir els principals centres humanístics i les corts dels múltiples estats italians. En canvi, els teòrics i preceptistes italians sí que polemitzaven sobre les excel·lències de certs parlars, especialment del toscà.

A Castella, els partidaris del model cortesà solen vincular-lo al lloc de residència més habitual del rei i de la seua cancelleria, que es considerava que era Toledo. Tal preeminència, atribuïda a un suposat privilegi concedit pel rei Alfons X el Savi, no passà de ser un tòpic sense cap base ferma en la documentació medieval. Cal arribar a l'època moderna per veure'l adduït per alguns gramàtics, lexicògrafs i literats, sobretot de Castella la Nova (González Ollé 2002*a*, 2002*b*; Lliteras 2006). Si Nebrija considerava que el model de bona llengua no el donaven els cortesans, sinó els "discretos" o doctes, podrem explicar-nos millor per què omet qualsevol referència a cap parlar que pogués servir de base per a aqueix model de base geogràfica. Per a Nebrija, el model lingüístic només el podem oferir els doctes, és a dir, els qui s'expressen amb un parlar "avisado" onsevulla que es troben. Només implícitament, en parlar de la distinció entre la pronunciació de la *s* i de la *ç*, Nebrija, que era andalús, sembla remetre a la diferència de realitzacions orals entre castellans i andalusos (García Santos 2006: 361). En tot cas, per a Nebrija la pauta del castellà modèlic la donava genèricament Castella, i no Andalusia, a pesar dels retrets que li farà Juan de Valdés.

En els cas dels països de llengua catalana, la tradició havia estat considerar la cort reial com el referent del millor parlar, tal com ja va manifestar Ramon Muntaner a la seua *Crònica*, en comentar el

179

tipus de llengua que van aprendre Roger de Llúria i Corral Llança i altres cavallers sicilians al servei del futur rei Pere el Gran: "nodriren-se tothora ab lo senyor infant; enaixí apreseren del catalanesc de cascun lloc de Catalunya e del regne de València tot ço qui bo ne bell era, e així cascun d'ells fo lo pus perfet català que anc fos e ab pus bell catalanesc" (citat per Ferrando 2006: 189). I al segle XV és Carbonell qui es lamenta de la pèrdua de les bones formes del parlar cortés "en aquest meu temps regnant lo senyor rey en Ferrando segon" (citat per Alcoberro 1997, I: 111). La decadència dels bons usos cortesans, els lingüístics inclosos, els situa Carbonell a partir del regnat d'Alfons el Magnànim "e de son frare lo rei Joan e del rei don Ferrando, son fill, hui benaventurosament regnant". Sense explicitar-ho, Carbonell venia a reconéixer que aquesta decadència s'havia produït a partir de moment que Barcelona havia deixat de ser, en favor de València, l'autèntica capital dels regnes hispànics de la Corona d'Aragó.

Les *Regles*, atentes al parlar cortesà, però sobretot al parlar culte, no es fan ressò explícit de la supremacia cultural i política de València, però sí que ho fan clarament de manera implícita. Com ja he fet veure en un altre lloc (Ferrando 2011*b*), quan a les *Regles* s'oposen dues opcions de mena diatòpica referides als usos habituals de la ciutats de València i de Barcelona, que contraposen tant variants de tipus fonètic (*ànimas/ànimes, murtra/murta, fonoll/fenoll, onclo/ oncle, nosatres/nosaltres, peixcador/pescador, tayar/tallar, udà/ odà, ximple/simple,* etc.) com variants lèxiques formals (*perea/ peresa, cànyem/cànem, umplert/umplit, unflat/inflat, garballons/ margallons, rata pinyada/rata penada, cussogues/cossegues, vuy/ hui, pinet/penit, roídol/roïdo,* etc.) i sinònims procedents de diferent ètim (*peltrigar/calcigar, mató/brossat, dexondar/esvel·lar, sot/clot, guineu/rabosa, exequar/alçar, poder/per ventura, gaire/molt, tots plegats/tots ensems, expernunctiar/pernoliar, clotell/tos, sanaya/ cabàs, babaya/tartamut, paparra/xinxa, un petit/un poc, tot sol/sol,* etc.), Pau recomana l'opció valenciana en el 85-90% dels casos. Certament, Pau opta pel *sermo urbanus* i per les solucions més cultes i més generals, però a la vista d'aquesta anàlisi és inadequat parlar d'un "eix Barcelona-València", com ha fet Badia des que publicà les

Regles per primera vegada (1950: 139). I no es pot parlar d'un "eix Barcelona-València" perquè, com a capitals dels dos grans dialectes de la llengua catalana, les preferències lingüístiques, sobretot fonètiques i morfològiques, d'una i l'altra ciutat eren sovint contradictòries, cosa que havia d'implicar necessàriament, en una proposta de codificació unitarista com és la de les *Regles*, sacrificar una de les dues variants, la menys culta o la diatòpicament menys prestigiosa. I les variants més sacrificades foren sens dubte les barcelonines. No cal dir que l'oposició diatòpica no s'establia entre el català de València i el català de Catalunya, sinó entre el *sermo urbanus* de València i el *sermo urbanus* de Barcelona, sens dubte els més prestigiosos socialment en els territoris respectius. Bé ho remarcava Joanot Martorell, pel que fa al parlar de la ciutat de València, en la lletra de batalla que va adreçar, el 7 de juny de 1437, a Joan de Mompalau, en què li retreia no usar el bon parlar de la capital del Regne: "E com no siau en Mathoses, sinó en la ciutat de València, vergonya deuríeu haver de ignorar los tals vocables, los quals volen dir 'preposició de la qual se segueix falsa conclusió' [...]". I ens ho advertí Joan Coromines, quan afirmà, a propòsit de la consolidació i ràpida expansió de *fondo* (*DECat*, IV, 95, s.v. *fons*), que les pautes del bon parlar les donava, a la fi del segle XV, la ciutat de València: "És l'època en què, en la direcció de la llengua, els termes s'han invertit, en el que Badia anomena *eix Barcelona-València*; i és València la que assoleix una posició més conspícua". Ben mirat, també ho ha reconegut Badia, perquè, en comparar les preferències lèxiques de *Liber elegantiarum*, de Joan Esteve, amb les opcions recomanades a les *Regles*, no s'ha estat de constatar que aquell és "ben proper a les *Regles* des de qualsevol angle que l'examinem" (p. 341) i, especialment, "en matèria de vocabulari" (p. 411). I això, malgrat que Badia (2003, 2005, 2006, 2007) ha tendit a diluir l'anàlisi de l'orientació diatòpica correctiva de les *Regles* en el discurs de la "interpretació supradialectal" de les seues prescripcions (Ferrando 2011*b*).

Si el parlar català més prestigiós era el de València des de l'època d'Alfons el Magnànim, la ciutat que donà les més grans figures literàries del segle XV, i si la cort reial catalana havia deixat d'existir d'ençà que el rei Ferran II traslladà la seua residència habitual a Castella, és evident que l'únic reducte en què, a les acaballes del segle XV, el català gaudia de prestigi com a llengua cortesana era la Roma del cardenal Roderic de Borja, vicecanceller de l'Església (1457-1492) i bisbe de València (1456-1492). L'autor de les *Regles* no podia ser altre que Jeroni Pau, el més il·lustre servidor del cardenal valencià. Només a Roma era viable una reflexió humanística i una proposta unitària, culta i supradialectal de la llengua, basada essencialment, en cas de conflicte, en el parlar català que predominava entre els curials catalanòfons de Roma: el parlar del gran cardenal humanista i renaixentista que fou Roderic de Borja, un príncep de l'Església que tenia a gala expressar-se i educar els seus fills en la llengua el seu país i voltar-se dels seus paisans, als qui reserva els millors llocs en la cúria pontifícia. Les informacions metalingüístiques i les orientacions lingüístiques de les *Regles* donen a entendre que, a les acaballes del mil quatre-cents, Roma era el "loch elegant" per excel·lència de llengua catalana, el lloc en què la confluència de catalans, valencians i balears els devia permetre contrastar les seues respectives maneres de parlar, debatre intensament la *questione della lingua* i aplicar al català els criteris humanístics que podrien haver-lo convertit en una llengua cortesana moderna, si les circumstàncies polítiques haguessen estat unes altres. Aquest "loch elegant" per excel·lència, aquesta cort, no podia ser, en aquell moment, ni Barcelona ni València.

Només la biografia intel·lectual de Jeroni Pau i la seua presència en els cercles humanistes de la Roma de Roderic de Borja poden explicar satisfactòriament que ell fos l'autor principal de les *Regles* i que, en cas d'oposar alternatives de caràcter diatòpic entre el *sermo urbanus* de València i el de Barcelona optés generalment per la preferència valenciana. L'estima de Pau per la seua Barcelona no li impedí d'adoptar l'òptica que llavors era considerada la més cohesionadora i ennoblidora per a la llengua: regularització ortogràfica, modernització morfològica, llatinització lèxica, ortoèpia urbana i recurs al parlar urbà més prestigiós com a model a imitar: el "valentià" de la cort romana del futur Alexandre VI.

A tall de conclusió

La *Gramática* de Nebrija i les *Regles* de Pau, confegides poc abans de 1492, reflecteixen la diferent fortuna del castellà i del català en un moment històric en què Castella començava a bastir un gran imperi colonial i en què els estats de la Corona d'Aragó, sobirans *de iure*, havien esdevingut *de facto* unes meres províncies d'una Monarquia hispànica de signe castellà. Mentre que la *Gramática*, tot i ser concebuda com un manual d'ensenyament del llatí, es convertí en el primer intent de gramatització d'una llengua romànica i amb un decidit propòsit de posar-la al servei de la política lingüística uniformitzadora de la reina Isabel, a qui va dedicada, les *Regles* no passaren de ser una mera recopilació, incompleta i inacabada, sobre el lèxic català, concebuda com unes orientacions erudites tendents a afavorir solucions unitàries per a la llengua catalana, especialment per als àmbits cultes. El caràcter utilitari i la deliberada projecció pública de la *Gramática,* que fou ràpidament objecte d'impressió, contrasta notablement amb l'elitisme, quant a objectius i destinataris, de les *Regles*, que a penes contenen un mínim intent de gramatització, i que només van poder ser salvades del més complet oblit pel grafòman impenitent que va ser l'arxiver barceloní Pere Miquel Carbonell. Tant la *Gramática* com les *Regles* són fruit de l'humanisme d'inspiració italiana que amerà el quefer intel·lectual de Nebrija i de Pau, però mentre que aquella es concebé en terra castellana i al redós de la cort dels Reis Catòlics, les *Regles* són un producte marginal de l'únic reducte cortesà que conservava la llengua catalana a les acaballes del segle XV i del seu primer centre humanista: la cort romana d'un gran príncep valencià de l'Església, Roderic de Borja. Més encara, són l'exponent més conspicu del prestigi que havia adquirit el català de València. Prestigi efímer, per tal com va coincidir en el darrer moment d'esplendor de la cultura catalana medieval, però ja sense poder polític al darrere. En aquestes circumstàncies, les *Regles* estaven destinades al fracàs i a l'oblit. En canvi, la *Gramática* de Nebrija marca l'inici d'una llarga etapa d'esplendor de la cultura castellana, a l'empara d'una poderosa Monarquia hispànica.

El lector: factor determinant per als traductors de la Corona d'Aragó

Roxana Recio (Creighton University, Omaha, USA)

La recepció de l'Humanisme és un tema que ha donat lloc a moltes investigacions, i concretament en el camp de la traducció encara manca bastant a explicar. En aquest treball hom pretén d'establir la importància dels traductors en llengua catalana respecte a la introducció i assimilació de l'Humanisme a la Península. Dintre d'aquest tema, és fonamental el tracte que el lector rep per part dels traductors. La seva importància és tal que cal considerar-lo un factor determinant en el món de la traducció de l'època.

Les traduccions són essencials per al desenvolupament de l'Humanisme, car són el vehicle per tal de fer arribar els autors clàssics als lectors de l'època. Es tracta d'un llarg procés que s'inicia en el segle XIV i arriba fins el XVI. Resulta difícil d'analitzar el procés de les traduccions perquè existeixen dues aproximacions per part dels traductors. D'una banda, alguns d'ells parlen explícitament del que han fet en els seus trasllats, és a dir, de les seves intencions i idees en els pròlegs a les seves obres. D'altra banda, hi ha moltes altres traduccions sense cap mena d'introducció o aclaració. Aquest grup va des de traduccions anònimes a traduccions d'autors determinats, en ocasions intel·lectuals coneguts a l'època per diferents activitats literàries. Tot això es complica encara més quan freqüentment es troben grans discrepàncies entre el que un traductor diu que farà i el que fa. Cal estudiar doncs detingudament aquests trasllats i analitzar el quefer emprat pel traductor.

En aquest treball veurem els comentaris d'alguns autors, com Conesa, Berenguer Sarriera, Enrique de Villena, Canals i Valentí. Seguidament, estudiarem les traduccions d'Isabel de Villena, del

Decameró, de la *Càrcer de Amor* de Vallmanya i uns aspectes concrets de la traducció anònima dels *Trionfi* comentats en català. Ens hi podríem haver estès més, però aquesta selecció és suficientment significativa per aquest treball. Segons hom pot comprovar, s'han seleccionat els textos i autors dels dos grups esmentats més amunt.

Bàsicament hom assisteix a un canvi de mentalitat pel que fa al tractament del llatí i a la visió que se'n tenia, així com de les llengües vernacles. Hom creia cap a finals del segle XIV dos postulats quasi sagrats: 1) que les traduccions del llatí al vulgar eren impossibles, donat que les llengües vulgars no tenien vocables paral·lels als llatins; i 2) que les traduccions havien de seguir de la manera més exacta possible el text base, encara que fins i tot arribessin a no ser comprensibles. Com hom pot observar, en primer lloc existeix un problema lingüístic, i en segon lloc un problema de metodologia, amb unes ramificacions i connotacions contundents, que van des de la idea mateixa de la traducció i del traductor fins el concepte de lector.

A nivell europeu, és ben coneguda la lluita de Dante perquè s'acceptés la llengua vernacla. No debades la seva gran obra, la *Commedia*, està escrita en llengua vulgar. Per altre cantó, *De vulgari eloquentia*, escrita en llatí, és un al·legat formal per a convèncer els erudits de l'època de la importància i necessitat d'aquest canvi de mentalitat que cap a les llengües i llur ús havia d'esdevenir.

Els traductors del llatí en la Corona d'Aragó es feien ressò en el segle XIV d'aquesta situació en relació a dita llengua i a les llengües vernacles. La gran part són partidaris de la superioritat del llatí, cosa que no interfereix forçosament amb les seves idees sobre traducció. Dins del camp de la traducció, per als intel·lectuals en llengua catalana el lector era el principal. Degut al valor que s'hi donava als lectors, malgrat la superioritat llatina i les dificultats en traslladar-la a una llengua vernacla, segons ells molt per sota del llatí, sempre es preocupaven per buscar la manera, quant al seu quefer de traductors, per tal que el trasllat fos entenedor, clar i, més encara, familiar. Al llarg d'aquest procés, que es va desenvolupant del XIV al XVI, s'arriba a un procés evolutiu en la manera de traduir, on es troben ja trasllats que permeten seguir el text base d'una manera molt elaborada. Són bàsicament traduccions del vulgar al vulgar. Aquest és el cas de la traducció de Vallmanya de la *Cárcel de Amor* de Diego de San Pedro, de la qual parlarem més endavant. D'aquesta manera, hom pot observar com, des de les pròpies traduccions que venien del llatí en les seves distintes faiçons i que presentaven tot aquest problema lingüístic, es desemboca en un quefer traductològic que condueix a un cert grau de revalorització del vulgar.

Tornant al segle XIV, quelcom característic de la Corona d'Aragó, impensable en la castellana, és aquesta prioritat donada pels traductors als seus lectors. Els lectors i la idea de la claredat en el trasllat els fan adoptar certes llibertats, responent a una mentalitat oberta envers la traducció. Es pot dir que aquesta mentalitat respon a una assimilació d'una ideologia nova: l'Humanisme. Cal recordar que estem partint d'un canvi que neix a Europa i que es relaciona amb el tipus de lector, la societat, i l'ús de les llengües. És una visió diferent de l'art i el seu destinatari.

Els traductors es permetien llibertats sempre en funció del seu lector. Tanmateix, els traductors en Aragó es prenien aquestes llibertats sense menyspreu de la llengua llatina. En alguns casos el que no comptava gaire era la validesa de la llengua vernacla. Aquest punt en concret ha donat origen a moltes equivocacions quan es qualifica un traductor com llatinista o partidari de trasllats foscos. Es fa necessari diferenciar entre un traductor que considera el llatí la llengua per excel·lència i el vernacle una llengua menys desenvolupada, i un traductor que no pensa en el seu lector i és partidari d'una traducció fosca. A la Corona d'Aragó hi ha dos exemples fonamentals de traductors, admiradors del llatí, que es preocupaven pel seu lector i la seva traducció: Jaume Conesa i Enric de Villena.

Jaume Conesa, en el pròleg a la seva traducció de la *Historia destructionis Troiae* de Guido delle Colonne, diu el següent:

> Car verament lo romans de aquelles [històries] en esguart del lati lo qual es molt aptament posat, es axi com plom esguart de fin aur; e axi matex protestant que, si algunes paraules seran transportades o que parega que no sien conformes de tot en tot

al lati, no sia imputat a oltracuydament de mi, mas que caschu
entena que aquell trasportament o mudament es per donar
entendre planament e grossera los latins, qui son molt soptils,
al dit noble hom et a tots altres lechs qui apres dell les dites
histories legiran. E encara pot esser mes imputat a grosseria mia
qui, segons la suptilitat daquell qui les composa, no son bastant
ne soficient a fer tal translacio de lati en romans. Mas, confiant
en la gracia e adjutori de Deu, e sabent que per alguna mutacio
del dit lati en romans no pot esser a mi reprehencio quant a
Deu, atreuesch me de fer aquesta obra, pregant ab gran istancia
a tots los ligents que, si res hi aura que nols placia e quels torn a
enug, que no·donen a mi algun carrech, car jo, aytant com mils
pore me enten a conformar al test de les dites histories, aytals
com yo les he, reduint aquelles de lati en romanç, axi com dit
es. (Colonne 4-5)

Conesa admet que ha fet unes mutacions amb l'ànim que
puguin entendre la seva traducció tots els qui la llegeixin. S'interessa
perquè la seva traducció sigui entenedora i al mateix temps deixa en
clar la superioritat de la llengua llatina. Conesa és una prova de com
la devoció al llatí per part d'un traductor no impideix una feina de
traducció oberta.

Un altre exemple es troba en una traducció científica feta per
Berenguer Sarriera sobre un treball d'Arnau de Vilanova, *Regimen
sanitatis ad regem Aragonum*, també del segle XIV. Obertament
Sarriera admet que, per a evitar l'avorriment dels conceptes científics,
elabora unes rúbriques en romanç aconseguint una millor comprensió
del trasllat:

E per ço que aquest *Regiment*, qui tan planament és ordonat,
pusca tenir o fer profit a aquels qui no entenen latí... E prec
los legidors d'aquest [libre] que, si per ventura en lo romanç ho
en la sentència del libre trobaven nuyla cosa qui·ls semblàs no
raonable, que ans que ho reprenguesen, que ho corregisen ab
aquel del latí, per ço cor moltz vocables e [en]tenimentz ha en
los libres de medicina, que a penes se poden metre en romanç.
Emperò yo vuyl enadir en aquest libre alscunes notes per los
marges en manera de rúbliques, per ço que aquels qui legiran

188

en aquest libre pusquen pus leugerament trobar la proprietat del ajudament ho del noÿment de les coses qui açí són nomenades per regiment de sanitat; per ço cor aquels qui s'an ajudar ab los libres qui són en romanç, no poden aver estudiatz tantz libres que leugerament pusquen trobar la proprietat del regiment dejús escrit. (Vilanova 100-01)

Seguidament passa a mencionar els capítols de l'obra, i és indiscutible que ajuden a entendre el tema que està desenvolupant. L'important ací és de subratllar com el traductor es preocupa no ja sols perquè s'entengui la seva traducció, sinó perquè sigui agradable i no esdevingui ensopida. El lector al qual va adreçada la traducció segurament era un lector interessat en aquests temes, però ell com a traductor es preocupa perquè la seva traducció sigui entesa per qualsevol lector.

En aquesta mateixa línia, encara que d'una manera potser més controvertida, apareix Enric de Villena. Durant segles Villena fou considerat un traductor un tant mediocre, i no es creia que les anotacions i explicacions al marge en l'*Eneida* tinguessin un valor en relació a la traducció (Santiago Lacuesta 12 i 13). Al contrari, els seus *Doze trabajos de Hércules* es prenien com una traducció literal. No obstant això, a l'igual que Sarriera, les explicacions al marge en l'*Eneida* tenen una intenció de fer més clara l'obra de Virgili, i en el cas dels *Doze trabajos*, independientment dels seus resultats, Villena expressa en el pròleg la idea que ell té de com ha de ser una traducció. Segons veurem a continuació, afirma d'una manera oberta que no segueix el llatí, encara que sabem la seva gran admiració per aquesta llengua, i que en cap moment no ha traslladat de mot a mot:

Que en la presente traslación tove tal manera que non de palabra ha palabra, ne por la orden de palabras que está en el original latino, mas de palabra a palabra segúnd el entendimiento e por la orden que mejor suena, siquiere paresce, en la vulgar lengua. En tal guisa que alguna cosa non es dexada ho pospuesta, siquiere obmetida, de lo contenido en su original, antes aquí es mejor declarada e será mejor entendido por algunas expresiones que pongo, acullá subintellectas, siquiere impriçitas ho escuro puestas, segúnd claramente verá el que ambas las lenguas latina e vulgar sopiere e viere el original con esta traslaçion comparado. (Enrique de Villena 2: 29)

D'alguna manera calia soplir aquesta falta de "dulzura y gracioçidad", característiques que els llatinistes trobaven només en la llengua llatina, de l'eloqüència llatina en les traduccions, ja que en aquestes, com deia Alfonso de Palencia, "lo agudo se torna grosero y lo muy vivo se amortece del todo"[194]. Com més va hi ha una necessitat més imperiosa que la traducció quedi clara, és a dir, entenedora i familiar, propera al lector peninsular. És, tot plegat, una escola nova que, front a la dels que estaven a favor dels antics, aferrats al llatí i a la seva primeria lingüística, fa perquè la traducció i les idees sobre la mateixa evolucionin cap altres rumbs més oberts. La finalitat d'aquesta tendència és la d'arribar als diferents lectors en el seu mateix idioma, amb la mateixa mentalitat.

Independentment que consideri el llatí la llengua més important, la seva visió envers la traducció ve marcada per arribar a un lector que entengui clarament el que s'hi està dient. Més endavant, explica en la introducció de los *Doze trabajos*:

> Será este tractado en doze capítulos partido, e puesto en cada uno un trabajo de los del dicho Ércules por la manera que los istoriales e poetas los han puesto; e después, la exposiçión alegórica; e luego, la verdat de aquella estoria segunt realmente contesçió. Dende seguir se ha la aplicaçión moral a los estados del mundo e, por enxemplo, al uno de aquéllos.
>
> Por eso cada capítulo en cuatro párrafos será partido: en el primero, la istoria nudamente poniendo; en el segundo, las obscuridades declarando; en el terçero, la verdat de la ficçión apartando; en el cuarto, el artifiçio de la aplicaçión enxemplando. Por manera que sin enseñamiento de sçientífico mostrador vuestro entendimiento cavalleril comprehenda el fructo de aqueste tractado e pueda, en otros comunicando, traspasar. E verés, catando con reposado ojo de la investigativa, que se pueden aquestos trabajos a muchas obras aplicar e cada uno de los estados poder de aquéllos tomar enxemplo. (Villena 1: 7-8; Morreale, *Los doze* 10)

---

[194] Alfonso de Palencia fol. aij(r). Cito de Peter Russell 29.

El que veritablement canvia en Villena és la finalitat de la
seva obra, perquè les obres i els lectors eren diferents. Diu al respecte
Morreale:

> Es más, podríamos establecer un paralelo entre la *Eneida* y
> los *Doze trabajos*: la alambicada versión de la obra de Virgilio
> nos revela cómo habían de verterse en prosa retórica castellana
> los versos latinos para satisfacer los requisitos del humanista
> medieval; el tratado sobre Hércules sería un ejemplo de cómo
> debían leerse los autores antiguos, espigando de sus obras
> "historias poéticas para edificación de los contemporáneos y
> venideros". (Morreale, *Los doze* 32)

Som davant l'adaptació dels textos clàssics a un lector
determinat, als gustos i costums d'aquest lector[195]. No crec que hi
existeixi una contradicció. El "comun fablar" s'aconsegueix en
l'*Eneida* a través d'aquestes "expresiones" que el traductor afegeix.
El problema de Villena és un problema que continua vigent en molts
traductors després d'ell al llarg del XV: el problema lingüístic del llatí i
del castellà, les presses i el contrast amb el seu sentit teòric; dit d'altra
manera, el contrast amb la tradició a la qual pertanyen. Podria dir-se
que Villena ha d'arribar a ser considerat el primer traductor català que
en castellà porta a la pràctica i deixa exposada en teoria en Castella
la manera de traduir de la Corona d'Aragó (Recio 1996b, 143-45).
La seva postura front a la traducció s'arrenglera amb les teories que
posteriorment s'entreveuen en Alfonso de Madrigal en el seu pròleg
al *Tostado sobre Eusebio* (Recio 1991, 112-31). És a través de les
tendències cara a la traducció desenvolupades en Aragó com ja havia
assimilat i practicat aquest tipus de traducció que preconitzava sant
Jeroni seguint Ciceró i Horaci[196]. Recordem que sant Jeroni no fa sinó
recollir el corrent de dits escriptors llatins.

Així, resulta que no és determinant en alguns traductors la
seva devoció al llatí com a llengua superior, sinó la seva preocupació
perquè el seu treball sigui entès pel més gran nombre de persones. He

---

[195] La idea que aquesta traducció fos com la de la *Commedia*, elaborada amb
mires acadèmiques més que poètiques, també s'ha de tenir en compte, com indiquen John
Walsh i Deyermond 67.

[196] Vegeu Cuendet i García Yebra.

tractat aquestes qüestions de manera detallada en altre treball (Recio 1996b), i per tant ací sols estic assenyalant un aspecte que no hi havia quedat prou estudiat.

Seguint aquesta línia, aquesta aproximació a la traducció, ens trobem també amb dos autors preocupats pels seus lectors, cosa que equival a dir preocupats, almenys en teoria, per la claredat dels seus trasllats: Antoni Canals i Ferran Valentí. Canals, també del segle XIV (neix a València cap a 1352), ja es pren certes llibertats amb els seus textos, cosa que no feien els autors esmentats més amunt. Per exemple, afegeix dades de caràcter geogràfic, elimina personatges històrics (cosa tan del gust d'Eiximenis) i a vegades interpola passatges d'altres obres copiant-les exactament[197]. Diu en el pròleg a la seva obra *Scipió e Anibal*:

> Per lo gran plaer que vostra senyoria trobava en aver lo parlament de Scipió e de Aníbal, e la batayla sagüent, en la qual lo dit Scipió Affricha fou vençedor, volent servir a la dita vostra senyoria, som estudiat de traura lo dit parlament, axí planàriement com miylor he pogut. Per que, ligint de una part Tito Lívio, qui.l posa assatz largament, e d'altra Francesch Petrarcha, qui en lo seu libra appelat *Affricha* trectà fort belament e diffusa, he aromansat lo dit parlament sagons mon petit enginy. (Canals 31)

Canals seria el traductor que ja qüestionaria, almenys respecte al mode de traduir dels anomenats llatinistes, la barrera entre les traduccions *ad verbum* i *ad sententiam*. Per als traductors d'aleshores i els estudiosos actuals comença a ser problemàtica aquesta diferenciació de les traduccions en funció del literal i el sentit. Veurem com a poc a poc queda invalidada aquesta manera de classificar les traduccions, i veurem també com el lector és el factor determinant per a invalidar aquesta mena d'aproximació als trasllats. Ara com ara, aquesta mena de classificacions s'ha de considerar com una aproximació inexacta, buida de sentit. L'Humanisme, com a moviment general d'una època, acaba amb el simplisme del que és literal o lliure en el camp de la traducció.

Per la seva part, Ferran Valentí, si més no en teoria, presenta problemes molt interessants pel que fa a una traducció "literal", i això

---

[197] Riquer & Comas 2: 454-56. A més, vegeu l'obra de Canals.

independentment del caràcter de l'obra que portà a terme: canvia el "literal" per a arribar a una millor llegibilitat en vernacle però sense canviar el sentit:

> Jo Ferrando Valentí, inerudit e dexeble dels dexebles, he posada e transferida aquesta petita obreta de Tul·li, gran en sentencia, de latí en vulgar materno e malorquí segons la ciutat de on só nat e criat e nodrit, alcunes paraulas e a les voltes tolent de la textura literal de aquella, no pero tocant en sentencia alcuna, ans per retre aquella clara e perceptible, e alcuna volta transferint de mot per no mudar sentencia en aquella[198].

Almenys en teoria hi ha una consciència que permet traslladar a una llengua inferior portant a terme canvis imprescindibles, malgrat la superioritat llatina. Aquests dos escriptors, Canals i Valentí, són fonamentals per a la traducció en la Corona d'Aragó i per a la Península en general.

Tanmateix, existeix una altra raó, a més de Dante i el seu *De vulgari eloquentia*, que facilita que nasqués aquesta necessitat de canvi en el tractament de les llengües: la que aportà el moviment franciscà, que tant influí en els sermons. Els franciscans, en voler arribar al cor dels que els escoltaven, s'adonaren de la inutilitat del llatí, llengua desconeguda pel poble ja en el segle XIV, com vèiem en les paraules de Sarriera ("e per ço que aquest *Regiment*, qui tan planament és ordonat, pusca tenir o fer profit a aquels qui no entenen latí..."), i foren els millors impulsors de l'ús de la llengua vernacla. La idea franciscana era de commoure i convèncer, i per això resultava fonamental que se'ls entengués. Un exemple de l'influx del franciscanisme en la literatura el trobem ja en el segle XV en la *Vita Christi* escrita per Isabel de Villena, la filla ilegítima d'Enric de Villena, que era clarissa.

Isabel de Villena també està dintre de la tradició dels predicadors i la literatura religiosa no sols pel tema, sinó pel caràcter didàctic que té el seu llibre. La seva prosa presenta els tres pilars típics de la literatura de predicació: al·legorisme, verbositat i comparacions (García de la Concha 48). Va escriure la seva *Vita Christi* per les germanes clarisses del convent. Fou un manament

---

[198] Valentí 43. Estudio més àmpliament aquestes qüestions en 1993.

exprés de la seva superiora. Per via directa d'autors com Canals, Eiximenis i, sobretot, sant Vicent Ferrer (franciscans els dos darrers), Villena rep una influència particular pel fet d'utilitzar els textos llatins i la història sagrada.

Fora d'ocasions molt específiques, que es veuran més avall, les interpolacions van acompanyades d'un text en llengua vernacla. Llegeixin el següent paràgraf:

> E Pere, vehent la gran dolçor e amor que lo Senyor seu li mostrava, caygue als peus de sa Magestat, dient: *"Tu es fons vite: aquo fluit omnis vita: quod enim viuit per te viuit, quia sine te nihil viuit"*. Volent dir: "O, clement Senyor! Vos sou la font viua de vera caritat, de la qual brolla abundantment la vida de les animes a vos amants; car tots los que viuen, Senyor, per vos viuen, e sens la gracia vostra negu no viu, ne pot neguna cosa bona ne virtuosa obrar!". (Isabel de Villena 3: 202)

Com s'hi pot observar, el procés del pas del llatí a la frase en vernacle és una traducció. La forma d'aquest tipus de traducció és bastant peculiar i, abans d'entrar de ple en l'estudi de la mateixa, és convenient d'examinar les formes com es presenta davant del lector.

Les interpolacions llatines en Villena es poden catalogar en dos grans grups quant a la manera com es vessen en llengua valenciana: 1) quan després de vàries sentències en llatí apareix la clàusula "volent dir", i 2) quan després de vàries frases en llatí apareix la clàusula "car".

Cal recordar que la idea que el text ha de ser familiar es produeix especialment després del canvi portat a terme pels franciscans (Lesnick 50-53). Però es tracta d'una influència que no s'ha d'exagerar. Villena no és una predicadora, sinó que és una escriptora culta que coneixia la literatura de la seva època, i que escrivia per a il·lustrar les monges seguint unes fonts literàries i utilitzant un estil propi. Existeix, per una banda, la necessitat d'un traductor de presentar un text que pugui ser reconegut pel seu lector que no llegeix llatí (procés que es venia gestant des del segle XIV) i, per altra, existeix una nova concepció didàctica que, com a tal, coincideix amb la tradició religiosa i dels predicadors. Se n'hauria de parlar, salvant les distàncies, d'"una influencia literaria de la predicación", com va fer García de la Concha en analitzar l'obra de santa Teresa (García de la Concha 88-90).

També, a part de la familiaritat en el sermó, hi ha altre aspecte de la literatura religiosa, concretament franciscana, fàcil de percebre en el text de Villena, que prové especialment de les idees d'Eiximenis, qui, recordem-lo, també se'n serví del Pseudo-Mateu en la seva *Vita Christi*[199]. Es tracta de la utilització de diferents fonts per a formar la història. Eiximenis no sols es basa en fonts reconegudes, sinó en històries populars i anècdotes, com pot apreciar-se fàcilment als seus contes[200]. Una de les fonts de Villena més importants és el Pseudo-Mateu. Riquer ha assenyalat els quatre passatges pertanyents al Pseudo-Mateu: 1) diàleg de Joaquim i l'àngel; 2) la Mare de Déu és oferida al temple; 3) Maria tria espòs; 4) esposalles de la Mare de Déu (Riquer & Comas 3: 462-65). El que cal destacar és que el Pseudo-Mateu és una font de Villena, però una font que ella adapta en funció d'un text en vernacle que ha de servir a un lector determinat. D'altre cantó, la utilització d'elements de la vida quotidiana en la seva narració procedeix de sant Vicent Ferrer. La vida quotidiana en aquest predicador, com indica Francisco Rico, era fonamental[201]. És arriscat dons d'assegurar, com fa Riquer, que Villena no tenia cap pretensió literària (Riquer 1972, 71), car indiscutiblement posseia coneixements sobre la literatura del seu temps i gaudia de l'aproximació al lector que s'havia desenvolupat al voltant de la seva orde religiosa.

Independentment que tingués pretensions literàries o no, l'important és el tracte que Villena dóna a les frases llatines, un mètode molt particular de traduir que està dintre del corrent dels traductors de la Corona d'Aragó.

---

[199] Riquer & Comas 2: 191. Però es tracta d'una utilització molt diferent. Per a l'obra d'Eiximenis és interessant l'article de M. Arbona. Per a les diferències d'estil entre Villena i Eiximenis, consulti's Judith Berg Sobré.

[200] Se'n podrien citar molts, però vegin per exemple els titulats "De Mestre Arnau de Vilanova" (19-21), "D'una gran desconeixença" (86-87) i "Exemple de l'ermità i el ballester" (100-02).

[201] Rico 15. Per als sermons de sant Vicent, vegin Sant Vicent Ferrer, *Sermons*.

Junt als escriptors que traduien del llatí o que, com Isabel de Villena, es valien de fonts llatines per als seus trasllats utilitzant-les de diferents maneres, en Aragó ens trobem amb traductors de vulgar a vulgar, val a dir, traductors d'autors medievals, els originals dels quals estan escrits en romanç.

Entre els escriptors que tradueixen autors medievals destaca Bernat Metge, que traduí el *Griseldis* de Petrarca (Butinyà 2002a). La història traduïda per Metge ens mena a parlar de l'autor anònim que traduí el *Decameró* de Boccaccio.

La traducció catalana del *Decameró* segueix el seu model italià: s'hi respecta l'ordre establert en la font, es tradueixen tant el pròleg com l'epíleg, s'és fidel a les històries contades per Boccaccio i és una traducció completa. Existeixen, però, alguns canvis que han escandalitzat a la crítica. Entre els més sobresortints ens hi trobem amb 1) utilització de llocs geogràfics catalans, en comptes de llocs geogràfics italians; 2) la substitució sencera en la novel·la 10, jornada X, de la història que hi presenta Boccaccio per la història de Vàlter i Griselda traduïda de Petrarca per Bernat Metge (aquest és l'únic cas en aquesta traducció en què una història no segueix la del text base, l'únic cas de la interpolació d'una història) (Gades 182-3); i finalment 3) la utilització de cançons catalanes en lloc de traduir les italianes del text[202]. Són precisament aquests canvis els que han provocat que aquesta traducció s'hagi pogut considerar alguna vegada una adaptació.

No obstant això, si es miren aquests canvis detingudament dintre del marc de la traducció sencera, de seguida la problemàtica se centra en una qüestió de traducció. Estem davant un text que, òbviament, el que volia era popularitzar l'obra de Boccaccio i, en voler popularitzar-la, desitjava que fos familiar al lector. Tan sols en aquest context poden tenir sentit els canvis d'un traductor que en la resta de la seva traducció segueix fidelment el text base.

A més, si hi ha alguna traducció vertaderament a tenir en compte en l'àmbit peninsular en relació als canvis i el desenrotllament de la traducció, és aquesta traducció catalana de Boccaccio, que tindrà una gran influència en la traducció anònima castellana de la mateixa

---

[202] Per a les cançons es pot consultar Romeu i Figueras 145-161.

obra. És l'únic cas que demostra clarament com la manera de traduir dels intel·lectuals en llengua catalana fructifica i dóna origen a altra traducció en llengua castellana. És per aquest motiu que, a despit de presentar en aquest treball traductors de la Corona d'Aragó, s'esmenta aquest trasllat castellà. Aquesta manera oberta i personal, seguint criteri propi i pensant en els lectors, és típica d'Aragó i resultava impensable a Castella, segons he comentat en paràgrafs anteriors. No m'endinsaré ací en la situació castellana (Recio 2004), però cal emfasitzar que el fet que un traductor en 1496 seguexi el sistema d'una traducción d'Aragó indica alguna cosa. Es pot dir que hom segueix un model quan se'l considera apropiat. No és d'estranyar que s'afirmi llavors que "lo nuevo", el que recollia el canvi europeu, arribés als intel·lectuals en llengua catalana.

El canvi resulta, així doncs, no altra cosa que l'acceptació i assimilació de les idees d'una nova concepció àdhuc de la vida. Això no és altra cosa que el moviment humanista. Resulta per tant importantíssim que l'autor anònim castellà (1496) segueixi els paràmetres del traductor anònim catala, arribant a incloure una paràfrasi d'una cançó italiana adaptada al gust castellà, i oferint al lector afegits on es parla de l'apòstol Santiago, responent així a la divulgació d'un nacionalisme concret cara a un lector que tenia aquests gustos poètics i que estava familiaritzat amb certes històries i personatges.

La cançó en qüestió pertany a la història que es relata en la novel·la xcv[203], en el *Decameró* jornada X, 7, "Cómo una donzella se enamoró en Palermo del rey don Pedro de Aragón e cómo cayó en grande enfermedad por aquella causa y cómo después el rey la galardonó muy bien".

Aquesta és la transcripció de la cançó:
Pártete, amor, y vete al mi señor,
cuéntale las penas que sostengo,
y cómo por su causa a muerte vengo
callando mi querer por gran temor.
Amor, con juntas manos merced llamo,
que vays a mi señora allá do mora,
y díle cómo servir le desseo e amo,

---

[203] Fol. xlxxiiij r.

tanto su gentil vista me enamora,
y por el fuego en que yo me inflamo
temo morir, y no sé cierta el hora
que he de partir desta cruel señora,
la qual sostengo por él desseando
dolor con verguença, y temor callando.
Por Dios te ruego hazle sabidor.
    Pártete Amor.
Después, Amor, que de él fue enamorada,
tú no me diste ardid quanto temor,
que yo pudiesse sola una vegada
mostrarle mi querer e grande amor,
por cuya causa bivo tan penada
que muerte me sería muy mejor.
Quiça por ventura que él auría dolor
si él supiesse la pena que siento,
si tú me oviesses dado el ardimiento
que de mi estado fuesse veedor.
    Pártete amor.
Pues que tú, Temor, fuyste plazentero
de querer darme tanta segurança
mi coruçón le abriesse por entero,
dexa por mensajero o semejança,
merced te pido, dulce cauallero,
que vayays luego a darle remembrança,
que el día que yo le vi escudo y lança
con sus caualleros armas lleuar
puse tanto amor en lo mirar
quel mi coraçon es padescedor.
    Pártete amor.

És una mica curiós que aquesta cançó de Boccaccio no apareix recreada en la versió catalana (Boccaccio 579-83), la qual, havent suprimit la cançó, abunda en el diàleg entre els personatges. Això s'ha d'assenyalar perquè normalment el traductor català substitueix, com ja s'ha explicat, les cançons italianes per catalanes o bé, hi deixa l'espai en blanc, segons s'ha comprovat en els manuscrits existents. Tanmateix, si ens fixem a la cançó, ens hi adonem que subratlla l'introspectiu amorós. Potser el traductor català va veure la cançó com un element més fàcil de transvasar en prosa, amb l'ànim de copsar millor l'atenció dels seus lectors i d'adaptar-se millor a la producció literària catalana del moment, en lloc d'insistir a l'amorós-sentimental, que en aquella època era tan del gust dels castellans, per exemple, recordin l'èxit de la novel·la sentimental, la gran assimilació del *Triomf d'Amor* de Petrarca, especialment pels poetes d'amor dels cançoners.

El traductor català no insisteix tant a les introspeccions amoroses. Intenta arribar al gran públic d'una manera més pràctica, simplement posant l'èmfasi a copsar l'estilisme narratiu de l'original. En el cas del traductor anònim castellà hi ha una intenció de commoure i, encara que existeixi aquesta intenció, no s'aparta de la manera de traduir del traductor català. La idea de commoure i d'enganxar el lector d'una manera més directa que el traductor català es pot veure al final de la història de *Vàlter e Griselda*, en què apareixen mencionats Santiago i Jesucristo:

> Esta hystoria ha sido escrita e recitada desta señora, no solamente porque las dueñas que agora son la querán parescer, e seguir, y tener aquella paciencia e constancia que ella siguió e tuuo, que apenas me paresce possible; más aún por induzir los leyentes y oyentes que mirando e considerando que lo que ella sufrió con gran paciencia por su marido, que assí quería esforçar a suffrir por nuestro señor Jesú Xristo, el cual como dice Santiago no tienta a ninguno, empero prueuanos, e muchas vezes permite que seamos afligidos de muchas persecuciones no para saber nuestro coraçón, el qual él sabía antes que nos criasse, mas solamente por alumbrar y hazernos entender según nuestra fragilidad alguna cosa de la hondura de sus altos juyzios, assaz cumplidamente he escripto para los constantes varones para ver si hallara alguno que por su Dios quiera suffrir tanto como esta rústica mugercilla por su mortal marido suffrió. (Boccaccio clj r)

Això no ens ha de sorprendre, car, si s'analitzen acuradament, els seus mètodes de traducció coincideixen amb els del traductor català: 1) se segueix el text base en la mesura que es pot aconseguir l'efecte de familiaritat i, si no s'aconsegueix, es canvia; 2) substitució d'elements italians per autòctons (cançons); 3) amplificacions i supressions segons sigui necessari no sols per la traducció en si, ans també cara al lector al qual s'adreça la traducció.

Tornant ara a la traducció en Aragó, des d'altre angle del panorama apareixen les traduccions més ajustades al text base. És el cas de Bernadí Vallmanya, mencionat abans, traductor de la versió catalana de la *Cárcel de Amor* de Diego de San Pedro. Fou publicada a Barcelona, com ja s'ha dit, en 1493, un any després d'aparèixer l'original castellà. Fou escrita en valencià, i s'ha d'assenyalar que Vallmanya, a més de poeta, era assidu traductor d'obres del català o valencià al castellà. Aquest és el cas de *Cordial de l'ànima* (València, 1495), que a la vegada era una versió valenciana de la, a la vegada, versió de Gonzalo García de Santa María, *Cordiale quatuor novissimorum* (Saragossa, 1494), atribuïda a Dionigi il Certosino (1402-1471) i a San Antonino da Firenze (1389-1459). Una altra de les seves traduccions al castellà fou *Revelació del benaventurat apòstol sanct Pau* (València, 1495), d'altre text anterior publicat a Sevilla en 1494 (San Pedro 20-21).

La traducció de Vallmanya, en termes generals, va ser portada a terme amb molta cura i està adaptada al text base. Des de la dedicatòria fins al final de l'obra, Vallmanya segueix el text de San Pedro d'una manera molt exacta. La seva única addició en el pròleg és que ens permet saber que l'obra ha estat traduïda per ell. Això implica alguns canvis. En l'obra castellana apareix així el començ:

Cárcel de Amor

El siguiente tracta[do fue he]cho a pedimiento del señor [don] Diego Hernándes, Alcaide de los Donzeles, y de otros cavalleros cortesanos: llámase Cárcel de Amor. Conpúsolo San Pedro. Comiença el prólogo assí. (San Pedro 79)

En la versió catalana apareix el text d'aquesta manera:

Obra intitulada Lo Càrcer d'Amor

Composta y hordenada per Diego de Sant Pedro a petició y pregàries de don Diego Ferrandis, Alcayt de los Donzeles, y altres cavallers de la cort del Rey d'Espanya nostre senyor. Traduït de la lengua castellana en estil de valenciana prosa per Bernadí Vallmanya, Secretari del spectable Conte d'Oliva. E comença lo pròlech. (San pedro 35)

Com s'hi pot apreciar, hi ha canvis. En la versió catalana hi
ha un clar intent d'il·lustrar el lector català, i s'afegeix "Cort del Rey
d'Espanya", deixant clar qui és l'autor i l'estil que el traductor utilitza,
o sigui, el de la "valenciana prosa". Però si ho mirem amb deteniment,
aquest pròleg no és part de la traducció en si, ni tampoc no significa res
respecte al "quehacer" que com a traductor portarà a terme Vallmanya.
És lògic que al començament hi hagi una petita nota en relació al text
que anem a llegir. Seguidament ens trobem ja amb el text de San Pedro
traduït d'una manera molt fidel.

S'observa així que a la mateixa Corona d'Aragó tenien una
consciència més àmplia sobre la traducció. Això explica que existís tant
la tendència cap a la traducció més ajustada al text base com la tendència
més liberalitzadora preconitzada des d'Horaci fins a sant Jeroni. No
és lògic parlar d'una "teoría de la traducción" en els mateixos termes
que ho faríem ara, en la nostra època, però sí entendre que en aquella
època existia una sistematització sobre el mode de traduir que es podria
considerar equivalent al que avui entenem per teoria. Així era possible
l'existència d'aquesta traducció de la *Cárcel de Amor*, de la *Fiammetta*
i també l'esmentada traducció del *Decameró*. Aquesta traducció de
Boccaccio s'ha considerat una mala traducció, per no posar-la en un
context més ampli. És a dir, pervivien a Aragó dues tendències que no
necessàriament s'excloïen, com passava a Castella, i que anaven més
enllà dels conceptes de traduccions "literales y libres". La raó és la
següent: els traductors en llengua catalana havien aconseguit una major
evolució, és a dir, traduccions a les quals es podia seguir fidelment o no
el text original. La tendència era cada vegada més gran a presentar el
text buscant la bellesa de la llengua a la qual es traduïa, adaptant-lo als
codis de la nova cultura i als gustos i costums del seu lector. Es tractava
de traductors coneixedors de les dues cultures, de les dues llengües i
amb capacitat per a produir la seva traducció assumint tota mena de
responsabilitats pel que fa al trasllat.

Gens per això, per haver assolit aquest estat evolutiu, es
permitien el luxe d'allunyar-se també del text base produint canvis
en les seves produccions respecte al mateix. Aquests canvis arribaven
a vegades a ser significatius, però el que bàsicament s'aconseguia

era un embelliment del text amb gust local (per exemple, les cançons catalanes de la traducció del *Decameró*). La traducció ens demostra que el Renaixement a Aragó es percep ja a començos del XV i "las libertades" de Villena provenien d'aquesta part de la Península. En aquest context és, doncs, com podem entendre que Enric de Villena fos considerat un mal traductor, segons hom li ha considerat fins ara. Com ja vaig explicar en un dels meus treballs, bàsicament el problema de Villena no és que sigui un mal traductor sinó que desplaçà la manera de traduir d'un regne a l'altre. I en la Castella d'aquella època quelcom així era insostenible (Recio 1996b, 149).

Per tant, parlar de "literalitat" a la Corona d'Aragó no té sentit donat que del que cal parlar és d'evolució, del quefer d'uns traductors que resultaven ja avançats en relació a Castella, o sigui, que ja tenien una mentalitat nova. En realitat, el que veritablement era ja nou a mitjans del segle XV a Aragó eren traduccions com la del *Decameró*, és a dir, aquelles en les quals el traductor es permetia llibertats òbvies. En canvi, aquesta traducció de la *Cárcel de Amor*, a causa de la seva fidelitat al text base, seria considerada una traducció antiquada per aquells moments. La seva importància arrela al fet que precisament demostra que a Aragó els traductors operaven de totes dues maneres, segons el propi criteri propi, el que a Castella no succeiria fins ben entrat el segle XVI.

Finalment, aquest panorama de la idea del lector que presenten els traductors catalans no pot oblidar la traducció que del comentari d'Illicino, acompanyant els *Trionfi* de Petrarca, fa un traductor anònim (Recio 2009). Conscientment, aquest comentari traduït és una exègesi que serveix per a presentar el món de l'antiguitat a un lector que, si no el desconeix, no hi està molt familiaritzat. És típic de l'Humanisme d'aportar el món antic i clàssic al present. Si es deixen els versos de Petrarca en italià, és perquè el traductor sabia que el lector més o menys culte hi estava familiaritzat i que els podria arribar a entendre amb l'ajuda del comentari. Tanmateix, el que Illicino explica, i el món que Illicino presenta, és el que veritablement el traductor vol fer conèixer als seus lectors.

Aquest és el moment de plantejar-nos la qüestió de perquè

hi ha qui no veu l'existència, almenys en el camp de la traducció, d'una avantguarda a Aragó en contrast amb la resta d'una Península que encara no havia assimilat o acceptat un moviment europeu com l'Humanisme italià. No es tracta ja d'una mentalitat oberta, que deixa un corpus, inexistent a Castella, sinó de traduccions que funcionen com model d'altres i, en aquest cas d'Illicino, com a testimonis clars d'una consciència de transmissió ideològica envers el lector. Deixant de banda ací que en els *Trionfi* comentats en català no apareix el canvi establert en l'ordre dels capítols, sinó l'ordre primitiu dels mateixos, i sense esmentar altres aspectes, ens trobem davant la més antiga manifestació de Petrarca a la Península. A més del traductor castellà del *Decameró* que segueix el traductor català, aquest dels *Trionfi* en català és un altre exemple de com, a través de la Corona d'Aragó, arriben les noves idees, la nova literatura a la Península. Si hom accepta que el Romanticisme entrà a la Península per Catalunya, no s'entén com, malgrat les manifestacions literàries en llengua catalana, de què ací només posem alguns exemples, no s'accepta que l'Humanisme arriba a la resta de la Península a través dels intel·lectuals en llengua catalana i que existeix un humanisme català en diferents etapes.

A pesar d'haver presentat aquest tema del lector d'una manera resumida, podem acabar afirmant que en el camp de la traducció a la Corona d'Aragó el lector era un factor determinant. Reduir el quefer del traductor en llengua catalana a si era o no llatinista, si el seu trasllat és o no literal, és una manera de minimitzar la importància que cara al món de l'Humanisme presenten aquests autors. Segons he intentat demostrar, es tracta d'un llarg procés intel·lectual que a poc a poc es va desenvolupant al llarg dels segles, i que abarca des de la base d'un problema entre llengües fins a formes distintes i aproximacions respecte a un quefer literari com més perfeccionat possible.

Maneres humanístiques de traduir: les opcions de Canals i de Metge

Júlia Butinyà (UNED, Madrid)

El concepte de traducció canvia durant aquest temps, afectat no només pel canvi general a què ens referim en els diferents apartats ans pel fet de pertocar directament els clàssics i sobretot la llengua clàssica, que calia traslladar; ací posarem els ulls sobre dos traductors catalans[204]. Per tal de reduir la problemàtica i afinant la que afecta més a les lletres catalanes del moment, doncs, m'hi centraré en ells, ja que ofereixen una rica gamma d'aspectes al voltant de la traducció[205]. Atendrem sobretot:

a) El fet tradicional de donar una versió en una altra llengua a fi de donar-la a conèixer. Fet que adquireix en aquest moviment una pruïja característica de rigor, que de manera ben primerenca acusa ja Ferrer Sayol en el pròleg a la seva traducció del *De re rustica* de Pal·ladi (Butinyà 1996a), ja que denuncia les errades en la transmissió anterior i alhora manifesta la dificultat tècnica a causa de mancar de vocables específics. Tot just per això destaquem la seva per sobre del conjunt prou nombrós de traduccions llatines dins la Corona catalanoaragonesa, tot i que les còpies són molt dolentes.

Ací també caldria ubicar les traduccions primmirades en llengua per part de Canals, en un llenguatge humanístic de frase molt acurada, però que tanmateix no haurien satisfet formalment al mentor a qui el dominic admirava i s'encomanava: Petrarca. Ja que

---

[204] Sobre aquest tema ha posat ordre la professora Recio, qui fa entrar a la seva anàlisi de la Corona catalanoaragonesa la figura de Ferran Valentí; d'ací estant, amb l'impuls que habitualment mantinc cap als orígens, però, ens escau més de tractar de Ferrer Sayol.

[205] Les investigacions al voltant de la traducció s'insereixen al Projecte que porta el codi FFI2009-10896, i es vincula al CRET-Grup d'Investigació Consolidat sobre Estudis de Traducció i Multiculturalitat (codi 2009SGRC-0850), dirigit per la professora Assumpta Camps de la Universitat de Barcelona, que així mateix forma part de l'equip docent del màster EES esmentat. (notes 5 i 317).

no era exquisit a l'hora de declarar les seves fonts, ans lliurement les barrejava o les utilitzava al seu interès (Butinyà 2006c); contràriament doncs a l'exigència del moment i a les consignes dels italians.

D'aquella aspiració de fidelitat sembla tanmateix que podríem tenir una mostra fefaent a la traducció de Metge del poema llatí *De uetula*, conegut com l'*Ovidi enamorat*, per a la qual potser la millor explicació sigui la de ser una traducció segons aquest objectiu de donar una versió exactíssima, com bé va veure i valorar Riquer que ho era (1959). Amb tot, el cas es complica perquè Metge es permet una manipulació cridanera al començ, per mitjà de la retallada dels 4 versos inicials del poema que tradueix, i amb això deixa ben marcada la seva autoria, fent palès una altra intencionalitat, de tall ideologicomoral; i aquesta és ben escaient al notari, ja que converteix en model d'amor el que altrament seria una mostra alliçonadora, a la inversa, a causa de la seva immoralitat (Butinyà 2006d). Hi tenim un exemple doble, doncs, de tradució rigorosa i de llicència o segell d'autoria per part del traductor, on es mostra bé com aquest pot canviar el text original en rodó per mitjà d'una lleu variació, segons veurem al punt següent, aconseguint un text nou.

b) Les noves actituds traductores, que deriven del fet d'entrar en el joc l'autor de la traducció per tal de donar una nova obra literària, així com d'aplicar-hi recursos retòrics o lingüístics que l'ennobleixin, val a dir que afavoreixin una nova versió d'autor. Acabem de veure-ho en Metge i també escau de tractar el cas Canals.

Aquesta actitud la palesava ja de manera molt emblemàtica Petrarca en el seu *Griseldis* i serà seguit puntualment, i com a rèplica, per Bernat Metge (Butinyà 2002c), qui imita el que aquell autor té d'exquisit tractament d'un text admirat a l'hora de fer una nova versió en altra llengua; però a la vegada el segon –Metge- deixa veure la crítica envers Petrarca, qui havia tenyit la versió decameroniana de religiositat i en continguts ideologicomorals.

En complicitat amb Metge en mentalitat i també en el vessant formal, observarem ací un text que incorpora Martorell al *Tirant,* subratllant el rescat efectuat pel notari a *Lo somni*; però, gràcies a uns pocs retocs, el novel·lista assoleix al seu text una comicitat que no hauria obtingut si hagués reproduït el text metgià amb fidelitat. Detalls com aquest ens deixen veure la consciència literària del que hi feien i es portaven entre mans; i també de llur entesa.

c) Un prestatge superior d'exquisitesa literària, emprant els recursos de la *imitatio*, amb els quals s'insereix el text traslladat-traduït dins d'un altre text, cosa que fa desplegar una nova força, àdhuc de caràcter creatiu, i de fet renovant el text antic. Així, aquest darrer pot donar entitat a una escena nova reproduint-se en tot un passatge (com el *Somnium Scipionis* al I de *Lo somni*), o bé reflectir-se al llarg d'un llibre (com el *Corbaccio* al III) o bé projectar-se en una obra sencera (com el *Secretum* al llarg de tot el gran diàleg)[206]. S'han qualificat com *imitationes*, però de fet són traduccions d'alt nivell.

En aquest esglaó trobarem exemples molt exactes de la recuperació dels clàssics que pretenien aquells homes. Però no sols amb els clàssics. El que diem quant a la recuperació és vàlid amb altres autors igualment: amb Llull observem la seva presència des de l'escena inicial provinent del *Libre del gentil e los tres savis*, segons poden seguir a l'hipotext (2001c, 2002a, 2007a), ombra que podia estendre's a tota l'obra, ja que el gentil-clàssic-pagà es manté, de manera fixa, com a model moral. I sobre un llibre puntual trobem *Lo Desconhort*, que marca el IV, del principi fins al final.

De fet els donaven nova vida en una relectura i recreació; deute que els catalans en general reconeixien d'haver après i rebut dels trescentistes, tot i que algú –veus ací Metge- els repliqués per tal com no havien aplicat sempre la teoria que predicaven; en primer lloc el gran Petrarca.

Donarem a continuació unes notes resumides sobre aquests apunts, rementent als treballs esmentats que els desenvolupen.

Els símptomes de renovació cultural que acusa Ferrer Sayol com a traductor, en un estadi de transició ben inicial, són una dada valuosa, sobretot per tractar-se d'un moment ben primerenc en la recepció del nou moviment ja que es data el començament de la traducció al 1380, poc després doncs de la mort de Petrarca (1374); així mateix cal entendre

---

[206] Podeu veure tots tres casos en el capítol 1.1.1. *Lo somni*, entre l'*Àfrica* i el *Secretum*.

que aquelles idees foren importants per la repercussió que degueren tenir sobre Metge, com padrastre seu i qui el va introduir a la Cancelleria reial (Riquer 1959: *14).

Ens hi fixarem en aspectes que en puguin ser expressius o anticipadors de posicions humanistes en relació a la traducció en sentit més estricte, bé que el pròleg vehicula a més idees ben pròpies de la nova actitud, com ara el procés d'ascensió i abstracció típicament petrarquescos, cosa que denotaria el fet de tractar el treball agrícola com un art que ennobleix, a tall de continuació de la Creació. I sobretot la identificació del traductor amb postures classicistes, per exemple el neguit universalista de conèixer món, o bé respecte a Ciceró pel que fa a la dedicació a la cosa pública i a l'assimilació de la seva situació –amb la del *De senectute* en concret-, prenent l'agricultura, des de la vellesa, com un pas per a la contemplació divina. Tot això sense citar sants malgrat les al·lusions religioses; a l'igual que farà Metge a les cartes del *Griselda*, cas en què resulta brillant en comparació amb les del *Griseldis*, carregades de citacions d'aquell origen i del bagatge tradicional.[207]

Centrant-nos-hi tanmateix al fet de la traducció hem de ressaltar que és potser el text de l'època on –a la nostra Península- s'aprecia més aviat la queixa front als temps mitjos en un pla filològic, és a dir a causa de la seva migradesa en relació amb l'altura dels textos traduïts. Així, Sayol es plany per la falta de cura envers les transcripcions del text llatí, que han fet malbé l'original i el seu mèrit. Comentaris que cal valorar comptant que vénen d'un funcionari d'una cancelleria, per tant de la generació de notaris, homes polítics i pràctics, com ara Salutati i altres humanistes italians, que inauguraren el corrent que es considera que és el bressol de la moderna Filologia (Garin 1984: 29-72) [208].

La seva nova ànsia filològica no podem mesurar-la a la llum del resultat dels manuscrits del *Libre de Palladi*, ja que totes dues versions existents –catalana i castellana- s'han conservat en molt deficient estat,

---

[207] A la XVII, 2, que fa de pòrtic a la traducció, esmenta, a més de Boeci, els sants següents: Pau, Jeroni, Ambrosi i Agustí, i a la de cloenda, a més sant Jaume (Butinyà 2002c).

[208] Hi remeto al capítol *Los cancilleres humanistas de la república florentina de Coluccio Salutati a Bartolomeo Scala*.

però això no treu que paradoxalment el traductor va deixar clavats, en llur pròleg, aquests trets de modernitat ran del desig de fidelitat: tant ascendent, cap el llatí, com descendent, cap a les traduccions que derivessin de la seva[209]. Això ens fa entendre sota un tel humanístic la seva voluntat d'exactitud formal, ja que presenta el típic detonant que induïa aquells homes a posar-se a traduir amb un nou tarannà, conscients d'emprendre una tasca molt seriosa, relacionada amb la interiorització dels textos antics i lluny de l'admiració reverencialista i repetitiva dels temps anteriors.

Així, havent explicat que fou mogut per la curiositat universal i pel motiu d'ennoblir el món, relata com Pal·ladi viatjà, llegí, s'informà, experimentà i finalment escriví el seu llibre:

> Palladi parti personalment de la Ciutat de Roma e çerca gran partida de grecia hon foren antigament los philosophs, e gran partida de Italia, e volgue legir molts e diversos libres que alguns philosophs havien scrits e lexats per memoria en lo fet de agricultura, e per ço volch provar la manera que los lauradors tenen en edificar e plantar lurs vinyes e arbres e com los enpeltaven e lo temps en que sembraven o collien e conservaven cascuna sement, e los noms de cascuna e com nodrien lurs bestiars grossos e menuts et la natura de cascums, e per si mateix volch sperimentar e provar moltes de les coses que havia legides, vistes e hoydes. E apres per caritat que havia en deu e dileccio a la cosa publica, copila e ordena lo present libre en lati, ben curt e breu y molt soptil...", Butinyà 1996a, 225-226.

Així, de fet estava recuperant el text clàssic en tota la seva dimensió, explicant la seva gènesi. A favor de Sayol encara cal posar que el seu ambient era molt diferent dels nuclis cancellerescos italians on aquestes vivències eren compartides en un ampli context; contrast deficitari que fins i tot es podria comparar dins la mateixa Corona en posar-lo de costat al cercle del Magnànim, on ja es respiraven aquestes tendències.

---

[209] El fet de la mala conservació ha incidit si no a menysprear sí a menystenir o menysvalorar aquesta obra; i potser també a limitar l'interès al fet lingüístic, que ha fet arribar a plànyer que al pròleg no s'hi referís més, en perjudici dels conceptes que hem esmentat, quan aquests són també valuosíssims com a índex del nou corrent.

Tot això em fa, malgrat llurs distàncies, observar també els punts en comú entre les traduccions de Sayol i son fillastre, Metge; a Sayol amb més pes cap a la balança lingüística i conscient de la problemàtica d'ajustar la versió tècnicament[210], i a Metge, cap a la filosòfica així com a l'artística[211]. Tots dos, però, estan amarats d'una càrrega que transparenta bé el nou esperit, la moralista. Perquè el primer no buscava únicament la utilitat pràctica de les pràctiques agrícoles –com hauria estat més adequat al plantejament medievalitzant-, així como no era sols vena estètica –com hauria correspongut ja a un renaixentista- la que feia escriure a Bernat Metge. En tots dos a més –i punt ja vistós des dels inicis- s'enarbora el jo[212].

---

[210] Sayol indica els mots que desconeix, fins al punt que s'ha dit que "Paladio empezaba a ser un autor oscuro, no por su sintaxis ni su estilo, sino por su vocabulario científico" (Moure 1990: 58-59). Hi ha molts més testimonis del greu problema de l'adaptació del vocabulari llatí; entre ells, el traductor de *De regimine principum* de Gil de Roma, qui -a finals del mateix segle- dóna una relació dels vocables foscos i poc familiars en romanç, al·legant els seus criteris de traducció (Nadal & Prats 1983: 453).

[211] Això no suposa una contradicció ans un matís pel que fa a l'opinió del Dr. Riquer: "Ferrer Sayol y Bernat Metge, padrastro e hijastro, representan dos generaciones muy distintas y dos actitudes casi antitéticas frente al quehacer literario" (1959: *15), ja que evidentment hi ha una diferència generacional, però ens movem dins una proximitat atenent al context del moviment en general; ara bé, l'interès microscòpic envers aquests primeres manifestacions fa ressaltar les diferències.

[212] Al treball mencionat de 1996 es reprodueixen els pròlegs de la versió castellana i catalana, així com es tracta de la problemàtica derivada de la traducció mateixa, de totes dues versions i de l'estat tan penós en què ens han arribat. N'aportem una citació important del final:
"Yo Ferrer Sayol, Ciutada de barçelona, qui que fuy protonotari de la molt alta Senyora Dona Elionor, Reyna de Arago quo fon muller de molt alt Senyor Rey empere de Arago ara regnant e filla del Senyor Rey empere de Sicilia, vehent los grans desfalliments qui eren en los libres arromançats del palladi, vehent encara que aquest libre es molt util e profitos a tots los homens, axi de gran stament com baix que vullen entendre en agricultura, a la qual naturalment son inclinats en llur vellea, en special los homens que son estats en llur juventut de gran e molt [alt] coratge e an treballat e entes en fets de armes e altres notables fets a utilitat de la cosa publica. Segons que y fa recomendacio tulli en hun seu libre Intitulat de vella en lo qual recompta grans prerrogatives e grans plahers e delectacions e profits en la agricultura, ço es, conrear la terra la qual, segons que ell diu, no sab retre a son llaurador ço que li comana sens usura quasi que diga que la serment que y sembra li restitueix en molt maior nombre que no la sembra e moltes altres maravelles que serien largues de scriure. Encara reçita en aquell mateix libre molts savis e antics homens e philosophs de gran estament qui en llur vellea llauraven e fahien llaurar e culturar lurs terres e ell mateix tulli feu semblantment, segons que ell mateix ne fa testimoni dien

Passant al segon punt d'aquest capítol (b) observem la traducció de Canals de l'*Scipió e Aníbal*, val a dir de l'*Africa* de Petrarca. On Rico (1992) va advertir que, a més de la font de Titus Livi, al·legada per Canals en el pròleg, es reconeix a l'epíleg el *De viris illustribus*, també petrarquesc. Per a la faceta prou lliure de traduir Canals cal remetre als estudis de la professora Recio (2005), mentre que jo he treballat (2006c) alguns aspectes en relació als continguts ran de la seva traducció, aspecte al qual ens hi referirem ara una mica.

Hi havia vist ja Rico també que el que fa Canals de fons a les seves traduccions és denunciar les conseqüències del pecat; per tant, se situa en una línia molt tradicional, malgrat la llengua primmirada i fins i tot l'acurada disquisició teològica. Així mateix al *De Providència* toca, sota un enfocament tradicional, la polèmica aleshores molt viva de la Fortuna i el Destí, i a *De arra de ànima* ho fa amb la luxúria, carregant els neulers sobretot en el perillosíssim Ovidi.

---

que res en lo mon no es pus delitable al hom vell de gran estament que en fer conrrear les terres. Empero e enten a dirlos quis volen retraure e lunyar en lur vellea dels afers mundanals e pensar e contemplar en los fets celestials, car remirant los fruyts e splets de la terra deu considerar e contemplar que la gracia divina fa germinar la terra solament a servey del hom. Car deu tot poderos no fretura dels splets de la terra mas lo home solament e contemplar aquestes coses, e retent gracies a deu, tot poderos, a pujar lo primer grau o escalo de contemplacio en deu. Apres pora muntar mes leugerament lo segon escalo de contemplar com shu Xpt deu e home, fes fer nostre frare servent natura humana,apres pora contemplar lo terçer o darrer escalo qui es de contemplar en lo goig que hauran en paradis los amichs de deu qui hauran treballat a son servey, e de la cosa publica del mon, de la qual es ell cap e maior princep. E yo per totes aquestes coses, e volgut novellament aromançar, e declarar, aytant com ma grosseria esufficiencia a bastat lo dit libre del palladi, tornant aquell novellament de latí en romanç. E soplich a tots los legidors de aquest libre que no mo tinguen a presumpcio, car a bona intencio, e profit de la cosa publica ho he fet, e si per ventura yo no he be enterpretats alguns vocables de sements, o de arbres, o de altres coses, aço es esdevengut per que nols he trobats exposts, ne declarats en alguns libres axi de grammatica com de medecina, encara que diligentment hi haia treballat, e lexen, a correccio de maior o millor Interpretador que yo, que li placia suplir y corregir las defalliments que y son, per tal que en los trellats si algu y donara fe, no sen seguixa error, e aço per caritat de deu, e dileccio de la cosa publica", 227-228.

I a l'*Scipió* aprofitarà per a condemnar i atacar el suïcidi[213], per por que l'entusiasme de Petrarca per la seva figura ho deixés amb cert atractiu o amb un dubtós interrogant, cosa que suposaria una paganització mental dels fidels a causa dels models que s'anaven posant com a exemplars. Així doncs, el que estava fent el dominic és d'assegurar la vella doctrina sobre aquells temes rere la moda i ascendència de Petrarca. Cosa ben diferent de la que feien autors d'obres com *Lo somni* o el *Curial* que posaven noves virtuts substituint o modificant les velles, val a dir contra la decadència moral regnant; així, en aquesta novel·la l'heroïna amorosa és una suïcida i al diàleg metgià se'ns hi dóna una exquisita delimitació del concepte del suïcidi des del cristianisme, sense treure un mínim de l'admiració envers el concepte virtuós que tenia als clàssics[214].

En resum, la *romanitas* renascuda al calor dels clàssics que proposava Petrarca arrossegava certs perills, els quals Canals –ben sensible als efectes de la nova exaltació, de la qual participava sobretot formalment- pretén subsanar de la mà de la teologia de la tradició; i ho aplica a les seves traduccions per mitjà del contrapès d'un pròleg aclaratori i d'un il·lustratiu epíleg[215]. I si l'exposició de les versions no està alterada o ho està poc, perquè ja no s'estilava la manera de les glosses[216] a causa del neguit per la fidelitat textual[217]-, sí podríem dir que està, a més de seleccionada al seu albir, conduïda; car, al pròleg, que adverteix, s'afegeix l'epíleg que, bé que de manera més indirecta -però no menys efectiva-,

---

[213] Al treball esmentat (2006c) faig un contrast del passatge de la mort d'Anníbal afrontat a les diferents fonts de Canals.

[214] Poden seguir-ho a la p. 243 i nota 382 de l'edició de 2007.

[215] En realitat venia a ser un marc, a la funció del qual hem fet sovint referència, com a determinant del text en aquesta època; funció ben clara en el *Decameró* i rediviva al *Griseldis*. I amb un precedent clar també a les mateixes lletres catalanes: Llull (Butinyà 2009c).

[216] Sobre aquest costum, pot veure's Recio 2006b.

[217] A l'*Scipió e Anníbal*, amb tot, les cristianitzacions són puntuals, més estrictes que les glosses d'Enrique de Villena a la seva traducción de l'*Eneida*. Posem un exemple –que ja destacava en nota l'edició Riquer, 175- en què aprofita l'ocasió per tal de ressaltar la idea d'un Déu just i misericordiós:

no fa més que rubricar aquell argument[218]: el suïcidi d'Aníbal fou miserable i infamant.

De l'exactesa textual a l'hora de traduir hem comentat que Metge ens ha donat una mostra a l'*Ovidi enamorat*, a causa de la manera tan exacta i tan respectuosa del seu tractament[219]. Segons Riquer es tracta d'una traducción impecable[220]. Metge se subpedita primordialment al sentit del text traduït; les aclaracions semblen servir àdhuc per a adequar-lo o ajustar-s'hi més estretament; i cal tenir present que hi ha una doble direcció a tenir en compte –de l'original cap a la traducció, i del text traduït cap a l'original-, arribant-se a una fusió en ocasions de textos de creació, la qual plana per sobre del text d'origen, com esdevé amb el Tirèsias d'Horaci en *Lo somni*. Amb això, Metge se situa en la línia que obrí sant Jeroni i que assentaria en la Península Alonso de Cartagena (González Rolán 2001), fent per passar per davant de tot el sentit autèntic del text.

Canals: "Mas la justa venjanse dels déus persaguex los inichs, assota e fir la gent malvada: e jatsia que Déus, axí com a coxo, per la cama de misericòrdia que ha major que la de justícia, vaja encalsant los fugitius, emperò a la fi, aconseguex-los aquel qui del sobiran cel mira los peccadors: Déus, qui veu la multitut dels hòmens; jatsia, Aníbal, que a tu sia faula e ficció dir que Déus sia jutge egual", ed. cit. 57, 16-24

Petrarca: "Sed iusta deorum / Ultio persequitur sontes, stirpemque profanam / Verberat et, claudo quamquam pede nisa, fugaces / Prevenit interdum. Scelerum spectator ab alto / Perfidieque Deus..., quamquam tibi faula vana est, / Hanibal, esse Deum", vv. 374-379, ed. cit., 308.

Traducció francesa: "Mais la juste vengeance des dieux poursuit les criminels, elle châtie la race impie et, quoiqu'elle avance d'un pied boiteux, elle rattrape souvent les fuyards. Dieu juge des crimes et des trahisons du haut des cieux..., quoique pour toi cela soit une vane légende, Annibal, Dieu existe", ed. cit. 309.

El contrast revela a més que la devoció cristiana, a Petrarca, li feia confondre les divinitats paganes (Lemarque, prefaci a l'edició, 14), mentre que Canals n'està ocupat a delimitar perfils i matisos al respecte.

[218] Normalment s'estudien els pròlegs, però no cal deixar de banda els epílegs. Com també, segons hem apuntat eren importants els epílegs lul·lians (Butinyà 2003c: 149-172).

[219] Al *Griselda* també, sent més fidel envers Petrarca que aquest envers Boccaccio.

[220] En Butinyà 2006d amplio molts aspectes i tracto d'altres que ací ni es toquen, com ara els derivats del títol de la traducció.

213

Cal tenir en compte que ens movem en un entorn amb cert nivell cultural, la Cancelleria de Barcelona, i que Metge sabia la paternitat anònima del poema llatí, malgrat l'opinió general de l'Edat Mitjana que l'atribuïa a Ovidi, perquè ja havia estat corregida a les *Senils* petrarquesques: II, 4 (Riquer 1959, *33), que Metge havia utilitzat. I quant al fet lingüístic cal dir que, tot i la superioritat establerta a favor del llatí en aquell entorn, aquesta preeminència no pertorba Metge, ja que no sols no hi milita sinó que a *Lo somni* emula els antics no sols des del pla literari ans des del tractament i domini de la llengua vernacla. Encara, per tal de valorar la tasca de Metge com a traductor, afegim que no es tractava d'una traducció promoguda per la Corona o amb una audiència cortesana que l'emparés, com feia Canals. Val a dir, Metge era coneixedor del text seleccionat, el qual respon a una tria lliure, i hi exerceix el seu domini de la llengua catalana; factors tots ells a valorar envers la seva traducció.

Aquestes notes ajuden a entendre en el text triat una actitud provocadora, ja que el mateix Canals havia citat aquella obra entre els llibres condemnats, que no s'han de llegir: "provocatius a cobejança, axí com libres de amors, libres de Art de amar, Ovidi De uetula..." (Riquer 1959: *33). El seu gest doncs és semblant al que fa al *Sermó*, d'arremesa; i, així com a la burla de les prèdiques, també al debat i al lletovari, ja que agafava els vells gèneres literaris per tal de donar-los la volta. En aquest context no estranya que així mateix deixi llest i encarrerat per a un nou temps el gènere de la traducció. Marcant la petja d'autoria pròpia del seu estil amb el mínim d'intervenció, segons veurem seguidament; tot d'acord i amb el benentès de la seva mestria envers la llengua i el rigor envers la font.

Aquest plantejament subscriu la meva proposta de concebre'l com a un model de traducció: fidel, exacte i rigorós; però no esclavitzador, ja que l'autor que fa seu el text traduït hi deixa clarament i lliurement la seva petja com a autor. Però ho fa sense estrafer el text original; a tot estirar, en pot accentuar l'expressivitat, com es comprova al III de *Lo somni*, augmentant els trets misògins repugnants del *Corbaccio*, o bé fent-lo més proper a la seva audiència, segons ha comentat més amunt Roxana Recio (2.2.1.), amb adaptacions de vocables i costums catalanes, o bé refranys[221].

---

[221] Vegeu Butinyà 2007a, notes 282, 310, etc.

Així doncs, amb l'*Ovidi enamorat*, Metge aconseguia reblar el concepte de traducció i ensenyar, subratllant l'afecció ovidiana; coses amb què un cop més s'oposava a Petrarca. Ja que, si per a l'italià, les obres ovidianes –aquesta ho és per la seva tirada fins al punt que se li havia atribuït- són textos prohibits i a evitar, Metge havia vessat Ovidi, l'autèntic, al III de *Lo somni:* amb tota exigència formal les *Metamorfosis,* i, amb fina i oculta utilització, l'*Artis amatoriae*[222], a l'igual que al I li atorgà categoria de profeta. I encara cal tenir present que és l'únic que esmenta a la seva carta d'endreça del *Griselda,* en clara oposició als sants que hem vist al lloc paral·lel al *Griseldis* petrarquesc. Per un igual, doncs, en aquesta traducció prenia la filosofia naturalista d'arrel ovidiana o que s'hi confonia; justament en una de les línies que secundaran els humanistes, com ara Poggio en les *Facetiae*.

Per a Metge el *De uetula* és moral des de la preeminència de l'amor, fins i tot de l'amor lliure o alliberat, no normativitzat o reduït a normes; recordem la defensa que fa de la seva amant al llibre III de *Lo somni*, bé que es pugui interpretar de manera simbòlica.

Així mateix podríem esmentar el paper innovador de Metge quant a la matèria tractada en aquesta traducció, car en introducir el tema del *De uetula* en la Península Ibèrica dóna entrada a una temàtica amorosa que serà cabdal en el futur de la literatura en català i en castellà en la centúria del Quatrecents. Així, si Juan Rodríguez del Padrón, que treballava en tasques de secretariat, com Metge, tradueix/adapta les *Heroides* ovidianes en el seu *Bursari*, Metge s'hi emparella amb una obra (de nou dialògica/teatral) les repercussions de la qual es faran sentir fins a la *Celestina*, com ja mostrà María Rosa Lida de Malkiel. No és, doncs, d'estranyar que les *novel·letes sentimentals* d'aquest mateix segle incorporin el carteig amorós entre amants, en el qual es discuteix l'essència del fenomen amorós com un procés (no sols un estat de sentiment). Metge, novament, actua de precursor de temes i de tons, i ho fa com adaptador/receptor novell de l'humanisme de tall italià.

Tot plegat, l'un –Canals- fa moral a l'estil tradicional adoctrinant amb les seves traduccions, i l'altre –Metge-, que treu tot

---

[222] El passatge constitueix una broma d'alt nivell culturalista, vegeu Butinyà 1994a, i 2007a, p. 222 i nota 343.

rastre d'intromissió moralitzadora afegida als textos clàssics (Butinyà 2002a), adoctrina a la seva manera. Segons ens permet comprovar la comparació amb Canals o amb l'autor del *Curial*, el que qualla al fet de traduir són les diferents maneres d'entendre la vida, que aleshores podien suposar revulsius en profunditat.[223]

La modernitat de Metge, així, es constataria també ran del fet traductor, de tant de pes aleshores, manifestant-se d'una banda molt estricte amb l'original, i d'altra molt lliure amb les innovacions permissives i ben coneixedor dels seus trucs; val a dir, fa recreacions o reactivacions, però no reproduccions clòniques[224]. Així doncs, sap trasvassar el significat al marge de la literalitat; com bé ratifiquen els llatinistes que reconeixen la petja d'una frase no exacta però ben ben ajustada al català[225.] Val a dir, treballa la llengua de tal manera que pot, com els llatins, ennoblir-la i emular-los.

Bé que alhora era ben conscient del poder de l'autor per a intervenir i que està elaborant una obra artística, motiu pel qual usa de llicències que entren en la concepció artística. Ja hem comentat el seu acudit, molt net, al començament, que consisteix a la retallada de quatre versos[226].

---

[223] Encara, en l'extensió cap el *Curial*, trobem que l'autor commina que es treguin les intromissions deformadores des del punt de vista històric i biogràfic, com exemplifica amb les escriptures d'Homer i de Virgili, els qui posterga per haver-ho fet amb els seus herois, desequilibrant-los desemesuradament; la teoria literària del Parnàs s'exposa al somni mitològic del III llibre, al·legant o rubricant que és el que fa la seva obra. Poden veure Butinyà 2004c.

[224] La flexibilitat en les tècniques de traducció és acord amb la que es dóna en altres camps, com correspon a una nova situació cultural (Rubio Tovar 1999: 243), en la qual a més s'introdueix amb força el subjetivisme. Bé que convisqui amb la pruïja de rigorositat.

[225] Així recordo sovint una anècdota de fa ja molts anys, en què el llatinista Antonio Moreno em ratificà el *De senectute* (XXIII, 85), repetit a *Lo somni*: "E axí ho crech fermament, e ab aquesta oppinió vull morir" (Butinya 2007a, p. 106, nota 136; també, p. 278).

[226] Veus ací els hexàmetres suprimits del poema llatí: "Talia monstra modo laudo quare uiuere ossunt / Femineoque carere thoro quamuisque solerent / Felices solos cohitu reputare potentes / Felices solos reputo cessare coactos." Sense ells, queda l'inici del poema com un cas exemplar d'amor: "O vosaltres, qui·us enujats de portar lo jou d'amor, aprenets d'on m'és vengut tan gran e tan soptós mudament!", traducció de Riquer 92, 1-2. De manera que és comparable a l'arrencada d'alguns versos d'Ausiàs March -el

Ara bé, a això s'afegeix –i crec que no s'havia dit abans en el sentit de factor a considerar cara a la concepció sencera de l'obra- l'absència de pròleg, fet també significatiu, ja que, no tant com la dedicatòria, però era prou habitual. Perquè són fets que a l'*Ovidi enamorat* fan concentrar més la intencionalitat a la tasca traductora. Recursos no comuns al seu temps i que eren fruit d'una mentalitat moderna; com ho era en continguts, ja que eren immorals per a la mentalitat tradicional. Les deformacions respecte al text original –com signe del vell estil- era quelcom molt diferent que l'ajust selectiu denotatiu d'una delimitació[227] o bé de la retallada intencionada –signes tots dos del nou encuny-.

Val a dir, no es tracta que Metge refusi la manipulació, sinó que, intel·ligent envers el text i sobretot respectuós envers l'autor, difereix de l'actitud de l'etapa anterior, que fent una tasca més mecànica, els adaptava al seu aire, segons hem vist que feia Canals per molt exquisit que fos, ja que no s'estava de fer dels sacrificis nocturns dels pagans, cants de matines, i potser sense la concepció de fer-ne una obra d'art.

Paga la pena de resumir els conceptes principals, malgrat les possibles repeticions: Metge hi dóna la seva opinió i aprofita per a expressar el seu jo, però no transmuta l'original, com al contrari havia fet Petrarca amb el conte del *Decameró*. Al traductor només li és permès l'enquadre artístic, però ha de guardar fidelitat a l'autor-text traduït.[228]

---

gran model d'amadors, qui busca en aquests compassió o complicitat-; hi podem afrontar, per exemple, el començ del poema XIX: "Oïu, oïu, tots los que bé amats / E planyeu mi, si deig ésser plangut", Archer, 102.

[227] Metge, en escollir per a traduir el llibro II del *De uetula*, efectua quelcom equivalent a la selecció del relat 10 de la jornada X del *Decameró* per al *Griseldis*. Cal reparar en aquest fi art de selecció previ al de traduir, que parteix ja del quadre complet de l'obra, ben selectiu cara a la traducció literària. Totes dues obres traduïdes –*Ovidi enamorat* i *Griselda*-, com també la de Canals, presenten una perfecta unitat, amb el seu plantejament, nus i desenllaç, bé que amb recursos diferents. Es tracta al capdavall, front a l'Edat Mitjana, d'una dignificació de la tasca traductora, rellevant-la del seu anterior paper ancil·lar que, d'altra banda, la recloïa a l'anonimat.

[228] En el capítol 2.2.1. la professora Recio, amb l'autoritat i seguretat de l'especialista, com ho és en matèria de traduccions, considera un grau de maduresa el fet de poder combinar totes dues opcions, que un cop més en aquestes lletres hauria avançat la figura de Metge. Val a dir, el traductor, ben conscient, és fidel a l'original, però deixa la seva petja, potser no llunyà d'entendre-la sota o dins l'efecte artístic.

Tot aixó ho rubrica l'*Ovidi enamorat* posant-lo de costat al *Griselda*, ja que si en la primera deixa succintament la teoria, a la segona l'aplica, rectificant al gran mentor, que no ho va fer així. Ell, per contra, tradueix escrupolosament Petrarca –com també havia vist Riquer (1959), però en una operació neta de malabarisme, a les cartes envolupants, a l'igual que al retoc inicial al poema ovidià, el que fa és tornar l'obra als seus creadors.

Subratllem doncs un cop més la rellevància de la traducció de l'*Ovidi enamorat*, que, encara que recupera una obra d'inspiració i procedència medieval, ho fa amb un renascut i modificat interès en la matèria, ja de tirada humanista[229]. Les discussions *de amore* en la centúria quatrecentista, com ha estudiat Cortijo, ja no es produiran en un context asèptic o de debat abstracte i purament moralitzador i casuístic. Ho fan dintre d'un context urbà de la relació entre enamorats dotat – ambdós- de veu i opinió. El seu sentiment amorós interessa com procés i com debat entre sexes, en el qual és fonamental l'expressió d'idees en veu pròpia. La moralització ovidiana afecta l'essència mateixa del fenomen amorós com essencial en la mesura que és component de la personalitat humana, i en això hi ha una actitud humanista innovadora que recupera la temàtica *de amore* dins de les coordenades que havia establert el món literari clàssic. De manera semblant a com fa la *Confessio Amante* de John Gower, els *casus amoris* que es presenten

---

[229] En Butinyà 2002, 167-169 dibuixava unes coordenades entre aquesta traducció i la carta 18 de les *Sine nomine* petrarquesques, entre la comèdia i la novel·la. Es tracta d'una anècdota d'un vell luxuriós, un cardinal, i desenvolupa el tema amb pinzellades còmiques i grotesques, aconseguint una caricatura patètica; s'hi ha observat un estil propi d'Apuleu, i pel to satíric, manifest a la indignació de l'autor, remet a Juvenal. Vaig proposar una possible connexió a través del vocable cardineril, ben estrany altrament. Pista lingüística en coherència amb el pla ideològic: "Ya que Petrarca relataba el lógico sobresalto ante un engaño amoroso en un caso real -presumiblemente, pues, verídico-, cuando sabemos que Metge le replicaba en su *Griselda* que el relato era absolutamente verídico. En el *Ovidi enamorat* -en paralelo a esta carta 18 de las *Sine nomine*-, del engaño amoroso se ha extirpado toda irrealidad, con lo cual se asevera como válido. Y en éste, en primera persona, relata un caso engañoso tanto o más estrambótico que el petrarquesco, denigrante, pero asumido al extremo como algo virtuoso: el morbo del engaño resalta la inocencia de la víctima. Con lo cual las dos traducciones, el *Ovidi enamorat*, sin cartas y *sine nomine* -como aquélla en la que podría inspirarse-, y el *Griselda* formarían un conjunto acabado. Cosa que nos proporcionaría unas claves muy coherentes para este último relato metgiano. Las dos traducciones podrían constituir un epistolario de ida y vuelta hacia su referente más próximo, al estilo más nítidamente humanista."

són històries que serveixen de reflexió sobre l'amor i d'avís envers les actituds obsessives al respecte. El que es discuteix, en essència, és la manera com el sentiment de l'amor ha d'incorporar-se productivament i constructivament en el desenvolupament de la personalitat de l'home, qui cal que moderi els seus impulsos naturals conduint-los per vies que no afectin la seva dignitat. I si això ens fa també pensar també en Ausiàs March, de moment ens quedem amb Metge, qui així recupera una temàtica a què ja es va dedicar Petrarca -segons acabem de comentar en la nota anterior- i que serà un dels temes claus de l'humanisme europeu, enlairat després en les reflexions neoplatòniques del cercle de Florència del Ficino.

El fet d'inserir aquesta obra com a tal dins la seva producció té una gran coherència, per l'aspecte formal i pel de continguts d'acord amb la discussió envers la traducció i amb les seves reivindicacions ideològiques i morals. Així, si s'havia considerat com obra de jovenesa arraconada o un mer exercici de traducció (Badia 1984), mantenim que, donat el seu coneixement de la pràctica envers la traducció, així com de la teoria quant al procediment traductor, ha de considerar-se una lliçó.

D'altra banda donarem un altre exemple de l'ús dels textos per a construir altres, segons ens ho pot oferir de manera vistosa el *Tirant*. El triem a més perquè Martorell ens dóna testimoni del procés traslladador per part de Metge[230]. Observem com Martorell accentua el tret còmic i eròtic d'una anècdota que ja havia recuperat Metge amb aquest sentit de rescat i amb tot el seu component naturalista; i ho feia recuperant aquestes notes de l'original, Valeri Màxim, ja que havien estat omeses o retallades per Petrarca.[231]

És un punt anecdòtic però que explica molt bé aquest nou món i esperit. Arrenca del conegut exemple del llibre V (capítol IV, 7) dels *Dits i fets memorables* de Valeri Màxim. Metge al IV de *Lo somni* el pren de Petrarca, qui al llibre XXI, 8 de *Familiarium rerum* (Riquer 1959, 333 nota) l'havia pres i retallat de la font llatina:

---

[230] Ho vaig exposar més detingudament en Butinyà 2003b: 227-229.

[231] Riquer, que és el primer en advertir el procés, ho comenta amb extranyesa: "hasta aquí Bernat Metge ha seguido a Petrarca, y no a Valerio Máximo. Ahora bien, lo curioso es que el resto de la anécdota, suprimido por Petrarca, ha sido tomado por Bernat Metge de Valerio Máximo" (1959, n. 16, p.333).

<table>
<tr><td>

Factorum et dictorum memorabilium
Sanguinis ingenui mulierem praetor apud tribunal suum capitali crimine damnatam, triumuiro in carcerem necandam tradidit. Quo receptam, is qui custodiae praeerat, misericordia motus, non protinus strangulauit. Aditum quoque ad eam filiae, sed diligenter excussae ne quid cibi inferret, dedit, existimans futurum ut nedia consumeretur. Cum autem plures iam dies intercederent, secum ipse quaerens quidnam esset quod tan diu sustentaretur, curiosius obseruata filia, animaduertit illam, exerto ubere, famem matris lactis sui subsidio lenientem. Quae tan admirabilis spectaculi nouitas ab ipso triumuirum, a triumuiro ad praetorem, a praetore ad consilum iudicum perlata, remissionem poenae mulieri impetrauit (108-109).

</td><td>

Familiarium rerum
Miseram matrem in carcere destinatam ultimo supplicio, sed commiseratione reservatam ut fame consumeretur, exorato custode sepius admissa filia, sed excussa diligentius nequid alimonie subinferret, clam uberibus suis pauit; altera autem patri eodem in statu par obsequium impendit (65).

</td></tr>
</table>

Petrarca, en posar l'exemple entre les dones excelses, n'havia resumit el relatiu al fet de l'alletament de la mare per part de la filla, bé que continua l'explicació al següent exemple. Vegem ara com ho reprén Metge amb tota la dignitat original, rescatant-ne una part ben explícita del seu sentit ètic, naturalista i antimisògin. I vegem-ho afrontat Martorell, qui ha begut a fons a *Lo somni* en punts cabdals (Butinyà 1998) i ha entès bé la seva moral, natural i hedonista, perquè àdhuc n'accentuarà l'efecte revulsiu i provocador per a pobres mentalitats, incidint a la línia metgiana i treient encara més partit de l'exemple. Així, al capítol 309, al discurs del rei Escariano a Tirant, la mare s'ha convertit en home[232] i ara resulta que és la muller qui alleta el marit

Lo somni	*Tirant lo Blanch*
Bé pens que·t recorde d'aquella mesquina mare, per crim capital per lo pretor a mort condempnada en lo carçre. E per compassió de son executor, per tal que aquí famejant morís, reservada, com sa filla, la qual algunes vegades la entrava vesitar (jatssia fos ben amonestada e sol·licitada ab gran pena per lo dit executor que no li metés dins alguna vianda ne res ab què pogués sa vida alongar), no contrastant lo dit manament, veyent que en altra manera no li podia ajudar, la sostench ab la let de les sues mamelles per gran temps. Entrò que fou sabut per les guardes del dit càrçer, qui, publicants açò al dit pretor, obtengueren a aquelles per aquesta novitat remissió graciosa (332).	E deu-te recordar, ho hauràs ben entés a dir, com Mirilla, cavaller fort e virtuós, matà hun altre dins Sent Johan de Letran, e fon condemnat que morís en lo carçre, de fam. E com pervengués a notícia de la muller, cascun dia ella lo anava a vesitar, jatsia fos ben guardada si portava alguna cosa per sustentació de la humana vida perquè li pogués la vida alargar. E la muller, ab la sua let donant-li a mamar, lo sostingué per gran temps sens que per les guardes jamés fon sabut. Aprés fon publicat lo cars e obtengueren remissió graciosa. (654)

Els petits detalls que connecten Martorell amb Metge són només la introducció per mitjà del record i la darrera remissió graciosa. Són nimieses, sentits ocults, somriures sans i maliciosos junt amb un gran sentit de la dignitat humana. Era un moviment i un art fet de minúcies. I recordem que ja els havia precedit Boccaccio, qui en una

---

[232] Possiblement inspirat a l'exemple següent, entre els casos grecs, que també n'hi rescata Metge i en què esdevenia això mateix entre una filla i son pare Cymon.

preciosa imatge d'amor maternal, en un relat en què l'exalça (IV, 2), relleva un cas semblant de naturisme. La bella escena decameroniana descriu com una dona, havent perdut els seus fills i trobant-se sola a l'illa de Ponça, es compadeix de dos cabirols, als quals alimenta amb els seus pits.[233]

No es donaven aquesta mena de filigranes en Canals, qui es limita a seguir el corrent del que s'estila dins els cànons de les modes literàries; pero no està exempt de l'ús dels recursos ni d'emmarcar la traducció de la batalla entre Scipió i Aníbal, dirigint, des del pròleg, el focus d'interès cap al final com a fet no-exemplar del darrer heroi.

Havent comentat aquestes coses entendrem que és lògic que a Canals, tan decantat cap a la tradició, es faci costa amunt de qualificar-lo com humanista a seques[234]; però no cal oblidar tampoc que la primera figura dubtosa seria el mateix Petrarca, el mestre dels humanistes. Afrontat a tots dos cal situar un contemporani, Bernat Metge, que amb nous ulls fa moral un text obscè a l'*Ovidi enamorat*, convertint-lo en heroicitat modèlica.

Són lògiques doncs les graduacions que hem vist en relació a l'absorció de l'Humanisme si ens movem entre Canals, qui en la traducció de l'*Africa* puntualitza que el suïcidi dels pagans és un vici i no una virtut per respecte a la tradició, i Metge, qui, desafiant-la, a la seva traducció torna heroics fets escandalosos.[235]

---

[233] Segons la versió catalana de 1429: "se n'anà la via de la cova on la cabirola era entrada, on atrobà dos cabirols petits qui forsa aquell mateix dia eren nats, los quals li paregueren la pus dolça cosa del món. E havent gran compassió d'aquells, així com aquella qui abundantment havia let per lo novell part que havia hagut, en lo pits se los posà. E los cabirols no refusant lo servei, així pròpiament la mamaren com si fos la llur pròpria mare; e d'aquella hora avant, de la mare a ella nenguna diferència no feren; per què paria gran consolació a la gentil dona haver trobada aquella companyia, així com aquella qui no havia en si sinó pensament de plors e de dolors: menjant herbes e bevent aigua se treballava", ed. cit. 61. Aquesta imatge he proposat que té influència sobre el *Curial*, ja que el record ennoblidor de la mare del protagonista té lloc al III llibre tot just sota la projecció d'aquest relat (Butinyà 2001a).

[234] Encara, malgrat el seu gust classicitzant cal recordar alguns fets biogràfics, com ara que el predicador actuà a tall de lloctinent de l'Inquisidor de València. Segons Miquel Batllori, a qui agradava de perfilar les figures mixtes, Canals "fou parcialment humanista i un autor plenament espiritual" (1995: 48).

[235] Precisament en la virtut de l'amor, que abarca tot l'espectre moral i que tant preocupava els humanistes. Per tot això em demano –amb tot els perdons que calgui

Veurem per contra obres formades com una bella composició amb retalls d'ací d'allà, de manera prou aleatòria, cosa que evidencia que tota aquesta rica complexitat ja s'ha perdut, val a dir el corrent s'ha fet moda. Així, el *Parlament o collació que aprés de sopar sdevench en cassa de Berenguer Mercader entre alguns hòmens de stat* de Roís de Corella, on, en forma de tertúlia literària parlen els diferents personatges, havent-se anticipat a tall de pròleg l'objectiu moralitzador. I Joan Escrivà, quan ha de tractar del poder de la mala fortuna, retalla el final del mite d'Orfeu, per tal de centrar-se a la part central de la faula, fins a la pèrdua d'Eurídice, ja que, segons havia anunciat al pròleg, transmet que, encara que es recuperin els béns, la nova pèrdua redobla el dolor[236]. Un missatge planer, l'autoritat del qual és intrínseca, *per se* –de fet com a l'Edat Mitjana-, i sense problemes de comprensió.

Convé de tornar al tema *Griselda*, avançat però en punts esparsos. Sabem ja però que el traductor s'até a unes normes de rigor, bé que li sigui lícit de fer una obra nova, com endegà ja Petrarca al *Griseldis*. Més enllà del fet de dignificar un text decameronià

---

demanar o les manifestacions de no implicació partidista quant a preferències, i remetent a alguns treballs: 2010 a, en premsa b- si no serà Metge i no Petrarca qui pugui configurar de manera més efectiva la idea que tenim avui de l'Humanisme en el sentit ampli filològic i no restrictiu. Potser això podria aplanar la falta de coherència de la crítica quant a la identitat del moviment, donat que Metge és molt poc i malament conegut, mentre que hi ha mancança d'exemplars alliberadors o tan purs. És a dir, a la visió que es té com a moviment de transició però sobretot de canvi, potser respon millor l'autor català que l'italià.

Pel que fa a l'Humanisme, cal tenir en compte un principi del camp teòric i el compliment no estereotipat en aquest cas: "Sin duda, un genio individual ha estado en la génesis de todo movimiento literario o artístico, pero lo que lo ha consolidado es el hecho de que otros varios creadores hayan hecho de ese proyecto individual un procedimiento común o general" (Gutiérrez Carbajo, 16). Perquè els consolidadors en aquest cas haurien estat més alliberadors i contestataris que el geni inicial; malgrat la falta de difusió de Metge i la desconeixença del *Curial*. Les obres més prístines, doncs, potser en realitat no s'han conegut fins al segle XX. I encara.

[236] "Quasi semblant al dolç cant de la mortal serena, la enganosa fortuna jamés no·ns afalagua, sinó perquè, ab més gran cayguda, en triünpho de major victòria de nosaltres triünphe, car és tan gran la honor del qui venç, quanta era la del vençut la perduda glòria. E, axí, als mesquins la passada pròspera fortuna més atribula. E, si ésser stat benaventurat als entrestits més que altra dolor entresteix, cobrar la perduda benaventura los és causa de major alegria. Però, si aprés de haver-la cobrada, se dexa altra vegada perdre, qual dolor a tal segona pèrdua se acompara? E, per ço, los mals de Orpheu als altres tots avancen", Martos, 252.

223

rellevant-lo i ennoblint-lo mitjançant la llengua sàvia, després del que hem anat dient, crec que cal veure que estaven donant lliçons per a traslladar textos.

La narració del *Griselda* va envoltada per cartes, com el *Griseldis*, l'exquisita versió llatina amb el marc de les *Senils* del llibre XVII. Malgrat tot, Metge hi deixa entendre –per mitjà de lleus intertextualitats o absències significatives- que la seva actitud és la de tornar el text als valors primitius, a causa del to religiós que Petrarca havia vessat sobre el text de Boccaccio, fent-ne en realitat una versió *a lo divino* del conte decameronià, i amb això s'havia desnaturalitzat. Sense voler exagerar, per a aquells homes era quasi un acte de justícia amb cert aire de revenja.

El concepte de la traducció era viu i al moll del canvi de mentalitat. Al marge de les maneres més o menys humanistes, els traductors participaven d'uns criteris que feien antiquada la sistemàtica seguida en èpoques anteriors. "Si la *conversio ad verbum*, predominante en la época medieval, había planeado excesivamente a ras de tierra, al nivel de los *verba*, en cuanto al original, el tipo de traducción que recomienda C. Salutati se sitúa en el extremo contrario, al nivel de las *res*, es decir, de las ideas, contenidos o significados, de modo que su drástico distanciamiento de la sustancia formal del original, del vestido que recubre las ideas, puede desnaturalizar esa íntima relación entre ellas y acabar por desvirtuar la obra original" (González Rolán 2000,37).[237]

Així, Metge s'allunya de Petrarca-*Griseldis* en continguts, sobretot mitjançant les cartes que hi oposa amb les seves a madona Isabel de Guimerà (Butinyà 2002c), i alhora és molt més respectuós al *Griselda* envers el text original del que ho havia estat el mestre envers el seu original boccaccià. Si hi filem prim, el cas de Canals, amb rigorositat i atenció retòrica, el que fa és seguir Petrarca, a qui, en ares de la seva ideologia –cal afegir ortodoxa de cap a cap- no li importa de seguir l'original o d'adaptar-se al seu esperit.

I en tot el relatiu a retalls i assimilació de textos, si Metge havia estat bon deixeble i alhora bon mestre envers Petrarca al seu *Griselda*, on consagra definitivament el seu mestratge és a *Lo somni*,

---

[237] És subtil el comentari que se'n desprén quant al fet que els excessos d'aquest corrent contribuiren a fer del llatí una llengua morta, donada la separació del llatí humanístic de la llengua real (ib., 38).

on mostra una fidelitat màxima al text traslladat, bé que adaptat amb la màxima eloqüència a un nou context literari; fins al punt que de primer costa de reconèixer la font originària, però un cop reconeguda no es pot dubtar de la seva procedència. I així la crítica hem anat assentant Ciceró o sant Agustí (Butinyà 2010d).

Tot plegat al capítol de la traducció en aquestes lletres no ens en sortim de Metge. Ja que va copsar Petrarca com ningú, i en l'italià el fet dels trasllats era tema i mitjà molt important. Tant per l'aspecte del rigor, segons hem anat dient, com per l'expressivitat, és a dir com a oportunitat d'obrir recursos retòrics.

No repetiré ací el que s'ha escrit sobre el *Griselda* i el que hi he afegit, bé que em disculpo si crec que convé de resumir-lo. El fet és que és el camp on aquells dos autors ho van treballar. I Metge fixa el que és lícit i el que no. Sí: rellevar, emmarcar –especificant i determinant el tex traduït; no: alterar el mateix text, ja que Metge treu del text petrarquesc l'afegitó religiós amb què s'havia cobert un conte que originalment era naturalista. Per tant, al marge de la bellesa tan celebrada del relat –cas en què es lloa Boccaccio- i del llenguatge –en què es lloa Petrarca o Metge, respectivament en llatí o en català-, els teòrics de la traducció actuals poden trobar-hi un paradís.

Abans de passar a un esglaó superior al punt c), recordarem que les tècniques de Metge en la seva aportació s'assenten en la *imitatio*, que en realitat es redueix o gira entorn del fet de traduir. Per tant, *Lo somni* pertoca a la traducció pels seus continguts (les fonts) i per les seves tècniques (formes d'*imitatio*). En altres paraules: als clàssics o als autors i la manera de traslladar-los. Així, hi haurà moltes altres recreacions del mite d'Orfeu, riquíssimes i plenes de sentit, n'hi haurà també del *Somnium Scipionis*, ja costarà potser més de trobar algunes puntuals que hi són magistralment enclavades -com ara la sàtira II, 5 d'Horaci i altres textos concrets que Metge hi assimila en una nova i vitalista recreació-, però evidentement a la literatura catalana no hi ha cap altre autor que assumeixi tants clàssics, amb tal intensitat, autenticitat i plenitud de sentit, i encara amb tanta altura formal i de continguts. En resum, és un gran traductor.[238]

---

[238] Des d'una perspectiva temporal de les lletres catalanes -d'acord amb la

Així doncs, de manera exquisita i oculta, per a un reducte de major intimitat, deixa a *Lo somni* passatges de clàssics ben ben amagats; per exemple, de Sèneca. Fins al punt que he titulat un treball *Metge, buen traductor de Séneca* (en 2007b, amplio aquest enfocament), bé que mai no va traduir cap obra seva.[239]

Sèneca era un dels favorits de Metge, segons li diu el rei Joan en *Lo somni*:

De Virgili, Sèneca, Ovidi, Horaci, Lucà, Estaci, Juvenal e molts altres poetes te diria ço que n'han scrit, mas tu has aquells tan familiars que no seria àls sinó empènyer ab la mà la nau que ha bon vent (98).

El fet d'amagar Metge les seves fonts tenia una intencionalitat artística, evidentment, segons era propi d'uns homes que estaven farts de les citacions cosides i enganxades que feien insofribles d'avorrits i petulants molts vells tractats doctrinals. A més, sembla obvi que, bon coneixedor del panorama del seu temps, estigués assegurant la fidelitat envers la seva obra gràcies a certes ocultacions i a un llenguatge d'intimitat, que s'ha anomenat aristocràtic i era prou peculiar dels humanistes, però que per a ell seria imprescindible per tal de sobreviure, ell i la seva obra, comptant que va haver de confiar-la al nou monarca.

Ací tornarem a trobar les congruències amb la seva ideologia i el tractament envers Petrarca. Comprovem-ho mitjançant Sèneca: la idea de retir amb què arrenca *Lo somni* es pot reconèixer a les lletres a Lucili, i és la mateixa amb què tanca l'obra; un cop més, doncs, sembla oposar-s'hi al mentor. Això s'entén bé a la llum de la intertextualitat del *De vita solitaria* amb la qual Metge tanca el llibre III[240], donat que per a l'italià apartar-se del món suposava

funció reflectora o de mirall dels textos, que afecta de ple al camp de la traducció-, cal valorar també que *Lo somni* no només aprèn o beu en les grans obres humanistes, sinó que a més recull altre reflex important: el del gran precedent cultural, Ramon Llull; envers qui Metge té un deute doble, en llengua i en continguts, de manera que gràcies a ell el català es podia escriure com ell l'escriu.

[239] Així mateix n'he tractat d'altres aspectes relacionats ("Traduir un bon traductor: *Lo somni* de Metge, en premsa b), a conseqüència d'exposar punts que desprenia de traduir aquesta obra, ja que hi constato que el reconeixement de les fonts de Metge influïen a l'hora de fer la meva traducció.

[240] Pot seguir-se en Butinyà 2002a, 363; en aquest cas la intertextualitat és prou exacta:

una doctrina misògina i de rebuig de l'amor humà –d'acord amb el *Secretum*-, contra la qual es rebel·la tot el llibre IV metgià.

Al llarg del I llibre de *Lo somni* -de caràcter filosòfic degut a la temàtica sobre la immortalitat, i al voltant de la qual Metge aplega i addueix els arguments més bells i valuosos de clàssics i cristians-, hem de recordar que, repetidament, destacant el prestigi de la poesia, i també de les lletres seculars, fa passar el testimoni dels poetes per davant o almenys al costat dels filòsofs i teòlegs[241]. Front a això cal assenyalar de nou unes paraules de Sèneca, a la mateixa font de la 8 a Lucili:

quam multi poetae dicunt, quae philosophis aut dicta sunt aut dicenda? (...) quantum disertissimorum uersuum inter mimos iacet! Quam multa Publilii non excalceatis, sed coturnatis dicenda sunt!, 16.

Font que, d'atra banda, ens podria revelar el desafiament –fins avui misteriós- que fa l'interlocutor del III llibre, Tirèsias, reptant a veure qui és més savi:

Anit veurem qui és savi o no (184).

Car dit enigma[242] es podria estar realitzant –tal com diu el mitològic endeví- en el mateix somni i en la mateixa nit; val a dir, en el mateix text i a través d'aquesta font, que tracta del retir del savi.

Les repetides lectures de la font senequiana per part de Metge

Iam tunc clarum et insigne presagium, quid de societate feminea sperare posteritas deberet (*De vita solitaria* II, en Petrarca 1955, 418).	Ara veus què pots sperar d'aquest maleït linatge femení (226).

Cal afegir que Petrarca s'estava referit a Adam i al perniciós efecte causat per la seva companya, fet que *Lo somni*, a començos del IV també s'inverteix respecte al mentor i conjuntament a la mentalitat tradicional: la dona hi suposa la salvació (Butinyà 2007a, 235 i notes).

[241] La fórmula ("philòsofs, poetes"...) es contabilitza 2 vegades en el I llibre i 5 en el III.

[242] Caràcter enigmátic que deixà ben marcat l'autor en fer veure que, malgrat la intriga, dissimula d'haver oït el comentari ("E jo, cobejant saber per què ho havia dit, disimulé-ho haver oït", ib.)

ens poden portar àdhuc a plantejar fins a quin punt la proverbial austeritat, concisió i greugesa de *Lo somni*, obra que aconsegueix de transmetre l'esperit com una realitat, tenen un deute envers les epístoles a Lucili, on aquestes notes reeixeixen.[243]

Hi afegiré encara una nota donada la proximitat i l'escaiença: Cortijo (2001) va asenyalar la rellevància de la traducció del *Griseldis* i el seu paper de primer rang en la reflexió amorosa, introducció del gènere *de amore* i connexió amb la novel·la sentimental castellana. Una vegada més, dons, a Metge li hi tocava el paper d'introductor primerenc d'una temàtica humanística que aniria modulant gran part de la literatura amorosa dels segles XV i primer XVI per tota la Península Ibèrica.

Per tot el que hem dit, m'he atrevit a atribuir-li categoria de traductor, quan en rigor va traduir tan sols el *Griseldis* i el *De uetula*[244]. I així, *Lo somni* ens aporta els textos i l'esperit de Sèneca de manera que ens el fa proper, sense haver-lo traduït. Per un igual, pot escandalitzar que l'hagi proposat com a avançat del gènere assaig –en un moment en què es renoven i creen gèneres literaris- quan en realitat el que feia era un diàleg. Però rescatant aquest gènere resulta que s'inventava un de nou, el gènere modern per antonomàsia, que no depèn del fet que tingui forma dialogada; com bé ho mostra el *Curial*, que dins la prosa de la novel·la assumeix uns fragments amb aquest format per altres motivacions, però atenent també la noblesa del gènere antic ben consolidat[245].

I finalment, insisteixo al fet de l'avanç d'aquells homes quant a entendre la literatura com a conversa, cosa que s'acompleix també amb la traducció, segons el que mostra Roxana Recio (2.2.1.), comptant amb uns traductors tan pendents dels lectors, i com rubrica l'*Ovidi enamorat*, que entra a més al radi de contemplació artística del fet de traduir.

---

[243] "contemnite omnia, quae superuacuus labor uelut ornamentum ac decus ponit. Cogitate nihil praeter animum esse mirabile, cui magno nihil magnum est", 16.

[244] Per a l'adaptació via *imitatio* de les *Tragèdies* a l'infern del III llibre, vegeu Badia 1992; per a la seva construcció amb elements de diversa procedència, Butinyà 2002a, 321-333.

[245] Podria ser que amb els gèneres esdevingués en certa manera com amb els moviments, que es generen com una necessitat nova, alliberadora, i un cop consolidats tornen a renèixer, etc. És un tema per als teòrics, car no ens pertany tant als filòlegs, que treballem i ens enfonsem als textos.

Renaixement i Humanisme a Espanya: esculls, principis vertebradors i dades històriques

Ángel Gómez Moreno (Universidad Complutense, Madrid)

La revisió d'aquest capítol de la història cultural espanyola ha ocupat estudiosos d'especialitats tan diverses com llurs pròpies tècniques d'anàlisis. Per desgràcia, no és aquest un terreny propici per la prospecció asèptica i desapassionada, ans tot al contrari. Aliens a un positivisme que sols s'ha vist satisfet en data recent (gràcies, sobretot, a la catalogació i estudi de la nostra rica literatura humanística, vernacla i, per descomptat, llatina), els investigadors acostumaven a partir d'idees preconcebudes abans de prendre la temperatura a la cultura hispànica dels segles XV i XVI. Castella era la principal perjudicada, i a més per partida doble: ferida per les flames d'un nacionalisme català (vegeu 3.2.) que defensava la seva preeminència i veia sols en els castellans imitadors dels savis de la Corona d'Aragó; i vilipendiada, ara junt a la resta dels regnes peninsulars, per una intel·lectualitat forània que a vegades deixava clara la seva postura des del propi títol, com ara amb Hans Wantoch, en *Spanien. Das Land ohne Renaissance*, i Viktor Klemperer, amb "Gibt es eine Spanische Renaissance?", ambdós publicats en 1927. Per cert, des d'aquestes línies anuncio que Monika Diem i Elena González Blanco han traduït tots dos textos per la revista electrònica *eHumanista* i aniran acompanyats de la glossa d'altres investigadors, entre ells qui signa això.

Ningú no s'ha de sorprendre davant d'unes postures tan maximalistes com poc raonables; de fet, en els estudis d'Història de la Cultura, aquesta mena de llast, amb manta freqüència, pren per la mà l'erudit del dia i sovint estrafà la seva escriptura. Ja estem a l'aguait dels seus resultats: l'exaltació d'unes nacions i la marginació o l'oblit d'altres. En aquest sentit, no em meravella que Paul Johnson, formidable divulgador i culte assagista, silencïi Espanya i les seves gents, quasi per principi, en *The Renaissance* (2000):[246] si hom revisa el seu apèndix bibliogràfic –del que depèn al cent per cent, ja que mai no ha investigat aquesta matèria–, tot s'aclareix de sobte. No es tracta d'un oblit innocent sinó d'un posat i àdhuc de tota una declaració de principis respecte a la cultura occidental. Si el problema de base també afecta altres moments històrics, l'expansió de l'Humanisme i del Renaixement italians per terres d'Europa comporta una càrrega ideològica afegida, ja que les nacions a les quals se'ls regateja o nega el fet d'haver passat per aquesta fase cultural no haurien entrat pròpiament en l'Era Moderna; encara més, de manera irreparable, haurien quedat ancorades en un medievalisme des del qual, sense solució de continuïtat, desembocarien en la Contrareforma i el fosc Barroc (un abans i un després que se sustenten igualment sobre un conjunt d'*idées reçues* que també enlletgeixen el llibre de Johnson). Malgrat que utilitzo el plural, queda clar que estic pensant en Espanya, i no per atzar; de fet, Espanya seria el paradigma de nació postrada en el passat per culpa de l'esperit reaccionari dels seus habitants, amb correlat en el pensament dels seus intel·lectuals i l'obra dels seus artistes.

Aquesta visió d'Espanya, tan tendenciosa com mancada de fonament, lliga bé amb l'ideari dels mantenidors de la Llegenda Negra, les bases ideològiques de la qual compten amb un recent i magnífic resum de Joseph Pérez (2009). D'altra banda, per a copsar el lent i elaborat procés de demonització dels espanyols i la seva monarquia, convido a llegir l'ampli pròleg que Antonio Cortijo i jo mateix hem posat al relat de Bernardino de Mendoza sobre els inicis de la Guerra de Flandes (2008). Fins i tot en la defensa de l'alteritat de la nostra cultura, a la manera d'Henry Kamen,[247] s'hi percep una barreja de recels, prejudicis i idees heretades que Hernán Sánchez Martínez de Pinillos ha posat de relleu en una imponent ressenya al seu darrer llibre. Causa perjuí tanmateix perquè, recolzat en un diari d'àmbit nacional, que li obre les portes cada vegada que hi truca, aquest investigador actua com a consciència històrica i guia de l'espanyol del segle XXI. Amb tan feixuga càrrega a l'esquena, la seva lectura, que precisa d'antídot, no em sembla el més recomanable per als no iniciats.

---

[246] Amb traducció al castellà: Barcelona, Mondadori, 2001.

[247] Hi torna en *Los desheredados. España y la huella del exilio.*

La batalla ideològica estava servida i, considerada la primerenca associació de l'Edat Mitjana amb un temps llarg de tempestats i penombres, no calia res millor que negar-nos la quota de lluminositat a la qual objectivament teníem dret. Això esdevenia ja en el segle XVI, com Cortijo i jo mateix creiem haver demostrat; no obstant això, la derrota d'Espanya i la seva veritat històrica (i demano llicència per tal de servir-me de concepte tan evanescent) es tornà irrevocable en el segle XIX, en convertir-nos en l'objecte d'estudi de savis foranis, fascinats pel fet que l'Era Moderna, en aparièncía, no havia entrat mai en la Península i que, en les seves terres, el factor aràbic era encara a l'abast. Basta rellegir els relats dels viatgers romàntics per Espanya o repassar els gravats i fotografies de l'època. Tal visió d'Espanya va calar a fons i deixà la seva marca en l'erudició historicofilològica, amb teories com el tradicionalisme pidalià, una tendència connatural al poble espanyol (manifestació, per tant, del seu *Volksgeist*) i el seu art literari (vegeu Gómez Moreno 2005), o una maurofília que anava més enllà de la simple estètica; de fet, els espanyols eren fonamentalment moros en l'imaginari dels qui els contemplaven i en el de molts dels nostres paisans; una opinió arrelada sobretot en Andalusia, un mite, i poc més, que fa que Manuel Machado escrigui a l'inici d'"Adelfos" (*Alma* [1901]):

Yo soy como las gentes que a mi tierra vinieron
—soy de la raza mora, vieja amiga del Sol—,
que todo lo ganaron y todo lo perdieron.
Tengo el alma de nardo del árabe español.

En moltes més ocasions, l'àrab s'incardina en la cultura occidental per motius eminentement artístics, com bé sabem. És lògic que Espanya s'hi anticipés. Tal fascinació es descobreix en Carles V, que manà renovar l'Alhambra en la mesura que ho precisava (cosa que, de pas, va servir per a donar un toc renaixentista al conjunt) a fi de convertir-la en residència reial. En els anys de l'Emperador s'inicià l'expansió del romancer morisc i va néixer un gènere literari en què es junyien la figura de l'hispanoàrab idealitzat i l'estètica neoplatònica del Renaixement: la novel·la morisca. Una operació semblant es pot dur a terme en la pròpia Edat Mitjana, amb fenòmens com el *mudejarismo* d'Alfons X[248] o el del *Libro de Buen Amor*,[249] una mena d'hibridació que, en busca del necessari acord de la crítica, jo limitaria inicialment al pla lingüístic. Tornant a l'arquitectura (i d'aquesta manera articulo el meu raonament a tall de quiasma), resulta revelador el cas del palau d'Alfonso XI en Tordesillas, en el qual, per encàrrec seu i de son fill Pedro I, van deixar la seva petja els millors arquitectes àrabs.

Els mites cauen quan no tenen majors fonaments, però aquest es va enfortir a partir dels anys quaranta gràcies als postulats d'Américo Castro, qui, en l'etapa americana,[250] arribà a renegar del seu magistral llibre *El pensamiento de Cervantes* (1925) pel seu marcat signe europeista. Segons vaig dient, són de tal manera i tan profundes les arrels d'aquesta creença que ni tan sols avui s'admeten (al contrari, es menyspreen cegament i il·lògica) les dades irrefutables de la genètica de poblacions, que agermanen Portugal i Espanya amb França, Gran Bretanya i Irlanda, des del moment en què gairebé les tres quartes parts de la seva població masculina comparteixen l'haplogrup R1b. Les anteriors són dades objectives, aportades per empreses especialitzades en la matèria, com Eupedia, iGenea o FamilyTree; emperò, hi ha qui, dins i fora, prefereix seguir pensat en una Espanya diferent en tots els ordres. Una raça distinta de l'europea explicaria uns ritmes històrics força peculiars, el nostre caràcter indolent i una mala disposició innata per la ciència i els negocis. Aquesta opinió, abans freqüent en els estudis històrics, s'ha desplaçat a altres òrbites, com la sociològica, la política i l'econòmica, i no sols afecta el llenguatge dels mitjans de comunicació de masses o els fòrums d'Internet sinó que ha impregnat àdhuc el món acadèmic.

No hi afegiré res més, malgrat haver-li dedicat algun temps a revisar una matèria en la qual veig un perill cert, perquè amb freqüència s'emprarà —ja s'està usant, de fet— fonamentalment per a ferir i segregar. A més, ara com ara la genètica té grans limitacions:

<hr>

[248] D'acord amb les investigacions de Francisco Márquez Villanueva, que es compendien en *El concepto cultural alfonsí* (1994 i 2004), o Maribel Fierro.

[249] Amb un magnífic article-resum de James T. Monroe, de pròxima aparició en la revista *Al-Qantara*.

[250] Com bé sabem, donaria el seu primer fruit en *España en su historia* (1948), per a quallar després en *La realidad histórica de España* (1954).

la primera és que només permet seguir la línia masculina del pare
(avi patern, besavi patern, rebesavi patern...) i la materna de la mare
(segons el mateix patró), amb la pèrdua inevitable d'informació
igualment rellevant (el que els genetistes anomenenen càrrega
somal); la segona és que, en general, até les migracions humanes
esdevingudes en la nit dels temps, mentre que els esdeveniments
que ens afecten cauen molt més a prop: a una distància que oscil·la
entre els quatre i els sis segles; finalment, queda clar que l'estudi de
l'Y-DNA i el mtDNA és eloqüent en termes històrics però no serveix
per a determinar pobles o races d'una manera categòrica. Posaré
un exemple clar i senzill: encara que el 90% de les dones saamis o
lapones pertany o bé a l'haplogrup V o bé a l'U5b, el 10% restant,
pertanyent a distints haplogrups, se sent –i ha de ser considerat– tan
lapó como aquell.

D'altra banda, em demano si algú és capaç d'extreure
conclusions del mapa genètic d'Espanya en casos com el que
ací m'ocupa. Què es dedueix, per exemple, de l'impactant estudi
coordinat per experts de les Universitats de Leicester i Pompeu
Fabra (Adams et al.)? S'hi defensa que, en el conjunt de la Península,
junt a una majoria clarament europea (amb les distintes branques
de l'haplogrup R1b i, en concret, un potent R1b1b21b* d'origen
aparentment celta), hi ha dos importants minories genètiques no
europees: una nordafricana (10'6%) i una altra sefardita (19'8%),
reflex de segles de contacte i de processos de conversió voluntaris
o forçats. Abans de tot, aquesta anàlisi desmunta el mite d'una
Andalusia àrab, car la població morisca, a causa de les Guerres de les
Alpujarras, sembla dispersa per terres del nord, sobretot a Galícia;
no obstant això, sorprén molt més la coincidència en les xifres amb
Benzion Netanyahu i aquells historiadors que han estat apostant per
un alt percentatge de judeoconversos a l'Espanya de 1492 (vegeu
Netanyahu). Deixant de banda la idoneïtat del mostratge, que uns
quants han qüestionat a la llum dels resultats, la importància d'aquest
treball rau al fet que aplica els estudis de genètica a successos que
cauen dintre del marc cronològic que ací interessa.

Como ens consta, aquest tret diferencial (del que només s'alliberen els bascos,[251] com ja es deia en els anys dels Àustries; per això se'ls atorgava quasi automàticament l'estatut de noblesa) no va entrebancar sinó que beneficià l'expansió de l'Humanisme i els seus principis bàsics. I no penso sols en la Filologia Bíblica i, més particularment, en el Vell Testament, en què els grans especialistes foren, al llarg de molt de temps, els conversos i només ells. Per molt significatiu que resulti, tampoc no m'hi fixo al fet que de les seves fileres sortissin molts entre els qui eren capaços de satisfer l'ideal de l'*homo trilinguis*, hàbil per un igual en l'ús de les tres llengües sagrades, amén de la vernacla. En el cas d'Espanya, als conversos –a la cort reial, a redós d'alguns nobles o des de l'Església– els va tocar de fer un important paper en la dinamització de la cultura, des de Juan II en avall; de la mateixa manera, la nòmina de conversos és aclaparadora quan hom considera la creació literària espanyola, des de Fernando de Rojas fins el Barroc (i aquesta, cal admetre-ho, fou una feliç intuïció d'Américo Castro en la seva segona època). Recordem, al capdavall, que la guia fonamental del Renaixement europeu, en termes estètics, es troba en els atapeïts *Diálogos de amor* del sefardita León Hebreo, conspicu representant de la jueria espanyola en la seva segona diàspora.

Si el principi racial no val per a elucidar el problema que m'ocupa, tampoc no serveixen dos fets històrics als quals apel·len alguns: l'activació de la Inquisició a Sevilla, als voltants de 1480, o la implicació sense ambages d'Espanya en el Concili de Trent, celebrat entre 1545 i 1563. Malhauradament, tinc al cap una corrua de treballs, repartits per igual entre hispanistes foranis i espanyols, que associen Renaixement, Humanisme i Reforma amb el més excels que pugui donar el ser humà. Si prèviament s'ha arribat a la conclusió que el Renaixement i l'Humanisme sols van ser possibles on va triunfar la Reforma, Espanya quedaria fora de joc a partir de Trent, i això sense comptar amb altres arguments, es revela desassenyat, perquè els aires reformistes havien bufat amb força a la Península des del Trescents fins la caiguda en desgràcia dels seguidors d'Erasme. Però anem a pams i

---

[251] En iGenea assoleixen un 94% de R1b, un 5% de l'euro-asiàtic R1a, i un 1% del nòrdic I.

ordenadament. Per exemple, no hem d'oblidar que, reveladorament, la Inquisició va ser aplaudida fora d'Espanya quan es llençà a la caça de suposats judaïtzants, ja que d'antisemitisme pecaven igualment alguns membres del clergat espanyol (front a ells, hi havia conversos de tercera, segona i de primera generació i tot), Luter i el propi Erasme; així, quando el bàtave va ser invitat pel cardenal Cisneros a visitar-nos, respongué amb el tan famós *Non placet Hispania*, perquè la tenia per terra de jueus i heretges.

Podríem afegir que, junt a les persecucions del Sant Tribunal cal col·locar les abrivades pels ideòlegs protestants, que van deixar Europa literalment banyada en sang. Àdhuc en l'exhumació de restes humanes per a la seva cremació, a manera de càstig pòstum, tots coincidiren: si, en uns casos eren ossos de condemnats en el procés inquisitorial, en altres tants les restes pertanyien a sants locals, com santa Gúdula de Brussel·les o sant Ireneu de Lyó. A Gran Bretanya, a més de les relíquies, Enric VIII ordenà destruir ermites i santuaris i no deixà una sola pedra que recordés on havien estat.[252] Pel que fa als llibres i la lectura, els experts en la matèria han demostrat que Luter, Melanchthon i Zwingli van mostrar més recels respecte l'accés a les Sagrades Escriptures per part del lector comú que la pròpia Roma. A Gran Bretanya s'hi arribà més lluny, segons recorda Jean-François Gilmont (341-2).

> La actitud de Enrique VIII ilustra asimismo las implicaciones sociales de la lectura de las Escrituras. Durante mucho tiempo, Enrique VIII prohibió toda difusión de la Biblia en inglés. Finalmente, en 1543 cedió a las presiones de su entorno. Pero la autorización de imprimir la Biblia en inglés fue acompañada de restricciones significativas. [...] Por lo que se refiere a la tradición calvinista, su interpretación tampoco se dejaba a los deseos de cada cual: había un control estricto de la labor de exégesis y de la elaboración teológica. Para Calvino, la Biblia no era directamente accesible a todos.

Per raons purament cronològiques, Trent no serveix com referència per a acceptar o rebutjar la presència del Renaixement i

---

[252] Vegeu, per exemple, el meu llibre 2008: 10-11.

l'Humanisme a Europa. En data tan tardana como aquesta, la discussió manca de sentit; és més, són molts els estudiosos per als qui Trent marca el comença del Barroc, afirmació que es fa mereixedora de vàries postil·les. Ara bé, em preocupa molt més el passat, que m'emporta mig segle o fins i tot dos segles enrere. Concretament, avui hom sap que el codi estètic-vital del Renaixement i l'univers de referència dels humanistes (en primer terme, les seves lectures i, a poc a poc, bona part del seu ideari i fins i tot del seu mètode) foren impregnant Espanya des de molt aviat. En aquest sentit, és reveladora la presència en la Península, ja en la primera meitat del segle XIV, del *Compendium moralium notabilium*, obra del prehumanista paduà Geremia da Montagnone (*ca.* 1255-1321). Si jo vaig perseguir els seus còdexs en les nostres biblioteques medievals[253], ara María Pilar Cuartero Sánchez (2004) ha fet quelcom més valuós: revelar les petges, abundants i indelebles, que deixà –oh, sorpresa!– en l'obra de l'Arxiprest d'Hita.

Un segle després, i com veurem tot seguit, els intel·lectuals i els artistes peninsulars havien copsat l'esperit de l'humanisme italià i, comptant la gran falta que hi feia, l'havien "espanyolitzat".[254] Arribats al segle XVI, la *imitatio atque emulatio veterum* era un binomi tan rebregat pertot Europa que no deia res a favor o en contra dels qui observaven el seu missatge a totes passades. S'equivocarà, per exemple, qui associï els patrons humanístics a un esperit modern, avançat o progressista, i les maneres d'expressió escolàstiques amb posicions conservadores i àdhuc retrògrades. Em serviré d'un exemple veritablement eloqüent, i espero que definitiu: en la seva defensa dels indis, tan pròxima a la nostra sensibilitat, Bartolomé de Las Casas apel·là la seva formació escolàstica, que esperava que li ajudés a triomfar –així ho creia– en la *disputatio* amb què havia reptat el seu rival, l'humanista Juan Ginés de Sepúlveda. Al contrari, aquest defensà la legalitat de fer la guerra a l'indi, subjugar-lo i esclavitzar-lo, per mitjà d'un escrit característicament humanístic: el diàleg llatí *Democrates alter* (1548).[255]

---

[253] 1994:37-38. Hi seguia el guiatge de Kristeller, 1989.

[254] Un panorama de conjunt des de la literatura d'orígens és el que ofereixo en 2010: 7-11.

[255] En dóna compte l'esplèndid pròleg de José Miguel Martínez Torrejón a Fray Bartolomé de las Casas (xxxii-xxxiii).

Ens cal treure'ns la bena dels dulls d'una vegada. Com li va passar a Petrarca amb Ciceró, decebut havent llegit el seu *Epistulae ad Atticum* i descobrir que era tan imperfecte com qualsevol home, posem els humanistes on els correspon en justícia: un lloc destacat en la història cultural d'Occidente, però res més. No se'ns passi pel cap d'utilizar-los en les polèmiques entre nacions i cultures amb el propòsit de determinar quina d'elles és capdavantera o marca el ritme, si és que es pot expressar així. Que s'hagi fet en altres temps, llunyans o propers, és un altre capítol més en el gran llibre de la Història de la Cultura que caldrà anar revisant amb la calma que es mereix. I tornant a l'ús del Concili de Trent com a criteri, no sols és improcedent per motius cronològics, ans resulta un *nonsense*, car aplicat al conjunt de l'Europa catòlica, deixaria fora la mateixa Itàlia, bressol i fita del Renaixement i pàtria o terra d'acollida dels principals humanistes.

Evidentement, es tracta d'una operació errònia en origen, com ho és també la que estableix, d'acord amb Werner Weisbach, que el Barroc és l'art de la Contrareforma (és el títol del seu principal llibre, 1921). La clau ens la dóna la resposta a una pregunta obligada: és que tan sols va haver-hi Barroc als països catòlics? Per descomptat que no. Senzillament, el Concili coincidí en el temps amb una de les derivacions manieristes que, indefectiblement, segueixen les èpoques marcades pel seu classicisme. Aquesta darrera és opinió mantinguda pels mateixos estudiosos centreeuropeus que segueixen els postulats del suís Heinrich Wölfflin (1888), deixeble directe de Burckhardt, i tenen el seu primer portaveu en el gran romanista alemany, Curtius (1948).

Les dues últimes décades han estat decisives per a enfortir una percepció del fenomen, distinta de bat a bat de la que oferien els panorames generals, tant els relatius al conjunt d'Europa (a alguns d'ells faig referència més avall), com els centrats en el cas espanyol, com ara els hispanòfobs Wantoch i Klemperer. Els primers intents per tal de corregir els seus excessos, i fins per a encarrerar la investigació per viaranys rodonament diferents, vingueren de part de la nata de l'hispanisme internacional, amb Marcel Bataillon com a banderer; junt a ells, n'hi havia d'espanyols, com un matiner Américo Castro i, rere el seu deixant, Dámaso Alonso, Eugenio Asensio o Miquel Batllori. Aquesta formidable constel·lació se centrà en l'erasmisme espanyol en el marc de l'espiritualitat europea del Cinccents. Per altra banda, molt abans que el nostre segle XV enlluernés un grapat d'experts britànics i espanyols d'especial vàlua, alguns intel·lectuals, se n'havien ocupat de la cultura d'aquella època de manera més o menys precisa, com ara José Amador de los Ríos, el Conde de Puymaigre o Marcelino Menéndez Pelayo. Està clar que, donada la seva llunyania, per tal de jalonar el terreny s'imposngués de recórrer a altres noms.

Si hagués de marcar un *terminus a quo* entre els que hi compten amb mèrits, em quedaria amb el primerenc i formidable treball de Mario Schiff sobre la bibliofília del primer Marquès de Santillana (1905); a continuació, ja passada la Guerra Civil, afegiria almenys tres noms espanyols: el del pare Félix G. Olmedo, pels seus dos llibres sobre Elio Antonio Nebrija (1942 i 1944); el del pare José López de Toro, pel seu treball amb les *Epístolas* de Juan Verzosa, 1945), l'*Epistolario* de Pedro Mártir de Anglería, 1953-1957, i les *Décadas* d'Alfonso de Palencia, 1970-1974, entre altres aportacions; i en fi, el d'Andrés Soria Ortega, en raó d'un sol però important llibre, el que va dedicar a la cort napolitana d'Alfons IV[256] (1956).

A Catalunya, el primer intel·lectual de referència és Antoni Rubió i Lluch, deixeble avantatjat de Milà, historiador i hel·lenista, que s'ocupà de la presència de les tropes aragoneses a Atenes i el Peloponès en el segle XIV. La pruïja nacionalista que l'animava es percep nítida en *El renacimiento clásico en la literatura catalana. Discurso leído en su solemne recepción en la Real Academia de Buenas Letras de Barcelona, el día 17 de junio de 1889* i s'intensificarà en altres treballs que aniran apareixent en les dècades següents. La flama es mantingué viva àdhuc en els moments més durs de la Postguerra, encara que les idees es dispensaren amb paraules ajustades, en les quals l'amor a la terra catalana no es manifestava en declaracions obertament nacionalistes. En aquest sentit, percebem una evolució veritablement reveladora en l'obra del seu fill, Jordi Rubió i Balaguer, gran especialista en Humanisme hispànic, alhora que autor d'una

---

[256] Recordem que era Alfons IV d'Aragó i V de Castella.

utilíssima *Història de la literatura catalana* (1984-1987) que, junt a la resta de les seves obres completes, van anar publicant els benedictins de Montserrat. El patriotisme català agermanà Renaixement i Renaixença i s'esforçà per a demostrar la precedència de la Corona d'Aragó i molt en particular de la cultura en llengua catalana en el conjunt dels regnes peninsulars i abans de fargar la unitat d'Espanya.

L'enfocament panhispànic propi dels romanistes catalans, que arriba nítid a un investigador d'ampli espectre com Ramón Menéndez Pidal i deixa marca indeleble en Martí de Riquer i la seva escola, resulta vertaderament oportú per a enfocar el fenomen que ens ocupa. Si no ens movem sobre la mateixa xarxa teixida pels aconteixements històrics, no ens n'assabentem bé, malgrat que ens limitem a figures aparentment locals, com ara el Marquès de Santillana. Els santillanistes, malgrat tot, tenim bé apresa la lliçó i sabem que l'itinerari vital i literari de don Íñigo no sols comprèn les seves possesions septentrionals o l'àmplia franja que va des de Guadalajara, i per Somosierra, fins a la calçada segoviana. El seu paisatge tampoc no es completa amb el dels seus anys en la frontera andalusa o en la ratlla aragonesa, en el fred Moncayo. Amb encert, Rafael Lapesa obre *La obra literaria del Marqués de Santillana* (1957) amb una estampa carregada de sentit, ja que resulta fonamental per a entendre no sols les afeccions de l'aleshores el jove Íñigo sinó també el seu ampli univers de referència cultural. Llegim el mestre en els primers moments del seu magnífic estudi (pp. 1-2):

> Hay ocasiones en que las noticias de los archivos aparecen tan llenas de sentido en su escueta redacción que se nos antojan simbólicas. Así ocurre con la merced que el príncipe de Gerona, el luego rey de Aragón Alfonso V, otorgó en marzo de 1414 a su amado copero mayor Íñigo López de Mendoza: el heredero del trono regalaba a su joven servidor una ballesta alemana, una adarga cubierta de seda, un hacha, una espada de dos filos y "un arpa apte a sonar". [...] Después, los seis años que pasó en la corte de Aragón (1412-1418) le brindaron ocasión favorable para hacer su entrada en el vergel de la gaya ciencia: don Alfonso tenía a su alrededor poetas bien conocidos

ya, como su alguacil Andreu Febrer, o jóvenes que andando el tiempo habían de serlo famosos, como Jordi de Sant Jordi, su camarero, o el halconero Ausiás March.

Si estenem el radi d'acció a la cultura gallecportuguesa, hi avancem (veus ací, per exemple, l'al·lusió en el *Prohemio e carta* al *cancioneiro* de la seva àvia doña Mencía), però parlar d'aquest gran dinamitzador de la cultura castellana obliga a projectar la vista molt més enllà: a França i, per descomptat, a Itàlia. Aquest mateix recorregut han hagut de fer aquells de nosaltres que pretenien d'il·luminar la gran transformació cultural del Quatrecents espanyol. L'escola britànica, que hi ha donat passos encertats, ja ens portava avantatge, car des dels temps d'Aubrey F. Bell i William J. Entwistle, els hispanistes ho eren plenament, en atenció al conjunt de les cultures hispàniques: si el primer era, a més, un sòlid lusista, el segon es caracterizà per adoptar en les seves investigacions una perspectiva panhispànica (*The Arthurian Legend in the Literatures of the Spanish Peninsula* [1925]) o paneuropea (*European Balladry* [1939]). Així doncs, no pot estranyar que, en un llibre de maduresa, Peter Russell atengués l'importantíssim fenomen de la traducció en el conjunt de la Península (*Traducciones y traductores en la Península Ibérica (1400-1550)* [1985]) o que Robert Brian Tate s'estrenés com estudiós catalanista (*Joan Margarit i Pau, a biographical study* [1954]) per tal d'estendre més tard les seves recerques a la resta de la Península, incloent-hi Portugal. Rere d'ells, el rellevament està ben assegurat gràcies a dos grans mestres que, per raó d'edat, ocupen una posició estratègica: Jeremy N. H. Lawrance i Julian Weiss. El seu apreuat mètode és una versió depuradíssima del que aprengueren en els seus majors o precedents.

En el cas de Espanya, en cas de veure'm obligat a triar algun nom entre les escoles que s'han ocupat de l'Humanisme i Renaixement, crec de fer justícia en destacar el de Francisco Rico, pel seu enfocament paneuropeu més que panhispànic i per tal com és el nus d'on brollen dues sòlides branques, representades per Lola Badia i els seus deixebles de Barcelona i per Pedro Cátedra i els seus deixebles de Salamanca; per altra part, des de les especialitats de cultura grega i cultura llatina, els dos noms obligats són, respectivament, els dels germans Luis i Juan Gil, que a a la vegada n'han format experts que ja mereixen el títol de mestres en la matèria. Als esmentats, cal sumar tota una relació d'erudits de les més diverses especialitats filològiques i històriques (en atenció al Dret, la Medecina, la Farmàcia, etc.), necessàriament interrelacionades.

Els escrits de tots ells ajuden a matisar afirmacions categòriques i a reviser les taxonomies rígides en excès en el maremàgnum de la Història de la Cultura d'Occident. De les últimes, en ocasions, m'he servit com el qui més, encara que sabia a l'avançada que etiquetar els fruits de l'esperit no és el mateix que descriure la flora d'un indret determinat (una de les meves passions confessades); d'on es deriva que la reflexió de George Steiner hi resulti especialment higiènica (1998, 17-18):

> Siempre he desconfiado de la teoría a la hora de resolver mis asuntos emocionales, intelectuales y profesionales. En la medida de mis posibilidades, encuentro sentido al concepto de teoría en las ciencias exactas y, hasta cierto punto, en las ciencias aplicadas. Estas construcciones teóricas precisan, para su verificación o refutación, de experimentos cruciales. Si son refutados, serán sustituidas por otras. Pueden formalizarse lógica o matemáticamente. La invocación de la teoría en el terreno de las humanidades, en la historia y en los estudios sociales, en la evaluación de la literatura y las artes, me parece mendaz.

A despit que caldria tractar-lo amb tota cura, el recetari de Burckhardt es troba dispers arreu i es manifesta allà on menys s'esperava. Quan em surt a l'encontre en estudis menors, ni tan sols m'immuto; al contrari, però, quan ho detecto en els escrits d'investigadors especialment capaços i deixondits, em provoca sensacions desagradables. En realitat, ningú no s'escapa d'aquest munt d'idees heretades; per això, al primer descuit, alguna d'elles o un grapat es fiquen de trascantó en l'assaig més greu i ponderat. Per exemple, entaforada a penes, en percebo amb tota nitidesa la silueta en cert passatge de John H. Elliot al·lusiu a la conquesta d'Amèrica pels espanyols (2006, 15):

Mientras que los primeros misioneros habían llevado consigo algo del optimismo y la curiosidad de la Europa del Renacimiento, la segunda generación había madurado en la era de la Reforma y la Contrarreforma, profundamente imbuida de un concepto agustiniano del pecado original. Esta actitud más pesimista […]

Si no em convenç l'aplicació del patró burckhardtià ni en el cas d'Espanya ni en el de cap altra nació europea és perquè no correspon a la realitat ni en aquesta ni en tantes altres ocasions. De bon començament, en els anys dels Reis Catòlics, l'optimisme alternà amb un pessimisme accentuat, particularment en morir el Príncep don Juan. És cert que, malgrat aquest daltabaix, bufaven aires messiànics i patriòtics, cosa que multiplicà les referències a una nova Edat d'Or (Gómez Moreno & Jiménez Calvente). En camp tan fèrtil, prosperà la literatura heroica: mentre que Hernán Núñez s'esforçà, infructuosament, a elevar el *Laberinto* de Mena al rang de poema nacional,[257] l'èpica en llatí i romanç deixà testimonis d'enorme riquesa i gran interès, que encara esperen una atenta consideració. El temor a una segona destrucció d'Espanya pel retorn dels sarraïns, a causa de les guerres civils, semblava esvair-se, tot i que no mancaven raons per la preocupació; d'aquesta manera, si d'una banda l'ambient mil·lenarista fou beneficiós per Ferran d'Aragó, en la mesura que la seva figura es va associar a la del monarca redemptor, d'altra engreixà la creença que l'arribada de l'Anticrist era imminent, com reflecteix una literatura que té el seu moment daurat precisament en aquests anys.[258]

Igualment, l'estampa d'una mort democràtica i triomfant es filtrava arreu arreu: en els llibres, era el resultat d'aplicar peces xilogràfiques o planxes a pàgina sencera; en les esglésies, es plasmava en frescos, talles i relleus, amb una cronologia que duu obstinadament el final del segle XV i els inicis del segle XVI; de fet, a tot Espanya,

---

[257] Com han demostrat les investigacions de la pròpia Jiménez Calvente (2002), i les d'Antonio Cortijo i Julian Weiss (en la secció de Projectes desenvolupats en *eHumanista*).

[258] Valguin les investigacions d'Alain Milhou (1983) i José Guadalajara Medina (1996 i 2004).

els testimonis d'aquesta època aixafen en nombre els corresponents a la segona meitat del segle XIV, ran de la primera gran pesta.[259] La poesia fúnebre continuava donant la paraula a la terrible dama, com en *La vida y la muerte* o *Vergel de discretos* (1508) de Francisco de Ávila, un híbrid manifest de la Danza y el "decir" narratiu dels cançoners castellans, recolzat per principi en el tòpic de l'*Ubi sunt*.[260] En paral·lel, mantenia la seva embranzida el *De contemptu mundi* o *De miseria humanae conditionis* d'Innocenci III (1161-1216), transmès per uns setcents manuscrits i més de cinquanta impressos, que penetren decididament en el segle XVI i transmeten una percepció absolutament negativa del món i l'home, un missatge xifrat de manera morbosa i, per això mateix, especialment atractiva. L'obsessió pel trànsit de la mort i la salvació de l'ànima justifica que, al voltant d'aquests anys, triunfin les *artes bene moriendi*.[261]

Tot plegat, tot ho impregnaven un ascetisme i una espiritualitat que reivindica la figura de Maria i exalta el Crist més humà i més feble: el del pessebre i la creu. Al darrere estan els franciscans, que tenen el seu primer nom en el reformista Juan Rodríguez de Cisneros; darrere estan també els espanyolíssims jerònims, entre els quals es comptava fray Hernando de Talavera. Per cert, no oblidem que aquests monjos contemplatius pertanyien a la gran família agustiniana, de la qual sortiren els principals reformistes del segle XV (Kempis, Groote i els Germans de la vida en comú) i de la qual sortiria el mateix Luter. Molts títols del passat es recuperaren i reforçaren una literatura de signe marcadament cristològic, que parlava del triomf sobre la mort quan el creient accepta el seu caràcter inevitable i s'ha apartat dels paranys del món, el dimoni i la carn. Entre els qui s'expressen així es trobava un autor d'altre temps, el dominic Domenico Cavalca (*ca.* 1270-*ca.* 1342), l'*Specchio della Croce* del qual fou traduït al castellà,

---

[259] Per altres testimonis del tema macabre des de les *Cantigas* alfonsís en avall, recomano de llegir Francesca Español Bertrán (1992).

[260] Per aquesta obra, vegeu l'edició i estudi de Pedro Cátedra.

[261] Després de la tasca pionera d'Ildefonso Adeva, els últims anys han vist l'estudi de Rebeca Sanmartín Bastida (2006) i les edicions d'Antonio Rey Hazas (2003), i de l'equip format per Tomás González Rolán, Pilar Saquero Suárez-Somonte i José Joaquín Caerols Pérez (2008).

portuguès i català; i altre més pròxim, el franciscà Cherubino de Spoleto (1414-1484), les *Fiore di virtù* del qual van gaudir de versió castellana i catalana.

En la tardana Edat Mitjana, en el Renaixement i en el Barroc, a banda de la Bíblia, l'hagiografia, amb la seva característica trucada a donar testimoni de fe amb una vida de privacions i, sobretot, mitjançant una mort gloriosa (recordem que *martirio* val com 'testimoni'), no va trobar rival en el mercat del llibre. El nom del dominic Jacopo de Voràgine o Varazze (1230-1298), autor de *Legenda aurea*, va ser pertot des de finals del segle XIII fins a mitjans del segle XVI.[262] El relleu el va prendre un altre italià, Luigi Lippomano (1500-1559), a les *Sanctorum priscorum patrum vitae* del qual van pouar tant l'alemany Lorenzo Surio (1522-1578), com l'espanyol Pedro de Rivadeneira (1527-1611) i els jesuïtes bol·landistes. En els països catòlics, el consum de les *vitae patrum* va ser el comú denominador de bastants segles. És completament diferent el cas d'aquells altres en què triomfà la Reforma, en els quals els sants i els llibres que se n'ocupen foren bandejats tot d'una. De retorn a la nostra matèria, tot sembla indicar que la *Weltanschauung* o cosmovisió d'un espanyol qualsevol, en allò més fonamental era més o menys la mateixa en l'època dels Reis Catòlics i en la de Felip II.

Amb altres paraules. Eliminades les impureses de la pintura del primer Barroc gràcies a l'hàbil mà del restaurador, renaixen uns colors que no tenen res a envejar als de l'escola veneciana. Passa el mateix àdhuc quan es treballa amb la tècnica manierista del clarobscur, projectat en el tenebrisme del segle XVII. Si ens endinsem en aquesta centúria i arribem al mateix Velázquez, obtenim igual resultat, lliçó aquesta que vaig aprendre a la meva infantesa. Per aquells temps, no entenia la tan sabuda primeria del sevillà en la història de la pintura espanyola, ni la contemplació extasiada de *Las Meninas* en el Museu del Prado. Allò era pura obscuritat i coincidia en el poc, i gens bo, que havia sentit a dir sobre aquell període, i per tant inevitablement vaig

---

[262] De la fortuna espanyola de les seves *vitae sanctorum*, manuscrites i impreses, llatines i vernacles, sabem molt gràcies a José Aragüés Aldaz i Fernando Baños Vallejo, les principals aportacions dels quals es recullen en el meu llibre, ja citat, de 2008.

concloure que Velázquez no m'agradava i l'art barroc m'esgarrifava. Aleshores s'inicià la neteja sistemàtica dels seus quadres, el primer de tots *Las Meninas*. Quan vaig anar a veure el resultat d'aquella intervenció, vaig quedar colpit: ara percebia amb nitidesa el poderós dibuix de qui fos deixeble de Francisco Pacheco. I quins colors! Aquell dia vaig rebre una vacuna, crec que definitiva, contra les idees heretades que es potencien per mitjà d'apreciacions errònies.

Des del títol, m'he referit seguidament al Renaixement i Humanisme sense delimitar els seus àmbits, propers, sí, però clarament diferenciats. Per això he considerat oportú d'aportar ara, una mica retocat només, un vell treball: una conferència que vaig impartir l'11 de novembre de 1992 a la Real Sociedad Económica Matritense. En les pàgines que llegiran Gómez Moreno (1994b), vaig anticipar algunes dades del meu llibre de 1994, i per tant en cap cas hi cal veure un resum o epítom de dit volum, ja que n'eren just el contrari: un esbós. Poc després, havent passat per una primera refosa, vaig incorporar el treball a la gran base de dades de la *Enciclopedia Universal de Micronet* (1995-), de la qual durant sis anys en vaig ser responsable científic; des d'aquest moment, amb permís o sense, el meu "Humanismo en España", perquè aquest és el títol que porta en la seva versió electrònica, ha caigut en mans de persones interessades que han donat un tractament divers al material. Si en la gran part dels casos s'ha reconegut la meva autoria, en altres el meu nom s'ha silenciat (a pesar que, a l'interior, sona nítida la meva veu), i per això el material aparenta ser sense amo. Per sort, ells no han tingut accés a una última revisió, de la qual m'he servit en classe els darrers anys, la mateixa que vostès comencen a llegir en aquest mateix instant.

****

Humanisme i Renaixement són conceptes íntimament relacionats; per aquest motiu, en no poques ocasions s'usen com sinònimos *vel quasi*, tot i que el segon és més general i engloba fenòmens de molt diversa índole. Així, els qui s'ocupen del Renaixement tenen en compte la teoria política o la reforma religiosa junt amb les transformacions experimentades en el domini estètic; en dit cas, la

245

literatura només és una companya de viatge de la totalitat de les arts plàstiques. En canvi, quan l'objecte d'estudi és l'Humanisme, l'atenció s'adreça cap a fenòmens de caràcter erudit (que justifiquen el fet de brollar noves disciplines del tipus de l'Arqueologia, l'Epigrafia o la Numismàtica, d'enorme pes, això sí, en el domini de les arts plàstiques) i, sobretot, literari-filològic. Les dues grans novetats de l'Humanisme en aquest últim terreny són les següents:

1) Un profund amor als clàssics, més enllà de les repetitives llistes d'*auctores* o cànons de lectura de l'Edat Mitjana (basta de fer una ullada a les recollides per Ernst Robert Curtius en la seva *Literatura europea y Edad Media latina*, la qual jo vaig endegar en relació a la fi del segle XIII a Espanya [2000]) i fora del marc dels centres d'ensenyament (els clàssics són ara consumits en les estones d'oci pels membres dels estaments privilegiats). Això animarà les batudes en busca d'escriptors desconeguts o oblidats, com Catul o Tàcit; de la mateixa manera, aquesta passió portarà a perseguir versions completes d'obres conegudes tan sols de manera fragmentària, com les *Institutiones oratoriæ* de Quintilià o l'*Ab urbe condita* de Titus Livi, que mai no va poder recuperar-se en la seva versió íntegra; o a completar la bibliografia dels autors més admirats, amb el paradigma d'aquest nou Ciceró que es descobreix a Francesco Petrarca (1304-1374) en les *Epistulæ ad Atticum*, el mateix que enlluerna els amants de la Retòrica amb la seva ambiciosa trilogia –l'*Orator*, el *De oratore* i el *Brutus*, més enllà del *De inventione*–, i que brinda un model d'eloqüència en els discursos descoberts per Poggio Bracciolini (1380-1459).

2) La revisió o rebuig del *textus receptus* (el text tal i com l'ofereia la tradició) quan abundava en lliçons aberrants o mutilacions. Aquest procés és paral·lel a la persecució del *codex optimus* o *bon manuscrit*, que acostuma a presentar-se a tall de *codex antiquissimus*. En ajut dels amants de la literatura clàssica van venir dos eines filològiques: la *recensio* i la *emendatio*, perfilades per Petrarca i perfeccionades per Lorenzo Valla (1405-1457) i Angelo Poliziano (1454-1494) per a treballar amb els clàssics o amb la Bíblia. De pas, la Filologia oferí recursos per a altres tasques de gran importància, com la identificació de textos espuris: en aquest

cas, el paradigma es troba, sense cap dubte, en la sàvia refutació de Lorenzo Valla en el seu *De falso credita et ementita Constantini donatione* (1440), una sòlida investigació en la qual l'erudit rebutjà l'autenticitat d'un document suposadament redactat per l'Emperador Constantí, on aquest deixava Roma i Itàlia en mans del Sant Pare; Valla provà que dit document era necessàriament fals per mitjà d'arguments de caire erudit i filològic.

Totes dues aportacions (el rescat dels textos clàssics i la seva revisió filològica) vingueren de la mà dels valedors de l'anomenada "crítica d'exploradors" o caçadors de llibres, que cobrà extraordinari vigor gràcies als esforços de Coluccio Salutati (1330-1406). Les perquisicions de Petrarca, Salutati i els humanistes del segle XV se centraren en les biblioteques monàstiques i catedralícies de més gran importància de la Gàl·lia Cisalpina (que avui correspon a les províncies del nord d'Itàlia) i en les d'altres centres enclavats a les modernes França, Suïssa i Alemanya; fora daquests límits queda, està clar, aquell enlluernador dipòsit de llibres situat al cor de la Península Itàlica que és el Monestir de Montecassino. D'entrada, s'ha d'admetre que, en tots dos aspectes que s'acaben d'esmentar, ni Espanya ni la resta d'Europa aportaren massa als estudis filològics i a l'Humanisme abans de finals del segle XV.

Si hom mira solament Espanya, en el seu descàrrec cal dir que una feina semblant hauria ensopegat amb l'absència de còdexs antiquíssims en les nostres biblioteques. Qui es vulgui molestar a fer-hi una ullada al *Catálogo de manuscritos latinos en España* de Lisardo Rubio (1984) o a *Texts and Transmission. A Survey of the Latin Classics* (1986), editat per L. D. Reynolds, li estranyarà que les nostres còpies siguin, generalment, tardanes i pertanyin a branques altes en les seves distintes tradicions textuals. En els erudits espanyols d'aquella època, rara vegada es descobreix alguna mena de preocupació filològica; tanmateix, s'ha de dir que la seva tasca en el camp de la traducció dels clàssics no té parió en la resta d'Europa. Certament, els resultats d'arromançar constitueixen un fenomen endèmic de les lletres peninsulars al llarg del segle XV. En aquest terreny, cal adonar-se d'un tacte que s'ha de qualificar de *filològic* en Alfonso de Cartagena (1386-

1456), ja que, en la seva versió castellana del *De officiis* de Ciceró, es va proposar d'eliminar la glossa incrustada en l'original llatí al llarg dels temps mitjos, tal com ha demostrat María Morrás en la seva brillant edició de l'obra (1996).

Aquest culte als clàssics lliga bé amb la voluntat de netejar el llatí d'adherències impròpies, cosa que explica el refús del llatí bàrbar (o *frailuno*, segons les paraules de Leonardo Bruni [*ca.* 1370-1444], terme que torna a aparèixer en un interessant escriptor castellà de mitjans del segle XV, Fernando de la Torre, quan, en una de les seves cartes, escomet la "retórica frairiega"). En aquesta òrbita, l'aportació espanyola fou d'una extraordinària solidesa des d'abans de la publicació de les *Introductiones latinæ* d'Antonio de Nebrija (1444-1522) en 1481. Parellament hi ha dues empreses lingüístiques de la major importància. La primera és la recuperació de la llengua grega –basti recordar ací la dita medieval *græcum* (*græca*) *est, ergo non legitur*–, iniciada d'alguna manera en el període carolingi, tímidament continuada en el Prerenaixement del segle XII i reeixida a partir del tardà Trescents, sobretot ran de la caiguda de Constantinoble i l'arribada a Itàlia de mestres. En darrer terme, s'inicià tot un procés de dignificació i posterior exaltació de la llengua vernacla.

La ressonància de la primera d'aquestes tendències és enorme a Espanya, des del primerenc filohel·lenisme d'alguns dels grans escriptors de la Corona d'Aragó (Ramon Llull [*ca.* 1232-1316], Arnau de Vilanova [1238-1311] i, sobretot, Juan Fernández de Heredia [*ca.* 1310-1396] amb el seu equip de traductors de textos grecs) fins a la constitució de la càtedra de grec de la Universitat de Salamanca, ocupada per Arias Barbosa (*ca.* 1456-1530) entorn al 1490; a l'endemig, resta la frustració d'un Alfonso de Cartagena, dolgut per no saber llengua grega (en les seves *Declinationes* sobre la traducció de l'*Ètica* d'Aristòtil per Bruni o també en el seu encara inèdit *Duodenarium*, que aviat veurà la llum gràcies a Luis Fernández Gallardo i Teresa Jiménez Calvente), o la sospita d'un ferm coneixement del grec en personatges com el curiós i erudit Fernando de Córdoba (*ca.* 1421-1480), ambaixador de Juan II i confessor d'Alfons el Magnànim, que, junt a la seva prodigiosa memòria, era cèlebre pel seu coneixement de vàries llengües. Pel que fa a l'exaltació de les distintes llengües vernacles, la reivindicació del castellà es convertí en un lloc comú des de mitjans del segle XV.

Als ulls de la crítica moderna, els orígens de l'Humanisme guarden una estreta relació amb certs moviments patriòtics que tingueren lloc a l'inici del Trescents. Des dels anys del gegant Dante Alighieri (1265-1321) i de Geremia da Montagnone (*ca.* 1250/1260-1321), el seu contemporani, i, sobretot, des de l'època de Petrarca, la frustració dels erudits italians convidà a una segregació de la seva pàtria respecte de la resta d'Europa; en la seva ajuda venia el record de la frase ciceroniana en el seu *De provinciis consularibus oratio*: "Alpibus Italiam munierat ante natura non sine aliquo divino numine". La ruptura d'aquesta barrera natural havia aportat la desgràcia a les terres d'Itàlia, des de les invasions bàrbares fins a les de forces franceses o espanyoles en el període de l'Humanisme.

Si ens enfondim en el passat, els *Mirabilia urbis Romæ*, des del segle XII, havien servit per a despertar la consciència de l'antiga grandesa de Roma: *Quanta Roma fuit ipsa ruina docet*. El desig de recuperar la perduda glòria encoratjà tant Cola di Rienzo (1313-1354) en el terreny polític como Petrarca en el literari i erudit. En ambdós casos i per vies diferents però confluents, es tractava de deixar enrere la postració aguda que travessava Itàlia. Per als humanistes, els clàssics eren els seus avantpassats i l'Imperi Romà la clara mostra de la seva grandesa en tots els ordres: d'on davalla el refús a llurs enemics naturals, els *barbari*, visible des de Petrarca (que ni tan sols exclogué els francesos, *semibarbari*, a despit del seu deute amb París o amb Avinyó). Les ires dels humanistes s'adreçaren sobretot contra els pobles germànics, que, en el segle XV, compartiren els atacs amb els francesos i els estimats alhora que odiats espanyols (els prejudicis respecte de la nostra bel·licosa nació es manifesten almenys des de Lorenzo Valla o Giovanni Pontano [1426-1503] i assoleixen Benedetto Croce, en ple segle XX). Malgrat aquest nacionalisme panitalià, que relegava la resta d'Europa a un segon lloc, moltes de les propostes dels humanistes afonaren en altres països; en relació a això, la Península Ibèrica va haver d'obtenir notables beneficis.

Aquest fenomen històric anomenat Humanisme (terme forjat a partir d'aquells *studia humanitatis* o *studia humaniora*, als quals al·ludeixen els erudits des del tardívol Trescents) es correspon amb el deixondiment d'un marcat esperit nacionalista a Itàlia. L'anhel de temps millors no sortia del no-res: com mostra d'un passat gloriós digne d'elogi i emulació, s'hi trobaven els seus enlluernadores *vetera vestigia* i els grans autors clàssics. Ara que hom entenia llur missatge, les omnipresents ruïnes romanes desvetllaven en l'Italià del Trecento i Quattrocento una pregona emoció; per la seva banda, en els clàssics llatins descobria uns il·lustres avantpassats dels quals hom se sentia orgullós, car d'ells n'havia heretat tot, començant per la llengua que parlava. Per això, l'home del moment començà a percebre amb claredat un il·lustre passat i a desitjar un present que havia de ser igualment preclar si abandonava el llast de la *Media Tempestas.*

D'aquesta manera, l'humanisme italià fou aliè a Europa en el seu estímul inicial com, irremeiablement, ho va haver de ser també en algunes de les seves conseqüències; malgrat tot, no és menys cert que molts dels seus èxits culturals, de valor universal, foren assumits arreu. Sols per aquesta última raó és possible de parlar d'un humanisme europeu, francès, alemany, o anglès, encara que la coincidència en l'etiqueta no amagui les profundes diferències que hi existeixen. De tota manera, cal recordar que els segles previs —i molt en especial els denominats *prerenaixements* (como l'"'isidorià" del segle VII, el "carolingi" del segle IX o l'anomenat "Prerenaixement del segle XII")— vénen a demostrar la primera de les veritats: que per a tastar els clàssics i l'Antiguitat grecollatina ni va ser ni en el futur esdevindria imprescindible de tenir un bressol italià. Itàlia, això sí, estimulà voluntàriament o involuntàriament la resta d'Europa i donà una saba nova i vital a determinades tendències culturals més o menys desenvolupades.

Quant a això tan sols resta admetre la postura tradicional de molts estudiosos: Espanya en va ser l'excepció. Tanmateix, per tal de donar per vàlid aquest lloc comú és obligat d'invertir els seus termes en oberta paradoxa, ja que la peculiaritat espanyola es recolza al fet que la Península no només s'aprofità de les aportacions dels humanistes italians, com la resta d'Europa, sinó que en gran mesura va saber assimilar la seva mateixa essència nacionalista. Vegem alguns exemples:

a) La llengua castellana va competir amb la italiana quant a la noblesa de la seva nissaga. Si Petrarca censurà Dante per haver-se servit de l'italià i no del llatí en la seva *Commedia*, en el fons hom sap que considerava totes dues com la mateixa llengua en els seus nivells superior (llatí) i inferior (italià). Gràcies a aquest argument, la superioritat de la llengua d'Itàlia (la mateixa que parlava la plebs en temps de Ciceró, segons es pensaven alguns humanistes) quedava demostrada. Resulta curiós que tals reivindicacions tampoc no manquin en Espanya, havent anteposat el castellà al seu més directe rival: l'italià. Així, en una glossa al *Diálogo de vida beata* (1463), incorporada al manuscrit autògraf de Juan de Lucena (*ca.* 1430-¿1506?), es defensarà la primeria d'aquesta llengua sobre qualsevol altra d'arrel llatina; del mateix parer serà l'anònim autor de la refosa d'una obra de Guarino de Verona (1374-1460), el *De Linguæ Latinæ Differentiis*.[263] El més curiós és que aquesta opinió va trasbalsar àdhuc visitants foranis, tal com s'endevina en l'*Itinerarium Hispanicum Hieronymi Monetarii, 1494-1495*, en què Jerónimo Münzer manifesta la germanor del castellà i del llatí per sobre de la que aquesta llengua té amb la d'Itàlia: "Ydeoma hispanicum propinquius est latino quam ytalicum, et hispanicus facile intelligit latinum".

b) Si Petrarca havia presumit de ser *italus, id est latinus* (*ego vir italicus*), si Leonardo Bruni havia menyspreat la versió de l'*Ètica* d'Aristòtil de Guillermo de Moerbeck (1215-1286), en part per ser l'obra d'un bàrbar, si Benvenuto Rambaldi da Imola (en el seu comentari a Dante, *ca.* 1380) limitava el valor de l'enciclopèdic *Speculum* de Vincent de Beauvais (que va finir *ca.* 1257-1258) per ser *opus vere gallicum*, els espanyols hi arreplegarien arguments semblants. Fins i tot en aquest cas, en el qual la postura adoptada per Petrarca o per Bruni resulta de difícil exportació, hom pot bessllumar la seva empremta en un membre de l'equip cisnerià: es tracta de Diego

---

[263] Copiat al final d'un Comentari al *Inferno* de Dante en el ms. S-II-13 de la Biblioteca del Monestir d'El Escorial.

López de Zúñiga, autor d'unes molt polèmiques *Annotationes contra Erasmum Roterodamum in defensionem traslationis Novi Testamenti* (1520). Zúñiga va escometre Erasmo de Rotterdam (1467-1536) amb armes similars a les emprades pels italians, car la seva defensa, a més de filològica, era patriòtica: les seves *Annotationes*, entre altres coses, intentaven aturar els passos a un agosarat bàrbar del Nord, a un bàtave, ja que no era altra cosa Erasme. Tal volta es proposava abaixar els espanyols? Espanyol era qui responia i li recordava la nostra superioritat pel fet de ser llatins i per tenir, al capdavall, orígens romans; després d'aquest atac, Zúñiga passà a reivindicar la potència del nostre exèrcit i la feracitat de la nostra terra. Finalment, al tradicional esplendor literari espanyol, junyia la renovació dels *studia humanitatis* de la mà de Nebrija, Barbosa i el Comendador Hernán Núñez (1475-1553); l'elogi final l'adreça, com no podia deixar de ser, al Cardenal Cisneros, el panegíric del qual clou la seva forta invectiva contra l'ardit filòsof del Nord. Com Itàlia, la llunyana Espanya, que queia "in extremo mundo angulo" (en paraules d'Alfonso de Cartagena i de Leonardo Bruni), mostrava la més arrogant de les seves cares a la resta d' Europa; els temps, està clar, hi ajudaven, perquè precisament Carles V seria coronat emperador el mateix any 1520. Ara bé, Espanya comptava ja amb les seves armes de l'antigor, com la *laus Hispanorum*, que es fa present des de sant Isidor i es fa palès en textos com el *Poema de Fernán González* o el *Libro de Alexandre*.

c) Si per Petrarca la grandesa d'Itàlia arrelava a haver estat bressol de Ciceró i Virgili, Espanya disposava de la seva pròpia plèiade d'autors clàssics, amb Sèneca com a capdavanter, tal com recordaven els seus escriptors. El paradigma d'aquesta nova tendència el brinden Alfonso de Cartagena i Fernán Pérez de Guzmán (*ca.* 1378-*ca.* 1460). El primer ho fa per mitjà de la seva traducció del *De providentia Dei* senequista, on diu a Juan II (rei de Castella entre 1406 i 1454):

> E aunque auedes grant familiaridad en la lengua latina e para informaçión bastaría leer lo que escriuió, pero quesistes aver algunos de sus notables dichos en vuestro castellano lenguaje porque en nuestra súbdita lengua se leyese lo que vuestro súbdito en los tiempos antiguos compuso.

D'altra part, Fernán Pérez de Guzmán, en els seus *Loores de los claros varones de España*, defensa que els clàssics nascuts a Itàlia mai no podrien equiparar-se als de bres espanyol, perquè aquells poc més podien oferir al lector que un bell estil:

De filósofos e auctores
uno fue Séneca ispano;
no desdeñan a Lucano
poetas e istoriadores.
Es entre los oradores
insigne Quintiliano:
España nunca da flores,
mas fruto útil e sano. (Foulché-Delbosc 1912, I, 712)

Amb tan gran argument, es podia assumir la defensa del gloriós passat cultural d'Espanya front a possibles prejudicis externs o, tot ras, hi havia la possibilitat de fruir d'un plaent tot i que enganyós patrioterisme. És el mateix orgull que es comença a entreveure en el primerenc *Planeta* (acabat en 1218) quan Diego García de Campos (Diego Hispano o Hispano Diego) aplega el llistat d'autors hispans esmentats més amunt o quan s'encomana a Sèneca ("Commendo enim Anneyum Senecam, magistrum meum"), la pàtria comuna dels quals ("Hyspanus Seneca") havia recordat poc abans, o, a la fi, quan galanteja amb un superlatiu un clàssic menor: "Latro, subtilissimus hispanorum" (es tracta de Marco Porcio Latrón, 58-4 a.C., orador i escriptor oriündo de Còrdova). Molt més notable és la pruïja nacionalista que transpira el seu il·lustre contemporani Lucas de Tuy en la *laus Hispaniæ* del seu *Chronicon mundi* (1236), ple de sentit en la puixant Espanya de començos del segle XIII. En les seves pàgines, recorda paisans com ara Sèneca, Lucà i sant Isidor; a ells, s'uneix la formidable sorpresa d'un Aristòtil nascut en terra espanyola. Uns anys després, Juan Gil de Zamora, dintre del seu *De preconiis Hispaniæ* (*ca.* 1288), afegirà al Filòsof el nom d'altres dos savis espanyols, els seus dos grans intèrprets: Averrois i Avicenna (en el capítol "De philosophorum ac doctorum Hispaniæ perspicacitate"). Una vegada més, l'impuls de l'humanisme italià animava a recuperar velles proclames patriòtiques.

d) De la mateixa manera, els grans humanistes italians no

dubtaren a afalagar els monarques de Castella, amb el record exemplar de Trajà i d'Adrià; per això, tots dos, junt a la resta dels emperadors d'Hispània, són presents a l'epístola de Bruni quan assegura a Juan II la preeminència castellana sobre els altres regnes d'Europa:

> Ca de España Trajano, de Yspania Adriano, de Yspania Theodosio, de Yspania Arcadio, de Yspania Honorio, de Yspania otro Theodosio emperadores de Roma fueron, assy como por el poeta Claudiano non menos verdadera que exçelentemente es escripto.[264]

Amb idèntic capteniment, Guiniforte Barzizza (1406-1463), a qui Juan II es dignà convidar a Castella en 1433, aprofitava una carta al mateix monarca per a ensalçar els valors dels dos emperadors hispans de més renom, Trajà i Adrià. S'hi podia demanar més? Sí, i de la mà del qui es considerava un il·lustre paisà (encara que per als estudiosos moderns de segur que tenia origen gal): Trogus Pompeu, sempre a través de l'*Epítome* de Justí. Escoltem un vasall dels Reis Catòlics, el doctor Alfonso Ortiz (mitjans del segle XV-1530), quan, en la seva *Oración fecha a los muy poderosos príncipes e muy altos Rey e Reina de España* (I-1905 BNM), ens recorda allò quant als pobles preromans d'Hispània, que eren els més valents del món conegut (fol. 47):

> Si justa cosa es creer al Trogo Pompeo por ser nuestro natural, oyamos su testimonio: no se dio antes toda la España a las armas romanas que todo el orbe universo fuese puesto debaxo de su imperio.

L'espanyol del segle XV buscà en Trogus resposta a la seva conflictiva idiosincràsia, i la trobà amb escreix: a despit de la bondat de la terra (sols pel seu *laus Hispaniæ* es justificava per a molts la qualitat d'espanyol de l'escriptor), l'esperit dels hispans era tan bel·licós que quallà en una cèlebre afirmació: "si extraneus deest, domi hostem quaerunt". No hi havia millor manera d'explicar el mal endèmic que dessagnava Espanya al llarg de la seva història: les contínues guerres civils o *ciutadanes*; segons l'opinió dels *militares viri* i de molts des seus llagoters; però, en aquell ànim guerrer dels naturals d'Espanya, s'hi feia palès alhora la seva principal grandesa. Com testimoni d'aquell orgull

---

[264] Ms. 10.212 BNM, fol. 18r.

nacional que es mostra arreu, no podia faltar la veu de Fernán Pérez de Guzmán, que es planyia que Trogus hagués amagat el seu origen:

Aunque gran historial,
yo le reprehendo e acuso,
porque en sus obras no puso
la su patria occidental. (Foulché-Delbosc ed., 714)

Amb voluntat de plaure el seu senyor, Antonio Beccadelli (1394-1471), conegut com *el Panormita*, astut com sempre, no dubtà a apel·lar el record del lusità Viriato per tal d'adelitar les orelles del rei Alfons (que regnà entre 1416 i 1454), quan inspeccionava el setge a què se sotmetia Caiazzo (maig de 1441). Segons relat del propi autor en els seus *Dicta aut facta Alphonsi regis*, quan el capità que comandava les forces aragoneses, don Lope Jiménez de Urrea, s'atreví a interrompre la xerrada que Beccadelli mantenia amb el monarca, el guerrer s'endugué un bon reny per part del seu senyor. Era Viriato a qui, per aquestes dades, Rodrigo Sánchez de Arévalo (1404-1470) pretenia convertir en heroi nacional en la seva *Historia Hispanica*; i ho aconseguí, com pot concloure qui fullegi qualsevol manual d'Història d'Espanya *ad usum Delphini* (a l'estil de les inefables enciclopèdies d'Álvarez, amb les quals es van formar en l'ensenyament primari els joves espanyols fins als anys seixanta i ara col·leccionades i reeditades en facsímil). Sembla que fins ara, la feblesa del rei aragonès per associacions semblants devia de ser proverbial entre els humanistes; així doncs, la llagoteria erudita suposava un esforç mínim per als cultes personatges amb què acostumava a envoltar-se. Així pren sentit certa postil·la de Flavio Biondo (1388-1463), quan es dolia davant el monarca pel hiatus historiogràfic que mitjançava entre Pau Orosi (segle V) i la seva època; Biondo, i no és casualitat, aprofità per a recordar-li a Alfons IV quin era l'origen del clàssic: "in Hispania tua genitus".

Tornant al terreny de les lletres, es pot comprovar que no tot eren coses del passat: també n'hi havia models dignes d'imitació en el present, segons recorda Diego de Burgos en el seu *Triunfo del Marqués de Santillana* (*ca.* 1459). El text esbalaeix en la mesura que s'inclina per una nova *translatio studii*, aquesta vegada des d'Itàlia a Espanya, gràcies al noble espanyol. En el pròleg a la seva obra, el secretari de

255

don Íñigo llença la idea que, mercès a qui havia estat el seu protector, Espanya no havia fet res més que recuperar el perdut esplendor antic:

> Mas como el varón de alto yngenio viese por discursos de tienpos, desde Lucano e Séneca e Quintiliano e otros antiguos e sauios, rrobada e desierta su patria de tanta rriqueza, doliéndose dello, trauajó con grand diligençia por sus propios estudios e destreza e con muchas e muy claras obras conpuestas del mesmo, ygualarla e conpararla con la gloria de los famosos onbres de Atenas o de Academia e tanbién de Rromanos [...] Así que ya por su causa nuestra España rresplandeçe de çiençia [...] Pues si Apolonio así se dolía que de los griegos por yndustria de Tulio la eloqüençia fuese a los rromanos leuada, quanto más con rrazón oy los de Ytalia se deuen doler e quexar que por lunbre y ynjenio deste señor a ellos sea quitada e trayda a nuestra Castilla e ya en ella a tanta gloria floresca que notoriamente se conoscan sobrados. (Schiff 460-4)

Diego de Burgos no s'hi trobava sol, perquè ens han arribat molts altres discursos encomiàstics relatius a don Íñigo. Així, la *Coronación* de Juan de Mena afirma que fins i tot van haver-hi italians que s'aproparen a Espanya per desig de conèixer-lo; en aquesta referència, es pot descobrir Tomasso Morroni o Cappellari da Rieti, qui va sojornar a Espanya en 1439 i va rebre grans honors per part del Marquès, a qui dedicà un epitafi (una cosa semblant se sap que havia esdevingut amb Titus Livi, la fama de qui esperonà un hispà que es desplaçà fins a Roma). Un dels grans humanistes, Pier Candido Decembrio (1399-1477), va escriure un altre epitafi a la mort del noble castellà (com aquell, recollit per Schiff, *op. cit.*, als apèndixs). Per la seva banda, Juan de Lucena, en el seu *Diálogo de vida beata*, es decanta per una autèntica *translatio studii* des de la remota Grècia a Itàlia per a acabar en Espanya, gràcies, queda clar, a l'obra del Marquès de Santillana.

e) Finalment, a Espanya (com passava a Itàlia) els afeccionats a les antiguitats, tot i que pocs, podien extreure lliçons al voltant de la seva terra, les seves gents i un passat que proclamaven gloriós. El plaer que per les antiguitats sentien els amants dels *studia humanitatis* arribà aviat a reis i papes, com s'observa en Alfons IV i Nicolàs Vè (Papa des de 1447). La fascinació despertada pels autors clàssics molt aviat menà a buscar en les seves tombes i a venerar les seves despulles. Entre altres moltes, una anècdota veritablement sucosa correspon de nou al *Magnànim*, qui va fer tots els possibles per tal de posseir un os del braç (fals, lògicament) del seu admirat Titus Livi, autor que era comentat a diari en la cort napolitana per un tal Antonio Pano. El monarca, que havia tingut l'ocasió de venerar els que es prenien per despulles de Livi a Pàdua, aconseguí tan preuada relíquia gràcies als venecians. Bé que no ha d'estranyar tal devoció pel clàssic si es té en compte que, ja abans, era l'historiador favorit de Petrarca, que Cola di Rienzo havia trobat en la seva lectura l'únic alleujament a la presó d'Avinyó i que per Maquiavel (1469-1527) era el més preuat dels regals. D'Alfons se'n diu també que la lectura d'*Ab urbe condita* fou capaç d'assolir el que cap metge: tornar-li la salut; no obstant això, en els seus *Dicta aut facta Alphonsi regis* (I, 43), Antonio Beccadelli, *el Panormita*, se n'atribueix la guarició, encara que per mitjà de la lectura de Quint Curci, que el monarca malalt escoltà en el seu llit a Càpua, amb tres sessions diàries, fins que es recuperà del tot.

Els escriptors propers al *Magnànim* no paren de recordar la seva desmesurada passió per la cultura clàssica, amb anècdotes que revelen un punt de snobisme i fins i tot de candidesa; així, hom sap també que la pau entre Nàpols i Florència se segellà amb un Titus Livi que Cosme de Mèdicis (1389-1464) va fer a mans d'Alfons. Altres dos moments similars -aquesta vegada aliens a l'autor d'*Ab urbe condita*- mereixen ser aportats a la memòria: aquell en què s'abstingué de menjar per tal d'admirar unes pintures enviades pel Cardenal de Aquilea o aquell altre en el qual es despreocupà d'espantar una mosca parada al seu nas a fi d'escoltar la brillant retòrica de Gianozzo Manetti (1396-1459), que feia d'ambaixador de Florència. L'amor pels *studia humanitatis* compta amb molts més exemples a Nàpols i a les terres d'Espanya.

En veritat, per a trobar espanyols amb una formació arqueològica de cert nivell cal avançar uns quants anys més, fins arribar a la famosa trobada de Màntua convocada per Pius II (entre 1459-1461), a la qual acudiren Rodrigo Sánchez de Arévalo, bisbe de Palència i representant de la Cúria, Joan Margarit (*ca.* 1421-1484), ambaixador de Joan II d'Aragó, i Alfonso de Palencia (1423-1492), qui acompanyava el Conde de Tendilla. Al darrer d'aquests tres erudits es deu una detallada descripció dels edificis de Roma, que incorporà en la seva *De perfectione triumphi militaris* (recollida també en la versió romanç de l'obra), i diverses notícies en una carta adreçada a Jorge de Trebisonda (1396-1486). La seva passió pels vestigis del passat a la Península també es deixava entreveure en una obra de la qual no es conserva més notícia que una precisa al·lusió al final del seu *Universal vocabulario*, que va veure la llum en les premses dels Cuatro Compañeros Alemanes, situades a Sevilla, en 1490 (I-448 BNM):

> Aviendo yo contado en diez libros la antigüedad de la gente española, con propósito de explicar en otros diez el imperio de los romanos en España et desdende la feroçidad de los godos fasta la rabia morisca, conosçiendo que por la negligençia de los scriptores el cuento de los negoçios o oviesse pereçido así o traxesse confuçión en el modo de la verdad, de manera que la narraçión de la destruyción de España o la suma de cómo se fue recobrando lo que los moros avían ocupado en parte sea faltosa y en parte algunas vezes pervertida, donde algunos scriptores modernos en muchas otras cosas loables tocaron así el discurso de nuestros anales. Et quesiera yo con reziente cuidado reparar la quiebra de nuestra gente, mas oprimiendo la angustia de la necesidad antedicha la tan extendida materia de escrivir, se detovo la pluma en otras más breves obrillas.

Si Palencia ha merescut l'atención del mestre Tate, també a ell és degut el profund coneixement que avui tenim de Joan Margarit, servidor d'Alfons d'Aragó i bisbe de Girona entre 1462 i 1484. La pista que havia de seguir estava clara per al fi olfacte d'aquest crític: l'àmplia semblança que dibuixa de la seva figura el llibreter i erudit Vespasiano da Bisticci (1421-1498) en les seves *Vite*. En l'obra de Margarit, que s'educà a Bolonya (entre 1447 i 1453) i se'n serví de diferents fonts gregues, es percep un gran interès per les ruïnes de Morvedre (Sagunto), Numància, Roses o Empúries. Reveladorament, assajà de localitzar l'enclau de la primera, intentà

acabar amb la tradicional correspondència de Numància i Zamora, i
visità totes dues velles villes de la costa catalana.

A Castella, aquesta afecció s'endevina ja en Alfonso de
Cartagena, qui inserta unes quantes referències a les ruïnes romanes
en el seu *Anacephaleosis*, i resulta evident en Antonio de Nebrija; per
descomptat, penso en la seva *Muestra de las antigüedades de España*,
de 1499, però tampoc oblido el seu *De vi ac potestate litterarum*, on
presumeix d'haver trobat en l'arqueologia bases de notable solidesa
per a les seves recerques lingüístiques, com li recorda al senyor
Arquebisbe de Sevilla:

> Nullum est adhuc opus a me editum, clementissime pater,
> quod non ex ipsa rerum nouitate inuidiam atque odium ab
> imperita multitudine in auctorem suum conflauerit, sed
> quod non subinde fuerit etiam detractorum meorum iudicio
> comprobatum. Erat enim facile uulugus incertum erroris
> conuincere, cum haberem tot uiros graecos et latinos quorum
> auctoritatem illorum deprauatae opinioni opponerem, haberem
> ex nostris complures studiorum meorum studiosos qui illud
> idem quod ego de re litteraria sentirent, haberem codices
> peruetustos et litterarum monumenta lapidibus ac numismatis
> impressa quae meis obseruationibus astipularentur.[265]

Tot i que rara vegada arribaren a assolir certa profunditat, des
de la primera meitat del segle XVI els escrits sobre aquestes matèries
foren freqüents per tota la Península.

Aquests i altres testimonis configuren, en definitiva, un
panorama singular per la seva proximitat al que ofereixen les distintes
repúbliques italianes. Per això, s'ha d'acceptar que, cap a 1500,
l'Humanisme es constatava a Espanya en les seves diverses formes
i que, en determinades parcel·les, havia arrelat amb gran força. El
panorama cultural espanyol dels segles XIV al XVI és, en veritat,
molt diferent del que es perfila en la gran part dels estudis que tracten
de l'Humanisme, el Renaixement i la recuperació dels clàssics a
Europa. Fins a tal punt això és cert que resulta impossible d'explicar
determinats capítols de la història de l'humanisme italià sense al·ludir a

---

[265] Cit. per l'edició del text llatí, acompanyat d'una traducció castellana i un
facsímil, d'Antonio Quilis i Pilar Usábel [Madrid: SGEL, 1987], 33.

la Península Ibèrica de forma obligada. Aquest assert es verifica a través d'una encertada pedra de toc: les biblioteques i arxius d'Espanya; de fet, la riquesa d'alguns dels centres en aquest tipus de materials acull tant l'estudiós de l'Humanisme com l'italianista en general.

Després d'aquesta revisió, a la qual es podrien afegir noves dades, queda clar fins a quin punt foren estrets els lligams entre Espanya i Itàlia des de finals del Trecento i, en especial, durant el Quattrocento. La relació a la qual s'al·ludeix justifica en bona part el rumb que seguiria la literatura espanyola al llarg de l'anomenat Segle d'Or: de fet, alguns dels gèneres característics del segle XVI espanyol trobaren el seu recolzament en la recepció i el desenvolupament previs de les formes italianes corresponents: a) epístoles, b) diàlegs i c) *orationes* o discursos, amb rics testimonis des de la centúria prèvia (a banda, hi ha altres gèneres en els quals es percep la seva petja amb claredat: en les biografies i semblances, en les dites de savis o en les parèmies populars). Front a la comuna opinió, que considera que aquestes formes s'aclimataren en els últims anys de l'Emperador o ja en època de Felipe II, els meus materials remeten a un moment anterior, tardomedieval generalment. Ara bé, aquesta dependència primera no fou obstacle perquè les lletres espanyoles desenvolupessin formes originals, que aviat haurien d'influir sobre altres literatures europees (la italiana inclosa). D'aquesta manera, Itàlia se'n beneficià, ja de tornada, d'uns fruits que pregonaven el deute adquirit per Espanya respecte de la magistral literatura dels seus esplendorosos Trecento i Quattrocento.

Els vincles hispano-italians foren d'especial fermesa. Sorprén que encara facin falta apologies com la present, que persegueix d'acabar amb tants complexos heretats. Rere Klemperer, molts investigadors, amb poca informació i molts prejudicis, han rebutjat l'existència d'un Renaixement espanyol similar al d'altres països, i han deixat fora, de pas, els múltiples ressons de l'Humanisme en les seves diverses formes (en general, havent entrelligat de manera tan indissoluble com tendenciosa Reforma i Renaixement, amb l'exclusió automàtica dels espanyols, que apareixen com els banderers de Trent); i és ben curiós que, rere dècades d'estudis de notable solidesa, sigui encara aquesta la postura que mantenen alguns

-massa encara- especialistes, estrangers i espanyols, aliens per regla general a l'àmbit dels estudis filològics. Un dels principals estudiosos del període, R. R. Bolgar, arraconà la màxima de Ciceró anteriorment citada per lligar França amb Itàlia: "The Alps did not constitute a cultural boundary at this period any more than they had done earlier". Per què s'ha bandejat Espanya? Que potser va ser més ferma la barrera de les aigües obertes del Mediterrani?

Sobre el llibre d'aquest investigador britànic, afegim que, pel que fa a Espanya, el seu Apèndix II (amb una visió sinòptica de les traduccions dels clàssics a l'anglès, francès, alemany, italià i castellà, amb indicació de data) no serveix gaire, ja que desconeix -i segueixo el seu ordre alfabètic- tots o alguns dels trasllats al romanç (al castellà i al català —sovint sense distingir els uns dels altres-) dels següents autors grecs (i deixo fora Aquil·les Taci, traduït a Espanya, com a la resta d' Europa, ja en ple segle XVI): Apià, Aristòtil, Esop, Hermes Trismegist, Herodià, Hipòcrates, Homer, Flavi Josef, Lucià, Plató, Plutarc (com ha pogut descuidar-se de la versió de Juan Fernández de Heredia, preparada en ple segle XIV?), Polibi, Ptolomeu i Xenofont (només coneix els testimonis del segle XVI, però desconeix la traducció romanç del *Hieron* de la Reial Acadèmia de la Història). Quant als clàssics llatins, li manquen vàries o totes les versions de Boeci, Ciceró (ignora la gran part de les traduccions peninsulars, algunes trobades en data recent), Frontí, Lucà, Ovidi, Pal·ladi, Sèneca o Vegeci. Fora d'exemples tan primerencs com el de la *Farsàlia* alfonsí, la majoria d'aquestes versions pertany ja al segle XV. Que lluny de la realitat! Amb aquestes falses premisses, tant a Bolgar com a altres crítics els ha resultat realment fàcil deixar Espanya al marge de les seves investigacions. La veritat és, en aquesta ocasió, de signe contrari, perquè la traducció dels clàssics es mostra, com he dit, com un fenomen endèmic de la cultura peninsular.

Per la seva banda, John Sandys, en *A History of Classical Scholarship* (1967), sòlid panorama conegut per tots els especialistes, silencia uns quants noms d'obligat record i ens dóna una altra sorpresa molt més amarga potser: relega Joan Lluís Vives al capítol en què s'atén la producció cultural dels Països Baixos. Tampoc no es comprèn què motiu li va induir a prendre Nebrija com primer testimoni de l'estudi dels clàssics a la Península Ibèrica. Certament, són molts els noms que perd, abans i després del cèlebre polígraf, incloent els dels humanistes italians fincats a Espanya, que no mereixen una sola menció tot al llarg del seu llibre. La paradoxa es fa veure al fet que la nostra llista de traductors i la nostra nòmina d'aficionats als *studia humanitatis* en general és tan llarga i primerenca com la francesa. Nebrija, això sí, serveix com un brillant fermall a la meva revisió, car la seva figura i la seva poligràfica obra no senten cap complex en comparar-se amb els humanistes italians. Des de la primera meitat del segle XIV els contactes entre Itàlia i Espanya varen créixer en nombre i intensitat gràcies a visites curioses, estades per estudis, ambaixades i assistències a concilis. Així doncs, era inevitable que l'Humanisme ressonés força en una Espanya admirada per les consecucions dels savis italians i que molts dels seus fruits fossin importats pels regnes peninsulars, on, com que el medi era propici, es donaria continuïtat a la seva feina i, a la llinda de l'Era Moderna, s'emprendrien vàries empreses erudites especialment ambicioses.

Panorama crític de l'Humanisme català

Júlia Butinyà (UNED, Madrid)

La ullada sobre el panorama crític dels estudis recents sobre l'Humanisme català serà una recapitulació de l'estat de la discussió ran del darrers vint-i-cinc anys. No pretenem d'afrontar-ho ací directament ni tampoc d'exposar-ne una anàlisi exhaustiva; no cal quan la gran part d'objeccions contra l'Humanisme català han estat contestades al llarg del llibre. Però abans de concentrar-nos als darrers temps, en farem un breu resum de la història del concepte, portant l'atenció sobre el peculiar recorregut del seu desenvolupament crític al llarg d'aproximadament un segle de vida. Perquè espai tan curt contrasta amb el procés tan extremós que ha viscut; cosa que convida a una reflexió. Amb això, i la repassada del darrer quart de segle, aspirem a aconseguir un nou tarannà reflexiu a fi d'anar conduint el tema cap a una posta a punt com més objectiva possible, així com cap a un aclariment conceptual, sigui a la llum de les presents aportacions sigui de la polèmica intel·lectual que s'hi pugui despertar.

Fa aproximadament un segle, a començos del segle XX, es batejà com humanisme català el moviment de recepció de l'Humanisme[266], segons s'experimentà a la Corona catalanoaragonesa en un moment molt primerenc, al llarg del segle XV, arrencant però del segle anterior amb fermesa[267]. Ara bé, el concepte ha tingut formidables

---

[266] El punt de partida caldria situar-lo als Rubió, en primer lloc (vegeu 3.1.), i en rigor, al discurs de la recepció a la Reial Acadèmia de Bones Lletres de Barcelona en 1889 d'Antoni Rubió i Lluch: *El Renacimiento clásico en la literatura catalana*. Línia que seguí Jordi Rubió i Balaguer configurant el concepte al voltant de la documentació aportada per son pare.

[267] Els inicis se situen al llarg del decenni de 1380, temps en què s'acusa la transformació de la llengua a través de la Cancelleria de Barcelona i en què s'hi introdueixen els grans autors italians. Es fa obvi a més que se'n faci arrelar la introducció cap al 1380, comptant que Metge és el principal humanista i *Lo somni*, la seva gran obra, data del 1399, i n'és anterior una obra emblemàtica, la versió del *Griselda*, que segueix de

daltabaixos en el breu període de temps que contemplem.

D'això mateix en podem deduir que el concepte és jove; tanmateix mai se'n podria desprendre, ni pel fet de la novetat ni pel moment en què prengué consistència, que fos un invent. Amb tot, cal estendre la idea de la jovenesa i entendre que tal joventut pertoca també a la mateixa Filologia Catalana –millor dit, als estudis filològics-[268], ja que el gran text humanista, *Lo somni*, no va tenir una edició a l'abast fins al 1889, any en què Josep Miquel Guàrdia l'edit必–a Madrid i a Barcelona-[269], i data en què encara no es coneixia una preciosa obra humanística, la novel·la *Curial e Güelfa*[270]. Per tant, els dos grans textos humanístics, a finals del XIX, eren gairebé desconeguts[271]. I hi podríem afegir que la gran part de l'obra dels grans autors del segle XV valencià [272] no s'ha

---

prop el *Griseldis* petrarquesc. Potser cal recordar ací l'opinió d'Oleza (1973) qui considera Metge el primer humanista europeu.

[268] Pensem a Filologies molt més antigues i amb estudis filològics molt més abundants, com ara la francesa o la castellana, front a les quals el cabdal català medieval no queda a la rerrassaga. Per tant, és una Filologia que té molt camí per davant, molt per estudiar, molt a repassar i molt a ordenar. I segons acostumo a afegir, molt a traduir.

[269] S'ha de valorar positivament, com un fet que ofereix objectivitat, la coincidència d'apreciació del segell classicista per part de dos personalitats (Rubió i ell) i des de dos angles diferents.

[270] La primera edició fou justament de Rubió i Lluch, i data de 1901; el manuscrit havia estat descobert en 1860 per un bibliotecari de la Biblioteca Nacional de Madrid.

[271] Amb aquest comentari no tractem de fer-los passar per davant del *Tirant* o d'Ausiàs March, ja que el tractament filològic no es pot concebre mai com una cursa. Sí, però, cal reconèixer que presenten una más gran representativitat i significació dels trets propis de l'Humanisme.

[272] Al marge que es considerin més o menys afectats per la percussió del moviment, és un fet que acusen la nova recepció classicista –generalment a través dels trescentistes italians- o bé presenten notes pròpies del corrent renovador que palesaven la invasió de la cultura pagana o les seves seqüel·les cristianitzades, segons hem anat engrunant. I això esdevé en un camp d'ampli espectre, de Roís de Corella a Isabel de Villena, passant pel conegut erotisme de Martorell i altres trets d'un seguit d'autors, com ara Felip de Malla, per a qui la política esdevenia ideologia o qui salvava els filòsofs antics (Rubio 2009).
Com a mostra del que pot semblar estrany, a causa de ser un predicador considerat tradicional, faré un comentari procedent d'un treball inèdit on afronto Felip de Malla a March i a Metge, i s'hi pot veure com, ran del contrast, aflora el racionalisme del primer aplicat a l'ètica: "virtut per res del món no.s pot lunyar rahó", *Memorial del pecador*

anat editant fins a la segona meitat del segle XX, i encara en manca un bon tros. Sense poder comptar gairebé amb traduccions al castellà o a altres llengües, feinada ben recent i encara molt pendent; i aquest és un buit important que cal tenir en compte quant a l'actitivitat investigadora –i àdhuc cultural- si les traduccions són les que permeten el contrast comparatista, des d'altres literatures i especialitats amb problemes semblants, per tal de poder establir uns criteris crítics i un joc científic d'entesa[273]. I també -per què no contemplar-ho?- per tal d'accedir al cercle de les literatures en llengües majoritàries.

No és gens estrany tampoc que els conceptes s'hi hagin anat dibuixant a poc a poc, ja que els moviments científics, culturals i literaris són molt lents[274]. Els filòlegs, normalment, amb prou feines comptem amb temps per a formular, i una mica desdibuixats, canvis i tendències; mentre que els textos permaneixen. Les opinions diverses i les polèmiques, per tant, el que fan és rubricar que allò té un pes important, el qual les ha generades. I així esdevé amb el nostre tema, car per a alguns és molt i molt seriós, com bé mostra aquest llibre; tot i que, des d'aproximadament un quart de segle, altres li han negat l'entitat[275]. Situació bífida que es manté viva als nostres dies i

---

remut 138-III ; així com puny la força-passió de l'amor, tret que és un clam en l'obra del predicador: "a la fi amor fa ço que vol, e contra amor tal no·s pot virtut deffendre ne se'n vol deffendre, car molt fa greu offensa qui contra caritat aprèn a guerrejar" 237-III; "tant gosa lo cors sofferir quant gosa lo cor amar" 137-I, entre altres referències per l'estil (126-I, 153-I, 190-192-III, 158-160-III). Al marge, evidentment, que serien subsegüents les petges formals, com ara el realisme de les imatges i la forta presència de la naturalesa. Era doncs un escolàstic que ja respirava per vies que palesaven una acomodació de les noves tendències.

[273] Segons Bouwsma, "los movimientos culturales e intelectuales se niegan testarudamente a respetar las fronteras políticas, y en este aspecto todos los pueblos de la Europa occidental tenían mucho en común" (2001: 16). Per això el realment important és d'arribar a visions com més completes millor, que permeten afirmar, com ha sostingut Gómez Moreno al capítol anterior, que hi ha un moviment humanista a totes dues Corones i dins els humanismes europeus.

[274] Fora troballes a l'estil de les d'Einstein, amb fórmules o fets experimentals; que també poden donar-se, però, a Filologia: per exemple, gràcies a la recuperació de textos, com de fet va passar a l'Humanisme de l'Edat Mitjana.

[275] Cal assenyalar l'inici de la posició negadora en uns treballs de Lola Badia que se situen al decenni del 1980 i publicats en 1988 dins *De Bernat Metge a Roís de Corella*; es tracta de *L'"humanisme català": formació i crisi d'un concepte historiogràfic*, procedent del V Col·loqui de l'AILLC a Andorra, el 1979, i *Sobre l'Edat Mitjana, el Renaixement, l'humanisme i la fascinació de les etiquetes historiogràfiques*, del 1987.

fa convenient d'aplegar-hi les principals referències.

Cal advertir tanmateix en primer lloc que, si el concepte s'encunyà prou recentment, no era nou d'arrel, perquè ja Joan Margarit fou un bon exponent de la nova sensibilitat, apuntant en història a nous horitzons i conceptes –com ara el de la Hispània clàssica, en el qual cal considerar-lo continuador d'Heredia, segons Batllori (1995)-, així com es deixà impregnar de Petrarca i deixà mostres de conèixer bé les seves fonts (Conde 2009). De fet, amb Jeroni Pau –tots dos actius als temps dels Borja a Roma-, situen aquesta cultura en l'òrbita de la historiografia renaixentista, consolidada després per Zurita. Encara hi hauria algun altre nom, com Pere Miquel Carbonell; i cal afegir que ja aleshores es fa la connexió entre la Corona d'Aragó i Grècia[276], que ressorgí amb força en forjar-se el terme. I encara, en el segle XIX, Fèlix Torres Amat i Manuel Milà i Fontanals esmentaren certs canvis culturals a les acaballes del XIV[277]. Per tant, no són tan nous els conceptes, tot i que ho sigui la denominació. En certa manera passa també amb els vocables Humanisme i humanista, ja que el segon era ben conegut a Itàlia des del segle XV (1.1.2.), mentre que el primer no s'usa fins al segle XIX.

Així doncs, els conceptes sobre el moviment humanista es van anar reconeixent, lentament o progressivament -segons hem avançat-, i això fins als nostres dies; veus ací aquest llibre, en què sortosament hem pogut comptar amb el recolzament d'altres especialitats, per tal de poder-los perfilar de la manera més objectiva possible, al marge d'idees preconcebudes[278]. Així, segons hem avançat també, no es pot argumentar que el moviment fos una invenció per causes alienes

---

[276] Batllori 1995 en fa un seguiment a través de fets com les càtedres de grec a llocs amb contactes històrics, com ara Sicília. Observem que els col·laboradors que no són del món de la Catalanística reconeixen també un conjunt de notes que van, des dels símptomes que es perceben als textos als dels fets socials, com ara la societat plural catalanoaragonesa o els contactes amb Grècia, segons apunta Areces (1.1.2).

[277] Amb tot, cal dir que el darrer erudit i gran crític, com a exponent del Romanticisme, fou prou impenetrable a fenòmens com ara la creació poètica del XV hispànic, considerant-la producte pedant o de cercles cortesans i reduïts (1989, 50ss).

[278] Em permeto fer un salt envers el *Curial*, ja que l'autor, per tal de fer veure que és perniciós deformar els textos, fa que Càmar –que està esmenant el cas de Dido, deformat pels autors, sigui Virgili sigui Dante- mori errada maleint la cartaginesa com a una amant infidel; és mostra, doncs, dins de la mateixa ficció, del ressò perjudicial dels textos sobre la vida real. I constitueix una altra correcció ben humanística i pròpia d'un filòleg.

als mateixos textos, com ara pel fet que solidifiqués en una època d'encès nacionalisme[279]. De manera semblant, hom diria que és una bogeria d'interpretar les obres d'art a través dels comptes corrents o dels pagaments rebuts[280]. És a dir, no cal fer-hi extrapolacions per aquell estil envers el món filològic, suposant raons espúries o alienes al cientifisme. Els textos són els textos (llegim en Gadamer) i són ells els que il·lustren les situacions històriques i sociològiques, i no al revés, fent que aquests afectin llur lectura. Així, el millor que podem fer els filòlegs és de fer-hi immersions textuals. I subsidiàriament, comparar-los. I també conèixer llurs ambients.

La confusió pot provenir en part de la manca de sistematització conceptual, fet a més relacionat amb aquest altre: el confusionisme entre els dos moviments, Humanisme i Renaixement, que –malgrat la continuïtat- tenen entitats ben diferenciades. Ací en podríem posar com a paradigmàtics de tots dos moviments el diàleg de Metge i el de Cristòfor Despuig. O bé els versos d'un March i els d'un Pere Serafí, com hem comentat al començament. I a l'endemig cal filar molt prim[281], però sense negar mai l'epicentre o el nucli humanístic, perquè altrament no es pot entendre el moviment, que si de primer va costar tant d'emprendre, després va donar fruits excel·lents i molt variats; i això, en part, gràcies a la seqüel·la de prevencions, desconeixements, servilismes, i tota una gamma de fets socials i culturals que devia pul·lular i que no podríem ni arribar a imaginar.

---

[279] Segons Lola Badia, "l'*humanisme català* és una maniobra noucentista, un típic producte de la necessitat de retrobar una història nacional de Catalunya que estigui d'acord amb un determinat ideal i, sobretot, amb un determinat programa polític i cívic" (1988). Al començ del capítol anterior (3.1.), es recull aquest nacionalisme feridor; val a dir que en algun punt i moment la idea d'un nacionalisme que contaminava els textos, malhauradament, havia quallat.

[280] Cosa que, per cert, es va fer parellament amb Bernat Metge (Butinyà en premsa b). Amb disculpes per la simplesa de les comparacions amb què ho estic intentant fer palès, hi afegiré una altra: tampoc no podríem desprendre d'una època materialista com ara la nostra conclusions de malfiança envers els criteris filològics dels qui haguessin tingut èxit econòmic, poder, etc., ni s'hi deuria pensar malament relacionant-los amb els esdeveniments polítics, influències, etc.

[281] Al nostre llibre ho hem procurat en alguns terrenys acotats per mitjà de l'anàlisi pormenoritzat; així, quant a les desfilades triomfals, les fluctuacions en les traduccions o els debats sobre les llengües.

267

La negació al·ludida, en aquest període de temps dels 25 anys
que enfoquem, va ser assumida per la gran majoria de l'àrea científica
de Filologia catalana, car l'Humanisme deixà no sols d'estudiar-se sinó
també d'esmentar-se, com si d'una moda imperativa es tractés[282]; tret
d'una estreta minoria de crítics o estudiosos que han continuat utilitzant
la denominació als seus escrits[283]. A favor de la seva vigència, cal citar
la meva insistència a perseguir i escorcollar sobretot els orígens del
moviment.[284]

Així mateix hi ha un altre conjunt ben valuós, el format per
estudiosos que generalment no són de l'àmbit català, bé que interessats
pel tema de l'Humanisme i que han arribat així mateix a la percepció
d'un terreny comú, com a resposta viva i prou directa d'aquella primera

[282] L'extirpació provocà que desaparegués d'obres de referència i caigués en
desús el mateix vocable, tant de reculls bibliogràfics (R. Alemany, *Guia bibliogràfica
de la Literatura Catalana medieval*, Universitat d'Alacant (1972), com d'històries de la
literatura i de manuals d'ensenyament mitjà (Cabré, Mira & Palomero, *Història de la
Literatura Catalana*, ed. Rosa Sensat/edicions 62, 19835), així com també de la divulgació
cultural o dels programes de televisió. El concepte s'evaporà. El rebuig ha estat molt
ampli, incloent opinions negadores per part d'investigadors molt seriosos que l'enfocaven
àdhuc com a un axioma, i s'enlairà fins als títols dels treballs: "El terme 'Humanisme' no
defineix la cultura literaria dels nostres escriptors en vulgar dels segles XIV i XV" (Badia
1996). Així, la producció d'aquells anys, de més d'un segle, quedà òrfena de denominació:
no n'hi havia cap pont entre l'Edat Mitjana i el Renaixement.

[283] Entre ells, els professors Giuseppe Tavani, Giuseppe Grilli i Antoni Mª
Badia i Margarit; darrerament, sense poder ni voler fer-hi un escorcoll que tampoc no
portaria enlloc, n'he vist al·lusions en alguns escrits (cito tan sols, i de memòria, Curt
Wittlin). El cas dels dos italians, que viuen la temàtica humanística al seu bressol, n'és ben
significatiu. I faig observar que tots els citats són estrangers.

[284] Inquietud ben manifesta en un munt de gairebé un centenar de treballs que he
publicat arreu (a publicacions catalanes i espanyoles, tant a Europa com a Amèrica), que
en gran part han servit per a l'elaboració de la trilogia: *Tras los orígenes del Humanismo:
el "Curial e Güelfa"*, *En los orígenes del Humanismo: Bernat Metge*, *Tras los orígenes
del Humanismo: Ramon Llull* (entre 1999 i 2006), que es pot consultar en la web de la
UNED.

Cal citar també alumnes o doctorands, des de Pablo Vázquez Cagiao (1991)
de la Universitat Autònoma de Madrid, on jo impartia aleshores Literatura Catalana, als
de la UNED, després d'aquella data; entre ells, Sònia Gros (amb dos treballs sobre les
dues novel·les cavalleresques, 2008 i 2010), Jeroni Miguel (sobre aquest Humanisme però
dins un context ampli, 1996 i 2004), Isabel Mira (2009) i Miquel Marco, doctor des de
2004 i autor d'una edició crítica metgiana (2010) i 5 articles relatius a Metge, dos d'ells
en publicacions virtuals. Aquest petit conjunt i de perfil dispers en part és resultat de la
singularitat que imparteixo la docència a Madrid, però en un context projectat arreu, no
sols a l'àmbit de parla catalana.

onada procedent d'Itàlia. Per exemple: Roxana Recio, professora hispanista a diferents Universitats dels Estats Units (Creighton, Wichita, Michigan, Washington, Florida), destaca la importància de la traducció al català dels comentaris d'Illicino als *Trionfi* petrarquescos per "ser la primera huella de la influencia del poema de Petrarca en la Península Ibérica" i per servir d'exemple concret "de cómo se presentaba a los poetas italianos en el mundo de habla catalana de la época" (2009: 23). Considera que això fa avançar unes dècades la introducció del petrarquisme en la Península i que és "una muestra más de cómo la Corona de Aragón servía de vía de conducto a la influencia italiana", ib.[285]

Quant a Bernat Metge, tot i que sigui reconegut avui ja generalment com el principal humanista[286], procuraré evitar-lo ací, a efectes dels estudis crítics, perquè he tractat ja de *Lo somni* al capítol que em va encarregar el Dr. Albert Hauf, com a coordinador de la part corresponent a l'Edat Mitjana, per al *Panorama Crític de la Literatura Catalana*. Invertiré doncs el tractament, referint-me ara en primer lloc

[285] Potser escaigui comentar, com a simptomàtic del que per a un futur tracta d'evitar aquest treball, que publicació d'aquest interès s'hagi hagut d'editar a la Universitat de Chapel Hill, a North Carolina.

[286] Amb tot, Metge és un punt típic de disjunció quant a les interpretacions. Fa uns anys els epítets arribaren a ser tan negatius (heretge epicuri, cínic, descregut, ateu, escèptic, nihilista, amoral, lliurepensador, passota...) per part dels negadors de l'Humanisme, els quals generalment qualifiquaven la seva actitud d'irrespectuosa, que vaig titular un treball: *Un altre Metge, si us plau (2000)*. Cal entendre que Metge el que defensa i assenta és la llibertat humana, fet per al qual no pot haver-hi mai manca de respecte. Hom accepta en general que és el primer a presentar una maduresa literària junt amb un nou tractament de la temàtica filosòfica (la mort sobretot); ara bé, aquests fets greus, amb una actitud humanística que arriba a Cervantes, els tracta sense perdre el registre irònic, desplegant amb un ampli ventall totes les facetes d'humor (i cal notar que sempre són aforismals, mentre que en un Roig, per exemple, són facecials); fet l'humorístic que podria haver influït al regateig de la qualificació com a filòsof. De fet la seva figura i obra són una pedra de toc, ja que, a la llum o no del reconeixement del signe humanístic a les lletres catalanes, presenta lectures oposades. Així, entre els que hi veuen només un escriptor i polític, se'l considera, encara el 2010 "un amant de les dones", o llegim opinions com aquestes: "Absorbit pels afers del món, Bernat ha oblidat el seu origen espiritual i camina a les palpentes en la tenebra de la sensualitat, reduït a una pura dimensió carnal i terrenal... orfe de la revelació, ha quedat reduït a un estat intel·lectual assimilable a un paganisme sense transcendència, com un sequaç d'Epicur...", o bé entre les claus de *Lo somni* per tal d'accedir a les intencions de l'autor es repeteix "l'oportunitat d'oferir una interpretació providencial i conciliatòria d'una crisi política gens edificant", fent de tot el diàleg una obra de circumstàncies.

a l'Humanisme i només molt i molt secundàriament al diàleg, remetent al volum suara esmentat.

Aquesta exposició, doncs, en bona part serà de la meva collita o enviant als meus treballs, perquè –com ja he dit, i amb totes les disculpes que calguin- m'he guanyat la palma de la insistència en el tema; fet que així mateix m'empenta a ser jo mateixa qui faci aquesta arreplega d'ordenació crítica amb voluntat de transparència; i també com a responsable en part del fet que aquestes investigacions es trobin molt escampades –tot i que no deu ser dolent en un món com més va més global-, i fins i tot que això hagi pogut contribuir al tan curiós recorregut del concepte.[287]

Altre comentari adient per a un preàmbul seria d'aclarir que no és que avui hagin dos corrents crítics que es rebatessin, com ha pogut passar en temps anteriors i és lògic de les discussions científiques, sinó que actualment la producció d'aquesta època, s'estudia de manera diferent però amb completa ignorància i independència, a banda i banda d'un teló d'acer, o línia imaginària i factícia[288]. Tot i la cura dels defensors de la postura humanista per tal de citar les investigacions de l'altra riba així com de publicar arreu arreu, i de comptar sovint amb una bona part del País valencià -el qual queda exclòs del panorama excloent-.[289]

El fet d'etiquetar el moviment de l'humanisme català com una maniobra interessada o artificial -fet que seria una possibilitat dins d'un munt de possibilitats d'explicació dels desajustaments, que

---

[287] No és gaire normal que un corrent crític es doni fora de l'àrea que li és pròpia geogràficament, segons he comentat unes notes més amunt; i així, al volum únic d'aquest període que porta aquest títol ("El Humanismo catalán", *eHumanista* 13), que fou d'arreplega d'articles, anaven molt equilibrats els autors de Filologia Catalana i els d'altres especialitats. I això mateix és pintoresc donat que la temàtica toca un punt neuràlgic, com és la literatura medieval per a la literatura catalana, i pertoca obres i autors que en són clau. Metge, per exemple, és sovint anomenat el príncep de les lletres catalanes.

[288] Tot plegat, es donen un conjunt de notes atípiques que no fan per un context científic; basti a tall de mostra el buit bibliogràfic de la interpretació humanística, en l'edició de l'obra que ho és per excel·lència i a la col·lecció més prestigiada –la "Fundació Bernat Metge"-, a *Lo somni* (Cingolani 2006), o bé que -tot i que no es reconegui l'humanisme- no s'hi faci, expressament, cap menció a l'edició de Badia (1999, 48).

[289] Per exemple, als congressos de La Nucia (2006-2008), organitzats entre altres entitats per IVITRA, o al de València (2009), sobre Ausiàs March promogut per la institució Alfons el Magnànim, hi havia lloc, normalment, per aquesta interpretació.

tanmateix hi ha a tots els moviments i generalment responen a manca
d'estudis- ha tingut forta ressonància (Galves..., sobretot al Principat);
però s'hi oposen fets com la categoria dels grans mestres d'aquell
període, i sobretot la consideració dels mateixos textos dins contextos
filològics més amplis –com ara l'humanisme hispànic o ibèric (Butinyà
2008a)-, ja que la importació d'un humanisme primerenc a la Península
és condició prèvia al reconeixement d'aquell moviment.

Seguint per la via iniciada de la formació del concepte, anant
als grans apartats i no amb tarannà d'acarament detallat ni quant a la
cronologia ni als esdeveniments crítics, caldria esmentar la personalitat
del professor Miquel Batllori, que en fou gran defensor –bastant en
solitari també els darrers temps i des de la seva plataforma de la història
cultural, i qui també es movia preferentment per l'estranger[290]-. Al
volum V de la seva *Obra completa*, titulat *Humanisme i Renaixement*,
on exposa, tracta i delimita esplèndidament tots dos moviments, podem
observar curiosament el desgavell existent entorn del concepte. El
volum ve precedit d'un pròleg d'Eulàlia Duran[291], que ja deixa veure
que es tracta d'un terreny conflictiu per tots cantons, com vaig descriure
en ressenyar-lo a un volum que era fet en homenatge seu. Veus ací una
petita mostra de la manca d'uniformitat conceptual que, malgrat la
rodona afirmació d'aquell investigador, descobria i exposava aquell
pròleg, segons aquella ressenya (2004b):

> Este quinto volumen es, según el concepto batlloriano, el
> último referente a la Edad Media; si bien ello contradice en
> parte las palabras con que lo prologa Eulàlia Duran: "Acabat el
> cicle medieval amb els quatre volums anteriors, aquest volum
> V inicia els estudis dedicats a l'Edat Moderna" (V, vii). Este
> comentario nos queda aclarado en la página siguiente: "com
> que per a M. Batllori l'Humanisme comença el segle XIV,
> cronològicament parlant, part del volum podria haver estat

---

[290] Poden seguir-se els 19 volums de la seva *Obra completa*, editada en
València, Tres i Quatre.

[291] Duran té ben clara i ferma la idea del nostre Renaixement, com ha estudiat
en profunditat, arreplegant els seus treballs en *Estudis sobre la cultura catalana al
Renaixement* (2004). Bé que no hi considera la ratlla amb l'Humanisme i, d'altra banda,
no acara l'estudi dels textos literaris, que justament constitueixen el principal espai on s'hi
testimonia aquest moviment.

inserit en els volums de l'època medieval", a la vez que se nos revela desde aquí que nos hallamos ante un volumen polémico.

Los orígenes del paso que marca el título, que para Batllori se dan en el siglo XV y aún en el XIV, el profesor de la historia de la cultura los consideró siempre fundamentales, como evidencia el hecho de dedicar el primer capítulo, que constituye prácticamente la mitad del libro *-De l'Edat Mitjana al Renaixement, continuïtats i innovacions* llega a la página 141- al medioevo cronológicamente hablando. Luego, se extiende al siglo siguiente *-En ple Renaixement-*, completando el proceso en un breve capítulo de *Reflexions sobre la cultura catalana entre el Renaixement i el Barroc*. Está claro, pues, que para Batllori aquellos orígenes arrancan de la Edad Media (79).

Per part de Batllori, i molt positivament, cal deixar assentat l'enfocament de l'Humanisme des d'una visió ibèrica (1995: 27-108, 119-132). Ara bé, l'estimat professor no era filòleg, i reconeixia l'entitat del moviment des del fet cultural, i no tant des dels textos de creació, com l'estem fent ací i on diem que millor es pot apreciar a les nostres lletres[292]. Al seu costat hauríem de col·locar Maravall o Vicens Vives –tots ells historiadors-, que bé que familiaritzats amb el concepte d'Humanisme, tampoc no comptaven amb el suport filològic com per a copsar-lo amb tota la seva força a la literatura catalana. I quan hi ha hagut un filòleg a les nostres terres, ha estat preferentment lingüista: Badia Margarit.[293]

---

[292] Aquest comentari no li treu mèrit ans al contrari dóna més valor a la seva sensibilitat. He de comentar que en les nostres converses vaig percebre, com als seus escrits, la claredat del concepte en una visió àmplia i profunda, així com la fermesa pel que fa al corrent a la nostra Corona, cosa que podia reconèixer bé qui coneixia tan bé la cultura italiana i havia viscut tant a Itàlia. I vaig aprendre'n més del que podria ara resumir. Amb el meu comentari quant als textos de creació, vull dir, per exemple, que a ell li sorprenia que en moment tan advers i immadur s'hagués pogut donar el cas Metge, a qui tant valorava, perquè coneixia molt bé aquell ambient barceloní; ara bé, reconeixia la seva sensibilitat humanística per la seva actitud davant la vida, al marge del joc de les fonts literàries. Així també, havent recorregut la línia dels diàlegs a la Península (Batllori 1995: 133-141; traduït per J. Miguel Briongos 1995), era la seva gran cultura la que li feia col·locar amb convenciment i coneixement de causa *Lo somni* en un cim estètic i filosòfic, així com era el que li permetia de fer l'enfilall, de Llull als diàlegs renaixentistes.

[293] El Dr. Badia el 1996 en va fer no només una exposició molt aclaridora, lligant-la a les causes de la Decadència des d'una renovadora postura a causa dels fets de la

Un punt que caldria analitzar primfilant bé és el del pes grec, ja que Batllori (1995: 16 passim) l'ajusta de manera esquitxada però justa, des de l'interès d'Herèdia –que anà rere Tucídides i Plutarc, sense veritable consciència del fenomen humanista, però- a la presència universitària a Sicília. El punt hel·lènic en un primer moment es copsà de manera enfervoritzada (Rubió i Lluch 1917-18), i tot i que s'ha tractat molt finament per exemple per part de Joan Ribera (1999), al meu entendre, està pendent de molts més escorcolls. En el lloc que calgui posar els fets, entre la contenció de fervors i l'oblit dels oblits, caldrà veure si es van obrir noves vies de respiració a través dels personatges lligats a la corona catalanoaragonesa, com ara l'erudit Simon Atumanos –bisbe de la vella capital dels dominis catalans en Grècia, però probablement no afecte als catalans-, a qui admirava Salutati[294]. O bé a través del mateix escriptori de Heredia a Avinyó, com ens ha suggerit recentment l'hel·lenista Helena Guzmán (2009). Sense generar expectatives, doncs, però sense anorrear-les ni molt menys, hi manca molt per fer.

També ens hem d'acostar a la denominació potser més usada en aquest període per a l'etapa del moviment, el de llarga Edat Mitjana, emprat com a succedani o en substitució del d'Humanisme. Tanmateix, en rigor, no és correcte de fer referència a etapes cronològiques, ja que aquest fenomen es realitza a les diferents cultures en temps i graus molt variables. Motiu pel qual sembla més pràctic i més eficient, a l'hora de donar-li una denominació, una que destaqui el creixement dels elements que s'anaven introduint, bo i mirant a on van a parar (per la perfecció estilística, la consciència cultural respecte al petrarquisme, el reflex de temàtiques que preocupaven als italians...) en desplaçar el corrent medievalitzant, que no pas una

llengua (vegeu el capítol 4.), sinó que a més va segellar la seva comprensió del moviment, estampant ben bé el clímax napolità a l'època del Magnànim, en la reedició de les *Regles d'esquivar vocables* (1999).

Podem afegir que, referint-nos al període marcat en aquest capítol, hem de deixar fora un gran filòleg, el Dr. Riquer, malgrat haver estat un dels definidors (1934), per tal com –sense negar mai el caràcter humanista de Metge- s'ha inclinat els últims temps a evitar les periodització.

[294] Prenc la dada de Rubió i Lluch 1917-18 (pp. 44-46), però no he sabut trobar aquesta font en el punt corresponent de Batllori 1995.

que valori els que anaven morint i desapareixent. D'altra banda, la noció de tardor medieval no sembla escaient per aquelles cultures, segons hem comentat més amunt, a les quals el nou moviment els va va fer de despertador, tot suposant una ferma revifada, la qual fins i tot sembla que van comunicar o participar amb altres; com esdevingué a la Corona catalanoaragonesa.

Així doncs, com que tothom està d'acord en la funció de pont d'aquell període –que explica notes com que el moviment sigui més indefinit que altres- sembla millor d'orientar-se a la llum dels factors nous, en la direccionalitat natural, d'acord amb el referent d'on provenia la revolució, els humanistes italians. El canvi, arreu, cal reconèixer-lo doncs per sobre de l'estricte espai temporal –fet molt i molt marginal, que empetiteix la competitivat per la precedència a rebre'l-; val a dir, cal sospesar les seves mateixes manifestacions. Canvi en què la literatura catalana, a part de mostrar-se pionera dins el conjunt peninsular, importa sobretot que ho mostra en obres de creació, cosa a valorar quan generalment eren textos doctrinals o epistolars els que l'acusaven a Itàlia[295], o bé que ho fa molt aviat en llengua vulgar[296], mentre que als començos es distingien els humanistes per expressar-se en llatí, arribant a la llengua vernacla amb posterioritat (Badia i Margarit 1996). Trets peculiars que no permeten deixar fora aquesta literatura d'un corrent que, bé que finament i selecta, arribava impetuós. El tret lingüístic a més és valuós per tal d'afrontar la seva personalitat a la història cultural occidental, partint evidentment de la gran figura de Metge –potser, hem dit, no igualada enlloc a Europa[297]-; alhora que aquest contrast europeu i la concomitància amb la Corona de Castella ens fan reforçar l'atenció a la producció en llatí (Pere Miquel Carbonell,

---

[295] Evidentment, fora dels tres grans autors, que per cert també presenten sovint problemàtiques a l'hora de definir-los la crítica italiana.

[296] Caldria fer-hi una nota ran d'una observació batlloriana (Butinyà 2002c: 39, n. 47): que Metge no dominava el llatí com per haver fet el diàleg en aquesta llengua i que no mostra adhesió a la causa de la llengua vernacla; el fet però és que s'avança brillantment a una tendència, que subscriuran aviat altres manifestacions de creació literària.

[297] Ressaltem l'expressió de to emfàtic però no competitiu, car tampoc són igualats un Maquiavel, un Montaigne, un Santillana, etc.

Ramon Ferrer, Joan Margarit i Jeroni Pau...), cosa que s'ha anat fent els darrers decennis.[298]

I dins del camp de la creativitat, les lletres catalanes es distingeixen encara pel fet d'encertar amb l'enfocament que triomfaria amb el temps, tant a la narrativa com a la poesia: al damunt d'una ferma tirada realista, que ja assenten les dues grans mostres de novel·la cavalleresca, així com els poemes –motius i imatges- d'Ausiàs March. Alhora, s'hi deixa de banda el món al·legòric, de tendència obsoleta –com bé palesa el burlesc *Libre de Fortuna e Prudència* de Metge-; mentre que l'havien conreat Boccaccio i Petrarca, i encara viurà amb vigoria entre els humanistes del segle XV, com ara constata la *Comedieta de Ponça*, o autors com Juan de Mena[299], i així mateix Roís de Corella. Encara més, *Lo somni*, no només suposa la recuperació del diàleg classicista, ans permet contemplar la inauguració d'un altre gènere, el de l'assaig (Butinyà 2010a). Raons totes elles que avalen l'ús de la denominació tradicional de l'humanisme català en la seva plenitud, front i junt a l'hispànic, i dins el conjunt occidental.[300]

No donarem ací una catalogació de característiques, ja que ens interessa principalment el fet que caracteritza les postures crítiques, però cal ressaltar amb tot una ben pròpia del terreny que trepitgem: de rebre els clàssics a través dels grans trescentistes. Tant *Lo somni* com el *Curial* comencen amb referències a Petrarca, i de Boccaccio en van amarats, autors que hi estan presents tant com a fonts projectades com en situacions d'intertextualitat; el deute envers els italians per part d'aquests autors es fa ben palès, cosa que no treu que deixin assentades les seves divergències. Aspecte també aquest que confirma envers

---

[298] Sobretot Vilallonga, però també Conde i altres; ací mateix Ferrando 2.1. M'he d'excusar perquè en aquests paràgrafs es freguen repeticions amb altres anteriors; però l'enfocament és diferent, ja que ara es tracta d'aspectes que reforcen o argumenten la personalitat del moviment i es torna a fer necessari front als negadors.

[299] En vaig tractar de manera contrastada en Butinyà, 1993b i 1992a, respectivament.

[300] No entrem ara a contrastar amb França o Portugal, però és obvi que a les terres primeres no té una força continuada la producció de caràcter humanístic, així com a les segones –on arriba després de Castella, seguint una lògica direccionalitat geogràfica, d'est a oest- sembla que, tot i que compta amb mostres d'interès, no gaudeix tant de manifestacions culturals com científiques (Batllori 1995).

els grans mentors un posat crític i lliurament enjudiciador, que no és comú de trobar, més encara fora d'Itàlia. Segons Batllori (1993: 66), i també Rubió, allò és un fet natural, derivat de les relacions i gustos influenciats per la seva ascendència; especificant el primer que el Renaixement català fou més italià que clàssic. Però no ho veu així Lola Badia, per a qui: "la part del seu rerefons intel·lectual[301] que es vincula directament als mestres italians que van difondre aquest moviment (Petrarca, Salutati, Bruni, Valla, Beccadelli...) és marginal i anecdòtica en comparació a la massiva presència d'elements que procedeixen del gran mar de l'Escolàstica..." (1996: 23)[302]. Aquest comentari, que podria posar-se de costat a altres apreciacions prou generals quant a March i Corella, si tenim en compte que fins i tot els autors més allunyats presenten fermes concomitàncies[303], és senzillament inacceptable pel que fa a les grans obres que fonamenten aquest moviment. Ja que, al marge que es llegeixin els textos amb la interpretació que es vulgui, ho contradiu la lectura que ofereixen els hipotextos de les fonts de les dues grans obres citades –*Lo somni* i el *Curial*-, subscrites en gran part per la crítica; i també, les moltes polèmiques que, pròpies d'aquella sensibilitat, s'hi reflecteixen i que constaten una convergència entre el discurs teòric i les creacions literàries. És a dir, que aquestes obres no es poden entendre ni de lluny sense Boccaccio i Petrarca, que són dos dels seus grans interlocutors ocults, o tampoc sense el seu cercle de referència i seguidors humanistes.

I hi afegeixo una pregunta al capdamunt: i què en farem del *Griselda*?[304] Ja que entre els símptomes més vistents des de la retòrica

---

[301] Acabava de citar Metge, March, Martorell, Corella i l'autor del *Curial*.

[302] Ja hem comentat més amunt que si hom seguís un criteri molt estricte quant a ideologia i temàtiques, el tema es complica, perquè filant molt prim en la mentalitat escolàstica i/o tradicional Petrarca tampoc no es podria veure com un bon humanista. Ni tampoc si hom l'afronta a molts humanistes seguidors seus o als dos grans autors en català.

[303] Pensem també en un Jaume Roig, qui té o bé un deute o bé fortes concomitàncies amb les facècies de Poggio Bracciolini; i encara, qui anticipa un estil o gènere que coincidirà extraordinàriament amb un gènere inaugurat al Segle d'Or castellà, la picaresca.

[304] No es pretén competir mai amb l'ambient italià, elevat, encès i brillant, mentre que ací oscil·la entre la continuïtat i un incipient rupturisme, segons avalen tant Rubió com Batllori; però no es pot negar que la conversa que hi enfilà Metge no es va donar en

podríem apuntar el del marc[305] i la seva funció dignificadora d'un text, cosa que té nogensmenys que la nissaga boccacciano-petrarquesca. El de Metge no només és primerenc en l'admiració i imitació petrarquesca sinó que entra veritablement en la conversa epistolar inicialment mantinguda entre Boccaccio i Petrarca quant a aquest relat (Butinyà 2002c). Aquest segell humanístic ha estat copsat també per Recio (2001) i Joan Ribera l'ha enfocat de diferents vessants (1998, 2009).

Un símptoma, a cavall entre la forma -per la qüestió tècnica- i els continguts, el constitueixen les fonts, en què cal observar tant l'assimilació i tractament com la selecció. Per a la lectura renovada del debat metgià vaig arrencar reconeixent l'ombra de la *Farsàlia* (Butinyà 1989-90), la qual ens en dóna la clau de lectura; i així ha pogut seguir Miquel Marco una tirallonga de troballes. Ara bé, quant a les fonts, la faceta que més s'ha vist és la formal, val a dir com s'han inserit, retallat, tractat, o les tècniques de la *imitatio* en avall. I estem insistint que el més important per tal de reconèixer aquest canvi són els continguts, bé que hi vagin inclosos o adherits. Així doncs, quant al que tant ha servit per tal de reconèixer el moviment, el ressò classicista, cal anar-hi també, com bé palesa el cas citat del *Libre de Fortuna e Prudència*, i que comentarem a continuació.

De primer, cal veure la tan important aspiració de fusió dels móns classicista i cristià, ben lluent i indiscutible quan eclosiona al Renaixement, però més colpidora en aquests inicis, donat que servia per a posar a revisió aspectes més profunds, com ara les virtuts cristianes, ja que aquests autors exercien el sentit crític envers el món antic, que es desplomava, sobretot des de la moral. Visió i judici doncs, si no rupturistes, almenys amb implicació de revisionisme dels plantejaments cristians tradicionals, com bé fa manifest el tractament del tema sentimental, des de la postura introspectiva a l'antimisoginisme o a l'erotisme. Val a dir, encaraven una renovació del pensament i de la moral medievalitzants que repercutia als

---

cap altre enclau europeu, tot i que el relat per si mateix subjugués autors tan importants com Mézières o Chaucer.

[305] Pel que fa al marc, la precedència –no pas influència– lul·liana (Butinyà 2009b) sobta evidentment, però és ben coherent amb el fet de trobar a la seva figura arrels ben significatives d'aquest humanisme.

continguts literaris. I barems d'aquest tipus es troben a faltar en els nostres estudis crítics.

Amb tot, per clar i contundent que es sentís, aquest tomb no era rupturista, ni a Itàlia -evidentment quant als dos grans i més propers trescentistes- ni tampoc ho fou en aquesta literatura ni en la introducció del moviment a la Península. Basti mirar el principal representant de la rebel·lia inicial, Metge, per a qui el nou corrent suposa una revisió dels plantejaments cristians (Butinyà 2001b). Això ens fa fixar-nos a les obres seves més desconegudes -que s'havien titulat menors! (Olivar 1927)-, però que només són menors pel fet de ser més curtes que altres, ja que són obres grandíssimes, una àdhuc de força extensió, i excepcionals com a testimonis d'aquesta introducció humanística; són obres burlesques i d'atac, amb manifest caràcter de demolició, ja que rebutgen uns gèneres obsolets, segons es pot comprovar en unes poques notes que passem a resumir.

El *Libre de Fortuna e Prudència*, que és l'única obra que tenim datada de Metge (1381), és, un relat fantàstic en 1194 octosíl·labs –no és, doncs, un text breu-, en la llengua aprovençalada que s'hi estilava per a la versificació, i a la qual fa burla. És un poema narratiu proper als al·legòrics francesos i alhora, formalment, és un debat tradicional. Tota la crítica havia donat per bo que Metge, poc abans d'implantar al classicista diàleg les renovacions dels primers renaixentistes italians, hagués escrit una obra en la línia doctrinal de Boeci; i això, des d'Olivar (1927) fins a Manzanaro (1998), ja que es pensava que s'hi debatia al vell estil. Amb tot, aquest estudiós hi ha reconegut l'escepticisme, i Cabré (dins Badia 1994) observa que l'autor fa passar per davant les seves opinions i que hi vol fer broma, aspectes que comencen a allunyar-la del típic debat. Efectivament, la inserció per part de Metge d'un toc classicista i de ideologia renovadora semblava tan insòlit que ni s'hi havia imaginat; però és aquest fet el que permet d'entendre l'obra com una escomesa envers el vell gènere, perpetrada amb les seves pròpies armes; segons esqueia a aquells renovadors, que fulminaven el que consideraven inútil i medievalitzant. Aquesta actitud a més és congruent amb el que fa amb altres gèneres a extingir: el sermó i el lletovari (Butinyà 2001b).

La novetat en l'ús de l'al·legoria per part de Metge serà continuada per l'autor del *Curial*, amb una trufa d'altre tipus, bé que sota uns supòsits humanistes de cap a cap, havent assumit les noves idees quant a la teoria literària i la teologia poètica (Butinyà 2004c)[306]. I aquesta explicació la vaig fer recolzant-me en un treball d'un investigador de la literatura castellana (Guillermo Serés) que m'hi va fer de guia; així com la proposta que la postura d'aquest novel·lista era més arrelada a les essències humanístiques que la del Marquès de Santillana, l'havia publicat molt abans a la "Revista de Filología Española" (1993b). És doncs una via a fressar: observar com caminen totes dues Corones en aquesta introducció (així també caldria observar les seves relacions amb els humanistes italians, sobretot a la cort del Magnànim), i anar desxifrant en què coincidien les ideologies, en què diferien llurs ambients, etc.[307] Terreny molt desert d'estudis, i on no pot existir cap mena de cursa entre els regnes; es tracta senzillament d'esclarir els fets sociològics, a la llum dels textos, els quals però no varien (tornem a llegir Gadamer). I, sense perdre de vista mai els textos, aquesta via ens farà comprendre millor obres tan cabdals.

Respecte a *Lo somni*, amb la temàtica del qual el debat metgià encaixa perfectament (Badia ed. 1999: 27), se'ns mostraria coherent i fruit d'un mateix esperit, quedant-nos-hi una mostra esglaonada del pas que donaren els gèneres dialogats. Així doncs, de la mà de la ridiculització del sistema escolàstic de raonament, se'ns torna de revolta, humorística i plena de sentit, una obra que tothom qualificava d'adotzenada, avorrida i repetitiva; així també Riquer[308],

---

[306] Llegim però a Badia 1987 ran dels punts foscos de la visió mitològica de Bacus, que s'hi qualifiquen d'incongruències o pintoresquismes, que cal "pensar que es tracta d'un recurs literari volgut per a dotar l'al·legoria de la ciència d'un cert aire esotèric.. o, més brutalment, pensar que la ignorància del nostre anonim no donava per a més", p. 292.

[307] Per aquesta via comprovem que no cal anar a un altre regne per tal de trobar figures que no representen un humanisme d'escomesa, perquè en tenim un Canals, que de costat als castellans pren connotacions aclaridores pel fet de ser compartides. Ja hem comentat que el dominic és un dels autors d'aparença més humanística, traductor de Petrarca i dels clàssics, però de mentalitat tradicional (Butinyà 2006c), sobretot afrontat a Metge i a aquell novel·lista.

[308] Vull ressaltar que a més de ser el meu benvolgut mestre, és a qui he d'agrair ser de qui vaig sentir parlar per primera vegada de *Lo somni*.

qui observa que, sent els mateixos temes del gran diàleg, "els debat un home medieval" (1964, II: 364).

El primer senyal d'alerta quant a aquesta lectura humanística o subversiva del gènere el vaig donar (1998-90) en reconèixer com font del marc inicial el llibre V de la *Farsàlia*: mitjançant el vell hipòcrita del pròleg ("tot despulhat, ab un capelh / de cànem gros sobre son cap", vv. 50-51) com a representant del pobre pescador Amiclates, s'hi estarien fulminant els sermons sobre la pobresa, ja que aquell era un dels llocs comuns a què l'oratòria sagrada hi recorria -com constatava el *Convivio* (simbolitzat al pa i la copa que sosté aquell vil home a les mans)-, i que molt sovint deformava penosament. Metge no només fueteja la idea eclesiàstica de la pobresa, sinó que restitueix a Lucà la grandesa del passatge èpic: rere aquell paral·lel, l'autor esdevé èmul de l'heroicitat marina de Cèsar; ell, però, ho fa endinsant-se desafiador, sol i sense cap guia doctrinal, per l'arriscat mar del pensament filosòfic. Aquesta proposta encaixa amb altres fonts, romàniques, bíbliques i classicistes (Butinyà 2002a, b), les quals ha prolongat Marco (2004, 2008, 2009a, b), aportant-hi suggerents explicacions a fets com ara l'especificació de la data: el famós i enigmàtic 1 de maig (Marco 2005). L'obra esdevé una fita, precisant-s'hi a l'any 1381 el primer indici contra l'escolasticisme en una obra literària en la nostra Península.

D'altra banda, el poema del *Sermó* sempre s'havia vist com satíric, i s'havia definit com paròdia irreverent (Riquer ed. 1959; Tavani 1996). La hilaritat arrela al fet de consellar el contrari del que es deia als sermons habituals, per mitjà de breus consells, que així resulten desvergonyits. Ara bé, s'hi pot advertir un carès encara més antieclesiàstic, que justament el torna en positiu quant a una crítica des del cristianisme, si es fa llegint-lo com crítica del fariseisme dels predicadors –cosa que lliga amb el que hem vist al *Libre de Fortuna e Prudència*-; perquè quan els versos de la falsa prèdica inclouen un missatge cristià se'ns està indicant lògicament que aquells feien el contrari. Així, la lectura a més de divertida esdevé moralitzant, i de ser una obra de trufa passa a ser una obra molt i molt seriosa; així doncs, no es tractaria d'un capgirament paròdic dels valors del cristianisme (Badia 1984), sinó de la denúncia del gir del cristianisme medievalitzant, que havia esdevingut anticristià (Butinyà 2001b), segons subscriu *Lo somni*.

A l'obra més curta, el poema titulat *Medecina* -paròdica dels lletovaris, amb els quals els poetes guarien malalties amoroses- Metge exagera còmicament el lèxic de la farmacopea, tradicionalment fosc i esotèric; lèxic que coneixia bé pels orígens familiars, havent estat son pare farmacèutic. L'obreta, adreçada a un amic malalt i des de la presó, és qualificada d'intrascendent (Riquer ed. 1959; 1964, II); però, davant els vint primers versos, de signe marcadament providencialista –tret que fa també presència a *Lo somni*-, cal pensar si l'ocasió greu i d'intimitat li fa de plataforma per a la sinceritat, havent-s'hi de valorar llavors que, davant de situacions adverses, la seva recepta sigui confiar en Déu i deixar la tristesa, motiu pel qual fa –diu- els versos jocosos (Butinyà 2002a).

I aquest gir, formal i mental, però sobretot moral, ho veurem igual en l'autor del *Curial*; ací però amb altres eines literàries, i no només pel fet de la prosa narrativa: si Metge atacava el misoginisme i exalçava Orfeu, al *Curial* se'n fa també de l'amor la gran virtut, projectada cap a la vida pràctica del seu temps, la cavalleria cortesana, i posant dos models exemplars en els protagonistes de dos segles enrere. La nova lectura humanística del *Curial* –que no és la primera o exclusiva tanmateix ja que aquesta petja s'havia considerat normalment almenys com a propera, en relació al fet del seu caràcter italianitzant- va agafar embranzida ran de la meva hipòtesi d'autoria per a mossèn Gras, l'autor de la *Tragèdia de Lançalot*, partint de la semblança estilística que havia observat el Dr. Riquer (1964, II: 723).[309]

Aquest plantejament em menà a una observació literària des de molts angles, principalment comparatistes, que vaig publicar en un bon conjunt de treballs i quallà en una monografia (2001a)[310]. Sobre

[309] L'estudi primer (1987-88) l'acompanyava dels treballs dels anteriors lingüistes, que palesaven una definitiva alineació de l'autor al català oriental per qüestions de fonètica vocàlica; darrerament s'ha intensificat l'observació de valencianismes al lèxic (així, un lingüista com Ferrando, al DVD que sobre aquesta novel·la acabem de fer). Al meu entendre, podríem sospitar un autor que, filòleg fi i atent al fet lingüístic, usava vocables més antics per tal d'ajustar l'obra a un marc temporal anterior, on es desenvolupa l'argument; i aquests vocables, abans com ara, coincideixen amb els usats a València, reducte de llengua en un estadi més antic. A això pot recórrer un escriptor-filòleg, mentre que un tret fonètic com la confusió de les vocals febles no es pot dissimular. Però els especialistes sempre han de tenir la darrera paraula.

[310] La primera edició fou del 1999. Els angles principalment tractats als treballs foren d'estudi de les fonts, sobretot pouant als tres grans trescentistes italians; i també de

la concepció humanística de la novel·la ha treballat Jeroni Miguel (2009), qui n'havia fet a la monografia esmentada la *Guia de lectura* (2001a: 359-420)[311]. La doctoranda Sònia Gros, que està treballant la línia elegiaca en les novel·les cavalleresques, ha publicat treballs sobre el *Tirant* en 2007-08 i 2009, i n'aporta ací el reflex en el *Curial* (1.2.1.). De fet, potser no calgui ja avui una defensa encesa, donat que no es troben atacs que mantinguin el caràcter medievalitzant[312]; però sempre és bona cosa reafermar-ho, com estem fent, i el que sí convé és subratllar els aspectes que poden provenir de la tradició clàssica, segons ha fet aquesta llatinista.

És convenient àdhuc pel que fa als símptomes tornar al punt de la introducció primeríssima, al padrastre de Metge, Ferrer Sayol, perquè alguns d'aquests aspectes es troben ja al pròleg de la seva traducció de Pal·ladi (Butinyà 1996). Així, no pot deixar indiferent que hi esmenti Ciceró, un clàssic o pagà, en comptes de cap sant per tal d'elevar-se a la divinitat[313], entre un conjunt de notes ben típiques, com ara la curiositat científica, un sentit universalista, l'harmonia de la Bíblia i els clàssics o bé l'ànsia filològica de rigor (Butinyà 2002a: 37-48; abans, en 1996a).

---

tipus històric i sociològic, ran del paral·lel que s'obre, rere aquella autoria, entre el rei Alfons i Curial. El primer aspecte em portà a confeccionar un hipotext de les fonts, que fa palès la filigrana artística a més de la hibridació de les dues tradicions (és reproduït al DVD, 2010). Del segon aspecte, l'històric, puc remetre a dos treballs recents que, d'angles diferents, s'adiuen amb aquell supòsit (2009a i 2010b). Per a una darrera posta a punt remeto a la meva aportació al congrés de La Nucia, en premsa a.

[311] Comptem encara que ja Rico (1982) va reconèixer Petrarca al començament de l'obra –petja petrarquesca que he continuat (2001a: 31-35; en premsa a)-; i aquesta marca n'és ben eloqüent per a un humanista, en certa manera equivalent a qui abans de començar se senya.

[312] La manifestació de defensa humanística que fa ací Sònia Gros, però, és bon testimoni de la situació adversa al moviment que es respira encara a Catalunya. En l'altra línia, cal comentar que ran de la traducció al portuguès que està fent el professor Ricardo Da Costa (UFES, Sao Paulo), treballa un grup d'investigadors al voltant de la temàtica Humanisme, Literatura i Filosofia, que titulen la seva línia "O Alvorecer do Humanismo: a novela de cavalaria *Curial e Guelfa* (séc. XV)".

[313] Aquesta funció de mitjancers, que és clara als trescentistes, s'origina potser a la *Divina Comèdia*, on es reconeix en el mateix Dante, en una commovedora escena que constitueix tot el final del cant 21 del *Purgatori*; té lloc ran de la trobada amb Estaci, qui confessa haver arribat a la divinitat gràcies a Virgili.

I remuntant, en la línia fins i tot agosarada que he apuntat a vegades, hom troba ja el rebuig als plantejaments antics per part de Llull (Butinyà 2006a). Bé que Llull no entengués que els clàssics poguessin ser més o anar per davant dels que tenen la llum -el dogma, com deia al *Desconhort*-, i tot i que els postposi al *Libre de Santa Maria*, hi combrega en molts aspectes en trets fonamentals; cosa que potser ens doni raó de les arrels profundes que comparteix amb els humanistes, com ara de voler reformar les virtuts tradicionals i d'obrir-hi noves vies mentals. Vies que en molts sentits consisteixen en tots dos casos –Llull i Metge- a renovar el missatge del cristianisme, comptant que són crítics i reformistes[314]. I bé que el reconeixement de coincidències o influxos clàssics no hi falta –així ho ha fet Pere Villaba rere els textos ciceronians- és un terreny novíssim; sembla doncs que una vegada més el que manca és estudi, ara sobretot per tal de trobar-hi els lligams.

Aquest fil, ben congruent, dels orígens reculats fins als estreps renaixentistes, permet d'anar vertebrant aquesta literatura, i deixa veure en aquestes lletres des del XIV un sentit renovador, més o menys formal o profund, rebel o superficial; aquest darrer és el factor que sura més al moviment a mesura que s'apropa el Renaixement o es va transformant en humanisme renaixentista. Destaca tanmateix amb nervi la primera tendència a la cancelleria barcelonina gràcies a *l'enfant terrible* que és Metge. I la marca de superficialitat sobre el caràcter classicitzant, que esclata amb força a les lletres valencianes, fent-se aleshores una moda, batega d'acord amb el ritme que es va estenent arreu. Com a moda, per tant, bé els mòbils són menys viscuts en profunditat bé es manifesten sota vestes més serioses; bé que costarà encara que la crítica pugui acceptar aquesta denominació per al conjunt valencià, segons hem dit més amunt, són arreu arreu senyals més suaus. Però de cap manera el que no es pot fer és anul·lar l'empenta inicial, la d'herència italiana, que justament és la que dóna el nom humanístic així com el segell característic del classicisme; el qual lluirà amb gran

---

[314] Abans d'Erasme, More i Vives, Llull era "aliment espiritual per a tots aquells que no estaven d'acord amb fórmules de capteniment personal o de ciència reduïdes… ans en volien d'alternatives que s'encaressin amb el cor dels problemes i de la vida, la cèlebre 'reformatio in capite et in membris'", Perarnau 1985.

aparat un Roís de Corella, en ple esplendor valencià, encara que s'hagi perdut pel camí la voluntat profunda de renovació.

Hem fet un recorregut molt resumit passant per les fites més sobresortints, però hi ha un munt d'aspectes pendents de treballar i que tan sols han estat iniciats per la crítica, i que es desprenen principalment de fixar els ulls al que passava a Castella: sobretot, com ha repetit Cortijo, volten els fets relatius a l'amor, des de l'erotisme (que en autors castellans i catalans observa també Roxana Recio, 2006) a les implicacions profundament espirituals i teòriques, com veurem seguidament. S'han fet algunes espigoladures, però caldria fer-hi un rastreig mil·limetrat. Fa ja molts anys vaig analitzar una mica la presència canviant de la Fortuna en obres de l'època en una i altra llengua (Butinyà 1993a); o bé s'ha contrastat per la via comparatista la idea de la mort (Mira 2009), observant com, en el *Razonamiento con la muerte*, de Juan de Mena, la fama rep un tractament humanista, ja que s'hi igualen la gràcia divina i les muses paganes. La visió ibèrica de l'Humanisme, ja avançada per Batllori, va servir de suport per al treball aparegut a la potser principal publicació hispanista dels USA, *La Corónica* (Butinyà 2008a), ja citada. Però tot plegat són només punts esparsos, sense Projectes d'Investigació dotats ni coses per l'estil, que són les que permeten investigacions serioses o de pes.

D'altra banda, si des de la Història, com hem dit més amunt, es copsen bé els conceptes al segle XV, cal dir que també data del mateix segle l'advertiment de l'absorció de textos nobles rere *Lo somni*. I no estranya que fos distingit per part d'un humanista, val a dir que el reconeixement era provinent de la mateixa sensibilitat. M'estic referint a les fonts metgianes que ja van ser clissades pel mallorquí Ferran Valentí, com comenta en el pròleg a la seva traducció de les *Paradoxa* ciceronianes. Podríem avançar ja des d'aquest punt la predisposició a entendre aquest llenguatge per part dels que hi participen. I si hom pensa a una al·lusió extensiva als nostres dies, cal avançar que no té res d'estrany, ja que no tots els crítics entenem bé tots els moviments i períodes, i lògicament tots som més sensibles a uns que a altres; per tant, més val no rebutjar el que potser sigui degut a una manca de comprensió.

Hem esmentat, no sistemàticament però, certs trets que no s'haurien donat el XIII ni es donaren el XVI, trets que per contra eclosionaren en les lletres castellanes i catalanes en un procés de canvi. Canvi que presenta trets unificadors pertot Europa, ja que sigui profund o lleu, en qualsevol cas contribuí a anar posant de moda el classicisme i a anar fent canviar les mentalitats cap al racionalisme. Motiu pel qual podem percebre avui un consens als principals crítics o reculls que en tracten (Garin, Kristeller, Kraye, etc.), i hi podem reconèixer els nostres textos, amb les variants que calguin.

Entre les variants a què m'he referit per a la nostra Península, Humanisme no és equivalent de paganisme, a l'igual que el reformisme que hem reconegut als orígens no té a veure amb la Reforma. He d'afegir, d'altra banda, que aquests plantejaments els he presentat amb freqüència en congressos internacionals i han estat acceptats amb normalitat[315], cosa que també declarava Batllori[316].

Si tornem al nostre terreny hispànic, no caldria oblidar, dins del radi de acció cap a una normalitat envers aquest corrent, els llibres

---

[315] Així, a congressos d'italianistes (2001c; hi assistia Vittore Branca, a qui no va estranyar la visió de Metge o del *Curial* amb fort ressò boccaccesc), o bé en congressos de Filosofia Medieval (el 2007 a Palerm: XII Congreso Internacional de Filosofía Medieval –SIEPM–: Universalità della ragione. Pluralità delle Filosofie nel Medioevo; i el 2008 a la Universitat d'Alcalá d'Henares: V Congreso Nacional de la Sociedad de Filosofía Medieval –SOFIME– sobre *Pensamiento político en la Edad Media*). En aquests dos darrers vaig exposar aspectes de la connexió Metge-Llull (que vaig seguint des de 1993c), que tampoc no va sobtar.

[316] "Cap dels presents [en congressos europeus] no posà en dubte que aquells representants de la nostra cultura fossin també representants, més o menys medievalitzants, de l'Humanisme i del primer Renaixement d'Europa. La perplexitat es manifestava només en precisar si aquella fila de noms representava una continuïtat fins al començament del segle XVI, o bé si es tractava d'un incipient Humanisme ben prest estroncat, com s'esdevingué a França. La persistència cronològica ens és ben palesa. El que ens manquen no són pas rebentades inconsistents, sinó estudis seriosos sobre els diferents centres de recepció i de difusió de l'Humanisme i del Renaixement, llur manifestació en llatí i en vulgar, l'alternança d'ambdues llengües en les diferents generacions des de la fi del segle XIV fins a la meitat del XVI, la vàlua de cada personatge, tant en si mateix com en relació amb el seu ambient i àdhuc amb els corrents de l'Humanisme i del Renaixement italià, l'empremta que deixen en la contemporània literatura de creació, la coneixença directa o indirecta de les fonts grecollatines, l'evolució de l'ús i de la qualitat del llatí tant en la nostra cancelleria com en la producció llibresca, la difusió social d'aquests llibres i d'aquells corrents, i tants d'altres problemes que caldria plantejar-se, recercar, estudiar i resoldre" (1995, 26).

285

de docència a la UNED[317], que lògicament inclouen aquest enfocament estructurat i coherent per a l'estudi de la Literatura Catalana[318]; i en concret ressalta a nivell de Postgrau, on es comparteix l'enfocament humanístic amb la Facultat de Filologia.

Arribats en aquest punt pot sobtar la situació bífida que hem avançat, és a dir la general acceptació quant a la pèrdua del concepte en la Literatura Catalana, per a uns, mentre que per contra per a altres el procés de canvi humanístic se'ls hi fa no sols necessari, ans normal a la llum d'un context comparatista.

No és senzill de concloure res al voltant dels motius del fenomen actual de disgregació, que farà que calgui seguir perfilant el tema amb el màxim rigor possible. Ja que la indefinició, que defineix el moviment, deixa sempre incerteses. Així, si Jordi Rubió afina molt quant als símptomes i l'esperit del moviment, no deixa de percebre en molts d'aquells autors el desconeixement de la cultura grega i

---

[317] Cal subratllar que aquesta Universitat no només és la única a aixoplugar les cultures hispàniques (en llengua i literatura, en màsters diferents) sota un angle comparatista d'estudi, sinó que s'ha volgut caracteritzar per aquest signe –ben explícit a actes com el del 23 març del 2010, fent Doctors Honoris Causa als seus representants més significatius-. Signe també ben actiu en el camp de la investigació, com mostra el postgrau oficial EEES, sobre *Literatures hispàniques (catalana, gallega, basca) en el context europeu*, on hi ha dues assignatures que interessen directament a aquest perfil temàtic: *La literatura humanística italiana i les seves relacions* (s'inicia el 2011 a càrrec de Roxana Recio) i *Principals obres humanistes de les lletres catalanes medievals*. Encara, de manera més indirecta, cal esmentar la de tall eminentment comparatista *Tratamiento de textos: técnicas y recepción*, a càrrec d'Antonio Cortijo, un dels primers especialistes de l'Humanisme en l'àmbit peninsular. Lògicament doncs l'interès per l'Edat Mitjana es deriva ja del professorat d'aquestes cultures, que a la UNED té un perfil preferentment medievalista (caldria afegir-hi Fernando Domínguez Reboiras, Isabel de Riquer, Josep Enric Rubio, Josep Antoni Ysern; els primers cursos s'hi va comptar amb Miguel Ángel Pérez Priego), cosa que està generant així mateix doctorands en aquesta línia.

Quant al perfil concret que ens ocupa, cal comentar que, a més del màster esmentat, imparteixo des de 2008 una assignatura titulada *L'Humanisme català* dins del de Filologia Clàssica: *El Món Clàssic i la seva projecció en la cultura occidental*, dirigit per l'hel·lenista José María Lucas. I en aquesta línia de valoració per part d'especialistes de Clàssiques, cal dir que la gran part dels treballs esmentats sobre l'humanisme català es recullen en anuaris o catàlegs de llatinistes, com ara el coordinat per Jenaro Costas i Leticia Carrasco, *Boletín de Estudios sobre el Humanismo en España* (I-IV).

[318] Principalment cito el manual *Literatura Catalana*, I *(Edad Media)*, del 2006 i coordinat amb Josep Ysern, i la *Nova antologia de la Literatura catalana*, coordinada amb M. Marco i J. Miguel.

la poca traça quant al llatí; tot plegat, arriba a la conclusió que no hi hagué autèntic Renaixement, però sí producció del procés canviant – Humanisme-, segons també observava Batllori[319]. I això als dos grans pilars d'aquests estudis.

I així faré un incís per tal de referir-me als treballs tan valuosos del llatinista Jaume Medina (2009), tan bon coneixedor del classicisme a les lletres catalanes, amb meritòries pistes del seguiment d'Horaci, Virgili i Ciceró, i investigador ben conscient de la força d'aquest cabdal, qui exposa molta documentació de fets ben matinadors. Hi recull un passatge molt interessant de Menéndez Pelayo (del 1950) entorn el nostre segle XV, en que si d'una banda deixa València com l'Atenes peninsular, alhora qualifica aquells autors com "aficionados a la cultura clásica" (2009: 274-281). Posat el qual ja avançà Rubió – segons acabem de veure-, però que deixa de banda les anàlisis recents sobre les fonts i autors del XV amb forta càrrega classicista; fet que té l'explicació que ja hem donat, quan no s'enfoca tant des del món de la creació en vulgar com de l'erudit i en llatí[320]. Caldria també comentar que, molt recentment, el matís que exclou la producció primerenca o/i de la vernacla (Rico, Vilallonga) sembla haver estat superat per

---

[319] Ara bé, i bona mostra de la falta que fa una sistematització, començant pel fet de destacar les incongruències actuals: al volum I de la *Història de la Literatura Catalana*, Rubió dedica un capítol al *Renaixement en les lletres catalanes* (1984: 187-282), amb tot fonament i claredat als subcapítols. Mentre que des d'un angle com el d'*Història de la Llengua*, que no hauria d'anar tan deslligat, veiem que l'obra de Nadal-Prats no té cap apartat per a l'Humanisme, passant també de puntetes sobre la periodització i seguint un criteri estrictament cronològic: *De Pere el Cerimoniós al Compromís de Casp (1336-1412)*, que clou el volum, passa al II, que comença amb el *Segle XV*. Bé que havia precedit aquest criteri en la *Història de la Literatura Catalana* (1964).

[320] Recordem que aquests autors construïen les seves obres sobre aquell canemàs de fonts literàries, com mostren els hipotextos, no ja els catalans (*Curial, Lo somni*), ans el de la *Comedieta de Ponça*, o el mateix *Decameró* -molt senzill però tan ric sobre el joc dels marcs-, i àdhuc la *Divina Comèdia* (Kerkhof 1986: 38-39), d'espenta inicial pel que fa a la construcció arquitectònica interna de les obres. D'altra banda, tan bon estudiós del classicisme ens fa repetir el que anem dient quant a la necessitat de posar-hi ordre des de la pròpia Filologia Catalana, perquè anomena Humanisme el que altres bategen com Renaixement, val a dir a la davallada: "Fent un balanç de les manques en la nostra cultura, el Noucentisme s'adonà que calia incorporar l'obra dels clàssics, ja que no ho havia estat al moment de l'Humanisme (època que correspon a la davallada literària catalana)", 2009: 196. I poc abans hem vist que per a Rubió i Batllori hi ha Humanisme i no Renaixement...

287

posicions com la de González Rolán (2002) o Cortijo (2008, 2009), valoradors de la producció humanística en llengua vulgar. I cal observar de nou que aquesta valoració s'està fent des d'un àmbit internacional i multicultural.

És bon estudiós també Medina d'altres punts que podrien venir a tomb, com ara del curs de la Fundació Bernat Metge i de l'encert que suposà la seva creació (2009: 415-416); i ressaltem que en cap moment hi deixa sospites d'un encès ímpetu encegador com per a dubtar de l'oportunitat del nom per a una col·lecció del nivell que es programava en moment que des d'altres angles s'ha titllat de sospitós o desqualificador de les seves consecucions teòriques. Important, doncs, la seva valoració i descripció del procés, ja que el classicisme i el mediterraneisme van ser dos dels motors ideològics de la Catalunya noucentista a qui es responsabilitzà de la creació-invenció del concepte humanístic (Badia 1984).

Tot plegat, des de les lletres catalanes, hi ha una línia coherent de les personalitats de la tradició crítica, baixant de la denominació de Rubió i Lluch, passant per les matisacions i apreciacions de Riquer, Rubió i Balaguer, Batllori i Badia Margarit o Medina -des d'angles diferents en cada cas-, arribant als meus treballs que s'allarguen durant més de 20 anys d'estudi de les obres de Metge, de la novel·la cavalleresca i d'un intens neguit per aquests orígens[321]. Aquesta coherència potser tingui continuïtat dins els estudis i investigacions al voltant del màster, comptant que hi formen part professors hispanistes –a més dels citats també ho és des de 2010 el Dr. Miquel Marco-[322]. No tindrien cap valor aquestes referències si es diguessin en pla profètic o esperançador, però tampoc no tindria sentit, ni seria objectivament correcte, no deixar-ne constància.

---

[321] Amb totes les disculpes que pugui donar pel fet de posar el meu nom en una línia de tal nivell com és el d'aquesta tradició d'estudis, comptant defensors i negadors, evidentment, remeto a una frase d'Albert Hauf al respecte i que he donat a la Introducció (nota 7).

[322] Té al seu càrrec una matèria (*Influxos i relacions de la literatura espanyola*) que pot desenvolupar amb mestratge, donat que la seva tesi doctoral i la gran part de les seves publicacions són sobre Metge però la seva tasca habitual és la docència de la Literatura Espanyola.

La recent al·lusió al professor Marco em fa tornar a donar una volta per les obres de Metge que ha estudiat més, sobretot el *Libre de Fortuna e Prudència*, car respon a un tipus de poemes al·legòrics que en altres literatures es consideren catedrals, sigui el *Roman de la Rose* o la consolació boeciana. Així doncs, sense entrar tampoc a l'esperit competitiu, cal revalorar aquesta obra atenent que, com a fermall que els tanca, pot ser única o prou excepcional a atacar seriosament el gènere tradicional des d'un posat burlesc. Fet que ja hem dit que ens permetria fixar un any per a la introducció de l'Humanisme a la Península: 1381.

No crec que ningú es pugui estranyar d'aquesta referència a les obres metgianes, però potser pot sobtar la importància que he donat sempre al *Curial*. Amb tot cal fer constar els dos darres congressos i les dues recents edicions (2007), la crítica de Ferrando i la traducció al francès; amén de la recent versió a l'alemany (2008) i les que s'estan fent al portuguès i al romanès, que no deixen despenjats el munt d'articles que aboquen a la meva monografia (2001a), a part del DVD ja esmentat. Aquests signes deixen en peu que –almenys per als curialistes[323]- es tracta d'una obra sense cap minva de mèrit literari front al *Tirant*, valorat des del segle XVI gràcies a Cervantes, i als nostres dies en gran part gràcies a Riquer i altres, sobretot Dámaso Alonso o Mario Vargas Llosa. I no podem deixar part del gran conjunt d'autors valencians –tot i que es pugui discutir la mesura en què entenen que es troben davant un canvi, i quins entren i quins no-, on comptaríem amb obres de gran magnitud, suficients com per a arrodonir l'entitat del moviment. Sense haver inclòs encara, com anem dient, la producció poètica marquiana i altres, tot i que l'embranzida i l'estudi dels crítics de la producció en castellà, atents a la preocupació sobre l'amor com a característica del moviment, ens tempta a fer-ho.

D'un alumne de I curs -font poc habitual en un treball d'investigació però que considero explícita, bé que no nova ni reveladora de la necessitat de remoure tota aquesta temàtica- aporto una darrera una observació. Diu que la florida literària és determinant per al desenvolupament d'una cultura; així com ho és també lògicament per

---

[323] I no sols ja entre aquests, quan llegim en un estudi molt recent sobre el cànon: "triar el *Tirant* és injust si deixa a l'ombra el *Curial e Güelfa*" (Miralles: 22).

al seu propi reconeixement[324]. I això em remet al final d'un treball meu, que citaré a continuació, tot just sobre aquest humanisme. Hi donava un intent d'explicació més de la davallada secular, que atribuïa en gran part al propi desconeixement; és a dir, a la incomprensió del propi bagatge medieval i principalíssim, com a constitutiu de la cultura catalana, ja que li fa d'espinada. Això explica que sense aquest reconeixement, la història de la literatura quedi inconnexa i invertebrada, com ha esdevingut en aquest quart de segle que estem observant, ja que no presenta coherència un inici amb una grandíssima figura (Llull), un seguit de dos segles ascendents, una aturada creacional de 3 segles – almenys, comparativament, davallada-, i una revifada als dos darrers segles, de manera també un tant desequilibrada o sense una orientació clara i un sòlid assentament correcte al passat; sobretot perquè no n'hi ha enfilalls. Perquè poden haver-hi salts per manca bé de testimonis bé d'estudis, però no pot ser una cultura sencera feta de sotracs.

I sense nervi central o fil, els textos queden com en un fitxer, juxtaposats; la metodologia actual, però, el comparatisme, el que fa és intentar reconèixer els deutes i les relacions, anant a tort i a dret a la recerca de semblances i explicacions (en el cas català caldria anar a França –incloent la cultura provençal-, al món anglo-saxó i al conjunt pensinsular; però quant al nostre tema, sobretot a Itàlia i a Castella com a veïns principals). Aleshores s'hi aprecia el lligam, i es pot anar enfilant la història literària dins un context, si més no, més clar i segur que posant els textos sols de costat. Així com permet d'emprar determinades denominacions en els casos que s'hi manifesten per un igual, com proposem per a l'Humanisme.

Altrament, com dèiem (2003)[325],

---

[324] M'escriu per correu electrònic, el 4 maig 2010: "Me resulta interesante cómo aún estando durante mucho tiempo Catalunya y Aragón bajo un mismo monarca, la literatura catalana florece mucho más que la aragonesa, hasta el punto de que este dialecto apenas se ha conservado en nuestros días. Sin duda el florecimiento literario y cultural resulta determinante para el desarrollo de una nación."

[325] El vaig publicar al volum que vaig coordinar en Homenatge al professor Miquel Batllori, ran de la seva mort, el 2003, a la *Revista de Lenguas y Literaturas Catalana, Gallega y Vasca* 9: 251-278. Es titulà: "Sobre el Humanismo catalán y las periodizaciones", i el volum *Del Humanismo*, ja que aplegava les I *Converses Filològiques* que es feren aquell any a Blanquerna amb temàtica humanística i en què

se estudia de modo plano, del siglo XIII al Barroco, y sin enlazar apenas con el mundo exterior-, lo cual hace inexplicables los textos desde la concepción histórica y literaria, que pretende concatenar hechos y comprender los rasgos predominantes y cambiantes, aun asumiendo desconocimientos y olvidos. Por otro lado, la incomprensión de aquella aportación se está prolongando en la medida en que perdura su marginación. Un curso literario –insisto, aun empleando supuestos teóricos- no es inarticulado por presentar altibajos, que todas las literaturas experimentan en mayor o menor medida; mientras que parece imprescindible el conocimiento de la propia identidad y de sus relaciones, en la dosis más plural posible, a fin de un seguimiento. Y lo es en las dos direcciones, tanto para seguir sus pasos históricos como para permitir posibilidades de recuperación: desconocer o negar la existencia de algo aborta su crecimiento o desarrollo, dado que esa posibilidad queda anulada. En lo cultural ocurre, como en todo ser vivo, que cuanto más constitutivo es un rasgo -sea la pertenencia a un linaje, sea el arraigo a una lengua o expresión-, más necesario se hace el reconocerlo. No en vano el Humanismo es el movimiento que ensalza la *dignitas hominis*.

Desde el ángulo lingüístico, partiendo de un siglo XIX con una conciencia acongojada de la situación, se han llegado a asumir en el XX conceptos como la normalización; ahora bien, en el cultural estamos lejos de una conciencia acongojada. Pero la lengua, al fin y al cabo, vehicula y es soporte de una cultura: he ahí -entre las muertas- las clásicas, pletóricas de vida cultural y constituyentes de una rica tradición[326].

---

intervingueren Tomás González Rolán i Miguel Ángel Pérez Priego. El meu treball el vaig reproduir als apèndixs de la trilogia esmentada, a tall de cloenda (2006a: 197-225); el seguia "Sobre el Humanismo hispánico" (225-238), vessant que he desenvolupat en publicacions posteriors.

[326] Continuació d'aquesta actitud de mirall en el classicisme és la petició que vaig fer al Dr. Badia a la laudatio del seu doctorat d'Honoris Causa de la UNED: "En aquesta línia inequívoca, doncs, faig la crida enèrgica al coneixement d'aquests textos, sobretot dels medievals que tant afirmaren la nostra cultura, i que cal fer renéixer, discutir, rellegir i contrastar, sense treva. Mentre que avui són tan desconeguts que em vénen a la memòria uns versos de Marià Aguiló, qui en 1881 -època de feblesa encara per a la llengua- deia: 'Mesquineta, desvalguda, / dolça llengua, qui·t coneix?'. Doctor Badia, el

I cloïa fent unes propostes:

¿Por qué no contemplar el humanismo catalán –en su justa medida, pero de pie, sin complejos de superioridad ni inferioridad- como se hace con el castellano, el francés, etc.?[327] Ello no supone ningún tipo de idealización falseadora de la realidad, pues no se trata de recomponer forzadamente ninguna línea triunfal ascendente, que no se ha dado en nuestra cultura cuando tanto tiene que volver sus ojos a la Edad Media. Pero tampoco hay ningún dictamen que marque topes o señale una anhelada continuidad, ni mucho menos hay lecturas unívocas, así como parecen dudosas científicamente hablando las excluyentes. Una vez más, no caben los extremos: no hay que magnificar las notas de ningún momento, pero tampoco repudiarlas. Basta estudiar los fenómenos en su contexto: el humanismo catalán dentro del humanismo hispánico; y ambos en relación con el italiano, dentro del conjunto europeo. [...]

No hay que augurar que de una recuperación concreta se vayan a derivar renacimientos. Pero observemos los efectos contrarios: cuando un gran autor como Jacinto Verdaguer quiere remontarse a los orígenes de su literatura -en el momento decimonónico de renacer- y volver a la propia identidad, no cae, como la mayoría, en el pasado provenzal y trovadoresco; gracias a su cultura, lo supera y encuentra sus fuentes de inspiración en el acervo más genuino, además de Llull, el legendario y popular (*Canigó*), el clásico y

---

meu prec és que aquests textos es difonguin i donin a conèixer, començant pels voltants, en virtut d'un renovat universalisme cultural, que bé conjugaria amb una era tan global, bé que tan esquerpa per a la cultura profunda i escrita. Aquest reclam es materialitza sobretot a través de les traduccions, inaccessibles avui en casos d'obres eminents, i en el seu conjunt encara molt deficitàries. L'impuls tanmateix no sols davalla de la seva peculiar vàlua -àdhuc considerant alguns, com *Lo somni* o el *Curial*, propis del més alt bagatge de la humanitat-, perquè hem de tenir en compte que és la mateixa inquietud pels textos la que commina a establir-hi relacions, així com la que convida a aprofundir en les causes i escorcollar-les. És ben sabut que només per aquesta via s'assoleix alguna abstracció teòrica mínimament vàlida, en Filologia com en qualsevol altra ciència." (2010: 141-142).

[327] Àdhuc el pol·lonès o el de cultures a les quals arriba més suau i molt més tard que a les hispàniques.

el hispánico (*Atlántida*). Ahora bien, un autor de tan fina formación clasicista no utilizaba gran parte del propio caudal clasicizante (Metge, el *Curial*, Corella...); y ello pudo suponerle una merma, porque el no conocer las raíces es algo que estrecha el cauce cultural y no permite beber en amplitud de su acervo. También desconocieron en parte aquel pasado Carner y los noucentistas, precisamente quienes intentaron una vuelta al clasicismo a principios del siglo XX, lo cual no disminuye su mérito sino que lo aumenta. Pues así como Metge en un diálogo profundo se refería a Llull –a quien, junto con los clásicos y sin obstáculo, hacía suyo-, los dos autores modernos citados –Verdaguer y Carner- no pudieron remontarse a parcelas de su propio caudal que les pudieran haber sido válidas, bien porque no las tenían a su alcance, bien porque no se contaba con estudios filológicos que las vivificaran suficientemente. Cabe repasar las obras importantes de aquella época medieval que hasta prácticamente el siglo XX no se han descubierto, como el *Curial*, o que apenas se han estudiado hasta los últimos decenios, como las de Roig, Corella e Isabel de Villena.[328]

---

[328] Recordo que hem començat amb aquesta idea. I rescato excepcionalment una nota a peu de pàgina, que arrodoneixo, i que lliga amb una darreríssima publicació, com podran veure. M'hi he referit a la citació a dos grans autors, però si pensem a la nombrosa massa d'aspirants a escriure, que no tenien més horitzons que els dels Jocs Florals, això ens farà no menysprear aquests, com fem, ans sentir-nos responsables quant a l'oblit dels estudis. Hi deia: "Por ello, la dormición secular en estudios, bastante general en nuestras latitudes, es tanto o más grave que la que se pudo dar en la vertiente de cultivo literario. Pues el distanciamiento actual puede deparar algo parecido a lo que pasaba en la Edad Media con los autores clásicos, que se veneraban repetitivamente pero no se entendían. Por ello también, a pesar de que se bauticen prestigiadas instituciones con nombres de autores y obras del pasado, lo que interesa verdaderamente es saber –trabajar entre todos para saber- por qué son excelsos, en toda su dimensión, y por qué los han valorado las grandes personalidades. Y sobre todo saberlo transmitir: pensemos en cuántos viandantes de las calles barcelonesas y de mediana cultura pueden dar una explicación del *Quijote*, el *Lazarillo* o *La Celestina*, o de *Hamlet* o de *Guerra y paz*, pero no pueden darla de Llull, del *Curial* o de *Lo somni*. Urge, pues, revisar nuestros estudios y nuestros revisionismos, porque, al igual que no hay que adecuar los textos a unas expectativas, hay que evitar el criterio reverencial al que de otro modo pudiera llegarse, enquistándose progresivamente."

Aquest darrer comentari està en la línia del que fa Carles Miralles en tractar del cànon: "A qui més pot interessar el cànon de la literatura catalana que a nosaltres, si no som capaços de projectar-lo, mostrar-lo, difondre'l i explicar-lo arreu del món ...

Visió d'acord a l'exposada quant a l'humanisme català és la de molts professors esmentats; així mateix podria afegir els col·laboradors del monogràfic *eHumanista* (13), on bé que no hi donéssim cap definició hi havia una entesa que aixoplugava hel·lenistes, hispanistes, llatinistes o especialistes de Filologia Catalana[329]. Així com s'adiu de manera harmònica la visió de González Rolán (2002); ressaltant que ací dibuixem un perfil humanístic que escau en rodó per al to que presenta per aquesta Corona, ja que –bevent a la font de les polèmiques dels primers humanistes per tal d'aclarir-ne la problemàtica- oposa a l'humanisme filològico-lingüístic, iniciat per Valla i que acabaria imposant-se, la línia de Poggio Bracciolini, que defensa una concepció filològico-literària (2002: 61). Línia que subscriu a la llum de la seva recopilació bibliogràfica peninsular; així, conclou que, bé que l'Humanisme hi presenti un cim a Nebrija, les investigacions dels darrers deu anys li porten a afirmar que "el humanismo filológico-literario se difundió y arraigó en España a lo largo de la primera mitad del siglo XV y también en Cataluña" (2002: 62). La inclusió del nostre àmbit -hi afegim- és fruit de pura lògica: si no hi ha humanisme català tampoc no n'hi ha castellà, i vice-versa. Cosa que hauríem de contradir, al marge del desenvolupament dels *studia humanitatis*, anant sols, com a filòlegs, amb els textos literaris a la mà.

Amb un plantejament diferent però dins del reconeixement del moviment cal citar el treball de Piera (2008), que, contràriament al parer generalitzat des dels començos d'aquest concepte, que feia arrelar la provinença d'Itàlia, ho fa envers la influència francesa.

No n'hi ha prou que Ausiàs March figuri indiscutiblement en el cànon. També cal mirar d'aconseguir que les edicions i els comentaris no parin, ni els articles i els assaigs, en totes les llengües, i que es vagi consolidant la seva inevitable presència en el discurs general de la poesia europea; que es pensi com es pot continuar proposant als discents i que se'n trobin maneres que, en algun moment del procés, els portin al text i els el facin comprensible" (2010, 19...22). I qui diu March, diu Metge.

[329] A part dels referits amb articles a la bibliografia són Francisco Calero, Gabriel Ensenyat, Vicent Escartí, Mª Teresa Gironés, Mª Àngels Massip, José Romera o Josep E. Rubio. Sense que indiqui cap adscripció, ja que alguns hi fan subtils delimitacions i no n'hi ha de fet una directiva teòrica, faig notar senzillament que el fet de participar a una publicació sota el títol del moviment els preserva en principi de ser-ne fiscals condemnatoris; aquestes col·laboracions, sense un plantejament predeterminat, si més no s'obriren com un castell de focs sobre el fosc panorama anterior.

Sembla tanmateix que, tot i que aquesta influència va ser considerable i ja havia estat estudiada (Isabel de Riquer 1989, entre altres), malgrat la cultura de la reina Violant, en què es recolza principalment aquella estudiosa, seria d'una consideració desproporcionada[330].

Un altre argument esgrimit a favor de la negació de l'Humanisme és que la mentalitat medieval perviu al segle XVI a la Corona d'Aragó; però això és així mateix cosa comuna a tots els moviments, que mai no marquen una ratlla -encara l'Humanisme és un dels casos on els efectes són més profunds i definitius-. I cal comptar que aquella mentalitat antiga -que distingia Rubió i Balaguer en els comportaments d'humanistes llatinistes afamats, com ara Carbonell[331]-, la qual seria impensable en un Metge, és ben viva encara als nostres dies, anant pel carrer, a molts nivells i ambients. Però cal advertir que de nou no es tracta de separar entre bo i dolent, com a vegades ha pogut pensar qui pren per exquisit el nou llatinitzant i n'allunya el que considera groller pel fet de citar de segona mà o per no dominar el llatí.

Tornant al punt de partença, l'aturada negadora ha provocat també una manca de profundització en aspectes molt transcendents per al curs del pensament, els que palesaven més la fertilitat de la pluja innovadora, fent sagrat el camp laic i en especial els textos[332], així

---

[330] O almenys hi podríem dir amb Metge que "una flor no fa primavera" (Butinyà 2007a: 234), refrany que ja recollia el *Convivio* ("una rondine non fa primavera"), procedent de l'*Ètica Nicomàquea*.

[331] "Unos cuantos años después [de Metge], la Inquisición impuesta a nuestra ciudad emprendió una campaña implacable contra los conversos y fue precisamente un gran amigo de los clásicos, el notario Pedro Miquel Carbonell, quien la relató con minucioso deleite. Cuando lo hacía daba a entender que no era un humanista de corazón sino un pedante erudito. El espíritu del Renacimiento había que mostrarlo en una actitud nueva ante la vida, y no en una mera imitación de normas estilísticas. Sentirlo, no dependía de la profesión ni de la cronología" (1990: 78-79).

[332] "Era un momento en que se discutía acerca de la delimitación de los campos: se empezaban a distinguir teología y filosofía, así como de ellas se desgajaban la ética y la moral; ineludiblemente, todo ello redundaba en la Poética. Los poetas antiguos –se decía– desentrañaron el sentido religioso del hombre; pero Metge pone su ahínco en resaltar además el moral, aspecto fundamental deteriorado también en los siglos de barbarie y que anula los discutidos distingos tradicionales entre ambas escrituras, a la vez que el *Curial* repite con insistencia que se habían alterado los textos en perjuicio de la moral. Pues si en las sociedades antiguas lo ocupaba todo la religión, el paso a un tiempo nuevo orienta las ideologías hacia los modos de actuar, de vivir, de escribir o del tratamiento textual" (Butinyà 2004c).

com també un retard en l'estudi humanístic en comparació amb les literatures pròximes (Cortijo & Butinyà 2009). Per això convé molt de juxtaposar els fets literaris, que han treballat molt darrerament des de l'àmbit castellà i també del de Clàssiques[333], d'on es deriva a més una contraposició de l'humanisme hispànic a l'europeu[334]. Quant al compte, molt pendent, d'estudiar els fenòmens de cruïlla en el camp literari, especialment a les situacions de contacte, tenim un exemple al que fa la Lingüística; amb el greuge que el fet de no fer-lo amb els textos d'aquesta literatura n'altera greument el panorama, ja que els grans textos hi són precisament els grans receptors d'aquelles novetats.

És un fet que la literatura catalana –i no pel fet de ser minoritària exclusivament- no ha entrat al concert occidental; això sobretot es pot atribuir al moment en què qualla aquella internacionalitat –resultat de la participació en el flux de les Universitats i les impremtes-, moment dels Cervantes i els Montaigne sense barreres[335], en què no és cap novetat dir que l'èlite cultural catalana es trobava, si no adormida, sí prou en baixa forma. Però justament això seria un motiu per a aportar avui els textos del millor moment i que, per les causes que fossin del passat –n'és un punt ben marginal que per contra s'ha magnificat- els nostres avantpassats no van saber fer participar.

Per acabar, podem així mateix insistir que un capítol necessari en aquesta revaluació de la història de la crítica sobre l'humanisme català ha de ser l'anàlisi de les seves connexions interpeninsulars. Sembla que hi ha una tendència –recent- a recuperar un plantejament que guiava les investigacions d'investigadors pròcers de les lletres

---

[333] Aquest comentari explica la necessària col·laboració d'especialistes d'altres àrees per a un tema tan íntim o propi d'una cultura; senzillament i lògicament, ens hi han passat per davant degut a la nostra aturada en investigacions. Poden confirmar-ho, per exemple, a la introducció de Cortijo & Butinyà (2009).

[334] Sovint he comentat que la peça de l'humanisme català, bé que petita, podia ser clau per als humanismes, ja que, desplaçant l'interès envers els orígens, s'hi podria comptar amb textos de traç ferm, amb capacitat d'encaixar bé a través de llurs vores, i d'anar així recomponent el dibuix. Amb el conjunt hispànic l'espai aclarit és més gran. Mancaria però, havent llegit Said, el deute immemorial de fer conjugar aquests humanismes amb l'Orient.

[335] Moment que analitza tan bé Bouwsma, entre 1550-1640, recorrent els principis motors de llibertat i d'ordenació.

catalanes en el segle XIX, que aplicaven als seus estudis la idea de inserir-les en el context romànic general, sobretot francès, així com també ibèric. Tot i que sens dubte no és l'únic estudiós que ho ha fet, el plantejament de conjunt de Gómez Moreno (1994) sobre l'humanisme castellà adoptava una perspectiva amplíssima que tendia a considerar la Península Ibèrica com un tot (geogràfic, si no exclusivament cultural) en la seva anàlisi sobre la introducció d'obres d'humanistes italians (en vernacle i llatí) i les interconnexions entre les corones reials en el segle XV. Cortijo, en la seva anàlisi de la novel·la sentimental de 2001 igualment es plantejava les connexions amb l'humanisme italià i insistia en la comunió d'idees i temes (així com els seus possibles influxos mutus) entre les lletres *de amore* catalanes, castellanes i portugueses. A l'últim, Charles Faulhaber s'ha plantejat en nombrosos estudis la recepció de la teoria retòrica (medieval i humanista) en la Península Ibèrica com un conjunt unitari, i en la seva labor magna com a director de *PhiloBiblon* ha dedicat un capítol preferent al tema de les traduccions del castellà al català i vice-versa en el segle XV, de nou insistint (com a resultat) a la idea de dites interconnexions. Aquests estudiosos, lluny de plantejar-se un concepte aïllacionista del desenvolupament i la producció literària en les diferents llengües peninsulars, o d'enfocar-lo amb complexos, hi han copsat una connexió i influències mútues, que contribueix a desbancar posicions d'aïllament crític i tergiversació (polítiques al capdavall) de fets culturals, deixant, simplement, constància en els seus estudis de la permeabilitat entre literatures, no ignorant mai les seves característiques d'individualitat creadora.

Sobre l'Humanisme a la Corona catalanoaragonesa

Júlia Butinyà (UNED, Madrid) & Roxana Recio (Creighton University, Omaha, USA)

Havent passat ja un llarg període de temps a l'espera d'una nova periodització (després de l'escomesa a la tradicional, que extirpà l'Humanisme d'aquest territori i llengua)[336] i no havent-s'hi presentat aportacions significatives que hi suposin un avenç, ans al contrari aquella negació més aviat sembla haver dut cap a una manca de vertebració en el pla literari (3.2.), es fa convenient no ja de replantejar o defensar sinó de tornar obertament a mantenir la validesa de la posició inicial, que contemplava el que s'anomenà humanisme català.

Fa aproximadament uns 20 anys ran de les investigacions dins un Projecte d'Investigació dirigit per la professora Emma Martinell al voltant de la consciència lingüística[337], en què es rastrejaven fil per randa els textos medievals, al damunt dels catalans, Butinyà arribava a la constatació de la personalitat o reconeixement del moviment, a través de les tècniques emprades a les obres literàries (1996b). Un seguiment de conceptes com ara el valor de la història en relació amb els temps, el sagrat (relacionat amb les Escriptures) i el secular (llegat de l'Antiguitat) també ens permetria –és de suposar- de fer-hi avenços més clars, en tocar punts neuràlgics del moviment. El mateix concepte relatiu a l'alliberació del temps (Bouwsma 77ss) contemplaria temes puntuals, com ara la salvació dels clàssics, que s'ha tractat a les lletres catalanes amb resultats ben interessants (Rubio 2009). Però ens trobem a la situació actual d'encallament, fruit d'alguns decennis en situació d'aturada i mancats de dialèctica, per la qual cosa ens veiem obligades a remetre força als treballs de Júlia Butinyà, que han sostingut la defensa i manteniment del concepte prou en solitari.

---

[336] Vegeu Badia 1988.

[337] *L'adquisició de la consciència lingüística europea: el contacte entre les llengües europees i les llengües no europees* (1991-1999).

I com que acabem de fer un recorregut pel panorama crític recent (3.2.), només espigolarem ara alguna altra caracterització en relació al moviment, bé de tipus molt general bé que no venia tan a tomb en el capítol anterior, i que pugui encara ser útil a tall de fermall. Així, hem esmentat sovint el fet de manifestar-s'hi en obres de creació, front a les obres més teòriques (epístoles, tractats...) dels humanistes italians. Però no podria considerar-se aquesta diferenciació respecte als italians com factor excloent del moviment, quan hi és fet de gran vigència la força de la retòrica[338]; a l'igual que, a la inversa, no s'haurien de treure d'aquest influx les obres religioses i doctrinals, que a les lletres catalanes (per contra del que fan les castellanes) no s'hi acostumen a vincular. Pensem per exemple a la *Vita Christi* d'Isabel de Villena, tot i que l'autora no sigui cap estereotip d'humanista ans una autora d'espiritualitat; però que ha de tractar-se dins d'aquest espectre, com es fa amb obres d'aquesta tirada a la Corona de Castella, algunes àdhuc amb trets més difosos.

Aquest capítol, però, té tants punts pendents d'estudi que no hi donaríem a l'abast. Pensem, només en relació a la llengua catalana[339] –ja que seguidament es tractarà al capítol següent-, com en el segle XV es produeix una revalorització estilística del català, cosa que es veu des dels sermons d'Eiximenis, que no escriu en llatí, a la prosa tan polida i remirada del *Curial*, sense comptar els intents anteriors d'acomodació d'un nou estil, digne del diàleg humanista, per part de Metge. Tot això cal inserir-lo en la idea que Humanisme és per sobre de tot i sobretot inicialment (encara que no exclusivament) un moviment filològic que busca la recuperació de clàssics com conseqüència de l'aspiració a depurar el llatí. Ja que aquesta preocupació per l'estil i la llengua

---

[338] Sense haver de comptar amb les manifestacions de les arts plàstiques, observem aquest comentari quant a la seva llargària en el temps: "La complicidad entre retórica y humanismo duraría como mínimo hasta Hobbes, un retórico nada inferior", Bouwsma 112.

[339] Per descomptat, i no sols prenent com a referència l'estudi de González Rolán (2002) o el treball inclòs ací de Ferrando (capítol 2.1.), ans també recorrent al més ampli consens als nostres dies, no hem fet l'escissió per llengües, car això és una contradicció evident quan el moviment afecta tota la dimensió humana i, sota restriccions merament formalistes, el corrent esdevindria un fenomen molt reduït, cosa que alhora seria incoherent davant l'amplària intrínseca de les manifestacions més primigènies.

reflecteixen una temptativa d'apartar-se d'un estil medieval en llatí; temptativa que conté principalment un neguit per sobrepujar els models de pensament de l'escolàstica més recalcitrant. En aquesta búsqueda d'un estil depurat hi ha per damunt de tot una nota d'afirmació personal de l'individu, que passa de ser recipiendari de normes i *dicta* i modes de pensar estipulats a buscar la seva pròpia identitat, en idees i estil, com subjecte de pensament que s'atorga i reconeix una posició central en l'esquema del món.

Els paral·lels peninsulars no hi podien deixar d'aparèixer, perquè ja Lida de Malkiel va advertir que el prehumanisme (Prerenaixement) de Juan de Mena era especialment estilístic. Rico, així mateix, que l'impuls central de la feina filològica de Nebrija es va centrar en la seva lluita (estilística) contra la barbàrie (dels mals llatins); és a dir, en un afany de depuració de la llengua (després transportada per Nebrija del llatí al castellà). I els historiadors castellans de la segona meitat del segle XV s'esforcen perquè la seva prosa es depuri de la barbàrie que distingeix l'*historicus verus* del mal historiador (Cortijo 2000).

Ara bé, per tal de no estendre'ns en una nova monografia a la persecució d'obrir noves vies, però a la recerca d'aquests viaranys en els textos catalans (poc mirats des d'aquestes perspectives, donada la contrarietat generalitzada envers el moviment), i també per tal de no repetir idees que ja s'han expressat més amunt o bé amb anterioritat en treballs de visió general[340], ens fixarem ací tan sols en uns pocs vessants: en els que de manera més estreta davallen del treball del capítol 1.1.1., en tractar de Metge, ja que podrien encarrerar-nos en certa manera cap el sentit vertebrador que altrament hom troba a faltar avui en aquestes lletres, sigui en direcció europea sigui quant a la pròpia tradició [341]; i també encararem de nou algunes idees que remeten clarament a l'estudi de Bouwsma i als teoritzadors. A part d'insistir, finalment, als lligams amb la literatura castellana, que permeten una visió de conjunt del moviment.

---

[340] Cortijo & Butinyà 2009, Butinyà 2004b, 2008a, 2010e..., a més de la seva trilogia darrere els orígens de l'Humanisme.

[341] Un avantatge d'exposar-ho ací, a més, es pot derivar de l'afrontament amb les altres literatures que estem realitzant, és a dir de la seva contextualització, cosa que llimarà possibles desfiguracions, que (al marge de tot isme i en un pla estrictament filològic) puguin provenir del risc d'engrescar-se molt en un punt determinat d'investigació.

Els primers postulats menen a dos autors de la tradició ben presents a *Lo somni*: sant Agustí i Llull[342]. Quant al primer cal recordar que era el guia de Petrarca i responsable (segons fa veure al *Secretum*) de la seva actitud de marxa enrera, o de penediment; el sant apareix rere *Lo somni* intensament al I llibre, amb un paper molt important begut a les *Confessions*[343] i al *De Ciuitate Dei*[344]. Quant a la proposta de Butinyà en referència a la influència agustiniana, que data de 1994, cal dir que, tot i que generalment no s'ha subscrit en els mateixos punts i fonts, ha estat àmpliament assimilada[345]. Però la seva presència, a part que fos important per a Metge com a punt de partida de la introspecció inicial (de la qual arrenca tot el diàleg), era necessària per tal de distingir-la de l'aplicació agustiniana al *Secretum* (errònia per a Metge)[346]; així com

---

[342] Com vam dir al començ, la posició humanística de Metge és congruent amb la línia de l'humanisme hispànic -bon continuador de la tradició-, comptant que la personalitat més revolucionària sembla ser l'humanista barceloní (Butinyà 2008a, b).

[343] "En lo relativo a la comprensión del *yo*, el agustinismo subrayó la inmediatez e individualidad de su relación con Dios. Detrás de este razonamiento había un cambio gradual de la autoridad de Aristóteles hacia la de la Biblia, resultado del malestar cultural acumulado durante largo tiempo. El concepto tradicional del *yo* como una jerarquía de facultades específicas sigue siendo poderoso incluso hoy en día, y persistió en importantes círculos durante del Renacimiento... Sin embargo, encontramos en el Renacimiento indicios de pensamiento con un concepto del *yo* distinto: dudas sobre el valor y el poder de la razón y una difuminación de las fronteras entre las diferentes facultades supuestamente distinguibles y ordenadas por debajo de la razón. A su vez, el lenguaje suponía una visión del *yo* como una unidad misteriosa e indiferenciada, cuya cualidad era el reflejo de otra facultad poco reconocida anteriormente: 'el corazón'", Bouwsma 39. Als diferents punts assenyalats en la citació sembla haver estat sensible Bernat Metge, segons hem anat referint en diversos punts del nostre estudi.

[344] Quant a la major modernitat d'una o altra obra, vegeu Butinyà 2004e: 94; és un punt pendent d'anàlisi, així com el concepte de la historicitat i molts d'altres de caire filosòfic al voltant del moviment. No es troba tanmateix un reflex de relleu del *De Ciuitate Dei* al llibre de Bouwsma (no obstant el reconeixement de la ferma ombra agustiniana), ja que sobretot s'hi fixa a les *Confessions*, pel que sembla obra que en molts llocs europeus és de influència prioritària.

[345] Vegeu quant al *Libre de Fortuna e Prudència*, Marco 2009a, i quant a *Lo somni*, Butinyà (des de 1994a), i Badia *et alii* 2002, on el sant compta amb moltíssimes referències.

[346] Punt obert, d'interesantíssima discussió és si Metge inclou també a la condemna el sant bisbe, cosa que no queda exclosa, bé que en principi Butinyà s'ha inclinat pel contrari.

li oferia (mitjançant la segona obra agustiniana) una base ferma per a donar tot el relleu als clàssics com a portaveus de Déu i guies dels homes.

A *Lo somni* tanmateix, a despit de la influència d'aquest tractat petrarquesc, podem desprendre notes molt productives a la llum de la petja definitiva del *De remediis* (I, 49)[347], al IV llibre, amb què tira a terra fins i tot el "Summum bonum" que, amb procedència al consens agustiniano-petrarquesc, semblava tan estable al llibre III al consens entre Metge i Tirèsias[348]. Ens estem referint a la frase "tot amant és çech e creyent" (Butinyà 2007, 258), amb què Metge clausura el tema amorós i també el del coneixement, ja que demostra que la persecució de la felicitat depèn de forces irreconciliables, que responen a la concepció del ser humà com un enigma, d'impossible generalització, a causa de la mutabilitat dels jos (Bouwsma 42).[349]

Aquesta observació, junt amb la nova divisió de la concepció de l'obra a què ens hem referit més amunt, confirma per tots cantons que el que hi fa Metge és d'aprofondir al coneixement del ser humà, el qual esquartera; i ho fa tot just per anar a parar a aquesta conclusió, que deixà dita, com si res, el mentor del moviment, ja que, de fet, no en treia un profund aprofitament filosòfic. Aquest desengany, humà de soca-rel, pot estar, doncs, en Metge molt per damunt del sotrac experimentat rere la misogínia i el fet moral, i àdhuc del desengany petrarquesc que hem anat comentant, ja que suposa el desànim d'arribar mai i enlloc a cap conclusió; sobretot comptant que Tirèsias[350] és qui és i ho sap tot de debò.

---

[347] Aquesta font aportada per Butinyà (1994b) va ser considerada per Badia (1999, 32ss) de ressonància pertot el diàleg.

[348] "-[Bernat Metge]:... no és altre bé sinó Déu.
-No són açí –dix ell- per provar a tu aquexa conclusió, car notòria és a tothom qui de rahó vulla usar, e majorment qui hage lest e am sciència", Butinyà 2007a, 186.

[349] El fet d'anar assenyalant les concomitàncies amb l'estudi de Bouwsma (com normalment ha fet la nostra generació amb Huizinga o Curtius) ens fa més rellevant el fet de donar crèdit a les que observem entre les literatures hispàniques, més properes geogràficament i cronològicament que les que hi acostuma a citar aquell autor (acſ, Bacon, Pascal i Hobbes).

[350] Entre els encerts de la magnífica figura de Tirèsias observem que no és del tot negativa, ja que no ho és a despit de l'afrontament personal amb l'autor. D'aquest

Així, ens trobem davant l'engany subjectiu, cosa que no vol dir escepticisme ans és obrir la porta a la via del no-saber i del cor (Bouwsma 60). Aspecte a què s'arribava caminant per la via agustiniana introspectiva, esmentada suara, via fressada per Montaigne, entre altres[351]; ho retrobem en diferents capítols de Bouwsma, com ara a l'alliberació de l'espai, amb notes ben arquetípiques sota la coneguda figura de Galileo (118). Aquestes s'inclouen així mateix dins una mena de filosofia de l'engany, que justament és com hem anomenat sovint la metgiana (Butinyà 2002a: entre altres, pp. 158, 384); i això s'acorda amb aquestes reflexions culturals, que, al voltant de l'avanç de la ciència i la consciència de ceguesa creixent[352], segons constata ací el treball d'Areces (1.1.2.), es conduirien molt més encertadament amb ajut de la Filosofia.[353]

Tot això, aquesta sensibilitat i perspicàcia, implica una anticipació de postures per part de Metge[354], i permet encaixar el seu profund cristianisme moral i la seva respectuosa i afectuosa disposició religiosa des del I llibre, encara que aquesta sobretot s'hagi interpretat capciosament[355]. És a dir, la malfiança i la ceguetat no treuen aquestes

aspecte dóna notes molt noves el capítol d'Areces (1.1.2.).

[351] "Esta concepción dinámica del *yo* destronó también a la razón. El *yo* no tenía soberano alguno, pero en su lugar había un centro, el corazón. El corazón era más sutil que la razón; no mandaba sino que influía en todos los aspectos de la personalidad... El *yo* era en última instancia una unidad cuya cualidad dependía enteramente del corazón. La razón, tan largamente glorificada, era ahora, para algunos, sospechosa (...) la razón acabó convirtiéndose en poco más que una palabra para ser conjurada. Reclamada por todos los bandos en una contienda, acabó perdiendo gran parte de su vieja dignidad", Bouwsma, 43-44.

[352] Insistim que, dels orígens als epígons, les marques són de tendència cap a clímaxs consecutius, però no segueixen un ritme cronològic ni d'avenç. Basti pensar a la relativitat de les nocions de civilització (Bouwsma 63) i de progrés (en Butinyà 2008b s'observa Metge a la llum de Collingwood).

[353] També ací hi ha desconcert quant a Metge: si per a Batllori és el primer filòsof laic de la Península Ibèrica (1995: 46), Jaume Puig (2004) li nega la categoria de filòsof.

[354] Internament, cal recordar que a *Lo somni*, el llibre I, tan racionalista, i el II, tan entranyable i sentimental, aboquen al IV, on es clou l'assumpte de l'amor, la felicitat i la racionalitat, amb aquella frase petrarquesca; i aquesta té lloc a tall de resolució, cosa que no assolia en la font petrarquesca.

[355] Quant a la crítica, ja n'hem fet prou comentaris més amunt (3.2.); i quant a l'autor, el posat malèfic (per dir-ho ras i curt) no el podia abandonar si pretenia un mínim de credibilitat, alhora que no podia deixar de manifestar la seva consciència de limitació,

dues notes, ans en són condicionants. Bouwsma (61) explica aquesta actitud humil front a la raó des del cristianisme[356] i recorda la docta ignorància de Nicolau de Cusa, d'arrel agustiniana (*melius scitur nesciendo*); i va a parar no ja al cul-de-sac que hem comentat poc més amunt, ans a la valoració de la bogeria que (d'Erasme a Cervantes) hi trobarien un antecedent en Metge[357] (i per què no també en Llull o "Ramon, lo foll"?). Això fa planer un cop més que Júlia Butinyà hagi proposat Metge com un precedent de l'humanisme cristià europeu. De fet, és l'acceptació de la ceguesa, punt en què no cal oblidar que és el personatge més diví (Orfeu) qui la subscriu a *Lo somni* (Butinyà 2007a, 258), en l'escena dramàtica i tensa que estem seguint al voltant de la frase I, 49 del *De remediis*. Bowsma també fa harmònica l'alliberació del jo i del saber, que estem veient, amb la de la religió (141ss.), atorgant a la religió la seu de l'afecte[358].

Insistint en Metge, mal que se'ns enduria el llibre, com anem comprovant, cal assenyalar que el llibre II palesa tot l'esperit de secularització i laïcització propis del nou corrent, sense minvar la religiositat, la qual aferma precisament aquest llibre; així, no estranya veure un dels atacs més subtils al raonament i a l'*establishment* eclesiàstic en l'escena del judici a la mort del rei, a la vegada que s'hi defensa hàbilment la tesi immaculista; no obstant això, s'ha de tenir en compte que es fa a través dels seus amics: del rei Joan I, que n'era ferm partidari, així com beneficia Ramon Llull (Butinyà 2002a)[359].

distanciadora de la confiada posició tradicional, si havia (tot i que de manera oculta) de ser honest. (Per a les diferents cares i retrats de Metge, poden veure Butinyà 2007d).

[356] "Charron [*La sabiduría*, 1601] era un sacerdote devoto que atacó la teología escolástica por su confianza en la demostración racional y defendió el fideísmo contra el ateísmo", Bouwsma 61.

[357] Veiem el xoc de dues veritats incompatibles, objectiva i subjectiva, que clou molt encertadament amb un refrany que indica la impossible resolució en boca de l'endeví, havent-li dit Metge que ell, en consciència, tampoc no pot mentir:
"-No m'estaria bé –dix ell- mentir del·liberadament.
-Piyor staria a mi –diguí jo- no defendre veritat, majorment que y puxa entrevenir culpa mia.
-Pus axí és –dix ell [Tirèsias]-, navech cascú ab son vent", Butinyà 2007, 232.

[358] Així, la frase que recull quant al diable ("posee un gran conocimiento, pero no es religioso", 142) podria aplicar-se perfectament a la magnífica i tan intel·ligent figura del diable del II de *Lo somni*, mancat però de sentiments.

[359] Cal recordar que Llull s'hi havia significat molt i, d'altra banda, que Metge

La precedència de Metge és un fet pel que fa a la pròpia consciència, palesa a començos del IV de *Lo somni* (Butinyà 2007a, 230)[360], en oposició oberta de l'autor cap a l'interlocutor Tirèsias, i que fa pensar a la seguretat que Bouwsma ressalta en el personatge de Hamlet (119-120), afegint-hi un aire de desafiament. Aquest subjectivisme Butinyà l'ha enllaçat també a Martorell, donat que la seva obra reflecteix les mateixes frases[361] en ocasions en què el

simpatitza tant amb el pensament lul·ià; aquesta suggerència es basa sobretot al fet que hi dóna l'argument lul·lià (l'actuació de Déu per sobre de la naturalesa, que era el de Duns Scot; vegeu Peirats 169); així com col·loca al cel els que han defensat la posició immaculista, cosa que equivalia a canonitzar el filòsof mallorquí, quan aleshores era tan qüestionat des de l'ortodòxia més estricta. Broma, doncs, a l'estil metgià més pur.

[360] Vegin les cursives al text de la nota següent.

[361] Vegin les dues principals intertextualitats, preses del treball de 1998:

1) *Lo somni* "[Metge:] no en altra manera que·l laurador quant vol segar lo blat e troba l'espiga buyda...

[Tirèsias:] no crech pas que·t degues clamar de fortuna... E si vols que pus pròpiament parlem, no·t clams de fortuna, mas de tu mateix. No t'ha forçat fortuna de amar ne avorrir, car no és offici seu ne ha senyoria alguna en les coses que stan en libertat d'arbitre. Saps què te n'ha forçat? No àls sinó la tua bestialitat que, lexada la rahó, ha seguit lo desordenat voler. Riqueses, potències, dignitats e semblants cosas dóna fortuna, e tol-les com li plau; mas elecció d'amar o avorrir, obrar bé o mal, voler o no voler, en franch arbitre està, e en la mà de cascú és que n'ús a son pler. Veges, donchs, de què·t deus clamar." (*Lo somni* IV, Butinyà 2007a, 230).

1) *Tirant lo Blanch* "[Plaerdemavida] Axí us ne pren com fa al laurador com vol segar lo blat, que sega la espiga buyda. E no us deveu clamar de fortuna, mas de vós mateix, car no us ha forçat fortuna de amar ne de avorrir, car no és ofici seu ne té senyoria neguna en coses que stan en libertat del franch arbitre. Voleu saber què us ha forçat? lo vostre poch saber, qui ha dexada la rahó per seguir lo desordenat voler. Riqueses, potències e dignitats e semblants coses dóna la fortuna, mas elecció de amar o de avorrir, obrar bé o mal, voler o no voler, en lo franch arbitre stà, e cascú ne pot usar a sa voluntat" (*Tirant*, ed.Hauf, II, cap.298, pp.631-632).

-"[Scariano] No.m clam de la fortuna si m'ha portat en l'estrem que só de la mia mala sort e desaventura, puix mos peccats m'i han conduyt, mas clam-me de la mia gran ignorància" (*Tirant*, II, cap.318, p.674).

-"[Tirant] No.m clam sinó de mi matex, que com a jove e de poch seny he volguda seguir ans la voluntat que la rahó" (*Tirant*, II, cap.341, p.712).

2) *Lo somni* "[Metge:] Si fortuna hagués la culpa, yo no haguera cura de escusar aquella, car mal ne són content per molts desplasents obres que m'ha procurat. *Mas pus a mi tocha principalment, tant com poré me esforsaré a sostenir e defendre la mia elecció ésser rahonable e bona; e per consegüent, no haver errat.*" (*Lo somni* IV, p.230. La cursiva és nostra).

2) *Tirant lo Blanch* "[Tirant] Si de mos mals yo só stat occasió, no.m dol gens la mia mort, puix yo la m'é procurada" (*Tirant*, II, cap.299, p. 632).

novel·lista sembla mostrar-s'hi sensible a Metge; o almenys permeten aplicar-hi la mateixa interpretació, a la vegada que en reprodueixen les mateixes paraules. Sense pretendre donar un carés filosòfic a aquesta novel·la, ni defensar el que (quant al *Tirant*) es planteja com a proposta o parcialment, cal reconèixer que, si Martorell no ha arribat a copsar del tot el sentit, almenys li ha impressionat aquella expressió metgiana d'exaltació del jo i la subjectivitat front a velles concepcions de la Fortuna i de les passions. En camí cap a la modernitat, com bé va veure Cervantes, segons hauria vist i formulat abans Metge.

L'anuència es pot ratificar davant del fet que a *Lo somni* acaba l'autor ben ensorrat, a l'igual que esdevé al *Tirant*, obra doncs que podria mostrar aplicada aquella mentalitat metgiana quant a la justícia i quant a la moral. Així mateix les idees metgianes sobre la Fortuna s'adiuen amb la filosofia de la novel·la, i per tant en podrien ser importants elements configuradors[362]. Si es considera que Martorell no només recull aquelles frases (fent *imitatio* de marqueteria superficial, com fa freqüentment, fascinat per uns textos) sinó que també ha projectat el seu contingut, caldria reconèixer que la modernitat del *Tirant* davalla en bona part de Bernat Metge (Butinyà 1998).

Val a dir, si Metge hi estava negant el remei principal que es donava al *De remediis*: que amb el domini racional de les passions s'aconsegueix la felicitat (fórmula que d'una manera congruent a *Lo somni* exposava i mantenia Tirèsias), cosa a què Metge s'hi oposava i que contradeia, portant-li a rebel·lar-se contra una realitat injusta, car amb un bon comportament ell havia obtingut un mal pagament, també li duia a establir el subjectivisme com a guia de conducta. Car des del seu punt

---

-"[Scariano] e si fortuna tingués la culpa, yo no tinguera cura d'escusar aquella, car mal n'estich content per moltes desplasents obres que m'ha procurat" *(Tirant,* II, cap.309, p.652).

[362] N'hi ha alguna altra ocasió semblant, com ara a la *imitatio* del pròleg de Villena, que difereix de Martorell en algun punt significatiu quant a la Fortuna, fent "noïble" *(Tirant)* l'adjectiu "movible" de la font, la qual seguia prou estretament (Butinyà 1998; també, 2002a, 425-429). Encara, fem remarcar l'expressió cavalleria moral, present en tots dos, que assenyala una nota adient amb el curs de la mateixa i acord amb el gir humanístic. Les línies continuen sent coherents, si connectem amb el programa ètic del cavaller i poeta Jordi de Sant Jordi, esmentat més amunt. (Resulta interessant de dibuixar el clímax, tot i que costi a vegades de discernir qui feia de Virgili respecte a qui. Quant a aquest poeta i Santillana es pronuncien amb seguretat Riquer & Badia: 79).

de vista han de manar la bondat i la rectitud de la pròpia consciència[363]
i no un domini racional, el qual s'identificava i responia a unes normes
i elements externs al seu jo, que s'asseguraven abans com a segurs.

Un altre punt estrictament filosòfic és la confusió-engany entre
imaginació i raó, que és reiterativa al I de *Lo somni* (Butinyà 2007a, 114
i nota 148), ja que aquella facultat començava a deixar de ser perillosa i
a veure's valorada, com mostra Bouwsma amb exemples de Descartes,
Shakespeare o Montaigne (47-48)[364]. Tot això no vol dir més que Metge
va intuir les grans fites que s'anirien imposant al llarg del moviment;
algunes de les quals, o a grans trets i germinals, apuntaven ja al pròleg
de son padrastre (Butinyà 1996a); i de manera molt més profunda, com
tocaria reconèixer amb el punt relatiu a la imaginació, a Llull (Butinyà
2006a).

D'altra banda, a l'estudi de Bouwsma trobem l'explicació
per a altres temes recurrents del Renaixement que arriben als nostres
dies i que alhora trobem en Metge[365]: la consideració de la dona, que
evidentment va més enllà de misogínies i feminismes, ja que sota
aquest concepte jeu a la idea ens humà com a ser creat, com l'home,
a imatge de Déu (Bouwsma 53-54), com també observa Areces
(1.1.2.). I si a *Lo somni* la idea creacional és ben llampant, i àdhuc
sembla que amb elements originals (Butinyà 2007a, 98; 2002a, 201-
202), l'altra (la referent a la dona) informa tot el llibre IV. Encara,
podríem suggerir que, si la figura de la seva desafiadora i terrorífica
amant que tant ensalça (Butinyà 1993e), no es refereix sols a la dona
ans al ser humà (sobresortint, doncs, el mateix fet i art d'estimar), la
seva defensa s'allarga fins a les més recents llicències, les quals (així

---

[363] Aquesta nova doctrina, que repercuteix sobre Fortuna, és congruent amb
la llibertat moral ovidiana, exposada al llarg del llibre III de *Lo somni*, on Metge s'havia
oposat al *Secretum*. I alhora pot donar un recolzament per als personatges tan alliberats del
Tirant, on tant s'exalça Ovidi.

[364] Encara, cal tenir present el relleu que dóna Llull a la imaginació, com bé
recorda Areces (1.1.2.).

[365] Així podem observar que el treball del capítol 1.1.1. permet reconèixer el
concepte dialògic a què arriba Bakhtin (Bouwsma 43). No cal tanmateix fer-hi escarafalls
ni voler-ho desmesurar: ja Plató, en bells diàlegs, va anticipar moltes coses, fruit de la
llibertat, creativitat i capacitat poètica humanes. (Així, sobre la relació amb la Naturalesa,
vegeu-hi Bouwsma, 51-52).

com ell ho aplicava en el fet il·lícit) arriben a l'homosexualitat.

Quant a Llull, justament al·ludirem a un altre diàleg, el que té lloc prou clarament entre ell i el notari barceloní, ja que (segons ha mantingut Butinyà, ran d'un congrés i al davant dels Drs. Rico i Riquer el 1993: Butinyà 1995), Llull és el Ramon que dialoga a l'*Apologia* amb Bernat. Això coincideix amb l'indicat per la crítica anterior perquè fa transparentar més encara el *Secretum*, segons subscriu ell mateix al començament amb motiu de la semblança formal, suprimint el *dixit*; però encara s'afegeix que hi discuteixen obertament l'autor i el seu mestre o mentor, difunts en tots dos casos.

El fet d'arrelar Metge a Llull (tal com ha analitzat Butinyà recentment a través d'un passatge concret a *Llull i el primer Humanisme*, dins el monogràfic sobre l'*Humanisme català*: 2009a) és de relleu no només perquè permet aclarir més aquest moviment en un moment molt primerenc, sinó també perquè aquest enllaç fa entendre que Llull no queda en realitat despenjat i aïllat a l'Edat Mitjana, bé que ho ha pogut semblar des dels estudis de la mateixa Filologia Catalana. El lligam Metge-Llull (val a dir, la profunda comunió humanística) ve avalat encara gràcies a la comprensió del filòsof mallorquí per part de figures com Montaigne o altres renaixentistes (Batllori 1995: 52-54); fet que altrament, de manera molt lògica, sobtava.

Més coses: al llibre de Bouwsma es fa ressaltar l'aspecte pràctic del coneixement, que duu a valorar la vida activa (71-72), aspecte que té en Llull clares manifestacions; i que alhora adherit a les ànsies humanístiques és indici de modernitat, com és sabut i com anem veient en puts esparsos d'aquestes reflexions. Així s'entén també que les formes de vida d'utilitat dins del cristianisme no poden separar-se dels esquemes de la cavalleria, com bé havia entès Llull al seu *Libre de l'orde de la cavalleria*. Així també, és conegut el caràcter enciclopèdic i didàctic del *Tirant*[366], que bé que no sabem

---

[366] En certa manera, també podria dir-se del *Curial*. I fem notar que, junt amb la hipòtesi d'autoria per mossèn Gras defensada per Butinyà, va annexa una aplicació molt directa i pràctica envers el Magnànim, la qual no exclou un aprofitament més ampli, ja que, ni sota aquesta perspectiva d'utilitat, la costosa novel·la no s'esgotaria en un tractat de prínceps (Butinyà 2001a). Així mateix, veus ací un epígrafe de la Introducció de Ferrando: *Una obra d'entreteniment amb una indissimulada opció política*. Encara, insistint al *Curial*, la lluita final contra el turc té un caire de creuada, on semblen surar

fins a quin punt cal connectar-lo amb la ideologia lul·lista (malgrat la influència declarada d'un llibre com el suara esmentat), seria una inclinació condecent. Un altre punt d'afinitat de la nova època i Llull podríem veure'l en el misticisme procedent de l'intimisme (Bouwsma 144-145), que en el filòsof mallorquí té un zenit al *Libre d'amic e Amat*.

Observem a més el procés que fa Bouwsma quant a la religió (145) des del fideisme de Montaigne, perquè aquest autor ho beu de Sibiuda, qui ha begut a Llull. I encara, amb un nivell de més gran dificultat[367] (però no de foscor), apreciem en el nostre estudi de referència el lligam amb Maquiavel[368], lligam que Butinyà ha fet així mateix per a Llull, defensant que la postura de practicitat que pot explicar un llibre tan estrany com el *Libre de les bèsties* (el 7è del *Fèlix* o *Libre de meravelles*) suposa un punt de partença semblant al del filòsof italià, amb projecció cap al vessant polític del comportament humà (Butinyà 2010f).

No farem ací una arreplega o sistematització d'aquesta via d'entesa, que correspondria a experts lul·lians de més fondària, els quals em consta que ho estan treballant i no dubto que podran abstreure millor el contacte. Per la nostra part, havent trobat moltes petges i punts esparsos metgiano-lul·lians (Butinyà 2002e), no hem considerat oportú encara el moment d'enfilar-los[369]. Bé que la línia

---

connotacions pràctiques i polítiques, a més de mostrar altre aspecte que anem fressant: que el trasmón vigent, que comanda els fets o els ha de comandar, ja no és el celestial ans el mitològic (Butinyà 2010b), la qual cosa suposa un reforçament del pla moral i de la voluntat d'objectivitat o universalitat.

[367] Nivell que costarà d'assolir als nostres dies quan al *Sermó* de Metge ha escandalitzat tant el consell "siats de natura d'anguila en quant farets" (Badia 1984), mentre que senzillament (i potser àdhuc cristianament: Butinyà 2001b, 2002a) es tracta del sentit pràctic maquiavèlic, que fins i tot podria haver avançat Llull, segons comentem tot seguit.

[368] Bouwsma ressalta "la nueva tendencia a abogar por el cristianismo basándose en su utilidad en este mundo, a la manera de Maquiavelo, más que en la verdad que encerraba", 72.

[369] Tampoc no ho va considerar Butinyà adient al moment d'estructurar el llibre de 2006, en què, amb Llull, tancava la trilogia rere els orígens de l'Humanisme, i es va limitar gairebé a arreplegar estructuradament uns treballs anteriors. Però tinguem present, al ritme dels trets que anem citant, la ja sabuda modernitat del filòsof mallorquí; i així observem que el reformisme, l'intimisme i la tolerància, notes que dóna Bouwsma com pròpies de l'alliberació de la religió (153) són notes ben lul·lianes.

que semblen apuntar no ens estem d'avançar-la sent potser de gran pes, perquè es pot intuir que el que fa Metge, qui veia la filosofia com una disciplina històrica (com feien en certa manera ja els *studia humanitatis*, 1.1.2.), és d'assentar que Llull continua-supera l'aportació de sant Agustí, tal i com aquest ho va fer amb Plató. Això serien paraules majors, ja que toca una línia de desenvolupament intel·lectual humà de gran renom, però no ens hem d'espantar d'un tal atreviment per part d'un humanista com Metge, corrector de Petrarca (i desconeixedor de Plató!)[370].

Això, d'altra banda (sense fer de Llull un humanista de cap manera), té múltiples conseqüències: palesa les arrels de l'Humanisme a la tradició ja reformista, i a més explica el caràcter d'aquest moviment a les lletres hispàniques, al capdavall, com a revifador de la tradició; és a dir, no tant rupturista com renovador. I encara, permet d'anar vertebrant les lletres catalanes a la seva ombra, com s'ha sabut fer en llengua.

Comentaris que reforcen l'Humanisme d'aquesta Corona, segons va anunciar, amb els seus accents i vaivens, la gran generació de començaments del segle XX: Rubió i Balaguer, Batllori, i Riquer, erudits que donen fermetat a la tradició catalana quant a aquests estudis filològics. I que permeten avançar en l'articulació del moviment, dins la Península i dins el context occidental.

Tot això ens dóna peu a anar rodejant la via oberta per la moderna teoria literària, considerant el text no només obert al futur[371], cara al lector, ans també cara al passat, cosa que feia la tradició més antiga, la bíblica[372]; fet proper a l'anomenada Fontística, si entenem

---

[370] Hem de tenir la prudència de deixar l'espai per a un interrogant darrera l'admiració, a causa de la suggerència que fa Helena Guzman (2009), ran del cercle de Heredia i la seva estada a Avinyó, i a la qual ja ens hem referit; tot i que evidentment no hi trobarem mai un assidu lector dels grecs.

[371] En aquesta direcció, considerant el text un procés obert, se'n troben actualment apunts interessants, com ara aquest, que inclou comentaris, traduccions, tot el que s'hi afegeix a la seva interpretació: "Tienen las obras literarias un significado en sí mismo, al margen de su recepción por parte de los lectores de todos los tiempos? ¿Es el significado de una obra un proceso que se crea en las lecturas, traducciones y reescrituras?" (Rubio Tovar 2004, 100). De fet, coincideix amb teòrics de relleu, com ara Claudio Guillén (2005, 317-318) o bé George Steiner (1995).

[372] Basta consultar qualsevol edició rigorosa que anoti, des del Nou Testament, les referències cap al Vell; o bé totes dues direccions, amb notacions des del present.

no sols la part tècnica ans també la càrrega de conversa[373]. Com feren els clàssics i com ha fet Metge (1.1.1.), segons aprenia d'ells i a través dels trescentistes. Fet que constitueix un gran pas en la concepció de la literatura, ja que implica contemplar els textos des d'un doble vessant; al marge de l'abans i el després, comptant que són atemporals. I fet que ens dóna una dimensió ben suggerent per a *Lo somni*, molt pendent de desenvolupament[374].

Facetes de les quals, íntimament lligades a la naturalesa humana, es van adonar precisament els homes que implantaven un ferm racionalisme, com ben queda assentat a *Lo somni* amb el rebuig de la comunicació directa i sensible envers el més enllà, a la qual era tan afeccionat sant Gregori; mentre que, com es pot veure en relació al prèstec de Macrobi, Metge s'aferra a la que desplega virtualment (no estrictament en el sentit actual del mot) o la que irradia el mateix text[375].

Sense conèixer Metge, el Renaixement seguirà després algunes línies clissades per ell i indicadores del futur, les quals però foren nervi motriu als orígens de l'Humanisme, i s'engegaren de la mà i impuls de Petrarca, però que propulsà Metge, rectificant o rebel·lant-se àdhuc contra el mestre. Perquè els més fidels continuadors, al caliu petrarquesc, begueren dels clàssics, i fou l'italià qui els forní el disseny tècnic i formal; però no hi entengueren les mancances que va entendre Metge o bé no les expressaren en obres de ficció, en diàleg amb el mateix Petrarca com va fer ell, raó

---

[373] Cal entendre que ens referim a un pla que afecta el text i no l'audiència, perquè el fet de comptar amb aquesta també ho fa Jaume Roig, sense maldecaps dialèctics (Peirats: 34); potser com es feia de sempre a les expressions literàries populars, com ara al vell teatre tradicional hagiogràfic, per tal de contactar-hi i fer riure. D'altra banda, observem, acarant de nou Petrarca, qui ja s'adreçava al lector del futur (posteritat que tindrà en compte també Metge al llibre II: Butinyà 2007a, 152) i al del passat (a Ciceró) en aquesta dimensió textual; així com té un accent modern en relació a la fama a la qual aspira, amb un aire classicista com a voluntat de pervivència o per la mateixa utilitat, cosa que també palesa Metge (ib. i nota 203).

[374] Aprofitem l'ocasió per a comentar que gran part del retard filològic en general i arreu és degut al fet que els estudis literaris no compten amb les eines dels lingüístics, ni tan sols tenen a l'abast autèntics diccionaris (acostumen a ser miralls dels llistats telefònics) ni gramàtiques escaients (Butinyà 2008c).

[375] Vegeu en Butinyà 2007a, les notes 111 i 134, per al primer punt, i la 106 per al segon.

312

per la qual l'acarem. I, com passa amb les llengües, que quan no s'entenen bé ja són diferents, els que seguiren arriba un punt que constitueixen ja un altre moviment.

Això ajuda a entendre el tall entre Humanisme i Renaixement, perquè aquest, tot i que creixi molt o amb forta empenta regeneradora i s'enlairi amb el màxim brill, des de l'angle filològic estant, davalla d'una escissió o d'una reculada. Tornem a remembrar que Francesco, per fi, oblida l'*Africa*. Per conseqüent, no es pot negar l'Humanisme per no haver donat pas al segon, com es va fer a la Filologia catalana (3.2.); ans, per contra, cal revitalitzar-lo per tal d'entendre'l bé i valorar-lo.

Podríem fer una reflexió final sobre aquest llenguatge humanístic[376] introduint a tall de comprovació el *Curial* i el *Tirant*. Perquè el primer no es pot entendre sense les fonts, almenys les que fan de suport: la *Comèdia* i el poderós (progressivament, del I al III llibre) *Decameró*. I així mateix potser també podem anar-nos apropant així a entendre finalment el *Tirant*: el passatge pres de la *Mort Artu*[377] divideix l'obra deixant a una primera part la cavalleria antiga, amb els bons consells del comte de Vàroic i de Llull; però, havent aflaquit de jorn en jorn els ànims dels ociosos cavallers, en què havien folgat en repòs, el rei anglès els cridà per a fer exercici d'armes; i d'aleshores ençà s'accentuen molt les festes i actes galants. Val a dir, mitjançant aquell text que fa de cruïlla, està passant Martorell a atestar la cavalleria lluent i de moda (sobretot de la mà de Corella), la del seu temps, que de fet

---

[376] Hi hauria molts angles de reflexió en l'encreuament de forma-continguts pel que fa a l'expressió, començant pel progrés de les construccions internes mitjançant les fonts o la manera d'afrontar aquestes i el seu significat. Pensem senzillament a la *Comèdia*, que ja hi palesa uns primers passos però que s'assenta en un judici i a l'ultramón; mentre que a la seva ombra i amb una composició en part mimètica, l'autor del *Curial* assenta la seva en els comportaments i al món més real, separant-s'hi expressament ("no és aquest aquell para☐ del qual té les claus sant Pere; luny és lo un de l'altre, e les leys fort diverses", Ferrando 2007, 266); però, totes dues grans obres s'han concebut sota la concepció del viatge (el *Curial*, amb tot, més vital que real, oposadament al dantesc).

[377] Segons la proposta de Butinyà la intertextualitat davalla d'aquesta obra francesa (1990), bé que Riquer ha suggerit que vingui directament de la *Tragèdia de Lançalot* (1992: 78-79), cosa que és molt probable; aquesta darrera obra és una adaptació d'aquella obra artúrica francesa, i l'autor és mossèn Gras, que justament és qui Butinyà defensa com autor del *Curial*! Per tant, Riquer ha obert una via de possible contacte ben fèrtil, sent a més totes dues obres dins la mateixa fase d'acomodament quant a la recepció humanística.

conté un ferm rerefons d'ironia crítica, tot i ser tan vistosa?[378] Lligant
això al nostre discurs, observem que la clau de lectura humanística del
Tirant (en la mesura que es degui entendre així, i comptant que l'autor és
una figura de la segona fase, de menys embranzida i nervi que l'autor de
Lo somni) es desprendria un cop més mitjançant les fonts literàries, que
no només servirien de tecnologia ans com eina d'expressivitat. Tornem
a recomanar la vista de la construcció arquitectònica dels hipotextos
de *Lo somni* i el *Curial*, a la llum dels que els precedeixen, la *Divina
Comèdia* o el *Decameró*, car són autèntiques catedrals; arquitectura que
tanmateix probablement no es pugui traslluir mai, almenys amb tanta
alçària, al *Tirant*[379].

Cal comptar que en la confecció d'aquestes obres pesa molt la
tasca de selecció de les fonts (a causa de llurs autors i la identificació
que implica), fins i tot per sobre de la d'imitació i les seves tècniques,
cosa que tanmateix en sembla avui plenipotenciària. I tot aquest
conjunt de trets matisen molt la manera d'exercir la seva ascendència
els clàssics, la presència dels quals és considerada encara sovint, per si
mateixa, com a únic o principal reactiu humanístic; i a més cal comptar
que aquesta es dóna sota un conjunt de condicionaments, sobretot
de la lectura que els mateixos humanistes n'havien fet. Fets que són
molt més importants que no qüestionar-se si havien pres la referència
d'un florilegi o bé de tercera mà, menyspreant o excloent (com a no
humanístics) els casos que no hi tenen un exigent *pedigree*.

La literatura –repetim– esdevé així un encreuament de
converses, com mostra sensiblement el moment humanista i hi sobresurt

---

[378] El xoc de l'amarguesa moral i l'exhuberància renaixent ja el va indicar
Hauf (1995); i són notes que, superposades a aquell enclau i moment, festius i decebedors
alhora, poden projectar-se a tota l'obra, i potser contribuir a explicar-la segons reclamava
Wittlin (2002). Faig notar que a més hem proposat, en unes poques notes més amunt,
una possible via de comprensió envers la filosofia metgiana. Notes totes elles pendents
de cosir, però que són de lectura ben adient al damunt del teixit humanístic que estem
intentant destriar, i que cal sospesar fins a quin punt hi era o no mesell Martorell.

[379] Ara bé, el que hem anat veient potser implicaria per al *Tirant* d'elaborar una
nova teoria, no tal per desmuntar les propostes anteriors ans per tal d'anar-les relligant i
ordenant, car Bouwsma hi nota punts cabdals que també podrien afectar-lo; així, en relació
a la defensa del cos, que treu la desconfiança en el sexe, o de l'afecció pels sentits, de la
qual estén implicacions cap el misticisme d'un sant Joan de la Cruz. Tot plegat, podríem
extreure'n molt més del que sovint hem batejat rònegament d'erotisme.

el context de la Corona catalanoaragonesa, tan sols ja per l'abundància i riquesa del material escrit de producció de creació literària. Si ens hi fixem als diferents gèneres de creació es veu clarament el que venim afirmant. Per exemple, destaca Recio com davant la pobresa del corpus literari castellà sobre les vides de Crist, trobem poemes i obres que en tracten en llengua catalana. Dos exemples importants serien Eiximenis i sor Isabel de Villena. Villena, per la seva banda, en incorporar frases llatines a la narració, frases conegudes de memòria per les monges, però que no deixen de ser un exponent de la seva intenció de donar autoritat a la seva obra, i en utilitzar un llenguatge familiar, ens retreu el canvi que ja en el XIV es veu en Vicent Ferrer i els seus sermons (2.2.1.). Aquest canvi es deu a la influència franciscana, que revaloritza la llengua vulgar en la qual s'entenien els pobles. I aquesta revalorització intensifica el paper del lector (que en el cas de sant Vicent pot parlar-se de públic), i quelcom més important: que la lectura arribés a un auditori més ampli, que no quedés reduïda a uns pocs. Així, ho podem lligar al món de les traduccions, com s'explica en el capítol suara esmentat (2.2.1.) i amb les produccions que prenen Petrarca com a model[380]. Aquest és un exemple senzill però ben explícit per tal de veure una mentalitat flexible, que s'obre a una nova època.

Així doncs, dintre d'una evolució creativa, hom arriba a un corpus literari que no apareix a Castella. La gran aportació de l'humanisme català a la cultura peninsular són les seves contínues evolucions en funció de nous corrents i lectors. A la Corona d'Aragó es troba, donada la flexibilitat (genèrica i ideològica) de la seva producció literària la nova visió de la literatura.

Amb aquestes darreres reflexions, després d'haver assenyalat de primer uns fets importants als arrels de l'Humanisme (ran de Metge, qui ens feia remuntar a Llull), hem volgut traçar de manera ràpida una línia que deixi veure el desenvolupament de la creació en llengua

---

[380] Vegeu els treballs de Recio (1994, 1996f, 1996g, 1998, 2000a, 2000b, 2009) que tracten dels següents autors: Francesc Alegre, Bernat Hug de Rocabertí, Carroç Pardo de la Casta i els *Triomfs* de Petrarca comentats en català; també cal assenyalar Jaume Ferrer de Blanes. És tan sols una petita mostra d'autors i obres que són producte d'una mentalitat nova i flexible front a la creació literària del moment, cosa que no es veu a la Corona de Castella.

catalana fins al segle XVI.

Farem finalment un contrapunt més amb la literatura castellana (en la qual evidentment destaquen també obres de creació poc esmentades en el nostre estudi, com ara la *Triste deleytación*, a banda de les grans creacions, com ara *La Comedieta de Ponça*), ja que estem insistint que s'hi ha de relacionar la catalana per tal d'entendre la unitat del corrent. I tot i que ja ens hem referit a Hernán Núñez de Toledo i encara hi tornarem, creiem oportú d'avançar unes línies per tal d'establir de nou un pont envers aquesta línia de continuïtat. Ara ho farem a través d'un altre gènere, l'oratòria[381], en referència a la traducció d'un sermó pseudo-agustinià, que fa veure la força de la lectura i l'afany per la possessió del text, cosa que, com hem apuntat sovint, en els autors catalans de creació es manifestaria sobretot en el tractament i assumpció de les fonts:

> El sermón concluye con un elogio de la dignidad humana en que se contrapone un concepto antropológico del ser humano como inteligente (*ab hominibus vocari Rabbi*) y opuesto a la irracionalidad animal[382] frente a uno que privilegia la vida sensual e irreflexiva y que convierte a los hombres en 'insipientes'. Es la palabra de Dios y su lectura y estudio la que permite superar la animalidad humana (*quae de insipientibus sapientes facit*) y con la que se construye en último término el edificio de la vida moral, sin liviandad ni dolor, con esperanza, fortaleza, prudencia, humildad, limosna, caridad, benignidad, obediencia, mansedumbre e *intellectus*

---

[381] Afrontem, amb la pruïja de ressaltar punts en paral·lel, que el punt de l'oratòria, important en aquests inicis en la Corona d'Aragó, presenta el doble vessant de la sacra i la parlamentària. La primera compta amb autors de relleu, com ara Felip de Malla i Antoni Canals (Butinyà & Ysern, 233-236), als quals ja ens hem referit més amunt; i la segona, impregnada de classicisme i d'Escriptures, es troba a mig camí de la història i la literatura, i compta amb peces humanístiques valuoses (com la del cardenal Margarit, pronunciada a Barcelona el 16 d'octubre de 1454), i que a més són properes a textos literaris de ficció (ib., 135-160; Butinyà 2005b).

[382] Fem notar encara que aquesta és la temàtica amb què clou l'important llibre I de *Lo somni* (Butinyà 2002e), deixant clar que la racionalitat i comportament moral subsegüent és el que ens diferencia dels animals. Com veurem tot seguit, també coincideix amb Metge a posar de costat poetes, teòlegs i filòsofs (ho havien fet abans Petrarca i Boccaccio: Butinyà 2007, notes 38 i 44), o a donar tot el relleu al fet teològic, i també a la Bíblia; així com a la revitalització dels textos mitjançant la relectura.

bonus, amén de abstinencia, castidad, liberalidad y pobreza voluntaria. Por último, ya en *voce sua* Núñez proclama cuánto se debe ensalzar la ciencia teológica (*scientia scientarum*) e indica "quán necessaria es esta santa doctrina a todo fiel christiano y quánto en ella devamos trabajar más que en otra ninguna sciencia". Mas no pensamos que el énfasis de Núñez se ponga en el establecimiento de una *gradatio scientarum* en sentido medieval. Da por sentado que es a la Teología a la que cabe este puesto máximo, sin disputa alguna, como si el tema fuera para él simplemente aproblemático en este respecto. La importancia de la inclusión de este sermón en la Glosa radica en su puesto en el contexto global de la obra en su totalidad (así como en la elección misma de este sermón en particular dentro de dicho contexto). Es el hecho de que Núñez humanista, Núñez rhetor y commentator acometa en dicha Glosa la traducción del sermón y el elogio detenido de los padres de la Iglesia, su obra y su relevancia (en particular en su análisis de la estrofa 117, del círculo de Febo, donde se incluye el texto del sermón que aquí comentamos). Desde su posición de no-especialista en estudios bíblicos y desde su puesto carente de la dignidad sacerdotal o del refrendo de un título en Teología, Núñez proclama su capacidad y derecho para entrar en materia religiosa. En segundo término, y sin discutir –por *ignorantia*- asuntos propiamente teológicos de análisis escriturístico, Núñez desbanca a los teólogos de la altura de su puesto como especialistas, pues la idea central del sermón radica en la proclamación de la supremacía del mensaje frente a la del comentarista del mensaje. No son los escritos teológicos los que quedan aupados en este elogio, sino el texto mismo, el *labrum* sobre el que trata el sermón Pseudo-agustiniano. Y muy en especial, el thema central del sermón contiene un pequeño matiz de particular relevancia, pues Pseudo-Agustín, y Núñez, aun siendo el texto de crucial importancia para ambos, quieren exhortar a los receptores a la lectura del texto. Si el texto sirve de exempla y su enseñanza proporciona un modelo sobre el que erigir la vida moral del

individuo, es la lectura constante la que conduce a este fin. (...)
Hay, claro, en ello un desbancamiento del teólogo (medieval)
como especialista y un regusto en insistir en algo que se podría
tildar (repetimos, sin encontrar en ello preludios protestantes)
de acceso directo al texto bíblico. (Cortijo 2008).

L'altura exegètica que permet aquest text, el segell del laïcisme,
la transcendència dels textos antics, la valoració de l'intra-text, la
dignitat humana i moral (semblants en profunditat però ben diferents
aparentment d'un Metge, perquè el de Núñez és sobretot un escrit
religiós mentre que el del català és sobretot filosòfic) ens fan insistir en
algunes idees, amb les quals tancarem el nostre treball. D'una banda,
que si hem donat relleu des de la Filologia a aquest humanisme[383] és
(òbviament sense cap signe de competitivitat) a fi de distingir i valorar
els trets individuals entre els trets comuns i participatius; perquè,
encara que si entenem el fons comú tot d'una se'ns hi ofereix un sol
bagatge humanístic, les manifestacions són ben distants. Així, hem
rellevat parcel·les i textos catalans, tant per ser el moviment estudiat
ací com pel fet de ser poc coneguts i també per considerar-los de
gran valor. Però ho fem sense complexos, al marge de tota mena de
connotacions adherides al fet filològic, i convidant a la seva valoració,
estudi comparatiu i rescat[384]. Tot ras, cal reconèixer un conjunt ferm
i nombrós d'autors, viu i actiu al llarg de poc més d'un segle marcat
per una nova tendència, el qual ve encapçalat per una gran figura,
considerada per alguns entre els millors autors de tots els temps[385].

---

[383] Anomenat català (de nou i finalment) entenent la producció de la Corona
catalanoaragonesa i no pel fet d'una llengua determinada, ja que cal incloure la producció
llatina, que bé que no l'hem contemplada té força relleu (Vilallonga 1993); amb el benentès
que no s'ha de reduir a aquesta la producció humanística (vegeu més amunt la nota 339).

[384] Cal remarcar (demanant llicència si a l'estudiós no li escau tant de fer aquesta
mena de judicis) el que té de positiu que aquesta joiosa recuperació té lloc justament en
un moment de desencís generalitzat com és l'actual, tan pobre i empobridor des del punt
de vista cultural i de les humanitats. Ja que la lectura humanística en aquestes lletres
ens aporta, entre altres beneficis, nogensmenys que dues obres, amarades de bellesa, que
vehiculen la idea d'un fideisme racionalista i filtrat pels clàssics, junt amb una moral
plenament actual, i una bellíssima proposta de la vida com a oportunitat: respectivament
Lo somni i el *Curial*. A més de fer-ho dins un cercle de llibertat de pensament, el dels
nostres dies, que potser no s'havia tingut des dels grecs.

[385] Badia 1984. De la mateixa estudiosa llegim: "Bernat Metge pot produir

Conjunt que amb el de la Corona de Castella, amb el qual es relaciona en primer lloc, fa molt bon pes per a la Península Ibèrica.

D'altra banda, per a un darrer contrast, hem anat a un text ben dissemblant de les realitzacions literàries catalanes que havíem ressaltat més; i encara, en un incís en nota a peu de pàgina (382) hem anat a Metge, perquè si haguéssim anat per la confrontació a un autor d'espiritualitat català el que hauria destacat és el contrast entre dos personalitats. I no es tractava d'això ans d'anar a fets definitius i distintius (per oposició) dels fruits anteriors, que anaven quedant enrere superats per aquest més elevat i complex tarannà, el qual fa la sensació de trobar-se amb un món nou; com esdevé amb *La Celestina* (S. Gilman). Més amunt hem fet, en el sentit a què tornem ara, alguna referència al Romanticisme: ja que si aquest moviment no hagués estat ben delimitat, amb les influències corresponents (anglesa, alemanya...), i si no s'entenguessin els trets profunds d'identitat[386], costaria d'assumir aplegades figures com Bécquer i Espronceda, junt amb Víctor Balaguer i Milà i Fontanals, per exemple. Tanmateix diem o sabem que són romàntics i que participen d'un mateix corrent.

---

molts miratges perquè és un cas únic, al meu entendre, genial, sense precedents ni continuïtat", 1996: 22.

[386] Tot just, ací, professors de diferents especialitats ens hem afanyat per tal d'entendre els signes humanistes i connectar-los, amb la finalitat última d'entendre llur identitat.

Renaixement: els origens ideològics del *Manifiesto por una lengua común* del 2008.

Vicent Lledó (Hofstra University, New York, USA)

El *Manifiesto por una lengua común* va ésser presentat a l'Ateneu de Madrid el juliol del 2008. El text, que va aparèixer publicat el 23 de juny al diari *El País*, havia estat signat per personalitats tan conegudes com l'escriptor peruà Mario Vargas Llosa i el filòsof Fernando Savater. El 7 de juliol del 2008, *El País* va publicar les reaccions d'alguns intel·lectuals entre les quals es trobava "Un manifiesto contra España" del professor Albert Branchadell. El *Manifiesto por una lengua común* recolza la idea d'un essencialisme nacional espanyol que s'hauria de manifestar mitjançant una jerarquia lingüística en què el castellà seria la llengua comuna i superior. En canvi, Branchadell, afirma que Espanya és una construcció i que un nou capítol d'aquesta creació havia començat amb la Constitució Espanyola de 1978. El professor català afegeix que tots aquells que donen suport a una visió monoglòssica i essencialista d'Espanya necessiten acceptar que Espanya, una vegada la Constitució va ésser signada, es va convertir en un Estat multilingüe.

Amb aquest treball vull mostrar que, almenys des d'un punt de vista ideològic i lingüístic, no poden evitar llegir textos del segle setze des d'una perspectiva del segle vint i-un, però, al mateix temps, els textos del segle setze podem ajudar-nos a descobrir i comprendre les possibilitats del nostre present. Com han dit autors com José del Valle i Luis Gabriel-Stheeman, la ideologia lingüística que apareix a l'Espanya contemporània s'entén molt millor si la considerem com una reacció a les idees dels que s'han anomenat pares fundadors de la nació espanyola al segle dinou, com, per exemple, Valera, Unamuno, Pidal i Ortega (Valle i Gabriel-Stheeman 2002a: 194-95). Estic totalment d'acord amb aquesta afirmació però m'agradaria demostrar que l'estudi de la ideologia lingüística i política del segle setze que apareix a Espanya pot ajudar-nos també a entendre el conflicte ideològic i lingüístic que es reflecteix al *Manifiesto* i que podem trobar també a la resposta que Albert Branchadell va donar. Benedict Anderson explica que la creació de la impremta a l'Europa Occidental a mitjans del segle quinze constitueix un moment clau en el desenvolupament de la nació com una "comunitat imaginada" (Anderson 47). És a dir, l'Europa renaixentista o el prenacionalisme de l'Europa renaixentista representa un clar precedent del nacionalisme modern, particularment si pensem en l'àmbit lingüístic, perquè la impremta sobretot va constituir una autèntica revolució lingüística. Algunes llengües van adquirir més importància que les altres des d'un punt de vista capitalista perquè els llibres que es publicaven en certes llengües tenien molt més èxit econòmicament al mercat, ja que més gent podia llegir-los i, per tant, les possibilitats que els comprassen augmentaven considerablement. Anderson indica que aquest fenomen no va ésser planejat, és a dir, el parlants d'un particular grup de llengües no van usar conscientment el seu poder per a fer aquestes llengües més rentables que les altres. Simplement això és el que va passar com a resultat del les lleis del mercat. L'aspecte més important és que aquest esdeveniment lingüístic, cultural i econòmic podia interpretar-se i explotar-se "in a Machiavellian spirit" (Anderson 48). En realitat, estava clar que aquesta situació històrica podia produir certes lectures i interpretacions que reflectirien agendes polítiques determinades.

La meva tesi és que al segle setze en van fer almenys tres lectures diferents. Demostraré que aquestes tres lectures apareixen una altra vegada en forma de diferents criteris per a analitzar la situació lingüística de l'Espanya dels segles vint i vint-i-un, en particular la Constitució espanyola de 1978.[387] Els tres criteris o aproximacions que analitzaré són: en primer lloc, l'essencialisme, que implicaria que existeix una superioritat natural de unes llengües

---

[387] Val a dir que no és la meva intenció afirmar que la redacció i la ideologia del *Manifiesto* estiguin directament basades en la lectura de textos lingüístics del segle setze. Tanmateix, les idees i els criteris a l'hora de jutjar el valor de les llengües són molt similars i, per tant, la comparació és molt útil des d'un punt de vista de la història de les idees.

sobre altres i que hi ha una necessitat de tenir només una llengua per a un Estat o Monarquia. En segon lloc, la cooperació, dualitat col·laborativa o *twoness*, en què es produeix el sentiment del *unheimlich* o dislocació que pot crear un espai on hi ha la possibilitat de solidaritat cultural. Finalment existeix la possibilitat de barreja absoluta. Aquestes aproximacions lluitaran unes amb les altres per a convertir-se en la cultura lingüística del moment.[388] Aquestes lectures oposades són el resultat de tres concepcions diferents de la multiplicitat i de la jerarquia lingüístiques d'Espanya com hi explicaré.

La monoglòssia i l'existència d'una jerarquia lingüística natural

El 18 de maig de 1570 Benito Arias Montano va escriure una carta al Duc d'Alba, qui en aquells moments estava a càrrec de la província de Flandes tractant de sufocar una revolta.[389] La ideología lingüística d'Arias Montano apareix clarament en aquest fragment:

Y después del hecho de la religión, no hay cosa que más concilie los ánimos de los hombres de varias naciones en amistad y conversación, y que más los domestique y aficione a imitar y seguir las costumbres de los que los rigen, que la unidad y conformidad de la lengua, cuya ignorancia los enajena, y tiene en sospecha a los unos de los otros, como los sordos que siempre recelan y sospechan mal de las palabras que se hablan delante de ellos que no entienden bien. Esta fue una de las cosas que principalmente procuraron los romanos para conformar su Imperio en la tierra, y conciliarse los hombres de todas naciones, ordenando que por todas partes, o de uso, o de lección, se ejercitase la lengua latina, y tanto pudieron y ejecutaron en esta parte, que a mucha naciones trocaron sus antiguos lenguajes en la suya latina, como a franceses y españoles que todos vinieron a hablar latín o palabras las más

---

[388] Utilitzo la definició que José del Valle i Luis Gabriel-Stheeman donen del terme: "La cultura lingüística fa referència al conjunt de creences relativament abstractes i suposadament universals de conceptes generals com llengua, discurs, comunitat discursiva, alfabetisme, etc." (2002b: 10). Totes les traduccions de l'anglés que es facin fins al final de l'article són meves.

[389] La carta va ésser impresa a Anvers el 18 de maig de 1570.

ellas latinas, como hasta hoy permanecen, aunque se corrompió
después por los bárbaros la pureza de ellas [...] Y puesto que
muchos en Flandes saben lengua española por conocer la
necesidad que tienen della ansí para sus cosas públicas como
para la contratación, con todo esto la estimarán más viendo que
el Rey, y sus Príncipes, y Ministros la estiman y han en grado
que se deprenda [...] Y pues la francesa con ser más familiar
y más vecina, está honrada y ayudada con lección para ello
instituida, y por ver que la estiman tanto, la pretenden todos
entender y hablar, más razón será que la española se favorezca
y ayude por serles a los desta tierra más propia la conversación
con los españoles que con los franceses a causa de tener un
mismo Señor y Rey. Siendo V. E. servido de instituir lección
de nuestra lengua, y mandándomelo, diré mi parecer acerca
del modo que se puede tener para que favorezca y deprenda y
ejercite la lengua, y los libros que se han de leer en ella. (Arias
Montano 163-64)

Aquest text és l'exemple perfecte d'una visió monoglòssica
de l'Imperi Español. Recolza la idea que les llengües estan en conflicte
permanent i que són les llengües mateixes les que constitueixen el
millor criteri per a valorar el poder polític i la importància d'un imperi.
Així una llengua unida i poderosa és la prova més forta d'un poder
polític robust. La llengua que representa aquest poder polític està en
conflicte constant amb les llengües que representen uns altres poders
polítics.

La missió d'Arias Montano consistia en fomentar l'ús de la
llengua castellana entre els habitants dels Països Baixos i, al mateix
temps, augmentar-hi el prestigi d'aquesta llengua. Sembla que el
francès era la llengua que competia amb més força amb el castellà
als Països Baixos. El francès era la llengua d'un poder veí, França,
i els habitants dels Països Baixos estaven més familiaritzats amb el
francès que amb el castellà, a l'àrea francòfona i a l'àrea de parla
holandesa ensems. En realitat, la llengua francesa havia gaudit d'una
presència important a aquesta zona des de l'Edat Mitjana. Dins del
Països Baixos el Comtat de Flandes havia estat al servei del Rei
de França des del segle X, encara que la majoria de la població

parlava l'holandès. Bruce C. Donaldson afirma que l'holandès escrit
va aparèixer a les ciutats del Comtat de Flandes, com per exemple
Bruges i Ghent, perquè aquestes ciutats eren el centre de la indústria
textil. Al mateix temps, part de la població del comtat de Flandes
tenia el francès com a llengua nativa. Donaldson ens explica que la
noblesa de Flandes i "many of the up-and-coming middle class were
undoubtedly bilingual" (Donaldson 21). Però el francès va guanyar
molta força política i econòmica quan el comtat de Flandes i totes les
províncies dels Països Baixos es van unir amb Borgonya des del 1430
fins al 1477. Brusel·les es va convertir en el centre dels governadors
de Borgonya, que parlaven el francès, als Països Baixos, encara que
Brusel·les pertanyia a l'àrea de parla holandesa del Ducat de Brabant.
Per tant, el francès s'havia convertit en una llengua important des del
punt de vista del poder polític als Països Baixos abans que "el Països
Baixos de Borgonya passassin al control de la Casa dels Habsburgs en
1477 i finalment formassin part de l'Imperi de Carles I d'Espanya i V
d'Alemanya" (Donaldson 23). Felip II (1556-1598) va enviar el Duc
d'Alba als Països Baixos el 1567 amb la missió de controlar una revolta
molt forta i llarga que s'oposava al domini espanyol. El Duc d'Alba va
permanèixer al seu càrrec fins el 1573. El conflicte del Països Baixos,
que va començar el 1566, va tenir unes conseqüències importants a
tot l'Imperi Espanyol, ja que va forçar Felip II a prendre una decisió
sobre com hauria d'organitzar l'Imperi. El Rei tenia dues opcions: la
primera era la postura nacionalista centralista castellana que recolzaven
les famílies Alba i Zapata. La família Mendoza donava suport a la
posició federalista, que estava representada a la Cort pel Príncep de
Éboli, Ruy Gómez de Silva. El començament de la rivalitat entre
aquestes dues faccions és difícil de determinar, però sabem que va ésser
especialment intensa durant la segona meitat del segle setze, és a dir,
durant la revolta als Països Baixos. Com explica Elliott, les províncies
imperials estaven molt preocupades per la situació als Països Baixos
perquè "el problema d'aquesta zona era una manifestació del problema
de la Monarquia d'Espanya com a conjunt, de la seva direcció futura
i de la seva estructura constitucional" (Elliott 258). Felip II va decidir
triar la postura centralista castellana i va enviar el Duc d'Alba als Països

Baixos. Per tant, la ideologia i política lingüística utilitzada als països Baixos seria no només un exemple de política lingüística recolzada pels centralistes extremistes, sinó també, si resultava efectiva, seria la que s'usaria a les altres zones de la Península Ibèrica on la llengua nativa no era el castellà.

La postura lingüística monoglòssica es manifesta clarament al fragment. Primerament, hi ha una jerarquia lingüística: les llengües més importants als Països Baixos són el castellà i el francès. La llengua nativa de la majoria de la població, és a dir, l'holandès o el flamenc, no es menciona. Aquesta absència lingüística és una manifestació de la idea que algunes llengües són per naturalesa superior a altres (Sozzi xlix). Des del punt de vista de la història de les idees açò significa que quan s'intenta millorar una llengua mitjançant la voluntat humana algunes llengües tenen un avantatge natural sobre altres i la voluntat humana es troba limitada per aquesta jerarquia. En conseqüència, la voluntat humana no és il·limitada a l'hora de millorar una llengua. Per tant, si prestem atenció a la forma de valorar la determinació humana en relació al millorament de les llengües i a la jerarquia lingüística, Machiavelli i Arias Montano hi són més prop de les idees de Marsilio Ficino (1433-1499) que de les de Pico della Mirandola (1463-1494).[390] El primer creia que el poder de la voluntat humana es devia principalment a la posició que el ser humà ocupava en la jerarquia del éssers creats, mentre que el segon estava convençut que la humanitat havia estat creada després de l'establiment de la jerarquia del éssers de l'univers i que, per això, la voluntat humana podia arribar a qualsevol nivell de la jerarquia dels éssers.[391] Segons Arias Montano, no es

[390] Altres autors que creien en la igualtat natural de totes les llengües, l'absència de jerarquies lingüístiques naturals i el poder il·limitat de la voluntat humana en el millorament i perfeccionament d'una llengua, eren Spero Speroni, *Dialogo delle lingue* (1542), i Joachim Du Bellay, *La déffence et illustration de la langue françoyse* (1549).

[391] Pico della Mirandola descriu la creació de l'home de la següent manera: "Per tant, Déu va prendre l'home, aquesta criatura d'imatge indeterminada, i el va posar enmig del món i li va parlar així: 'Oh Adam, no t'hem donat un semblança adequada ni una dotació apropiada tampoc per a que qualsevol lloc, forma o regals que tu vulguis seleccionar amb premeditació ho puguis tenir i posseir mitjançant el teu propi seny i decisió. La natura de les altres criatures està definida i restringida per lleis que nosaltres hem posat; en canvi, tu, a qui restriccions d'aquesta mena no et fan cap nosa, pots, mitjançant el teu lliure albir, del qual t'hem donat custòdia, definir les línies de la teva

poden comparar certes llengües com el castellà o el francès amb altres com, per exemple, l'holandès perquè aquestes llengües pertanyen per natura a capes diferents de la jerarquia lingüística natural. Fins i tot, si la voluntat humana intentàs amb totes les seves forces i recursos millorar llengües que pertanyen a nivells inferiors, la natura sempre defensaria la seva jerarquia. En realitat, la millor prova d'aquesta superioritat lingüística natural del francès i del castellà seria el poder polític que aquestes llengües representen. Ideològicament açò seria un exemple primerenc de darwinisme social. Arias Montano descriu la situació lingüística a l'Imperi Romà indicant que quan els romans van conquerir la nació hispana i la francesa, els hispans i els francesos van acabar abandonant les seves llengües natives i van adoptar el llatí. De la mateixa manera que el llatí era superior per natura a les llengües antigues d'Hispània i Gàlia perquè el llatí les va derrotar en la lluita per la supervivència, el castellà és per natura superior a la llengua nativa de la zona no francòfona del Països Baixos perquè l'àrea està controlada pels castellans. El francès també seria superior a l'holandès perquè havia estat la llengua del poder polític, fins i tot a aquelles zones dels Països Baixos on el francès no era la llengua nativa, almenys des del 1430 amb la unió dels Països Baixos amb Borgonya. Aquest seria un senyal de superioritat natural que es manifesta mitjançant una manca absoluta de referències a l'holandès o el flamenc.

D'altra banda no s'hauria d'oblidar un aspecte important: no és casualitat que les dues llengües que es consideren superiors en aquest cas particular són dues llengües romàniques: el francès i el castellà. Aquestes llengües es consideren descendents de la llengua de l'Imperi Romà i són les seves continuadores. Arias Montano indica que les dues llengües son encara llatines malgrat el grau de corrupció que les invasions germàniques van causar. Aquesta opinió coincideix perfectament amb la idea expressada per Lorenzo Valla a *De linguae latinae elegantia* (1471) quan l'autor italià explica que la llengua llatina encara roman viva a les llengües romàniques i per això es pot dir que l'Imperi Romà encara existeix. Tanmateix, la qüestió que es planteja és quina d'aquestes dues llengües guanyarà al camp

---

propia natura" (6-7).

de batalla dels Països Baixos. En aquest cas es tracta d'una qüestió de planificació lingüística, és a dir, hi ha la necessitat d'imposar una cultura lingüística als habitants dels Països Baixos. La millor manera de fer creure a la gent que el castellà és per natura superior al francès és mitjançant l'educació i aquest és el principal objectiu del Duc d'Alba. Aquí veiem una confrontació entre dues llengües, sí, però també es tracta d'un conflicte entre la voluntat humana associada a cadascuna d'elles. El francès té l'avantatge d'ésser més familiar que el castellà als Països Baixos i a més és la llengua nativa d'una part de la població. Nogensmenys, el castellà és la llengua del poder polític que domina la província. Com el francès ha estat un símbol de poder polític als Països Baixos en el passat i és la llengua que representa una monarquia important a Europa, França, llavors sempre constituirà una amenaça. Per tant, els castellans necessiten convèncer la població dels Països Baixos que el castellà es molt més útil que el francès, i així començaran a imposar una cultura lingüística a favor del castellà. En realitat, hi havia hagut una cultura lingüística en pro del francès almenys des del 1430. Com podem observar, en comparar el francès amb el castellà, Arias Montano adopta una pespectiva molt similar al Neoplatonisme de Pico della Mirandola, ja que la voluntat humana podria aconseguir-ho tot, fins i tot a l'àmbit lingüístic. Així la superioritat del castellà en relació al francès no dependrà d'una superioritat natural *a priori*, sinó de la voluntat dels castellans. És clar que açò només ocorre quan es comparen dues llengües que pertanyen al mateix nivell dins la jerarquia linguística natural. L'objectiu principal és convèncer els parlants que finalment el castellà és la llengua guanyadora als Països Baixos perquè és la llengua imperial de veritat i és superior al francès per natura. Es tracta doncs d'una visió clarament essencialista que de manera paradoxal s'aconsegueix amagant la manca d'una jerarquia natural intrínseca entre el francès i el castellà.

Un aspecte crucial és, segons Arias Montano, que la llengua que és superior per natura, el castellà, hauria d'ésser l'única a l'àmbit de l'ús perquè la uniformitat en la llengua porta l'amistat, la pau i una manca de sospita associada amb la gent que usa una llengua que no l'entenen tots. L'exemple de l'Imperi Romà recolza aquesta idea perquè el llatí va ésser imposat a totes les províncies de l'Imperi Occidental. Les implicacions són que el francès i l'holandès o flamenc hauran d'abandonar-se. En realitat, Arias Montano segueix aquí el consell de Machiavelli: quan una provincia que ha estat conquerida té costums diferents, lleis diferents i una llengua diferent, llavors el govern del nou territori és molt difícil (Machiavelli 34). Per això la millor opció és imposar les costums, les lleis i la llengua del conqueridor. La data del text ens indica que va ésser publicat tres anys després de l'arribada del Duc d'Alba als Països Baixos i tres anys abans de la seva partença. Aquest detall mostra que la uniformitat lingüística havia estat considerada fonamental per a aconseguir la pau als Països Baixos. Açò podria haver-se fet imposant el castellà com la llengua única i amb això la monoglòssia podria ésser un, un instrument de pau. [392]

Un altre exemple d'una cultura lingüística que dóna suport a una jerarquia lingüística natural i a la necessitat d'una unitat política de tenir només una llengua, apareix a la Península Ibèrica més enllà de les fronteres castellanes. Em refereixo a l'historiador valencià Pere Antoni Beuter (1490-1554). A la seva *Primera parte de la corónica general de toda España y especialmente del Reino de Valencia* (1546), Beuter explica que "el mismo tiempo requiere que sea en todos una común lengua, como solía en la monarquía primera de España en tiempo de godos."[393] Així i tot l'autor valencià admet que el castellà és "lengua extraña para Valencia" (citat en Rafanell 240). La idea lingüística principal que apareix al text és la necessitat d'una Espanya monolingüe, és a dir, la monoglòssia. Beuter fa referència al passat mític visigòtic quan, segons ell, tota la Península Ibèrica estava unificada políticament i lingüísticament amb un Rei únic. Aquí podem veure un exemple de l'aspecte circular del pensament nacionalista. La unitat política i lingüística es presenta com un objectiu prestigiós, legítim, que

---

[392] Tanmateix, el resultat del la Guerra dels Vuitanta Anys va deixar més o menys l'àrea de Bèlgica en mans espanyoles el 1648. "Després de la ruptura amb la part nord, el lloc que l'holandès tenia com *cultuurtaal* a Holanda, va ésser ocupat pel francès al sud." Contràriament a la situació al nord, no hi havia un dialecte fort de l'holandès al sud que pogués convertir-se en la base d'una llengua estàndard (Donaldson 24).

[393] Citat en August Rafanell 240. Beuter havia publicat el seu treball en català el 1538 abans que en castellà.

implicaria el retorn a un passat mític que suposaria el retorn a l'origen. Derrida explica que la nació és una essència homogènia, però ha d'ésser construïda, és a dir, ha de tornar als seus origens purs (Derrida 12).

Aquesta font original situada en el passat seria un exemple d'autenticitat o d'essència nacionalista i constituiria el centre del pensament nacionalista. Arias Montano havia usat l'Imperi Romà com exemple d'una societat ideal monolingüe que havia acceptat la llengua del poder conqueridor. Beuter ara fa referència a la monarquia visigòtica. Com sabem hi va haver un conflicte historiogràfic a Espanya durant aquest període en què es discutia quin regne era el vertader hereu de la monarquia visigòtica.[394] Sembla que la proposta castellana havia estat acceptada per Beuter i aquesta acceptació tenia una clara conseqüència linguística: els valencians i les altres províncies de l'Imperi haurien d'adoptar la llengua castellana i acceptar la seva superioritat perquè era la llengua de l'Emperador. Aquesta posició implicava la progressiva eliminació de les llengües minoritàries. Joan Fuster va indicar que el cosmopolitanisme va tenir com a conseqüència l'eliminació de les llengües minoritàries i això era exactament el que havia passat a les monarquies europees de de finals del segle quinze. El poder unificador de la Monarquia Absoluta i l'aparell administratiu que va fer possible l'existència d'aquestes monarquies va constituir a més una força lingüística unificadora que amb el temps eliminaria les llengües minoritàries que algunes comunitats encara estaven usant (Fuster 221). S'ha de tenir en compte, però, com bé adverteix Elliott, que la Monarquia Espanyola no havia aconseguit el mateix grau d'unitat i de centralització d'altres monarquies occidentals com França i Anglaterra (Elliott 77). Com he explicat abans, mentre analitzava la ideologia lingüística d'Arias Montano, l'organització lingüística i política de l'Imperi Espanyol podia haver estat centralista o federalista. Es tractava de convèncer certes parts de la societat per a crear una cultura lingüística amb unes creences i idees apropiades. Beuter dóna suport a una cultura lingüística en què un poder polític unificat només es comprèn amb la presència d'una única llengua. La llengua de l'Imperi Espanyol hauria d'ésser el castellà.

---

[394] Tate explica aquest conflicte al seu llibre.

L'historiador valencià no pot evitar mostrar que el castellà és encara una llengua estrangera a València, especialment si el gentilici fa referència a tot el Regne, ja que la capital havia patit la política lingüística a favor del castellà de certs Virreis com el Duc de Calàbria (1526-1550) i l'Arquebisbe i Virrei Juan de Ribera (1569-1611). La idea d'un Imperi Espanyol monolingüe requeria que el regne de València eliminàs l'ús de l'àrab dialectal o algaravia i també el català, conegut a la regió també com valencià. Aquest punt de vista implicava l'existència d'una jerarquia lingüística en què la llengua més forta acabaria imposant-se. El to de Beuter és menys agressiu que el d'Arias Montano perquè l'afirmació que el castellà no és la llengua nativa de València mostra que Beuter creia en el que José del Valle i Luis Gabriel-Stheeman anomenen el principi de convergència, que "assumeix que el comportament verbal dels membres d'una comunitat tendeix a fer-se més homogeni amb el temps. S'assumeix que el multilingüisme desapareixerà a mesura que la gent adquireix la llengua dominant" (10).

A la zona de parla catalana trobem una posició lingüística que s'oposa a la creença que el castellà és la llengua més adequada per a l'Imperi Espanyol. Segons aquesta actitud, la penetració lingüística del castellà a la zona catalanòfona és per tant perillosa, negativa i extremadament política. El 1557 el noble català Cristòfor Despuig afirma amb un to clarament apocalíptic que si ens centrem en la identitat política i lingüística de Catalunya:

> En Aragó tant com afronta lo regne ab Catalunya y València, no parlen aragonés sinó català tots los de la frontera, dos o tres llegües dins lo regne, que dins de Catalunya y València, en aquesta frontera no y à memòria de la llengua aragonesa [...] y de aquí ve lo escàndol que yo prench en veure que per a vuy tan absolutament se abrasa la llengua castellana, fins a dins Barcelona. (Despuig 63)

Segons Despuig, la conseqüència d'adoptar a l'àrea catalanòfona una llengua estrangera com és el castellà seria la pèrdua de la identitat, especialmente si comença a usar-se a les converses quotidianes. Açò significaria que els castellans han conquerit la terra (Despuig 63). Aquesta concepció de la pàtria en què el concepte de nació s'identifica amb la llengua és escolàstica i està clarament influenciada per sant Tomàs d'Aquino (Lledó-Guillem 275). Despuig explica que si s'abandona la llengua catalana, llavors la identitat catalana es perdrà també. Hem de recordar que als segles setze i disset l'associació entre llengua i nació no era sempre tan clara. Torres i Sans indica que sovint el concepte de pàtria o de nació feia referència als privilegis territorials d'una certa àrea. Si analitzem la zona de parla catalana, el Regne de València romania tan allunyat del Regne de Castella com del Principat de Catalunya perquè el regne de València tenia els seus Furs i Catalunya tenia les seves Constitucions. Tanmateix, Despuig associa la llengua amb la identitat política i nacional i considera que l'àrea de parla catalana constitueix una nació. Si una llengua estrangera com el castellà entra en el territori de parla catalana, la identitat unida íntimament a aquesta llengua catalana es perdrà. Així Despuig estaria d'acord amb Valla i Machiavelli en aquesta qüestió perquè en la batalla lingüística el guanyador portarà amb la seva llengua la conquesta i la dominació política. La diferència entre Despuig i Arias Montano, però, és que mentre Arias Montano veu un futur brillant per a la llengua castellana com a símbol del poder de l'Imperi Espanyol, Despuig només pot fer referència a un passat medieval on lingüísticament el català era una llengua molt més forta que l'aragonès com a llengua administrativa i reial a la Corona d'Aragó.[395] Aquest passat brillant hauria d'ésser la força que recolzaria l'oposició a l'entrada del castellà a les terres catalanes. Despuig col·loca el castellà i el català al mateix nivell, és a dir, la victòria a l'àmbit lingüístic dependrà de la voluntat humana perquè no hi ha una superioritat natural de cap de les dues llengües *a priori*.

D'altra banda, Despuig està d'acord amb l'opinió d'Arias Montano que ha d'haver només una llengua perquè la possibilitat que vàries llengües s'usen a la zona de parla catalana amb un grau semblant de poder i prestigi és inacceptable. El contacte lingüístic és perillós perquè produeix una pèrdua de puresa. Despuig expressa el seu punt de vista mitjançant el personatge valencià que apareix

---

[395] Roger Wright indica que l'aragonès "was not the main official chancery language of the state of Aragón; that was the function of Catalan (or Latin)" (271), i açò explicaria per què l'aragonès no tenia una norma centralitzada.

al seu diàleg: Don Pedro. Ell és del Regne de València, que era una unitat política caracteritzada per un multilingüisme immediatament després de l'ocupació cristiana al segle tretze. Hi havia tres llengües al Regne: el català, el aragonès i l'algaravia. El contacte amb l'aragonès hauria afectat la puresa del català i més tard, especialment després de la Revolta de les Germanies a la segona meitat del segle setze, el contacte amb el castellà hauria fet augmentar el grau d'impuresa de la llengua catalana al Regne de València. Hem de recordar també que València era la ruta més comuna per als castellans que anaven cap a Itàlia. Don Pedro explica amb una mica de vergonya que el català de València ve de Catalunya però que degut al contacte tan intens amb el castellà s'ha transformat lleugerament (Despuig 61). En canvi, la llengua catalana que s'usa a les Illes Balears ha mantingut la seva antiga puresa perquè no ha estat en contacte amb altres llengües (Despuig 62). Segons Despuig, les llengües són un símbol de la identitat i per això si una llengua és conquerida, llavors el poder polític que aquesta llengua representa haurà estat conquerit també. El multilingüisme no és possible dins d'una unitat política perquè produeix una pèrdua de puresa en la llengua i per tant una pèrdua de puresa de la identitat.

Al *Manifiesto por una lengua común* trobem que els mateixos conceptes de jerarquia lingüística i monoglòssia constitueixen la base del status lingüístic ideal d'Espanya. La superioritat del castellà sobre les altres llengües de l'Estat Espanyol apareix com la primera premissa del document:

> Hay una asimetría entre las lenguas españolas oficiales, lo cual no implica injusticia de ningún tipo porque en España hay diversas realidades culturales pero sólo una de ellas es universalmente oficial en nuestro Estado democrático. Y contar con una lengua política común es una enorme riqueza para la democracia, aún más si se trata de una lengua de tanto arraigo histórico en todo el país y de tanta vigencia en el mundo entero como el castellano. (Citat a *El País*, 23 de juny del 2008)

La raó perquè el castellà és superior a la resta de les llengües de l'Estat és que és més universal. Les connotacions d'aquesta afirmació són molt clares: el castellà és més universal perquè ha pogut estendre's per tota Espanya, mentre que les altres llengües són simplement regionals. A més, el castellà avança molt de pressa a tot arreu fins al punt que s'ha convertit en una de les llengües més importants del món. Si seguim el criteri del darwinisme social la superioritat del castellà es naturalitza perquè ha estat la guanyadora de la lluita amb la resta de les llengües a la Península Ibèrica. Aquest punt de vista coincideix amb la ideologia lingüística de Machiavelli, Arias Montano i, fins i tot, Despuig. La diferència que existeix al segle vint-i-un és que aquells que recolzen la idea que el castellà ha d'ésser l'única llengua d'Espanya poden fer referència a una tradició històrica d'hegemonia lingüística que comença almenys al segle setze. Hi ha una idealització d'una situació del passat que el present ha de continuar. Aquesta idealització fa que la manca d'una ideologia lingüística uniforme al segle setze no es mencioni, però el resultat final pel qual el castellà es va convertir en el millor representat de l'Imperi Espanyol, és un instrument extremadament útil per a imposar una ideologia lingüística basada en la superioritat natural del castellà.

La monoglòssia seria tan positiva que recolzaria la democràcia i, al mateix temps, representaria un retorn a l'origen, és a dir, al període de la historia espanyola abans de la Constitució de 1978, que va fer possible l'amenaça a la hegemonia lingüística del castellà. Aquest recolzament de la monoglòssia castellana apareix clarament amb les dues peticions del *Manifiesto*:

> Las lenguas cooficiales autonómicas deben figurar en los planes de estudio de sus respectivas comunidades en diversos grados de oferta, pero nunca como lengua vehicular exclusiva [...] LOS REPRESENTANTES POLÍTICOS, tanto de la administración central como de las autonómicas, utilizarán habitualmente en sus funciones institucionales de alcance estatal la lengua castellana lo mismo dentro de España que en el extranjero, salvo en determinadas ocasiones características. (Citat a *El País*, 23 de juny del 2008)

No hi ha cap de dubte que en mencionar la qüestió de la *lengua vehicular*, és a dir, la llengua que s'usa per a ensenyar assignatures com matemàtiques o història, els que donen suport al *Manifiesto* expressaven la seva por i el seu desacord amb la Llei d'Educació proposada pel govern català i que va ésser aprovada un any després del *Manifiesto*, el 2 de juliol del 2009. El 80% del Parlament Català va votar a favor (*El País*, 2 de juliol del 2009). Aquesta llei col·loca el català com a llengua vehicular. Hi haurà quatre hores de llengua catalana per setmana, tres hores d'una llengua estrangera i només dues hores de castellà per setmana. La Generalitat a més té la llibertat de crear el Pla d'Estudis. Aquesta Llei d'Educació catalana representa una clara amenaça a la jerarquia lingüística castellanocèntrica, que és precisament el que el *Manifiesto* recolza. Es podria argumentar que l'actitud catalana és una resposta a l'intent d'imposició d'una monoglòssia castellana a Espanya des del 1939. Al mateix temps, el *Manifiesto* podria considerar-se com una reacció a la Llei d'Educació en què el castellà s'ensenya menys que altres llengües com el francès o l'anglès. Es tracta, doncs, d'un cercle viciós amb una clara manca de solidaritat per les dues parts. Així, Valle i Gabriel-Stheeman ja ens van alertar que molts d'aquells que recolzen les llengües regionals a Espanya tenen un concepte de planificació lingüística que és tan monoglòssic com el projecte castellà (2002a: 194). Aquests punts de vista conflictius són molt similars als que hem vist als treballs d'Arias Montano i Cristòfor Despuig. En els dos casos la monoglòssia implica l'eliminació del multilingüisme i la supervivència de la llengua més forta.

La característica exclusiva de la situació al segle vint-i-un és que aparentment el govern català ha pogut posar el català en una posició hegemònica, almenys al sector de l'educació.[396] Després del 2 de juliol del 2009 aquest fenomen és ja un fet[397]. Els que donen suport

---

[396] Que el castellà estigui amenaçat a Catalunya és un temor absurd segons molts i aquesta idea ha estat contestada moltes vegades. Per exemple, el diari *Avui* va publicar un article on s'explicava que l'ús social del català a Andorra, que és l'únic país del món on la llengua catalana és l'única llengua oficial, estava per davall del 30%, que és el percentatge a partir del qual la UNESCO comença a considerar que una llengua està amenaçada. Segons Carme Junyent, que és l'autora de l'estudi, a més de lingüista i presidenta del *Group of Study of Threatened Languages*, la situació a Catalunya és fins i tot pitjor que la situació al País Valencià. (*Avui*, 30 d'agost del 2008).

[397] Els coordinadors fem notar que aquest treball és anterior a la pronunciació del Tribunal Constitucional (9 de juliol del 2010), que ho ha modificat sensiblement.

a les idees del *Manifiesto* consideren que la situació lingüística a Catalunya constitueix una amenaça a la posició de la llengua castellana. Aquí trobem el primer exemple de dislocació que ocorre quan les característiques que s'havien amagat durant molt de temps comencen a descobrir-se. Em refereixo al fet que Espanya és un país multilingüe. Homi Bhabha indica que quan aspectes de la nostra identitat que han estat amagats es trauen a la llum, el sentiment de dislocació, de manca de centralitat de la nostra identitat és tan gran que apareix la sensació d'una manca de llar definit. Aquesta sensació estaria molt relacionada amb el concepte freudià del *unheimlich* (Bhabha 295). La petició que el polítics de regions bilingües haurien d'utilitzar exclusivament el castellà quan van al estranger és molt important perquè aquí trobem juntes les qüestions de jerarquia lingüística i monoglòssia. És a dir, Espanya ha de competir amb altres països com França, per exemple, però sempre amb la condició que Espanya sigui monolingüe i tingui una cultura unificada. Espanya necessita amagar enmig de la seva narrativa nacional continua "la zona d'inestabilitat oculta on la gent habita" (Bhabha 303). Aquesta narrativa nacional contínua està basada en la idea d'una jerarquia lingüística natural amb què Espanya pot competir amb llengües d'altres unitats polítiques que tenen elles mateixes una certa reputació i una narrativa històrica. Açò implica que aquestes llengües estan a un mateix nivell. Les altres llengües que es parlen en aquestos països unificats són inferiors per natura. Per tant quan una llengua com el català substitueix al castellà com la llengua de poder, especialment quan s'usa al estranger, la jerarquia natural que els essencialistes havien naturalitzat en el seu sistema d'idees i creences es destrueix, o almenys es qüestiona. Aquest fenomen a més de produir una sensació de dislocació també comporta una impressió incòmoda, que el castellà s'ha convertit en una llengua inferior a altres, com per exemple el francès o l'anglès, amb les quals era possible competir o comparar-se abans. Aquesta idea és molt similar al debat neoplatònic sobre la igualtat natural de les llengües que ja he explicat. Tanmateix, aquesta posició incòmoda de dislocació pot obrir la possibilitat de la solidaritat, encara que aquesta no sembla ésser la idea ni del *Manifiesto* ni de la nova Llei d'Educació de la Generalitat.

La dualitat solidària (twoness), la manca d'una jerarquía lingüística i la presència del multilingüisme

Analitzaré dos textos escrits al marge de l'Imperi Espanyol al segle setze: *Concejo y Consejeros de Príncipe* de Fadrique Furió Ceriol (1527-1592), publicat a Antwerp el 1559, i l'obra anònima *Gramática de la Lengua Vulgar de España* impresa a Lovaina per Bartholomé Gravio el 1559. El primer text parla d'una configuració federalista de l'Imperi Espanyol que s'oposaria a la idea de la superioritat natural de la llengua castellana i al projecte sociolingüístic de monoglòssia castellana. El segon text rebutja el concepte de la superioritat natural del castellà i considera que Espanya és una unitat política multilingüe, encara que la ideologia federalista no hi apareix. Els dos autors plantegen la possibilitat del *twoness* o dualitat solidària on la solidaritat és possible i on la totalització de la identitat com una essència amb un clar centre i amb un contingut clarament definit és impossible.

Furió Ceriol va escriure el seu llibre com un model per a una Monarquia Espanyola Federalista i com a solució a la tensió que s'havia estat desenvolupant als Països Baixos. L'autor valencià diu que el Conseller del Rei hauria de dominar totes les llengües de les diferents regions de l'Imperi: "la tercera calidad, que muestra la suficiencia del alma en el Consejero, es, que sepa muchas lenguas, i principalmente las de aquellos pueblos que su Principe govierna" (Furió Ceriol 124). Idealment el Conseller hauria de conèixer totes les llengües del territori i cap d'aquestes llengües s'hauria de jutjar superior a les altres. Considero que Furió Ceriol descriu un Imperi Espanyol Federalista mitjançant una sinècdoque en què la descripció ideal del Conseller del Rei representa també una descripció ideal del Rei mateix i de tot l'Imperi Espanyol. El Conseller del Rei representaria el Rei i tota la població de l'Imperi també. Les qualitats per a un bon Conseller són les mateixes per a un bon Rei. Furió Ceriol mostra en la figura del Rei, o almenys en la figura del Conseller, la possible experiència de la població del Regne de València. El Rei a València seria valencià i espanyol al mateix temps i les seves llengües serien el valencià i el català ensems. El Rei formaria part de dos sistemes de significat diferents i per tant no tindria una identitat definida. Les dues llengües serien seves i

337

cap d'elles seria superior a l'altra perquè es tractaria simplement de cultures i de llengües paral·leles. Aquest plantejament ens recorda la noció de DuBois de "multiple belongings, plural identities with none more standard or normal or appropriate than the other" (Rivkin and Ryan 854)." La presència d'aquest "twoness" o dualitat paral·lela i solidària en la figura del Rei seria el model que els valencians haurien de seguir, és a dir, haurien de confrontar totes les identitats polítiques i lingüístiques a les que pertanyen i així acceptar el descobriment de la seva identitat inestable amb un esperit de col·laboració.

La meva interpretació d'aquesta possibilitat és que els marges acaben definint la identitat del centre, perquè una vegada el Rei torni a Castella, es presentarà com un Rei multilingüe amb múltiples identitats paral·leles que reflectiran l'esperit de col·laboració que el Rei mateix representa. La influència en la població serà considerable, especialment si recordem el projecte lingüístic d'Arias Montano d'imposar el castellà a la població dels Països Baixos: "la estimarán más viendo que el Rey, y sus Príncipes, y Ministros la estiman y han en grado que se deprenda" (Arias Montano 164). Quan la població s'adone que el Rei i els Consellers respecten i valoren les llengües perifèriques de l'Imperi, ells també respectaran aquestes llengües com si fossin seves. Furió Ceriol descriu un Rei amb una identitat inestable que pot ésser redefinit d'una manera col·laborativa. Aquesta seria la base d'un model federalista per a la Monarquia Espanyola i Furió Ceriol ho descriu de la millor forma quan afirma que el Conseller, i aquí podríem incloure el Rei mateix, hauria de conèixer totes les llengües dels seus dominis. En redefinir el Conseller i el Rei lingüísticament, Ceriol també redefineix i construeix la identitat de tot l'Imperi Espanyol d'una forma en què no hi ha cap jerarquia lingüística.

El següent autor que analitzaré rebutja la superioritat natural del castellà i també la idea d'una Espanya monolingüe: "A esta, que io nombro Vulgar, algunos la llamaron lengua Española, en lo qual, a mi parescer, erraron, pues vemos que en España hai más de una lengua; i otras más antiguas, que no es ésta, i de más lustre, por los más escritores que han tenido" (*Gramática de la lengua Vulgar de España* 160). Després l'autor afirma que en referir-se al castellà utilitzarà el terme *Vulgar* "porque siendo la más vulgar, la más usada, i la que más tierra ocupa en toda España, fue necessario hallarle un nombre conforme alo que ella es, para que se diese acadauno lo suio, quitando todo perjuicio i contienda" (161). Es tracta d'un autor que dóna una interpretació diferent a la supremacia del castellà, al mercat de la impremta i al fet que és la llengua del Rei d'Espanya. Segons ell, el castellà no és la llengua més antiga ni la que té els millors escriptors, però és la llengua que s'usa més a tota Espanya. Açò significa que li fa falta una denominació que no connoti superioritat. Tanmateix, ell admet que el castellà s'ha estès per tota Espanya i per això té un avantatge sobre les altres llengües, però explica que el basc és molt més antic i que el català i l'àrab tenen una literatura molt superior, encara que considera que el català és una llengua francesa. En qualsevol cas les jerarquies lingüístiques s'han eliminat perquè cadascuna té alguna raó per a considerar-se superior a les altres i Espanya continua essent multilingüe. Per tant, la possibilitat de *twoness*, de vàries llengües i identitats que coexisteixen al mateix temps d'una forma paral·lela i solidària, sembla possible al text de l'autor anònim, encara que no s'afirmi d'una manera tan directa com en el cas de Furió Ceriol. Nogensmenys, el text anònim és un exemple d'oposició clara als ideals i valors que semblava que s'havien naturalitzat a la societat. En particular, l'autor anònim s'oposa a la suposada superioritat natural del castellà en relació a la resta de les llengües peninsulars com hem dit abans. El *twoness* o dualitat paral·lela d'identitats coexistents potser no és tan clara com en el cas de Furió Ceriol, però la *Gramática de la Lengua Vulgar de España* representa un atac molt més contundent i directe a la ideologia lingüística hegemònica. L'autor mostra que la gramàtica i la literatura poden ésser camps d'oposició política i ideològica.

La resposta al *Manifiesto* que va realitzar el professor Albert Branchadell amb "Un manifiesto contra España" (*El País*, 7 de juliol del 2008) reflecteix les mateixes idees: Espanya és un Estat multilingüe on no hi ha una llengua millor que les altres. Recolzar un Estat monolingüe o un Estat on el castellà és clarament la llengua hegemònica va en contra de la Constitució. En realitat, Branchadell explica que, després de la Constitució de 1978, Espanya és una nova entitat:

> España es un país plurilingüe. La mayoría de los españoles tiene el castellano como lengua maternal o lo ha elegido como vehículo preferente de expresión, comprensión y comunicación, pero existen también otros españoles que tienen o han elegido otra lengua. Ésta es la realidad que la Constitución de 1978, los estatutos de autonomía y las llamadas leyes 'de normalización lingüística' han pretendido acomodar en los últimos 30 años. (*El País*, 7 de juliol del 2008)

O sigui, Espanya no és un essència estable, sinó una construcció. La seva lectura de la Constitució comporta que les llengües haurien d'arribar a un acord, encara que això només es podrà aconseguir mitjançant la col·laboració i acceptant la inestabilitat de les identitats nacionals i la possibilitat de pertànyer a diferents identitats i grups lingüístics al mateix temps. Els castellans no són els únics responsables de la situació conflictiva que s'hi viu. Branchadell avisa la Generalitat que tenir menys hores de castellà que d'una altra llengua estrangera és "un grave error político." Furió Ceriol i l'autor anònim que hem analitzat estarien d'acord amb Branchadell perquè la reacció contra l'essencialisme castellà és un exemple de contra-essencialisme que implica una manca de col·laboració i va en contra del concepte d'Espanya a la Constitució.[398]

La barreja lingüística

Finalment hi trobem una altra possibilitat que es planteja a Espanya durant l'Edat Mijana i el Renaixement, però que no hi apareix al debat del segle vint-i-un. En aquest cas particular l'estudi d'aquesta ideologia pot oferir una nova manera d'interpretar o

---

[398] Autors com, per exemple, Ross Poole considerarien aquesta lectura de la Constitució com una fantasia, perquè "la integritat del cos polític, i especialment d'una unitat política liberal, necessita de l'existència d'una *public culture* preferida, i aquesta inevitablement ha d'ocupar una posició privilegiada en relació a les altres cultures." Poole també afirma que encara que sigui perillós identificar la llengua amb la cultura, la llengua "és clarament un constituent crucial" (121-22). Per tant, segons Poole, es necessita una jerarquia cultural i lingüística a un Estat multilingüe i multicultural perquè pugui existir.

solucionar el conflicte lingüístic. El 1499 les autoritats municipals de València van recolzar el pensament lingüístic expressat per Francesc Eiximenis (1340?-1409?) el 1383: "aquesta terra [valenciana] ha llenguatge compost de diverses llengües que li són entorn, e de cascuna ha retingut ço que millor li és, e ha lleixats los pus durs e los pus malsonants vocables dels altres, e ha presos los millors."[399] Llavors la llengua que representaria el poble valencià seria el resultat d'un procés dialectal de barreja lingüística. Quan llengües diferents s'usen a una mateixa comunitat existeix la possibilitat de barrejar-les per a crear una llengua superior amb les millors qualitats de cadascuna. Es tractaria, doncs, d'una síntesi lingüística. Com podem veure, es tracta d'una mena de col·laboració diferent perquè implica la fi de les identitats lingüístiques originals que han produït aquesta síntesi. Així les llengües no viurien juntes d'una manera col·laborativa ni paral·lela sense jerarquies, sinó que s'haurien de transformar per a crear una societat monoglòssica que seria el resultat del contacte lingüístic i que representaria un progrés lingüístic. Però, podem considerar aquest fet com una mostra de progrés? És açò una alternativa realista al conflicte lingüístic nacional de l'Espanya d'avui i de l'Espanya del passat?[400] Desgraciadament la idea d'una síntesi lingüística també pot ésser manipulada políticament dins del contexte del monolingüisme, mentre que la coexistència col·laborativa i paral·lela de llengües diferents, on la identitat no és mai un concepte essencialista, sembla ésser molt més prometedora.[401]

El *Manifiesto por una lengua común* (2008) i les reaccions que el text va provocar representen un exemple de com certes

---

[399] August Rafanell indica que les autoritats municipals van donar suport a aquesta idea (238), però hem de recordar que Francesc Eiximenis va ésser l'autor original d'aquesta cita el 1383 (Eximenis 19).

[400] Com exemple de barreja lingüística al món hispànic , Valle i Gabriel-Stheeman mencionen el fenomen del *Spanglish* com un "comportament lingüístic híbrid" ("'Codo con codo.'" 203).

[401] Així es podria dir que la descripció d'Eiximenis del valencià com una llengua barrejada respon a l'objectiu de donar èmfasi a la independència del Regne de València en relació a Catalunya. Per tant, té una significació política molt important, especialment si comparem el comentari d'Eiximenis amb la descripció que fa Don Pedro de la variant valenciana als *Col·loquis de la insigne ciutat de Tortosa* (Despuig 61).

idees s'han considerat naturals durant molt de temps. A aquest
debat lingüístic trobem dues maneres de concebre Espanya
lingüísticament: en primer lloc, l'essencialisme, entès com una
Espanya monolingüe o una Espanya formada per diverses regions
monolingües on cadascuna usa la seva llengua pròpia de manera
exclusiva. La característica principal d'aquest essencialisme és la
creença en la jerarquia de les llengües, la dificultat o impossibilitat de
qualsevol coexistència lingüística i l'associació natural de la llengua
amb la unitat política i amb la identitat. La segona possibilitat seria
la coexistència de llengües sense cap jerarquia, que implicaria que
el concepte de nació és una construcció i que, a més, una nació pot
ésser multilingüe. La segona opció és la que sembla més prometedora
des del meu punt de vista, encara que podria considerar-se com una
utopia. Mitjançant aquest treball he mostrat que aquestes opcions
apareixen al segle setze. Per tant, encara que el *Manifiesto* no es va
escriure com una continuació conscient de la ideologia lingüística
del segle setze, les similituds ens fan adonar-nos que l'estudi de
textos lingüístics del segle setze ens pot ajudar a entendre la situació
contemporània. A més, com explicava abans, l'estudi del passat pot
oferir-nos noves possibilitats que no apareixen d'una manera tan
clara almenys al debat del segle vint-i-un que hi he estat analitzant.
Per exemple, l'opció de síntesi lingüística que descriu Francesc
Eiximenis al segle catorze podria aplicar-se a l'Espanya d'avui
almenys com a possibilitat. Així, la tercera opció consistiria en una
barreja lingüística amb l'objectiu d'establir una societat monolingüe
i on la barreja donaria lloc a una síntesi, és a dir, una llengua única
superior a les llengües que han fet possible la seva existència.
Personalment considero que es tracta d'una possibilitat amb menys
futur i amb més perill de manipulació política que en el cas de
convivència paral·lela, però s'ha de considerar com una opció. Al
mateix temps hem d'admetre que quan estudiem el passat sofrirem
la influència del present, però, en realitat, açò no és necessariament
un aspecte negatiu perquè d'aquesta manera el present i el passat
poden estudiar-se d'una manera col·laborativa.

A tall d'epíleg i unes conclusions
A tall d'epíleg

Antonio Cortijo (University of California at Santa Barbara, USA)

Després de l'exposició de les seccions precedents en què s'han escatit èpoques, influxos i matisos de l'humanisme català i l'ibèric, aquest darrer punt ha d'analitzar el complicat panorama de la coherència terminològica. L'Humanisme, sigui l'italià, el català, castellà o d'altres regions de la Romània, és susceptible de vàries periodiztacions. Gómez Moreno ja s'hi ha pronunciat en la seva exposició (3.1.) en indicar que demarcacions massa estretes entre Humanisme i Renaixement estan obligades a l'avançada a contradir-se o a assenyalar fenòmens netament falsos. Però igualment s'ha indicat que la pruïja de la puresa de la llengua (llatina de primer, vernacla com afegitó), la voluntat d'estil i l'amor als clàssics per a -havent-los recuperat- adaptar-los a un programa de vida personal són senyals inequívocs del moviment.

En aquesta activitat humanista, són la *lectura* i el *text* els pius sobre els quals es fa girar la feina dels estudiosos, com ja vam comentar més amunt (4.1.) a propòsit d'Hernán Núñez de Toledo i la traducció d'un sermó pseudo-agustinià sobre la *lectura* de la Bíblia (i en nota que es pot fer extensiva als propulsors i partíceps del moviment humanista en general); lectura que per Núñez no és simplement (i també ho és) un aprenentatge basat en la memorització o un procés que converteixi el text en enigma que hagi de ser descobert, analitzat, interpretat. La lectura n'esdevé procés actiu de comunió, d'aprehensió d'ell mateix i del seu missatge, d'íntima i esquinçada lluita per la seva possessió i *incorporació*. És, tot plegat, fer, de la paraula, vida; de comunicar-se amb la mateixa *substància* textual[402]. Amb tot això, semblaria que Núñez ens

---

[402] Aquest punt guarda correlació amb el capítol 1.1.1. a propòsit de Bernat Metge; igualment altres aspectes que s'analitzen a continuació, com els referents al

digués que concep la seva tasca professional, el seu estudi i lectura dels clàssics, llur interpretació i comentari com quelcom semblant al que ens diu sobre l'*accessus* a la Paraula de Déu continguda a la Bíblia. Car l'elecció de models literaris clàssics, quan s'envesteix la seva lectura amb aquest propòsit unitiu, es fa amb l'afany d'*incardinar*, *assaborir*, *aprehendre* i *esqueixar* el seu sentit més íntim. Els textos i cultura clàssics han de ser 'actualitzats' pels lectors en un sentit arquitectònic, són un plànol des del qual construir un edifici. *Struere* és l'activitat bàsica de l'arquitecte i intèrpret, i la seva activitat creadora és una lluita agònica amb el text en una delera d'exprémer-ne el seu sentit. Està clar que ací Núñez no entra directament en la matèria del seu valor com textos construïts amb una llengua acurada i estil plaent i imitable (*verba*), ans privilegia la seva capacitat per a transportar un significat que s'utilitzi en el projecte vital/moral de cada lector. Però el que ressalta força és l'elogi de la dignitat humana com la d'un subjecte pensant, reflexiu, que a través de la lectura de textos i llur anàlisi i interpretació en procés agònic (no passiu) entra en una mena de comunió amb un saber (en què el text bíblic continua tenint un lloc central) que porta a la pràctica d'un comportament exemplar a nivell moral individual i col·lectiu. I això, en essència, és altament reformista.

Un altre punt de relleu que pot destacar en el conjunt de l'activitat humanista consisteix en les edicions, traduccions, adaptacions, comentaris de i a obres clàssiques. El pes del moviment en qualsevol latitud geogràfica sembla voltar entorn a aquesta cultura llibresca clàssica. Si hom hi hagués d'assenyalar una periodització caldria sols d'esmentar la lenta incorporació de *filòlegs* associats a la Universitat en aquesta tasca, en la línia de Lorenzo Valla, una carrera que culminaria a Castella amb la figura d'Antonio de Nebrija i encara amb la del seu deixeble Hernán Núñez de Toledo. Es van deixant de banda, doncs, els treballs d'*amateurs*, bé d'eclesiàstics, bé de secretaris de cases nobiliàries, bé dels nobles mateixos, per a encomanar la tasca d'anàlisi a *experts*. Així, de l'*amateurisme* a la *professionalització* sembla

---

subjecte pensant, la comunió amb el saber i la conducció cap el comportament. Així mateix, quant al tractament del text, la idea de construcció pot remetre al *Curial* i la insistència al projecte vital/moral ens fa pensar en March.

seguir-se una línia d'evolució que ens serveix per a delimitar el que podríem ja anomenar un humanisme madur. La dedicació hi és plena a la labor de *lectio / commentarium* i troben en el reducte universitari l'espai de producció que els impulsarà a imaginar el que anomenaran una *res publica litterarum*, o la república de les lletres.[403]

Juntament amb aquesta tasca de comentari caldria veure al treball dels humanistes una preferència per certes àrees del coneixement que hi detenten un major pes específic. Filosofia moral, literatura *propiament* dita i història en semblen ser capdavanteres. La història passarà, de tenir un paper secundari a l'esquema de l'ensenyament medieval, a detentar un de veritable rellevància a l'humanista. La història no interessa només pel passat sinó en particular per a l'esdevenidor. S'hi aplica el model que la *rhetorica* anomena *aemulatio*, perquè el seu contingut serveix per a *modelar* la vida pròpia i la vida de la nació, car ambdues es miren al mirall del passat[404]. Una de les feines més àmplies de l'humanisme madur serà l'edició de les obres d'historiadors romans (i grecs), així com l'escriptura d'història nacional. Amb això s'hi arribarà (ja avançat el segle XVI), i de nou des d'Itàlia primer, a les lucubracions dels Sperone Speroni i Francesco Robortello sobre l'*ars historica* i sobre el *de conscribenda historia*. I encara a partir d'aquestes reflexions, que aviat es difonen a altres humanismes europeus, els quals insisteixen en qüestions de l'organització del text històric i de la seva composició i estil, s'arribarà en línia directíssima al tacitisme ibèric (més tard transportat a Europa) que aplega per sempre la reflexió produïda per la lectura i estudi de la història amb la política i l'anomenada *raó d'Estat*. Així mateix l'Humanisme anirà obrint les portes al gènere de la història de nacions i fins i tot de ciutats, donant-hi forma genèrica (*historia*) al sentiment nacionalista (de construcció

---

[403] Ja hem anat dient que, en aquest pas, l'humanisme de la Corona de Castella passarà per davant de la Corona d'Aragó, a causa dels fets històrics, socials i demogràfics que afecten aquesta darrera.

[404] Ben a prop d'aquestes idees es pot contemplar una obra com el *Curial*, no només pel fet que la crítica com més va més la lliga als fets polítics i al Magnànim, sinó per motius literaris i també lingüístics: la dinàmica exemplar, el tractament dels textos del passat i la proximitat als cronistes del seu temps (Butinyà 2001a, 2010b, 2005c, en prensa a).

de la idea de nació), que és una de las conseqüències del moviment, propiciat pel deler d'emulació dels mestres i d'excel·lència en l'ús de la llengua vernacla. Del conreu del llatí acurat es passa al de l'acurada llengua vernacla i aviat brollarà una comparació entre el *nivell* dels *estils* nacionals (de cada vulgar) que farà ús del novíssim concepte de nació, que apareix com a conseqüència del reforçament de l'autoritat reial per tot Europa des de finals del segle XV i de la desbancada de la noblesa o la seva incorporació al que els francesos batejaren com *noblesse de robe*. Si Margarit hi fou ja un pioner, parellament s'haurà de reconèixer en les tasques de traducció, edició i creació d'una nòmina d'autors que historien els regnats de Juan II a Enrique IV i els Reis Catòlics, o del Magnànim a Ferran el Catòlic. I que es van servint dels models estilístics de Ciceró, de les reflexions morals de Sèneca, o de Titus Livi, Sal·lusti ...[405], quan no ho fan d'historiadors grecs (amb menor intensitat).

La *literatura pròpiament dita* insisteix al valor de *les belles lettres* com conduents al desenvolupament dels valors espirituals del ser humà, en el seu valor com productora de plaer estètic i com portadora de veritats morals generals[406]. La seva connexió amb el punt anterior, el de l'estil *nacional*, ve motivada per la creació d'un cànon literari. Igual que dit cànon ja s'havia produït a l'època clàssica (grecoromana) a les escoles d'Atenes, Alexandria i Roma i que a l'Edat Mitjana es continuà mitjançant la constitució d'*auctoritates* per cada disciplina del *trivium* i *quadrivium*, amb l'impuls que es dóna a la creació en vernacle a partir de l'Humanisme s'haurà de proposar un model de *còpia* per cada literatura nacional. Si Dante serà el primer en aquesta nòmina, apujat a tal categoria pels comentaris de Da Imola,

---

[405] Tots ells selectivament citats o presents en intertextualitats al III llibre del *Curial* o en el seu important pròleg, així com és una obra sensible als comentaris expressats tot seguit quant a la identitat nacional (Butinyà 1992b), i als models amorosos, ja que hi consten les fites heroiques principals, a més de tenir en compte el referit a la nota anterior.

[406] Si per al primer punt d'aquesta frase tenim tot el plantejament de Metge (1.1.1.), al segon hi trobem un desllorigador per la frase concloent d'Apol·lo rere el somni de Curial al Parnàs, relatiu a la teoria literària: "contra veritat escriure no ·m par sie loor" (Ferrando 2007, 309).

etc., a la Península Ibèrica comptem amb el cas de Juan de Mena per les lletres castellanes. A aquest poeta li eleva a categoria exemplar i modèlica no tant la qualitat del seu vers com el comentari (*opus magnum*) d'Hernán Núñez de Toledo en la 'Glossa' que fa al *Laberinto de Fortuna* (1499, 1505). En aquesta obra es vessa no sols el contingut del saber de l'humanista de Toledo, sinó el conjunt (enciclopèdic) del saber compilat per l'Humanisme fins a la data, sent gairebé el poema de Mena una excusa per al comentari lletrat del Comendador Grec. Curiosament, en aquest sentit de la construcció de nacions a partir de models literaris, pot recordar-se que la rivalitat entre nacions, fruit de l'Humanisme, farà que s'afrontin en la palestra amorosa dos amants modèlics: Macías *O Namorado*, exemple d'amor suprem galaicocastellà, i Oliver (el traductor d'Alain Chartier en la seva *Raquesta d'amor de madama sens merci* i amant de Violant-Lluïsa de Mur, comtessa de Luna), tal com apareix a l'obra *Glòria d'Amor* de fra Rocabertí i múltiples poemes catalans del segle XV (i XVI). Fins a tal punt arribava aquesta emulació de tons *nacionalistes* o aquest desig de rivalitzar en glòries pàtries, representatives de les essències nacionals. De nou a Catalunya li correspondrà un paper pioner en aquesta labor, car Dante i Boccaccio entren de preferència a la Península Ibèrica de la mà de traduccions al català i del seu ús per autors d'aquesta latitud. I són Dante, Boccaccio i Petrarca i tot, que serviran de models de plaer estètic i de construcció literària, i que inspiraran la (re)construcció de la seva obra adaptada a les lletres peninsulars.[407]

Un últim tema de relleu per a l'Humanisme és la filosofía moral. Es produeix a conseqüència dels textos *recuperats* pels primers 'buscadors de manuscrits' i pel que serà essència intrínseca del moviment: la seva reflexió sobre la naturalesa de l'home.

---

[407] Remeto una vegada més al capítol que dedico a les lletres catalanes en relació amb el tema *de amore* en el Quatrecents peninsular, on s'estableixen a més nexes amb les literatures castellana i portuguesa. En l'obra es mencionen la *Fiammetta* (vv. 813-866), Paris i Viana, Guillem de Cabestanh (vv. 952-1024), Cupido (a qui es descriu amb l'arc, vv. 460-525), Ardanlier, Liessa i Irene (vv. 768-812), llençant nexes entre literatures italiana, castellana i catalana. Vegeu també al respecte *L'ànima d'Oliver* de Francesc Moner.

Ciceró i Sèneca, valors literarifilosòfics de primera magnitud per a l'Humanisme, serviran per a donar-li certes tonalitats neoestoiques al moviment, després moderat pels posteriors influxos del neoplatonisme. Metge a *Lo somni* no fa sinó incidir al tema de la dignitat de l'home i recupera Sèneca de la mà de Petrarca. Alfonso de Cartagena s'aboca tot ell a la traducció del filòsof de la Bètica. Per totes dues latituds geogràfiques es tradueixen i adapten les tragèdies de Sèneca, llegides més en to filosòfic que teatral.

En aquesta periodització *sui generis* que anem conjuminant es perfilen amb certa claredat sols dos *moments*, que grosso modo qualificaríem de *tempteig* i *plenitud*. Potser no calgui més que assenyalar totes dues fases com categories àmplies, la primera de contacte, prova, intent, regust; la segona d' impregnació, consciència, producció, acomodament. I, com alguns han indicat abans, si la primera enfonsa encara les seves arrels en actituds i modes medievals, la segona serà (re)presa, seguida, portada cap el futur pel Renaixement (i fins el Barroc). Amb això es ressalta la permeabilitat d'un moviment que abarca en essència més de dos segles de plenitud creadora i que, amb els seus antecedents i epígons, per tal d'emprar nomenclatures clàssiques en la història de les perioditzacions literàries, podria abarcar àdhuc més de dos-cents anys (segles XIV-XVII). Perquè en essència serà només amb la Il·lustració i el seu nou mode d'entendre la manera com l'home s'ha de posicionar dins l'univers quan es pot dir que l'*ideari* humanista queda obsolet, ultrapassat o, amb més precisió, abandonat. Superada l'Escolàstica medieval amb anterioritat, i erigit l'home en centre de la reflexió intel·lectual, serà la seva capacitat creadora i l'anàlisi de la capacitat del seu intel·lecte els que ocuparan fonamentalment la *cultura occidental*. Hi reverteixen dues disciplines per antonomàsia. La primera és d'especulació reflexiva (filosofia), que no només indaga en els ressorts del sentiment i l'activitat psicològica humana, sinó en les seves repercussions pràctiques per la conducta, tant de l'*homo moralis* com de l'*homo politicus*, car el lloc que l'home (savi) ocupa en societat i en els engranatges del poder es va fent a mesura que s'entra en el segle XVI com a tema de la més gran rellevància. La segona és d'índole creadora, que fa assemblar el ser humà a un *deus* que exerceix l'activitat del *poiein* o crear[408]. Les *lletres*, o si es vol *Lletres* amb majúscules, apugen el ser humà a una categoria superior dins l'organigrama de la Creació. D'on es desprén que les arrels de l'Humanisme s'enfonsin en un profund sentiment cristià[409] i que no hi càpiga veure cap separació, com sovint es llegeix en textos poc informats. És l'home, com a subjecte diví, subjecte creat i elevat a posició jeràrquica superior, un *homo dicturus*, nascut per a constituir-se en la seva plenitud com mestre de *verba*. El que va començar com admiració per Ciceró, el gran orador i conversador, per part de Petrarca i els primers humanistes, dóna sentit al moviment sencer. D'on també davalla la preocupació retòrica del moviment humanista, demostrada en edicions i estudis de retòrics clàssics i en la construcció del gran *corpus* retòric humanista-renaixentista modelats sobre la *rhetorica recepta*. El pensament val poc sense l'expressió, sigui oral o escrita. I la disciplina a la qual el pensament s'adreça mitjançant les tasques paral·leles i germanes de la Lògica i la Retòrica són el corol·lari d'aquesta capacitat de comunicació que distingeix l'home de les *animalias*[410]. De la mà de la Rhetorica, i pertanyent a ella com a branca secundària, s'aniran esqueixant petits empelts nascuts d'ella, com la Poesia o la *Narratio-Historia*. Sent sols disciplines secundàries, quasi gramaticals a l'època clàssica, simples modes primaris d'aprendre a argumentar i a filosofar o teologitzar després, amb l'Humanisme detentaran un estatut per primera vegada *superior*. Ja no serà només parlar (*dicere*) el que importi sinó un *bene dicendi* que dóna primeria a l'*estil*, a l'*ornat*. Entrem ací en el

---

[408] Pel pes i tractament del fet de la Creació, Butinyà (2002a, esp. 151-246) ha suggerit que Metge fos conscient d'emular-lo; llegim a *Lo somni*, argumentant a favor de l'ànima racional, amb intertextualitat de Cassiodor: "Donchs, qui pot dubtar de la sua raó com, il·luminada per lo seu Creador, fa ésser vistes coses tant meravelloses fetes per art?" (Butinyà 2007a, 76).

[409] Tornem, malgrat la insistència, a proposar de rastrejar la figura del cristianíssim Llull. En diferents punts de les investigacions de Butinyà, a més, d'aquest autor s'hi remet a la figura de Dante (Butinyà 1996b, 121ss; 1998b, 2003d, 2009e). I el poeta italià bé ho sabé expressar, pocs versos (II, xxii, 10-12) després de l'escena que hem citat més amunt (3.2.): "Amore / aceso di virtù, sempre altro accese, / pur che la fiamma sua paressse fòre", 300.

[410] Aquesta diferenciació és la gran temàtica amb què Metge tanca el cabdal llibre I de *Lo somni*, filosòfic i religiós, o que tracta de la interioritat de l'home.

concepte de les *Lletres* com *furor poeticus*, com comunió de l'escriptor amb l'element diví, amb l'inefable, amb l'artísticament *pur*. En essència amb allò que atorga a l'activitat lletrada creadora aquest lloc que més tard recuperarà amb escreix el concepte romàntic del poeta. I és aquest furor estilístic el responsable de desbancar els teòlegs de la vella guàrdia de l'abassegament exclusiu de la cultura, donant de pas a la mateixa un carés menys orientat envers el diví i més envers l'humà (*litterae humaniores*). D'un Metge passarem a un Ausiàs March o a un *Tirant lo Blanch* i un *Curial*, modelats per patrons boccacians i petrarquescos inicials i que engeguen i encarreren unes lletres catalanes en sentit modern. Aquesta emulació d'estil, és cert, es produeix primer dins l'òrbita de la *imitatio* del llatí polit i culte, però el mateix home humanista, dignificat, que ha sortit per sempre no sols de la *barbarie* del mal llatí ans del tropell de teòlegs bastos, aviat voldrà dignificar-se no sols en la llengua que aprén sinó en la qual viu. La dignificació de les llengües vernacles –fruit de la pruïja de *bene dicendi*- donarà inici a una empenta creadora que –per definició- només podia avançar per la via de la competició (sana) entre les llengües nacionals. *Dicere* era un *bene dicere* i un *vulgare bene dicere*. En aquest punt es donen la mà (així que s'ha assentat del tot l'Humanisme *ple*) lletres i política, o –per recuperar el rebregat *topos* nebrixens- la llengua com a companya de l'Imperi. I en aquest punt cal fer menció, en un estudi de l'humanisme català, a un fenomen que tindrà proporcions i repercussions crucials. Perquè a diferència dels casos italià, francès, anglès o castellà, l'humanisme català (el de l'escriptura en *vulgare*) no anirà acompanyat de l'*Imperi*. I amb això comparativament desapareix en el segle XVI, encara que ho faci sols en el *vulgare*, no en la seva producció llatina (serveixi Vives de mostra) ni encara en el mode com se subsumeix en castellà. Aquest fet, que és lògic que fa esgarrifances quan s'analitza des de la perspectiva política contemporània, no és sinó una constatació que ni resta valor a la seva producció dels segles XV i XVI ni li treu la més mínima rellevància.

Aquest *homo* dignificat, subjecte i objecte de la reflexió humanista, no està aïllat en la concepció humanista. Com s'encarregarà de posar de manifest el grup florentí de Ficino, superat l'*umanesimo civico* que segueix la introducció de Petrarca i maduració del Valla, *homo* i *amor* estan indissolublement units. Recuperant algunes reflexions nostres a propòsit del tractament del tema de l'amor per Hernán Núñez en la seva anàlisi del cercle tercer o de Venus en el *Laberinto de Fortuna* de Mena, exposarem aquest concepte humanista de l'amor:

> El ser humà ha nascut per a estimar[411], és el corol·lari de l'exposició del comentarista Núñez, per la comunió entre els homes, sigui de caràcter filial, comunitària, social o política. L'amor desitjable no és, doncs, tragèdia ans *concordia*, comunió de cors, unió de voluntats en el lliure exercici de la seva volició. Aquest plantejament és en essència el d'un humanisme cristià que reprén els temes predilectes de la patrística i, amanit amb la filosofia tomista, els dóna un ser nou en el programa recent de l'*umanesimo*. Aquest posa l'èmfasi a la criatura, en l'home com ens pensant, com ens lliure, com ens volitiu, la capacitat del qual per a aprendre (i llegir) suposa un exercici del seu intel·lecte, que li fa sobrepujar per sobre de tots els altres sers de la creació. Més encara, aquest exercici de la ment en llibertat creadora i de decisió assembla l'home amb el Déu que el crea, car la criatura humana també és creadora a través de la seva producció intel·lectual i la producció amorosa[412]. I l'èmfasi en la criatura no es circumscriu al pla exclusivament moral i individual, sinó que el transcendeix per a situar l'humanista (exemple màxim de ser humà) en el centre d'un sistema social ideal, en què l'home culte, estudiós i moralment recte fa de model per l'actuació, disposats els components socials i personals en perfecta harmonia en l'edifici de la societat dels homes. El fi darrer d'aquest esquema és d'assolir la realització plena del ser creador en els plans juxtaposats individual i social, modelats sobre l'ideal de la quietud i la pau, sobre una moderació sàvia aliena a extrems desequilibrants i a conflictes intersocials. I

---

[411] Des de l'òptica de les lletres catalanes, cal recordar que hi tenim un Llull compendiat, tal com el recull Metge al I de *Lo somni*.

[412] Així mateix, són idees que ressonen al llarg del llibre I de *Lo somni* de Metge, que es fonamenta igualment sobre la idea de l'home com a ser creat, com hem dit poc més amunt.

és precisament aquesta *quies*, aquesta pacífica tranquil·litat en el repòs de l'equilibri entre les parts a la qual podem, amb Núñez, anomenar amor. Un amor que s'ha desprovist del furor passional i s'ha asserenat en anhel d'unió, comunió, (re)ligió. Aquest edifici humanista, a tall de plànol mestre sobre el qual erigir construccions concretes, té com a pedra mestra de la seva volta, sobre la qual se sustenta tot, l'home. Un home, està clar, creat a imatge i semblança de la divinitat i que, en bona lògica, ha d'aspirar a transcendir –després d'haver aconseguit l'amor terreny, així entès- l'*amor mundi* amb un delectable *amor Dei*. Car com s'encarregarà d'explicar la mística humanista d'arrels platòniques, l'anhel màxim de l'individu consisteix a subsumir-se en la totalitat amorosa de la divinitat, fet u amb la mateixa, encara que mantenint –en rodó per un humanista- la voluntat intransferible del ser humà. I aquest ideal de *quietud*, de supressió o aniquilació de la passió, és -en imatge dantesca- equivalent a la inefabilitat (conclusió de la pau, la tranquil·litat, la quietud) que produeix la visió directa de la glòria de Déu, suprema superació com *Deus Amoris* de la *Venus* luxuriosa, els seguidors de la qual poblen el tràgic cercle tercer de Mena. Tot i que aquest últim pla, si es vol religiós o 'cristià' (veure García de la Concha), resta, com en tot el comentari de Núñez, en un respectuós rerefons. Perquè *Amor* s'aplica per al de Toledo a un ser humà dignificat, que viu sempre en un ací i ara, a un ser humà que, apujat a un lloc central en la creació, és gairebé el protagonista central (subjecte d'educació, de lectura, de conducta virtuosa i moral, d'aprenentatge, d'exercici polític, etc.) de tot el comentari de Núñez.

Segons hi dèiem també, l'amor, com ha anat exposant Hernán Núñez,

> es tracta en el cercle de Venus com un procés, un acte, una conducta criminosa que condueix al patiment, entès –per sobre del seu sentit cristià dintre de l'esquema de la salvació- com pena, càstig o condemna dins de l'edifici argumental del *Laberinto de Fortuna*. Aquest *amor* adopta tot al llarg del comentari diferents varietats i subtemes, que poden entendre's

fins a cert punt com una casuística amorosa o un conjunt de *casus amoris*. Però per sobre d'aquesta tipologia quelcom sembla donar sentit a la construcció expositiva d'Hernán Núñez. Potser recorrent a l'anàlisi filosòfica grega d'*eros*, garbellada després pels escrits patrístics (de sant Agustí i sant Jeroni entre altres [veure Reynolds, Pabel, Bentley, Cantimori, Stinger i Rice]), el comentarista n'estableix en la seva anàlisi de l'amor els diferents registres i varietats, que són esferes d'aplicació *eròtica* de l'amor al ser humà en les seves possibles facetes vitals. Així, l'amor/eros té un camp d'aplicació que concerneix l'individu i que l'afecta com a ser individual, ser moral. Dotat d'una dignitat com a tal, quan se sotmet a un sentiment amorós convertit en passió destructora perd la seva capacitat de *frónesis*, anul·la la seva ment, la seva conducta no es regula per la prudència o la discreció, i al capdavall es converteix en un *ament,* pres i encarcerat en si mateix. Hom podria dir, en conclusió, que es desprén conscientment de la seva dignitat humana. Existeix així mateix en l'*amor* una dimensió *filial* (*filia*), que estableix una relació especial entre sers, on el component eròtic (sexual) no existeix, i que es defineix en el comentari com una *concordia voluptatum*[413]. És un ideal a oposar a la *luxúria* prèvia i que apareixerà privilegiat en la literatura de l'humanisme tant quatrecentista com cinccentista. Aquesta concòrdia crea un nexe *re-ligiós*, un lligam que insisteix en el que de comunitari porta el ser humà, qui aconsegueix la seva realització última a través de procesos relacionals que li treuen del seu individualisme i que s'enfoca en les relacions de concòrdia entre esposos, entre amics (jo-tu) o entre grups que el món grec denomina *convivials*. Núñez dedica ampli espai a l'anàlisi d'una tercera faceta de l'*amor*, una que podríem denominar *social*. Si l'amistat com *desideratum* insisteix en allò que de positiu té l'amor com a sentiment, ara s'insisteix en el poder destructiu de l'amor pel que toca la fàbrica social (*agapé* i *polis*). Macías és potser representant il·lustre d'aquest punt. L'*obligatorietat*

---

[413] Aquest triomf de la *virtut amorosa* és clarament el   model dels herois exemplars Curial i Güelfa.

del seu amor, la seva pèrdua de capacitat discrecional i la força del furor amorós convertit en obsessió imparable estan lluny de tenir només repercussions per a ell mateix. La seva enamorada, l'espòs d'aquesta i el rei queden tots afectats per un comportament insocial que trenca la *quies* i engendra un *bellum* que sols pot produir un caos que condueix a la mort. La tragèdia de Macías no rau a la perseverància boja en un amor immarcescible, ni tan sols en el furor porfiat del seu amor cortès, ans en la impossibilitat d'aturar-lo a la vista de les conseqüències de destrucció social (a més de personal) que el poeta veu crear-se al seu voltant[414]. A aquest mateix camp polític pertany, amb un matís diferent però, el comentari final d'Hernán Núñez (114a et ss.). Adreçant ara Mena el seu discurs al rei, li amonesta perquè vetlli pels "peligros y daños" (socials, polítics) que neixen de l'amor no pur i li commina que "constriña" als seus súbdits al matrimoni[415]. En aquest al·legat a l'exercici de la justícia reial li demana així mateix (amb fonament a la literatura patrística) que moderi la seva actuació amb clemència i misericòrdia, virtuts paral·leles i atribut respectivament de la majestat i la divinitat. Núñez realça aquest punt, al seu comentari al passatge, en

---

[414] Amb les distàncies que calguin, heus ací també l'obsessió filosòfica per l'amor i la seva moral, així com la relació amb la consciència personal, i encara el perill de destrucció, en Ausiàs March, la qual cosa explica en bona mesura la seva comprensió per part dels humanistes posteriors de la Corona de Castella.

[415] En aquest sentit, la confrontació del gran poema de Mena al *Curial*, sota la perspectiva prou generalitzada que el protagonista amagui la figura del rei Alfons, atorga un interès especial a l'obra catalana, ja que contribuiria a explicar un caràcter compromès i de novel·la en clau, àdhuc potser aclaridor d'ocultació de text tan valuós (Júlia Butinyà ho exposà, en relació a Juan de Mena, en 1992a, i ho recollí en 2001a, 290-295). Cal notar que a la novel·la se sublimen tots els amors, sense oblidar la faceta eroticosexual, al damunt de la solució matrimonial de Curial i Güelfa, que tothom entèn més enllà del típic casament del *happy end*, alhora que també de ser un mer símbol al·legòric: la solució era idònia per a adoctrinar per part d'un humanista com el que s'hi proposa –mossèn Gras-, que servia a Joan de Torrelles, cunyat de Lucrezia d'Alagno i devot servidor del Magnànim. Amb les estrofes de Mena guanya en profunditat el teló mitològic del III llibre, amb casos horribles de deesses víctimes del seus marits. Tots dos autors i humanistes defensaven cadascú la seva Corona, però deien el mateix i amb el mateix llenguatge. Però això no només afecta aquest cas puntual, ans il·lumina que els humanismes de totes dues Corones es complementen, i més encara, que llurs humanistes es llegien, s'entenien i/o conversaven.

usar com a fonts autors i exemples grecoromans pertanyents al món històrico-jurídic, com Dracon, Flavi Vopisc, Vulcaci Gal·licà o Trebeli Polion (veure Adelaida Cortijo, Sánchez de Arévalo i Weiss). Les dues virtuts, curiosament, són exemple d'*amor* a un nivell màxim, superior, en relació amb l'última faceta de l'amor, la *charistia*. No es tracta ara d'analitzar els efectes amorosos per sobre del nivell individual i dintre de l'ordre sociopolític/comunitari, sinó en el nivell de la comunió especial entre Déu i les criatures, una *ligatio* última que adopta tons religiosos si s'entén com una *re-ligio*/religió. Ací correspondria el discurs sobre la fetilleria. Aquesta no sols es reprova per tal com intenta pertorbar la voluntat humana (s'hi escapa l'individu exercint tothora la discreció i prudència) i destruir l'ordre social, sinó per ser, per sobre d'això, un intent de pervertir la *naturalesa*, arrogant-se un paper que tan sols correspon a Déu i a més associant-se amb l'antagonista diví per excel·lència, el Dimoni. L'amor, primer albirat com un desig sexual, natural, va infonent la seva essència per tot el ser humà per complet, en totes i cadascuna de les seves facetes. I aquestes es presenten en un tot unitari, ascendent, progressiu, que avança des de la satisfacció bàsica dels instints, amb el seu extremisme luxuriós, a la creació de nexes d'amistat i cohesió social i amb la Divinitat. I en aquests últims hom pot així mateix assolir extrems caòtics que excedeixen l'ideal de la moderació, el terme mig, la *mediocritas*. Passen des de l'obsessió personal i individual a l'egoisme social i la temptativa de suplantació del poder diví volent anul·lar la llibertat humana. Tot això, doncs, és amor, tot això igualment és desamor si es fa extremós i desequilibra, amb les seves funestes, destructores i atroces conseqüències.

Aquesta actitud, que relacionem amb la del moviment en la seva totalitat, no podia estar absent de les grans obres catalanes del Quatrecents. Així, tot centrant-nos al *Curial*,[416] el seu autor ha

---

[416] Recordem el començament: "quant és gran lo perill, quantes són les sol·licituts e les congoxes a aquells qui·s treballen en amor!", mots inicials del *Curial* (Ferrando 2007, 43). A continuació, per a aquest punt, seguim Butinyà 2001a, 115-116.

triat una alta autoritat per tal de deixar en bon lloc Venus i la seva família: Dante. I també ho deixa dit dues vegades. Primer, quan el poeta l'exalta al cant VIII del Paradís, desfent l'error dels antics, que creien que inspirava l'amor bord, que protegia els adúlters (Ferrando 2007, 295). Per Dante, per qui era realitat l'influx dels astres, Venus és l'estrella del tercer cel, "lo bell planeta qui d'amar conforta" (*Purgatori* I, 19), on es troben els qui seguiren aquest dictat. Per segon cop el cita remembrant que en el cant XXII del Paradís diu que Venus va heretar de son pare Júpiter, qui assuauja els extrems de Mart i de Saturn, l'actitud conciliadora (Ferrando 2007, 299); això succeeix en contemplar la grandiositat de les set esferes, la qual cosa li fa ressaltar la petitesa de la terra en comparació amb el món astral. L'autor del *Curial*, així com havia fet amb l'amistat sota les consignes d'Aristòtil, ha seleccionat les citacions dantesques que fan una apologia de l'amor i, d'aquesta manera, confirma com positiva aquesta opinió, ara amb la garantia del florentí:

> Ma filla, Venus, és dea de concòrdia e de pau e convida les gents a amar-se e voler-se bé, e Cupido, fill seu, força e costreny, enflama e encén a amor. (Ferrando 2007, 299).

És aquesta una defensa de l'amor en tota regla, necessària quan havia començat la novel·la advertint quant té de passió terrible. L'harmonització de les fonts literàries és tan perfeccionista que hom arriba a demanar-se on acaba la voluntat estilística i on intervé l'atzar: perquè, és o no casualitat que les altres dues cites que es donen de Venus en la *Comèdia* corresponguin als cants del *Purgatori* XXVII i XXVIII, justament els que serveixen de trasfons al diàleg pur de Güelfa amb l'abadessa? Cal observar també que l'amor que s'estableix com a virtut suposa la recerca d'actituds conciliadores, segons s'afirma encara a través de la mitologia amb la cita dantesca del Paradís (XXII 145-147) i en el mateix parlament de Dione (III 69). Queda, doncs, ben assegurada una línia de continuïtat (en la temàtica *de amore*) entre el *Curial* i Hernán Núñez.

El ser humà, amb l'Humanisme, es defineix com a ser de *parla*, ser de *creació* (*estil*) i com ser d'*amor*[417]. Aquest amor li fa sortir

---

[417] Segons Júlia Butinyà, no en trobaríem millor definició per als autors de les

d'ell mateix i a tall de moviment vertical el *relaciona* amb la divinitat (cap amunt) i amb el món social (cap avall). No és d'estranyar que en aquest esquema relacional o de comunió vagi sorgint amb l'Humanisme la idea d'una ideal *res publica litterarum*. Perquè l'humanista, a mesura que avanci el moviment i que s'instauri amb plenitud, presta l'atenció necessària al conreu de l'epistolografia[418]. La carta, renascuda una vegada més a partir de l'estudi d'un model clàssic, Ciceró, posa en comunicació l'ànima dels corresponsals en exercici de *filía* a distància. I la carta ocupa, segons he insistit en nombroses ocasions, un lloc crucial en el neixement de l'Humanisme. De les *artes dictaminis*, de regust medieval tot i que orientades ja al futur de l'evolució del món intel·lectual, s'anirà passant al renaixement de la retòrica i del concepte de l'estil. Seran els secretaris de cartes llatines, i en especial en el context del renaixement urbà tardomedieval,[419] els encarregats d'exercir aquesta nova activitat *comunicativa*. Perquè la nova societat no s'orienta a un ideal de quietud beatífica reclosa en el monestir, ans a un model que veu la vida (intel·lectual) com procés, debat, intercanvi d'idees. Aquest impuls és cabdal per a explicar-se, de nou, l'activitat *dialògica* de Metge (1.1.1.) i del primer humanisme, i no anirà sinó incrementant-se amb l'avanç del segle XV, fins arribar a assolir plenitud en el XVI, influint-hi de fet la creació d'un gènere màxim en les lletres com és la novel·la. Quant a això, un dels gèneres més fructífers, a més de l'anàlisi de les relacions entre novel·la cavalleresca catalana i novel·la de cavalleries en castellà a finals del segle XV i ja en el XVI, és el de la novel·la sentimental. No hi insistiré, però en el el meu capítol dedicat al tema en 2001 volia fer-hi un apunt o un tast, indicant que era impossible d'aïllar la novel·lística castellana amorosa sense relacionar-la amb la catalana. Havia no sols comunitat de temes, sinó fins i tot influxos evidents en tots dos sentits. El que semblava ser ja un fet establert quan es traduïa la *Cárcel de Amor* sanpedrina al català no era sino culminació

---

grans obres humanístiques catalanes (Metge, el *Curial*, Ausiàs March, Martorell).

[418] Recordem la valoració que ja li van donar Petrarca i Metge -en resposta- als seus Griseldes.

[419] La intromissió del tema *urbà* en les lletres humanistes es produeix ja des de Metge (*Lo somni*, llibres II-IV) en les catalanes, així com d'Eiximenis (*Lo libre de les dones*, Naccarato ed., XX , XXVIII, etc.).

del que es venia produint pràcticament en tota la centúria del XV. De fet són les lletres catalanes pioneres en aquest sentit, car a més del *Frondino e Brisona*, amb *diàleg* epistolar amorós, o del *Conte d'Amor* i la *Lletra amorosa*, que també estudio en el meu llibre, compta amb exemples en la ploma de Bartolomeu Sirvent, Pere Viure, Pere Guitard o Pere Saplana, per espigolar-ne alguns, o fins els anomenats *Consells* matrimonials, de nou en òrbita dialogal. O, per citar un gènere diferent, la difusió en el XV de *novel·letes* com la *Història de Paris i Viana*, la *Història de Jacob Xalabín*, la *Història de Pierres de Provenza* atesten aquest gust renascut per la *narratio* didàctica-entreteniment. Novel·la sense dialogisme, sense procés dialèctic d'evolució psicològica dels personatges és impensable. I això no podia haver-se produït sense l'estrebada que motiva l'art dictaminal. Així mateix, el diàleg de l'Humanisme no és sols de l'home amb l'home contemporani seu (*filía*) sinó de l'home amb Déu, de l'home amb la seva pròpia ànima i fins i tot de l'home amb el passat (clàssic). Que Metge dialogui amb sant Agustí i en el procés escateixi aspectes de la seva pròpia essència és simptomàtic d'aquest esperit *conversacional* de l'Humanisme, que viu abocat (vessat) cap enfora en procés de comunió. I que ho torni a fer a anys de distància Francesc Alegre en el seu *Raonament entre Francesc Alegre y Esperança* marca la continuació de mires; així (per al cas del darrer), els contactes curiosíssims entre la temàtica de la novel·la sentimental castellana i les lletres *de amore* catalanes (per exemple, entre els *sermones* amorosos de Diego de San Pedro i el *Sermó d'Amor* d'Alegre [veure Cortijo 2001]).

Però hem de tornar al tema que motiva aquestes pàgines, que és l'espinós de la periodització d'un moviment en la seva plasmació de les lletres catalanes. Convé dita aproximació teòrica per a propòsits pedagògics, com acostuma a indicar-s'hi? Al meu entendre és en cert punt nociva, car –com assenyala Gómez Moreno- dóna pas irremeiablement a la creació de compartiments estancs de caràcter fronterer que impideixen de veure amb amplitud de mires les comunions de temes i les interconnexions que són l'essència mateixa de l'avanç intel·lectual humà. Si els humanistes mateixos usaren de la metàfora dels 'nans a espatlles de gegants' els faríem un gran desfavor en estudiar-los deixant de banda la seva pròpia visió d'ells mateixos. És a dir, ells es veien com continuadors d'un període clàssic que abarca dels segles –Ia.C. a IVd.C (*sensu lato*), junt a determinades consecucions de la Patrística, que reprenen els productes verbals i reflexius intel·lectuals de dita època per a aplicar-los de mode actiu, com model de la seva activitat intel·lectual i personal. Així doncs, en essència, el moviment humanista ha de començar amb aquest moment clàssic i d'actualització en mans de dits *nans*. I aquest primer moment es caracteritza per un ardor juvenil fora mida, el de qui ha *descobert* amb alegria una força vital *desconeguda* o *novedosa*. Aquest esperit es tamissa, es modera, s'*especialitza* en la submissió de l'ardor per la reflexió; i l'activitat primària és ací el *comentari*. En termes retòrics podríem pensar d'un pas, de la *inventio* a l'*elocutio*. Un darrer avanç és el de la *memoria* i *actio*, quan –madur ja l'impuls ardorós- es volen posar en acció pràctica per la societat les consecucions reflexives del moviment.

Les lletres, o si es vol el món intel·lectual català, té un Humanisme perquè no podia ser altrament. L'Europa occidental en el seu conjunt s'hi anirà incorporant a aquest fenomen, de naixement italià, en successives onades, a mesura que llurs *lletrats* vagin entrant en contacte amb dit moviment. I en el cas català aquesta incorporació és de fet primerenca. No podia ser d'altra manera, perquè les connexions polítiques entre la corona catalana i Itàlia, en particular des del focus de Nàpols, així ho podien augurar. No sols hi ha activitat traductora en el cas d'aquell pròcer inspirat que és Fernández de Heredia, sinó els Canals i companyia asseguren la seva continuació mitjançant ja un programa clar de traducció continuada. Sèneca, Ciceró i la retòrica, que hem assenyalat com crucials en el desenvolupament d'aquest primer humanisme, així com la Història amb majúscules, són centre principal d'atenció d'aquests humanistes catalans. I alhora es dóna la figura i obra d'un escriptor com Metge, que sembla saltar als ulls que ha estat pioner de la recepció i l'acomodació de les actituds humanistes en la Península Ibèrica. Hi apreciem també aquella voluntat d'estil en vernacle de què hem parlat i que serveix de teló de fons al pas de la recepció a l'establiment de les tendències provinents d'Itàlia. I de la mà d'aquesta voluntat d'estil ja acomodada a una producció vernacla no s'ha d'oblidar la difusió primerenca dels textos de Petrarca i Boccaccio, així com de llurs traduccions, pel món català. No importa, crec, de remarcar una periodització artificial davant d'aquest allau de producció sinó una línia de continuïtat i afirmació, que se seguirà de les grans produccions del *Tirant* i el *Curial*. Secretaris nobiliaris, món universitari, prosa de ficció i evasió, tot coadjuva a mostrar la maduresa segura d'aquest moviment. Perquè l'humanisme català és abans que res Humanisme, malgrat que aquesta afirmació pugui semblar absurda pel que té d'òbvia o tautològica. És Humanisme inspirat a Itàlia i aclimatat, havent assumit aquests valors universals del moviment, en territori català a través d'un procés constant de contactes, intercanvis, influències variades amb altres regions geogràfiques, dintre i fora de la Península Ibèrica. No deixa de ser paradigmàtic que a anys de distància, altres figures del món de parla catalana, Vives i Furió Ceriol vénen a la ment, ja avançant el segle XVI, surtin de les fronteres de dita geografia per a recalar a Lovaina o a Anglaterra. Viuen en llatí i produeixen en llatí, participen d'amistats internacionals, en l'àmplia comunitat de les lletres o *res publica litterarum*, i es troben inserits de ple en polèmiques, assumptes, temàtiques que no coneixen fronteres. La dignitat de l'home i de la dona, l'humanisme cristià, la labor filològica, l'especulació filosòfica, la teoria històrica i política, el paper assignat als consellers d'Estat, tots són temes el tractament dels quals hereta de la reflexió humanista de dècades precedents i que no es poden titllar en absolut d'exclusivament valencians ni al mateix temps es poden deslligar d'una revolada de la història de l'humanisme català. Però àdhuc encara en la frontera entre el XV i el XVI, una mica abans que amb la *dissolució* (amb continuïtat) de l'Humanisme en el Renaixement amb Vives o Furió Ceriol, què podem dir de les figures de la novel·lística sentimental castellana d'origen català o de la corona aragonesa i que incorporen tendències i obres presents en aquestes dues literatures *nacionals*? La *Penitencia* de Pedro Manuel de Urrea no es pot entendre sinó com en diàleg amb *La Celestina*; la *Questión de Amor* (anònima?; València: Diego de Gumiel, 1513) i l'*Ègloga de Torino* que s'hi inclou no fa sinó culminar les noves tendències teatrals d'inspiració plenament humanista que portaran de la mà al teatre plenament renaixentista i barroc; *Veneris Tribunal* recull tradicions novel·lístiques i cancionerils provinents de tota la Península en el seu conjunt. I fins convindria també de fer esment de l'obreta del segle XV, anònima, *Triste deleytaçión*, escrita en castellà però amb fragments breus en català, que –insistint un cop més sobre el tema amorós—sembla preludiar la tendència en bilingüisme ulterior.

Amb aquests darrers exemples no fem sinó tancar un cercle, obert amb Gómez Moreno en la seva anàlisi des d'Itàlia fins a la Península Ibèrica (3.1.). El nostre arrenca de les mateixes premisses, però vol insistir en una comunitat de mires, primer, i en la mutualitat de contactes, en segon terme. Junt amb l'anàlisi de casos concrets en un i altre sentit, el que destaca de l'anàlisi és 1) l'existència plena d'un humanisme català (universalitzador en uns aspectes, com ho foren tots els humanismes nacionals); 2) la *comunitat* literària peninsular, com no podia tampoc ser menys. I pel que fa al seguiment de Gómez Moreno hem de remarcar que per a les fases de l'evolució de l'Humanisme és millor, al nostre parer, parlar sols d'una acomodació de mica en mica i d'una progressiva incorporació del món lletrat (*lato sensu*), per tal de, després, recuperant i ampliant temes, deixar-se llençar cap a un XVI que encara analitza molts dels temes tractats més de cent anys enrere. No debades un Garcilaso es va veure a si mateix en sintonia amb Ausiàs March, o un Cervantes es veié precisat a haver d'esmentar el *Tirant* com a font; val a dir, amb la distància de les llengües encara es van veure, almenys en part, com tenint una comunitat de mires amb models que ningú no deixaria de qualificar com *humanistes*.

I unes conclusions
Formes filològiques i artístiques de la consciència pròpia als Estats de la Corona d'Aragó des del final del segle XIV fins al principi del segle XVI

Dominique de Courcelles
(Centre National de la Recherche Scientifique-Collège International de Philosophie)

La funció de la filologia com *ars critica* és essencial per al desenvolupament de l'humanisme dins de la filosofia moral i política de l'Antiguitat clàssica. El "filòleg" és en efecte qui busca a través de la lectura i la meditació la veritat del text i la d'un mètode alhora. Aplica les activitats complementàries de comprensió, interpretació i explicació per, a continuació, elaborar el seu propi pensament. L'humanisme – els *studia humanitatis* – descobreix un nou desenvolupament en la cultura de l'Europa occidental a partir del moment on el redescobriment dels grans autors de l'Antiguitat clàssica com a pensadors de la dignitat i de la condició humana, acompanyada de l'activitat filològica, marca la història de les idees i el renaixement dels sabers: el cristià es reuneix amb el pagà i el gòtic amb l'antic.

Les "humanitats" comprenen cinc àmbits: l'ètica, la poesia i la història, la retòrica i la gramàtica. L'ètica determina la capacitat de diferenciar el bé i el mal que caracteritza l'ésser humà. La poesia i la història proposen els bon exemples que cal seguir i els roïns que cal evitar. La retòrica i la gramàtica són les arts de la llengua i del llenguatge. El grec i el llatí són les llengües per excel·lència que convé estudiar i dins de la cultura grega i romana podem trobar-nos amb grans i exemplars figures morals. El lloc de l'humanisme dins de la via pública és reconegut i cèlebre.

A l'humanisme s'associa el terme "Renaixement" que concerneix tant la literatura, com la filosofia i la teologia, les arts plàstiques o la música. El model fonamental és la recepció de les noves formes de l'Antiguitat clàssica transmeses per un intermediari, Itàlia, i doncs de les noves formes de la cultura italiana.

La filologia es troba lligada a l'accés d'una nova consciència pròpia i al renaixement dels sabers. En efecte, l'empresa filològica dóna lloc a la reivindicació d'una autonomia creadora. La interpretació del text designa una interpretació pròpia, la manera de llegir forma part de la identitat pròpia i la manera d'escriure és un gest d'escriptura pròpia. La visió humanista de la dignitat de l'home comença amb Petrarca, nascut l'any 1304, poeta, erudit i filòsof, i perdura fins al final del segle XVI. La importància de la circulació dels homes, dels textos i de les imatges n'és una de les seues característiques. Els petits grups, els "cercles", juguen el paper principal dins del procés de innovació. Els contactes es faciliten a certs indrets com les corts principesques i reials, les esglésies, les cancelleries o les universitats. La invenció de la impremta a partir de 1450 permet que les idees i les formes es difonguin ràpidament. Des del punt de vista de la història de l'humanisme, no hi ha cap ruptura fonamental entre el que s'anomena comunament "Edat Mitjana" i la primera modernitat.

Els preliminars

A la península ibèrica, el desenvolupament i la expansió de l'humanisme es troben lligats a la història del Estats de la Corona d'Aragó, tradicionalment girats cap al Mediterrani francès i italià, però també oriental. Així, Jaume el Just (rei entre 1291 i 1327) fou rei de Sicília i molts funcionaris de la cort van ser juristes que feren el viatge a Itàlia.[420] Conquerint també territoris a l'Orient bizantí, el rei ordena, a petició d'Arnau de Vilanova, la protecció del mont Athos i de la seua rica biblioteca (Gil 193). Per això, al principi, l'humanisme dels Estats de la Corona d'Aragó és tant grec com llatí.

Juan Fernández de Heredia, gran mestre aragonès dels cavallers de Sant Joan de Rodes, pròxim al rei Joan I el Caçador (1387–1395), va fer traduir Tucídides i Plutarc, que acabaven de ser descoberts. Els anys passats a Rodes i pel Mediterrani oriental li

---

[420] El manuscrit 559 de la Biblioteca de Catalunya del final del segle XIII, provinent de la cancelleria reial, conté "auctoritates multorum philosophorum et sanctorum", com Ciceró i Sèneca. Està ordenat per temes. El contingut és sobretot moral.

obriren la ment a la cultura grega. Aqueixa traducció de Plutarc en aragonès feta a partir d'una traducció en grec modern és la que arriba a Itàlia al final del segle XIV. Més o menys a la mateixa època, Antoni de Vilaragut tradueix per al rei les tragèdies de Sèneca en català i el dominic valencià Antoni Canals tradueix el *De Providentia*. El rei és un col·leccionista de llibres i li agrada llegir "les il·lustres històries dels Romans i els Grecs". Els autors favorits del rei són Titus Livi i Plutarc. Llavors, diverses obres d'Aristòtil i d'Isop són traduïdes a València o a Barcelona.

L'afirmació de la consciència pròpia per l'activitat filològica de lectura i d'interpretació dels textos clàssics troba molt prompte una prolongació comprovada amb la pintura. L'any 1396, Bonifaci Ferrer, un important jurista valencià, germà de sant Vicent Ferrer, es fa representar a un retaule que encomana al pintor florentí Gerardo Starnina per a la Cartoixa de Porta Coeli a la que va enderiar-se quan morí la seua dona. El programa iconogràfic dels Set Sagraments que defineix és extremament original i d'una gran força expressiva. Fra Bonifaci Ferrer es fa representar amb la seua difunta dona i els xiquets. Les influències borgonyones i flamenques (Aliaga 281-93) contribueixen a aquest realisme. El retaule es conserva al Museo de Bellas Artes de Valencia.

En aquest context, és notable que, entre l'any 1427 i 1428, els pintors valencians Jaume Mateu i Gonçal Peris Sarrià pinten una sèrie de retrats dels reis d'Aragó, tant de Jaume I el Conqueridor com d'Alfons el Magnànim, destinats al sostre de la Sala del Consell de la Casa de la Ciutat de València, hui conservats al Museu Nacional d'Art de Catalunya (MNAC). Els retrats dels reis s'inscriuen així en un edifici polític de la ciutat i participen per la seua dignitat personal a la història i al poder de la ciutat.

Els erudits dels Estats de la Corona d'Aragó són dels primers, a la península Ibèrica, a interessar-se alhora per les cultures antigues i italianes. Virgili, Horaci i Lucà són traduïts en llengua vernacla. L'autor català Bernat Metge, familiar de Joan I el Caçador, admira els escrits de Petrarca, particularment el *Secretum*. L'obra més famosa de Bernat Metge, *Lo Somni*, escrita l'any 1398, s'inspira tant de Petrarca i de Boccaccio com de Ciceró. Avinyó, gràcies a la presència del papa i de la seua cort, entre l'any 1309 i l'any 1377, és una ciutat tan extensa com Florència, lloc de contactes internacionals i llar d'innovacions culturals entre el nord i el sud. Petrarca hi va créixer. El pintor sienès Simone Martini hi treballa des de l'any 1339. Heredia hi viu alguns anys com a ambaixador reial i atrau nombrosos erudits bizantins als seu voltant. Bernat Metge també estudia l'any 1395 les obres de Petrarca i Boccaccio a Avinyó. El paper cultural de la ciutat no decau fins a després de l'any 1400.

L'any 1420, el rei Alfons el Magnànim, rei d'Aragó i de Sicília des de 1416 (m. 1458), en la línia de la política mediterrània dels seus predecessors, decideix consolidar el poder a Sardenya i a Còrsega del sud i va a Nàpols, Sicília i fins a Gerba. Tot un grup de poetes i erudits cortesans l'acompanyen, entre ells Ausiàs March, el cavaller poeta valencià. El rei desenvolupa una important biblioteca d'autors clàssics i d'humanistes moderns, elaborant la seua imatge de príncep humanista, abans de conquerir definitivament Nàpols l'any 1442.

Filologia i realisme artístic

Quan fa de Nàpols el centre del seu imperi del Mediterrani occidental i hi estableix la seua cort, Alfons el Magnànim afavoreix la traducció i la declinació dins del conjunt dels Estats de les contribucions italianes, i particularment napolitanes, al redescobriment de l'Antiguitat i de l'humanisme antic. Amb aqueixa expansió política, s'acosta a la cultura bizantina i a la cultura àrab que tingueren accés, abans que l'Occident, a la tradició grega i produïren nombrosos comentaris de textos dels autors més famosos. El filòleg i humanista Lorenzo Valla escrigué diverses obres importants a Nàpols, a la cort del rei Alfons del qui era secretari[421]. Al rei li agradava cartejar-se amb Leonardo Bruni.[422] La filologia i la política estan lligades. Les lletres importen al príncep, un home d'acció que vol romandre a la memòria dels Estats i dels súbdits, per a que el representin a ell i a la dinastia napolitana que inaugura. Al Magnànim li agrada que el representin, sovint com

---

[421] Per exemple, una vida important del pare d'Alfons, Ferran d'Antequera: *De gestis Ferdinandi Regis Aragonum*, 1446.

[422] Cf. Còdex 828 Biblioteca Universitària de València BUV.

a lector, als manuscrits dels llibres que encomana, compra i llegeix
(Aleixandre 295-309; Toscano 345-76).

L'any 1445, quan el rei rep de Cosme de Mèdici un còdex
de la traducció llatina de *Sobre les vides, les opinions i les sentències
dels filòsofs il·lustres* de Diògenes Laerci, l'agraeix amb una carta en
un excel·lent llatí, escrita per Joan Olzina, un dels seus més il·lustres
secretaris:

> Hi ha agut qui oferia gossos, o lleons o armes o coses semblants
> a mi i a d'altres reis del món ; cap present, pero, no honora tant,
> no sols aquell qui el rep, sinó també qui el fa, com els llibres
> que contenen el saber. Per aixó t'expresso molt singularment el
> meu agraïment, car no sols augmentes la meva biblioteca, sinó
> també la meva dignitat i la meva fama. (Nàpols, 25 de juny de
> 1445, ACA reg. 2642, f. 115).

Així és com els autors clàssics de la filosofia moral
contribueixen a definir la identitat humanista del lectors, la "dignitat"
i el "renom".

Els humanistes italians estan presents a la cort de Nàpols
(cf. Soria), com el sicilià Antonio Beccadelli, que compila un recull
d'anècdotes que presenten al rei com a un príncep perfecte, sobre el
model dels *Memorables* de Xenofont sobre Sòcrates[423]. El ligurià
Bartolomeo Fazzio, nomenat historià de la cort, escriu una vida del
rei[424] i un recull de biografies dels homes il·lustres del seu temps al *De
viris illustribus*, *De excellentia ac praestantia hominis*. A la mateixa
altura que els prínceps i els grans soldats, trobem els humanistes com
Leonardo Bruni i artistes com Donatello. El florentí Giannozzo Manetti,
que ja era autor del *Liber de illustribus longevis*, dedicat al Mestre
de Calatrava Luis de Guzmán, escriu per petició del rei un *Liber de
dignitate hominis*, que parla de l'home, del cos i de l'ànima, de les seues
activitats i de la seua vida, sent molt anterior al tractat de Giovanni
Pico della Mirandola de 1487. Manetti, a qui li interessa tant la Bíblia
i l'exegesi com la literatura clàssica, tradueix de l'hebreu els Salmes,
sempre per petició i amb la protecció reial, i fa diversos estudis sobre

---

[423] *Dicta aut facta Alphonsi regis*, també *Triumphus Alphonsi*, còdex 809 BUV.

[424] *De rebus gestis Alphonsi regis*, còdex 611 BUV.

la cultura jueva[425]. Cal destacar que és l'humanista mallorquí Ferran Valentí, deixeble de Lorenzo Valla i de Leonardo Bruni, que forma part del cercle literari del rei Alfons el Magnànim, qui, conjuntament amb Bernat Metge, elogia primerament a Ramon Llull. Valentí tradueix les *Paradoxa* de Ciceró. El llibre *Blanquerna* de Ramon Llull és imprès l'any 1521 a València.

Home de guerra i de política, mecenes i col·leccionista, Alfons el Magnànim prefereix l'escola flamenca, més realista i expressiva, que l'escola italiana. L'any 1431, envia a Flandes un pintor de València, Lluís Dalmau, per a que aprengui del pintor humanista Jan van Eyck i, l'any de 1442, fa portar a Nàpols nombrosos quadres flamencs de Jan van Eyck i de Rogier van der Weyden. Les escoles de pintura dels Estats de la Corona d'Aragó, en particular la de València, són particularment sensibles a la influència flamenca. El retaule de *La Mare de Déu dels Consellers* de Lluis Dalmau, pintat cap l'any 1443 i destinat a la Casa de la Ciutat de Barcelona, mostra els membres del consell d'aquella època, agenollats a cada costat de la Verge, amb el vestit del seu càrrec, protegits per santa Eulàlia, patrona de Barcelona, i per sant Andreu, patró dels consellers. Són retrats veritables, clarament individualitzats "ab le faços aixý pròpies com ells vivents les han", amb un paisatge de fons. Davant del tron de la Verge es troba representat el blasó de la ciutat de Barcelona mentre que als peus del tron trobem el nom del pintor i la data de la pintura. Les subjectivitats s'associen ací al poder diví per mostrar el poder i l'obediència de la ciutat de Barcelona.

Relíquies, cos d'escriptura, cos de poder

Si al rei ja li agrada llegir als autors clàssics, l'amor que sent per l'historià Titus Livi, compartit amb els seus contemporanis Carles I de Borgonya i Mehmet II, no té precedents. Els biògrafs conten que la lectura de *Ab urbe condita* aconseguí, en diferents ocasions, curar-lo de diverses malalties que patia. Alfons fiu el seu poder per aconseguir l'os d'un braç de Titus Livi, els restes mortals del qual es trobaven suposament a Pàdua. Gràcies als venecians, aconseguí

---

[425] No es per casualitat que Lleó l'hebreu, després de 1492, trobara refugi a la cort de Nàpols on escrigué els *Dialoghi d'amore*.

finalment la que ell considerava una veritable relíquia i una protecció eficaç, la relíquia corporal d'un home que aconseguí perdurar en la memòria gràcies a la seua narració d'escriptura dels grans homes de la Roma antiga. Aqueixa relíquia de Titus Livi pot ajudar-lo i protegir-lo en la seua pròpia recerca de glòria i de renom i en la representació d'aqueixa glòria i d'aqueix renom. El cos carnal i el cos d'escriptura s'ajunten ací per a legitimar i afirmar la dignitat moral i política del sobirà humanista. A la mateixa època, nombrosos humanistes veneren una suposada tomba de Virgili a la badia de Nàpols i busquen la d'Ovidi (Gómez Moreno 1994a, 242-58).

Doncs, no és casualitat que Alfons el Magnànim col·leccionés les monedes romanes adornades d'efígies com tantes relíquies. Antonio Pisanello treballà per al rei i es sap que la seua innovació més impressionant va ser la sèrie de medalles, concebuda a partir del model de les monedes romanes antigues. Es produïen imatges amb una gran expressivitat, ben individualitzades i acompanyades d'una inscripció que defineix moralment al personatge representat. Aqueixes imatges són veritables garanties d'immortalitat. Entre 1450 i 1455, Pisanello fa nombrosos dibuixos del rei sobre pedra i sobre pergamí amb ploma i tinta, destinats a la realització de medalles, moltes medalles. Sobre les medalles de Pisanello, es qualifica al rei com a "triumphator et pacificus" amb la virtut de "liberalitas augusta"[426]; la pau és la finalitat del rei[427]. Llavors, l'epigrafia i l'arqueologia acompanyen la filologia per al desenvolupament d'un humanisme moral i per a la pròpia representació moral i simbòlica. Aleshores, el Magnànim fa multiplicar els seus retrats: medalles, però també escultures com la estàtua a cavall que demana a Donatello, i pintures en quadres o en fulls de llibres (cf. Ainaud de Lasarte). Per aqueixa

---

[426] Paris, Museu del Louvre, departament d'arts gràfiques : diversos dibuixos de Pisanello representant Alfons el Magnànim i destinats a fer medalles són conservats. Inventari 2486, 2317, 2306. 2486 mostra el dibuix del revers d'una medalla amb Alfons a cavall, de perfil cap a la dreta. 2317 consisteix en els drets i els reversos de quatre medalles d'Alfons el Magnànim "triumphator et pacificus". 2306 dóna dos estudis per al dret d'una medalla d'Alfons.

[427] Recordem el vers de Petrarca en *Canzone ai Grandi d'Italia*: "I'vo gritando pace pace pace."

raó, el famós *Llibre vermell* (ms 1) de la Biblioteca de Montserrat, destinat a arreplegar la memòria sagrada del monestir, inclou una representació a tota pàgina del rei i de la reina Maria de Luna.

Es conserva un retrat del Magnànim al Museu Jacquemart-André de Paris (H. 0,590 x L. 0,45m)[428], fet per un pintor napolità anònim, sense dubte al voltant de 1455. És un bust del rei del seu perfil dret, en un bastiment arquitectònic violeta clar, sobre un fons blau. Porta una diadema incrustada de pedres precioses,una armadura de combat i la mà enguantada de ferro amb una maça. Aquest retrat del rei pot comparar-se molt bé als dibuixos de Pisanello que es conserven al Museu del Louvre, a algunes miniatures de la Biblioteca Alfonsina (ms. Urb. Lat. 415 i ms. Vat. Lat. 1565, f. 124, Biblioteca Vaticana) i a dos escultures de marbre (Londres, Victoria and Albert Museum, i Madrid, Museo Arqueológico Nacional). En canvi, el rei només porta una corona i la maça en aqueix retrat. Ací, el rei és un rei guerrer, no porta una armadura de gala i la maça no és només un bastó de comandament, és un arma utilitzada pels seus confrontaments, sagnants i mortífers. És un cos amb força guerrera remarcat per la pintura.

Cap l'any 1447, Antonio Pisanello pinta a Màntua, per a Lluís III Gonzaga, frescs que representen les aventures dels cavallers de la cort del rei Artur, famosos per tota Itàlia. Ací, el naturalisme realista s'empra per a donar una dimensió imaginària i simbòlica. Llavors, la persistent admiració per la cavalleria queda demostrada a totes les corts italianes de l'època i suscita diverses comandes tant de frescs com de llibres de cavalleries. Precisament, els valors de la cavalleria, una "cavalleria moral", són els que inspiren el *Tirant lo Blanch*, escrit a València pel cavaller Joanot Martorell, l'any 1460. L'humanisme del *Tirant* es troba alhora a la expressivitat i al realisme, als seus objectius polítics i morals i tot això sense renunciar a la dimensió imaginària i simbòlica. Encara és convenient mencionar ací a Pere Nisart, actiu a Mallorca, que pinta entre els anys 1468 i 1470 un quadre de sant Jordi, salvador de la princesa de Trebizonda, davant d'una gran ciutat amb la mar i vaixells a l'horitzó. Aquest quadre fa recordar el *Sant Jordi* de Rogier van der Weyden conservat a la National Gallery de

---

[428] Cat. Exp. El Renacimiento Mediterráneo, Valencia, 2001, cat. n° 90, 527-528.

Washington aproximadament de l'any 1435. L'espai imaginari on es situen els elements molt petits i realistes aconsegueix destacar la força tant física com moral de l'heroi, el seu cos de poder.

Una consciència cívica

L'exemple d'Alfons el Magnànim – i no es tracta d'un exemple aïllat – demostra que els reis i el príncceps comprenen molt prompte la importància del redescobriment dels textos clàssics i dels sabers antics i la força de la filologia per a l'afirmació de la pròpia legitimitat i de la pròpia potència moral i política. Els reis inventen una comunicació sense precedents, de dimensió moral, política i cívica identificant-se o donant-se a identificar amb els grans personatges, filòsofs o polítics, de Grècia i Roma, afirmant el seu mecenatge per a les lletres i les arts. Poc després, els homes més influents dels seus Estats, eclesiàstics o laics, els imiten. D'aquesta manera els talents filològics dels humanistes s'associen a les competències tècniques dels artistes o dels artistes plàstics per a permetre afirmar l'autonomia del pensament i la importància del subjecte moral i polític, lliure i responsable davant ell mateix i davant els altres. La ràpida multiplicació dels llibres i dels gravats desprès de l'any 1450 demostra l'èxit generalitzat de l'humanisme, tant filològic com plàstic. El *De re aedificatoria* de Leon Battista Alberti s'escriu entre l'any 1443 i l'any 1452 i l'obra de Vitruvi s'imprimeix l'any 1486. L'aparició d'aqueixos dos tractats correspon a les transformacions experimentades per les arts plàstiques des del segle XIV. Tant al taller com al despatx de l'home de lletres és visible el retorn a l'Antiguitat. I com a la literatura i l'erudició, retrobem grups d'esperits creadors que s'inspiren a models antics. L'home es troba llavors al centre de la representació i al centre de la narració històrica. A més, el reemplaçament dels arcs trencats pels arcs cintrats que recorden les corbes del cossos humans a les pintures és molt significatiu.

Al final del segle XV, el poeta valencià Joan Roís de Corella parafraseja a Ovidi. La traducció de les *Metamorfosis* es publicada l'any 1494 pel mercader barcelonès Francesc Alegre i dedicada a la infanta Joana d'Aragó i de Castella, la futura reina Joana la Boja. El barcelonès Pere Miquel Carbonell (1434-1517), erudit en lletres llatines i gregues, bibliotecari del papa Alexandre VI, és l'autor de *De viris illustribus catalanis suae tempestatis libellus*, que s'inspira en obres humanistes escrites a la cort de Nàpols. El barcelonès Benet Garret (entre 1450 i 1514), que viu a la cort de Nàpols des de l'any 1467, es converteix en poeta italià afirmant-se al mateix temps com a moralista cristià. Generalment, Ciceró i Sèneca són els filòsofs i moralistes que més interessen als humanistes dels Estats de la Corona d'Aragó. Tots són conscients que els pensadors antics els ajuden a afirmar la seua pròpia autonomia creadora i la seua pròpia responsabilitat.

El català Ramon Sibiuda (m. 1436) s'inscriu molt bé en aquest corrent. Teòleg i metge, ensenya medecina a Tolosa en Llenguadoc entre l'any 1434 i l'any 1436. A la *Theologia naturalis* o *Scientia libri creaturarum sive libri naturae et scientia de homine*, proposa una reflexió global sobre el món i l'home, tenint en compte tant l'estudi de la naturalesa com la importància de la raó per a situar l'home en el centre de la reflexió, per a destacar la llibertat i l'autonomia del jo. Nombrosos manuscrits d'aqueixa obra circulen per tota Europa. La primera edició apareix l'any 1484 a Deventer[429] i coneix una difusió important. L'any 1499, el cartoixà flamenc Peter van Diest (o Pere Dorland), en publica una adaptació resumida, *Viola animae*. Jaume de Puig i Oliver defineix Sibiuda com a un representant del socratisme cristià i relaciona el seu humanisme amb el de Bernat Metge i Anselm Turmeda (Puig i Oliver). Sibiuda inspira a Montaigne.

La catedral de Girona conserva un important frontal d'altar del cardinal Joan Margarit i de Pau, molt significatiu, d'entre els anys 1474 i 1476. Nasqué a Girona l'any 1422 i morí a Roma l'any 1484. Fou un dels humanistes catalans més importants de l'època, jurista, filòsof i teòleg. Estudià a Bolonya i entrà a la cort del papa Nicolas V entre 1448 i 1453 mentre servia al rei Alfons el Magnànim. Va ser bisbe d'Elna i també de Girona a partir de 1462, serví fidelment al rei Joan II d'Aragó durant la guerra civil amb la Generalitat quan acollí a la reina Joana Enríquez i a l'infant Ferran el Catòlic a Girona a partir de 1479. Fou canceller reial i ambaixador dels papes, reuní una biblioteca molt interessant i és autor d'una àmplia obra en llatí. Per exemple, la

---

[429] Es conserva un exemplar a la Universitätsbibliothek d'Innsbruck.

Corona regum, que escrigué l'any 1469 en honor del futur rei Ferran el Catòlic, és un retrat moral del bon sobirà i mostra l'ideal humanista de l'educació. El *Paralipomenon Hispaniae libri decem* que mai terminà demostra el seu coneixement dels orígens llatins i sobretot grecs, per als que utilitza les traduccions dels humanistes italians Poggio Bracciolini, Guarino Guarini o Leonardo Bruni.

El frontal, una tela de lli bordat en seda i or, es troba representat a la dreta de la Verge, patrona de la catedral de Girona, el cos de perfil i el cap als tres quarts, com girada cap al grup de fidels de la catedral, mentre que un àngel roman a l'esquerra de la Verge. Les seues armes estan bordades a cada costat del frontal. La composició aplica les regles de la perspectiva i el retrat del bisbe és molt realista. Encara que la representació del donant és freqüent a la pintura del segle XV, no ho és als ornaments dels altars. El bisbe té perfectament consciència de la seua rellevància ja que la Verge i l'Infant el miren a ell. El seu poder moral i polític s'afirma clarament.

A la mateixa època, als grans personatges els agrada adornar les seues cases d'efígies o de bustos que imiten els antics. Els motius triats demostren la identitat moral i política de cadascú, de la consciència cívica, i participen a la comunicació dels temes humanistes que es consideren útils a la ciutat i als conciutadans. Aquestes experimentacions formals s'observen a Palma de Mallorca, a València i a Barcelona.

A Barcelona, el jurista i humanista erasmià Miquel Mai (m.1456) demana al taller de la Cartoixa de Pavia que li produeixi cap l'any 1528 baixos relleus en marbre destinats a la decoració de la seua casa, la Casa Mai-Pinos, a la plaça de la Cucurulla de Barcelona. Regent del Consell d'Aragó i vicecanceller de la Corona d'Aragó-Catalunya, Miquel Mai fou ambaixador del papa Climent VII durant la reconciliació de Carles V amb el papa i el coronament de Bolonya, entre els anys 1528 i 1531. Ací es desenvolupà tot un programa humanista i cívic que inscriu la identitat del propietari de la casa a la façana i a la pedra. Miquel Mai, ell mateix, té un bust de perfil esquerre com un home de l'Antiguitat al costat dels bustos de la virtut de la Prudència i dels emperadors August, Tiberi i Domicià [430]. Així, al mur de la casa es desenvolupa un veritable diàleg filosòfic entre la virtut de la Prudència i els seus il·lustres representants entre els que trobem l'amo de la casa. Però si la virtut de la Prudència presenta el perfil dret, com Fra Bonifaci Ferrer, el rei Alfons el Magnànim o Joan de Margarit i Pau, l'humanista barcelonès presenta ací l'esquerre. D'aquesta manera, una gramàtica en imatge serveix a la retòrica humanista.

A la història de l'humanisme, a la història del descobriment de la filologia i del renaixement dels sabers antics, els Estats de la Corona d'Aragó, per la seua posició central i mediterrània de València i Barcelona a Nàpols i a Sicília, jugaren doncs un paper major. Dins de la línia dels seus predecessors, el rei Alfons el Magnànim va saber incitar l'atracció per la filosofia moral i política de Grècia i Roma, l'atenció era portada no solament a les traduccions dels textos i a les seues recepcions italianes i flamenques sinó també a l'arqueologia i a les noves formes artístiques, la nova i perfectament humanista preocupació de l'afirmació de les consciències morals i polítiques. Les relíquies antigues i modernes, el cos d'escriptura i el cos de poder estigueren íntimament associats. D'aquesta manera, els termes filologia i art s'han unit per a l'afirmació de la subjectivitat. La consciència pròpia i la consciència cívica, en textos i en imatges, participen des d'ara a la dignitat de la persona i al poder de les ciutats i els Estats.[431]

*   *   *

---

[430] Museu Nacional d'Art de Catalunya, nº 9943-9947.

[431] Traducció al català, directa del francés, de Lauriane Guilloux (Universitat d'Alacant).

"Famoso ystorial greco...". Les lliçons dels clàssics, les traduccions i l'Humanisme a la Corona d'Aragó entre la fi del segle XIV i el XV.

Vicent Martines
(Universitat d'Alacant)[432]

1. Traducció i clàssics a la Corona d'Aragó. Un escandall.

L'Edat Mitjana i el camí cap a l'Humanisme i el Renaixement és una època clau per a la història de la cultura a la Corona d'Aragó. Els regnats de Pere el Cerimoniós i d'Alfons el Magnànim, potser, representen els dos moments més intensos i importants quant a la història, la ciència i la cultura. No és només qüestió de creació literària, sinó també de creació i recepció de pensament científic i tècnic, d'obres literàries, de nous gèneres i gustos, de noves formes de concebir l'aportació dels clàssics, que, al remat, no eren tan noves al si de casa nostra... El pas del segle XIII al XV (i cap a les primeries del XVI) hi ha una constant apertura, una trena de cabals literaris, intel·lectuals i científics, i una evolució constant al si del conjunt de la Corona d'Aragó. Es podria dir que oscil·la entre un passat, sempre prestigiós, que remet a la trobadoria, i el camí propi que va haver d'iniciar la Corona a conseqüència de la desfeta de Muret, i que té fites ineludibles en les conquestes de Mallorca,

---

[432] Aquest treball forma part de la línia de recerca que desenvolupem, al si d'IVITRA [Institut Virtual Internacional de Traducció] i del CIEAHCAM [Centre Internacional d'Estudis Avançats d'Història de la Corona d'Aragó Medieval] de la Universitat d'Alacant amb els projectes i contractes de recerca següents: "Investigación y traducción de obras literarias europeas. I: Ausiàs March Poliglota; I. *Tirant lo Blanch* poliglota" en el marc del conveni plurianual de recerca entre l'Instituto Cervantes i IVITRA-UA (Refs.: INSTITUTOCERVANTES1-05X, INSTITUTOCERVANTES2-06D); «Digitalització, Edició i Traducció d'obres valencianes» desenvolupat per IVITRA i segons el que disposa el Conveni de col·laboració establert entre l'Acadèmia Valenciana de la Llengua i IVITRA-UA (Refs.: ACADEMIAVALENCIANA2-05N, ACADEMIAVALENCIANA2-06T, ACADEMIAVALENCIANA1-07T, ACADEMIAVALENCIANA1-08T, ACADEMIAVALENCIANA1-09T; AVL1-10T); i el conveni de col·laboració establert entre l'Institut Ramon Llull i IVITRA-UA (Refs. INSTITUTRAMONLLUL1-09I; INSTITUTRAMONLLUL2-09D); "Clàssics Valencians Multilingües: Ausiàs March poliglot", projecte de recerca competitiu de la Generalitat Valenciana (Conselleria d'Educació, Ref.: GV05/180);

València, Múrcia, i Sicília i Sardenya. Aquest camí de conquestes va acompanyat d'una maduració –forçada al començament, després de despertar traumàticament de l'ensomni d'una corona pirinenca amb la derrota de Muret– i afermament de la llengua i producció literària i no literària pròpies en llengua romanç, el català, i l'entrada en desús, paulatí però indeturable, de l'occità, amb figures incontestables com ara Llull... Es tracta de l'afirmació –conscient– de la llengua pròpia en un moment encara més primerenc a la que farà, "de l'eloqüència en vulgar", Alighieri, però aquest en llatí...

Des de la conquesta de Sicília, Itàlia, i no només conceptualment, s'aproparà molt i molt més que enlloc a la Corona d'Aragó; de fet, una part estratègicament important d'aqueix cànon cultural que llavors era Itàlia, Sicília, ja matriu cultural al llarg dels segles XII i XIII, amb els Hohestaufen primer i amb els Anjou després, passarà a ser part de la Corona d'Aragó i no deixarà de ser-ho durant tota la resta l'Edat Mitjana. Amb la de Sicília s'inicien les passes per a la conquesta de noves possessions itàliques i l'afermament de la presència de la Corona d'Aragó en aqueix espai tan estratègic geogràficament, política i econòmica, com també científicament i cultural: Sardenya (encara amb Jaume II), Nàpols (amb el Magnànim, ja en l'assalt frustrat de 1420, i després ja conquerit en fermen els anys quarantes)... la influència que permet "guanyar" els Estats Pontificis... És a dir, des del darrer quart del segle XIII Itàlia no era gens estranya, constitutivament, a la Corona d'Aragó. Però no calia la conquesta perquè hi hagués amerament en

i "Realització de traduccions multilingües..." establert entre la Institució Alfons el Magnànim i IVITRA-UA (Ref.: ALFONSMAGNANIM1-09PA); "Gramática del Catalán Antiguo" (MICINN, Ref. FFI2009-13065); "Constitució d'un Corpus Textual per a una Gramàtica del Català Antic" (Institut d'Estudis Catalans, Ref. IVITRA-IEC/PT2008-S0406-MARTINES01); "Estudio, edición, traducción y digitalización de corpus documentales y literarios referidos a la historia de la Corona de Aragón medieval. Aplicaciones TIC y educativas" [acrònim: DIGICOTRACAM] (Generalitat Valenciana, Programa Prometeo "para grupos de investigación en I+D de excelencia", Ref. PROMETEO-2009-042). Aquest Projecte està cofinançat pel FEDER de la UE; i *"Plurilingual Digital Library of the Mediterranean Neighbourhood-IVITRA"* (MICINN FFI2010-09064-E).

Per a més informació sobre el Projecte IVITRA (estructura, activitats, publicacions, projectes exclusius i associats, etc.), *vid.* Martines 2005a, Martines & Fuster & Sánchez 2007 i http://www.ivitra.ua.es. Quant al Projecte Digicotracam: http://www.digicotracam.ua.es.

les idees i en els gustos estètics i literaris. La traducció hi ajudava... i molt. Fem-hi una passada, succinta però que ens resultarà aclaridora, per l'activitat traductora a la Corona d'Aragó en aquest temps, per comprovar-ne el valor estratègic –encara que no tant, en aquest treball, per limitacions d'espai— analitzar-ne detalladament els deutes textuals.

1.1. Abans del regnat de Pere el Cerimoniós

En la primera meitat del segle XIV i fins l'inici del regnat del Cerimoniós, no hi ha gaires versions d'obres de ficció. Sobretot hi ha traduccions de textos jurídics (*Forum iudicum, Usatges*), mèdics (*Regiment de sanitat*), astrològics i d'altres branques científiques. També hi ha versions d'obres de pietat; de fet es tracta de les primeres que hom té documentades a la nostra llengua, com ara la *Llegenda àuria* o els *Diàlegs* de Sant Gregori o versions de textos bíblics (la *Bíblia* versificada de la Colombina), i algunes obres de mena històrica. Sembla que no deu ser causal aquesta tria temàtica en les traduccions... La Corona d'Aragó es trobava en un període de reafermament intern (per exemple, encara tenia els seus territoris *dividits* —territoris peninsulars ibèrics per una banda i, per l'altra, el Regne de Mallorca—, l'enfrontament directe amb Castella pel sud de l'antic Regne de València o els conflictes sempiterns amb l'aristocràcia aragonesa), i d'inici del seu expansionisme internacional (l'enfrontament directe amb França i el papat per la conquesta de Sicília...).

1.2. El regnat de Pere el Cerimoniós i fins al del Magnànim

El regnat del Cerimoniós és un temps de posats vitals i literaris diversos, un temps efervescent, de diversa i nombrosa producció literària, frontissa entre diferents menes de concepció de la literatura. És *efervescent* un ideal de món —i la seua expressió literària— que s'escola i assoleix expressions llampants mentre un altre hi pren forma.

La cort del Cerimoniós era punt de referència de poetes, joglars i cavallers de tot arreu. Fins i tot ell mateix, a més de ser cronista del seu propi regnat i de ser el potenciador de la Cancelleria i de la seua activitat de traducció, feia versos i en tot això seguia la veterada tradició dels monarques de la Corona d'Aragó. Del seu puny no se'ns conserva cap composició. Però sabem pel seu propi testimoni que s'hi va dedicar quan era jove —recorde que Joan Fuster va deixar de fer versos perquè també deia que és cosa de jóvens.

Pel que ara ens fa al cas, són especialment interessants els versos que Pere III va trametre al seu fill menut, que seria Martí I l'Humà, sobre la manera d'armar cavallers. En l'Arxiu de la Cancelleria, constaven com a escrites "en llemosí les presents cobles". És una peça cadenciosa, farcida de preceptes de l'Orde de la Cavalleria (Rubió i Lluch 1914: 219-247).

Ben bé podríem dir que el Cerimoniós és el primer rei *gover-nant*. No és conqueridor, encara que amb ell es van assolir els ducats grecs i la Corona d'Aragó va dominar —amb permís de Gènova i de Venècia— la Mediterrània tota. La seua és la primera cort sedentària, organitzada, burocràtica (Salrach 1984: 753-772). El Cerimoniós no sols va fer l'*ordinació* de la Cancelleria Reial, veritable "*taller* literari, historiogràfic i jurídic" (Gubern 1987: 48). Va protegir les arts (Alcolea i Blanch 1987), les ciències, les lletres i la traducció com a activitat d'innovació cultural i científica –i, també, literària i lingüística— (Contamine, ed., 1989; Ardemagni 1995; Martines 2001 [2002]).

Quant a les ciències, especialment les *aplicades*, val a dir que el regnat del Cerimoniós no té comparació amb d'altres reis catalanoaragonesos (Romano 1981: 26a [558a]). A més del desenvolupament de la cartografia (Samsó 1981), durant el seu regnat podem comptar amb diverses traduccions d'obres importants, sobretot, àrabs. Hi ha dos tractats mèdics ben remarcables: el *Libre de la figura de l'uyl*, versió de Joan Jacme, professor i canceller de la universitat de Montpelher, i el *Libre de les medecines particulars*, trasllat anònim de l'original d'Ibn Wàfid. Tenim notícia d'una versió de *el Fragani*, en romanç o en llatí, així com també de diverses traduccions del llatí a l'hebreu. No sols es tracta de traduccions de texts científics i, sobretot, mèdics, sinó també d'una intensificació –en nombre i qualitat— de la pràctica de la medicina. Romano (1981: 28a [560a]) parla de llistes de "més de 200 noms de metges jueus i només per al període 1350-1391".

378

També es tracta d'un avanç considerable en la concepció, *disseny* i desenvolupament d'instruments per a observacions astronòmiques i en l'establiment d'almanacs i taules astronòmiques. En aquestes dues últimes qüestions, durant el temps de Pere IV van circular, sota la denominació de *taules de Pere el Cerimoniós*, dues obres en l'elaboració de les quals el monarca va estar molt interessat. La primera va ser el fruit de les observacions que van fer, de 1361 a 1366, Pere Gilbert, mestre en arts i *in astrorum scienciam peritissimum*, i el seu deixeble Dalmau Ses-Planes. Aquest va continuar l'obra quan, el 1362, el seu mestre va morir (Gascón Uris 1998-1999). Aquesta obra sols era un almanac, encara que vàlid des del 1361 fins al 1433. Pere el Cerimoniós, però, volia alguna cosa més i va encomanar unes autèntiques taules astronòmiques a Jacob Corsuno, *jueu d'Espanya*.

Pere IV també va propiciar el conreu de l'astrologia i l'alquímia, pseudociències que, de retruc, van ajudar el progrés de la ciència. El rei tenia molt d'interés, i més encara el seu fill Joan, futur Joan I, per l'astrologia i per l'alquímia. De fet, a més dels diversos llibres que se'n conserven a la biblioteca reial, sabem que el 1373 Pere IV va encomanar a mestre Bartomeu de Tresbéns una obra astrològica i que el 1359 ja n'havia encomanat una a dos astrònoms. El tractat de Tresbéns té una vàlua singular ja que sintetitza els dos corrents astrològics que llavors hi havia a Europa: l'astrologia grega (o de cossos) i l'àrab (o de parts i cossos).

El regnat de Pere el Cerimoniós és la connexió —més intensa, si més no— amb la cultura i literatures forànies (Rubió i Lluch 1914: 219-247; Riquer 1984: 480). Crescini (1917: xlvi), en aquest sentit, ens diu que aleshores les terres de la Corona d'Aragó

> si assimilarono la cultura straniera con la gran copia delle traduzioni d'ogni materia, si può dire, così dal latino come dal francese e dal provenzale, e accolsero in sè bramose il lume e la soggestione delle più svariate discipline e forme, aperte alla scienza del pari che alla letteratura.

El Cerimoniós es va envoltar de figures no sols hàbils en les tasques de mena més pròpiament burocràtica i escrivent de la Cancelleria, sinó també en la traducció. Hi havia Mateu Adrià, a qui

el rei va encomanar el 1344 la traducció de les *Leges Palatine* del regne
de Mallorca per a convertir-les en les *Ordinacions sobre el regiment de
tots els oficials de la cort*, mena de manual d'organització interna del
seguici reial. Probablement, també li va encomanar la versió catalana de
la Segona Partida d'Alfons X el Savi. Jaume Conesa, successor d'Adrià
en el càrrec de protonotari de la Cancelleria, va ser més destre amb el
seu trasllat de les *Històries Troianes* de Guido delle Colonne. Després,
Ferrer Sayol, padrastre de Bernat Metge i protonotari de la reina Elionor
de Sicília, va traduir el tractat d'agricultura de Pal·ladi Rutili.

A més a més, també hi havia, encara que fora del rotle de
la Cancelleria, diversos traductors més que val la pena remarcar. Els
dominicans Pere Saplana i Antoni Ginebreda, que es van encarregar
de la versió de *De consolatione philosophie* de Boeci i que, ben
oportunament, van dedicar a l'infant de Mallorca, llavors captiu del
seu oncle, el Cerimoniós. Guillem Nicolau, de la Capella Reial i, més
avant, rector de Maella, provablement va ser l'autor d'una versió llatina
de la *Crònica dels reis d'Aragó i Comtes de Barcelona*, iniciativa de
Pere el Cerimoniós. Havent mort el rei, aquest capellà mateix va traduir
les Heroides d'Ovidi. També, el dominicà Jaume Domènec, alt càrrec
del clergat de la cort, va dedicar al Cerimoniós un *Compendi historial*,
traducció i adaptació de la llavors ben estesa i anomenada història general
de Vicent de Beauvais. Domènec va morir sense haver conclòs aquesta
obra. La va continuar Ginebreda, qui tampoc no va poder acabar-la. El
rei Pere, que es complaïa molt amb aquesta obra i que cada nit feia que
li'n llegiren un fragment, va ordenar que en feren una còpia per al seu
fill Martí, el futur Martí I l'Humà. Domènec va traduir, així mateix, els
Stratagemata de Juli Frontí i encara va rebre més encomandes de petites
obres d'història genealògica.

En aquest context, fàcil és comprendre l'interés per una lite-
ratura *esotica* (Crescini 1917: XLVI) que tant d'èxit havia tingut arreu
de la Romània i que durant tant de temps s'hi havia conreat, la matèria
de la Taula Redona. Crescini (1917: xlvi) ens ho explica en un paràgraf
ben aclaridor:

Letteratura esotica, dicevo: ma nei tempi di Pietro IV, prima dell'ascender trionfale dell'Italia alla signoria degli spiriti europei, del quale avvento sentirianno la possa rinovellatrice i regni successivi dei due figliuoli del cerimonioso, la lettera-tura esotica di gran lunga predominante era quella di Francia, nella duplice forma, che le conferivano a gara il settentrione e il mezzogiorno del gran paese. E i re e i principi e quanti erano nel noveno delle classi baronali leggevano, press'a poco in ogni parte d'Europa, i romanzi cavallereschi, ond'era altrice e maestra la Francia, e se li facevan trascrivire e li raccoglievano e custodivano nelle loro biblioteche, cio che altrove, accadeva pure in corte d'Aragona.

Isabel de Riquer (1989: 114-116) ens il·lustra amb més detall l'interés del Cerimoniós per les traduccions catalanes —que sempre tardaven més del compte— o per la compra d'originals d'obres franceses de la matèria artúrica (Rubió i Lluch 1908: 118, 119-120, 130, 159-160, 168-169, 172, 201-202, 217-218, 231, 183-184, 314, 314-315, 324-325). No queda gran cosa de la biblioteca d'aquest rei, però, com Isabel de Riquer (Riquer, I. 1989: 114-116) mateixa diu:

> En cambio, son abundantes los testimonios indirectos que indican el conocimiento y aceptación de la literatura francesa medieval dentro de la Casa Real. En los inventarios de la Biblioteca real aparecen registrados el libro de la *Tabula Rotunda* y otro de la *Taula Redonda*; el «liber regis Meliadux» escrito en francés, que en 1383 envía el infante Juan a su esposa Violante de Bar junto con otro, «de Tristany, istoriat», es decir, con miniaturas. Juana condesa de Ampurias, hija del rey y de María de Navarra, poseía el *Roman de Renart* y el infante Martín, el *Roman de la Rose*.

I sembla que no sols quant als gusts de lectura i ensomni. També —i sobretot— quant a les praxis literàries (Riquer, I., 1989: 118):

> No son muchas las muestras de esta literatura en la segunda mitad del siglo XIV, pero la variedad de temas, caballerescos, de aventuras, poemas corteses, alegóricos, *fabliaux*, satíricos, ponen en evidencia el gran atractivo que tenía esta literatura para el escritor y para los lectores.

Però no és un interés nou a la Corona. Perquè com Sharrer (Sharrer 1991: 425b) afirma —actualitzant d'altres opinions anteriors en aquest sentit—, "Catalonia was particularly receptive to the Arthurian legend and showed considerable originality in its literary treatment of the subject." Potser, en el XIV, tot això sobta per la intensitat de les lectures i de les regestes. L'afecció de les terres de la Corona Catalano-Aragonesa per la Matèria de Bretanya no és nova. Lida de Malkiel ja ens ho havia dit i també Martí de Riquer (1980[2]: 12),

> Des del darrer terç del segle XII, quan era una novetat per als llegidors més cultivats de França, ja es coneixien a Catalunya les narracions novel·lesques de la "matèria de Bretanya", amb les seues grans figures, com el rei Artús, la reina Guenevièvre, Lancelot, Gauvain, Erec, Tristany i Iseut, i la meravellosa llegenda del Graal.

En la nòmina d'obres "no tècnicoaplicades" hauríem d'esmentar traduccions d'obres matèria artúrica, de viatges, de matèria antiga, de clàssiques llatines; tot un caramull plural en gèneres literaris i divers en les tècniques de traducció. Entre d'altres, Antoni Canals i les seues versions del clàssics, Jaume Conesa i la seua versió de les *Històries troianes*, la versió catalana de la *Queste del Saint Graal* ("escrita y acabada per G. Rexach a 16 jorns del mes de mayg de 1380"), els *Viatges de Marco Polo* (Gallina (ed.), 1958), Bernat Metge i la seua versió del *Griseldis* de Petrarca (Tavani 1979; Butinyà 2002b), Andreu Febrer i el seu trasllat de la *Divina Commedia* de Dante Alighieri (Alighieri 1974), Jordi de Sant Jordi i la seua *Cançò d'opòsits* (1985: 58-60 i 219-222), la versió catalana del *Decamerón* (Boccaccio 1926)...

Els successors del Cerimoniós, els seus fills Joan I i Martí I, reafermen la *política* del pare. Deuen ser dels seus regnats les traduccions d'obres tan significatives com ara: les de les *Heroides* d'Ovidi, atribuïdes a Guillem Nicolau; de les *Dècades* de Titus Livi; del *De officis* de Ciceró, feta per Nicolau de Quilis; dels textos de cavalleries de Frontí i Vegeci; de les *Tragèdies* de Sèneca, obra d'Antoni de Vilaregut, i d'altres textos d'aquest clàssic; del *Flors sanctorum*; del *De amore* d'Andreu el Capellà, atribuïda a Domènech Mascó; les obres de Bernat Metge[433] i les de Canals... Un panorama ben plural quant al nombre i ben divers quant a la mena de les textos traduïts i de les tècniques o expectatives o intencionalitats dels traductors.[434]

1.2.1. Joan Fernández de Heredia, Gran Mestre de l'Hospital

Per exemple, la figura i la tasca de Joan Fernández de Heredia, resultarà especialment interessant per a un estudi com el que proposem (Cacho Blecua 2002). La figura de Fernández de Heredia, mestre de Rodes, ben poc estudiada en comparació amb la magnitud de la seua obra i de la seua influència política en un temps tan problemàtic per a Europa i per a la Corona com va sr la fi del XIV i l'inici del XV.[435] La seua doble dimensió —que en el fons n'és una de sola— de polític i de militar influeix poderosament en la seua tasca intel·lectual. Castellania d'Amposta, les corts hispàniques i a la papal d'Avinyó —on va conéixer Bernat Metge, que hi va anar en qualitat d'ambaixador de Joan I—, l'Orde de Sant Joan de Jerusalem (els cavallers de Rodes) i la seua aventura bizantina són fites d'un periple vital que fa d'aquest personatge un dels protagonistes de la història de llavors i difícilment la seua obra literària hagués pogut restar a banda (Vicens 1927).

---

[433] Metge també traduïa. Ho feia professionalment. Era un alt càrrec Cancelleria Reial. Coneixia el llatí i el grec, a més del català i de l'aragonés. També tradueix per *crear*; el cas emblemàtic és el seu *Valter e Griselda*, versió del text original boccaccià. Però no ho trallada a partir de la versió original de la darrera *novel·la* del *Decammeron*, italiana, en llengua vulgar, sinó a partir de la versió llatina que en va fer Petrarca. Metge ho tradueix a partir d'una de les epístoles llatines de Petrarca recollides al seu *Rerum senilium* (llibre XVIII, epístola 3). Petrarca hi afegí un proemi i unes consideracions finals, que varien lleument el to de l'original boccaccià, i li ho va enviar al seu amic Boccaccio (Tavani 1979; Ribera 1998; Butinyà 2002a, 2002C, 2008).

[434] En aquest sentit és essencial la figura de Joan Fernández de Heredia, qui també se servia sovint de traduccions intermèdies (o "crossa") en català per a poder arribar a traduir a l'aragonés els clàssics grecs i bizantins del seu interés estratègic (Cacho Blecua, 1991: 171-195; Álvarez Rodríguez 2002; Castañer Martín & Montaner Frutos 1992-1993; Geijerstam 1960 i 1964; Ramos y Loscertales (núm 28-29); Riera Sans (núm 28-29); Foulché-Delbosc (ed.) 1909; Vicens 1927).

[435] Un dels millors estudis i més complets sobre aquest autor i home cabdal és Cacho Blecua 1991: 171-195; Castañer Martín & Montaner Frutos, 1992-1993.

Ben possiblement això explique el seu interés per la historiografia i la traducció. Entre les traduccions que va supervisar —i encomanar— hi ha l'*Orosi*, l'*Eutropi*, la *Historia longobardorum* de Paule Diaca. La *Gran Crónica de Espanya* (Geijerstam, 1960 i 1964) és un cas força interessant en el panorama historiogràfic de llavors en la mesura que se situa en la confluència de la tradició historiogràfica castellana de la línia alfonsina amb la dels cronistes aragonesos del XIV (Ramos y Loscertales (núm 28-29)). Això fa que, sense tenir el caràcter que individua les anomenades *Quatre Grans Cròniques* catalanes, posseeix un to i una concepció que la fa sensiblement diversa respecte a la *tradició* castellana. Aquesta orientació historiogràfica, així com també els seus interessos polítics, com a mestre de l'Hospital, fan que s'interesse per la història contemporània de Bizanci. Les seues traduccions són prova d'aqueixos interessos: el *Libro de les enperadores*, una secció de l'*Epitome historiarum* de Ioannis Zonaras, i l'elaboració d'una versió ampliada de la *Crònica de Morea*, el *Libro de los fechos et conquistas del principado de Morea*.

És important que no perdem de vista la relació entre vida, política o càrrecs eclesiàstics –sí— i amb un inqüestionable efecte i poder temporal del Mestre de l'Hospital i les seues tasques intel·lectuals. Com també veiem en altres indubtables exponents de l'Humanisme, respecte als quals ja veiem que no manifestava tantes diferències el Mestre de l'Hospital, cercava models, arguments, exemples, referències en l'actuació diplomàtica, militar i política. Per això, els clàssics, els historiadors grecs clàssics, les *ciències polítiques* clàssiques i bizantines, així com també els llibres i les tradicions de viatges de llavors, constituïen un corpus de textos amb una importància innegable atés el cabal d'informacions que podia aportar-li, amb una aplicació pràcticament *directa* en els interessos de les seues tasques militars i polítiques. Erren els que afirmen que, per això ben bé no podem trobar en Fernández de Heredia ni prerenaixentisme ni humanisme. Atén als clàssics per traure'n profit i perquè, en definitiva, el que ells ensenyen "a molts puga aprofitar e valer" –com dirà més avant Ferrando Valentí en el pròleg de la seua traducció de les *Paradoxes* de Ciceró—, de la mateixa manera que Coluccio Salutati, qui tant admirava –i per escrit— la tasca del Mestre de l'Hospital quant als clàssics grecs, volia servir-se'n dels grecs, i concretament, de Plutarc, i per això li va demanar, insistent, que li enviés un exemplar de la seua traducció de l'obra de Plutarc a l'aragonés. Salutati en deia: *"Cronica di Plutarco, famoso ystorial greco"*... un títol ben significatiu que remet a historiografia i utilitat... [436]

Salutati no sabia grec, però sabia apreciar la importància del que es contenia en els escrits d'aqueixos autors i, malgrat no saber-ne la llengua, va usar la traducció aragonesa com a versió indirecta per accedir-hi i incorporar a la "llengua toscana" aqueixos ensenyaments... i també com a obra referencial d'utilitat per a la seua acció de govern com a Canceller de Florència. Com diu Cacho Blecua, no podem negar que la tasca del Mestre de l'Hospital siga difícilment comparable i que siga innovadora en diversos aspectes, que una visió del món fonamentalment i innegable medieval comence a deixar-se amerar per diversos trets dels textos clàssics que li aprofiten de font. Si parem atenció a Salutati i als afalacs que vessa per escrit en el pròleg de la traducció "toscana" de l'obra de Plutarc en favor del Mestre de l'Hospital i de la seua decisió estratègica de la traducció directa de les obres dels grecs... hauríem –i molts també haurien— d'acceptar que a través del Mestre de l'Hospital diverses figures de l'Humanisme internacional van començar a amerar-se de diversos trets dels textos clàssics que els van aprofitar de font, i que el Mestre de l'Hospital, malgrat el seu càrrec i condició eclesiàstica (i militar i política) fa una aportació fonamental a l'Humanisme, i que, per tant, difícil ens hauria de ser foragitar-lo o no reconéixer-li aquesta condició... No va ser un filòleg ni un erudit que s'adelita (només) en el gust estètic de la repristinació dels textos i en el gaudi pel llatí... Si fóra així i si això fóra el requisit per acreditar o no un humanista, no en trobaríem enlloc fins a mitjan s. XV, i encara no tots dels acreditats com

---

[436] Salutati escriu al "Proemio" de la *Cronica di Plutarco* (Biblioteca Medicea-Laurenziana, Florència, phil. 26, sin, 7) el periple de traduccions successives que va tenir el text: de la "gramatica greca" [grec clàssic] al bizantí [greco], i d'aquesta llengua a la llangua aragonesa, per "comandamento" del Mestre de l'Hopsital: "cronica di Plutarco, famoso ystorial greco, la quale fù trans-/latata di gramatica greca in/ vulgar greco in rodi *per* uno/ *philosopho* greco chiamato [...] et di greco fù trans-/ latata in aragonese *per* un fray-/ re [...]/ *per* comandamento del molto/ reverente in Y*esuschristus* reverendo padre / e signore do*m* Ffray*re* Giovanni/ Ff*ernandez* di Heredia, *per* la gratia/ di Dio Maestro dell'Ordine dell'O-/ spedale di San Giovanni di Gerusa-/ lem".

a tals ho serien. Afortunadament, l'Humanisme era molt més complex i ric i no estava barallat ni amb els càrrecs eclesiàstics, ni amb l'exercici del poder polític o temporal ni el militar, ni només s'expressava en llatí, ni tan sols quant als italians. De fet, l'Humanisme era (i és) molt més i conté tot això, i sobretot atendre als clàssics per traure'n profit per al bé o interés general, per a un exercici públic, eclesiàstic i també privat, que s'harmonitzara millor amb la realitat quotidiana i el bé cristià, i sense gens de por o nosa per les llengües vulgars, quan, de fet, la vindicació de l'"eloqüència en vulgar" és un dels signes distintius de l'Humanisme... encara de l'obra considerada clau en aqueixa matèria l'escrigués Alighieri en llatí... i sovint oblidem tots que no va ser el primer ell i sí un català, Ramon Vidal de Besalú, en les seues *Razós de Trobar*, un segle abans i en occità... però clar, això esgarrifa molts...: que la llavor d'un dels temes patrons de l'Humanisme –la vindicació de les llengües vulgars— es continga en una poètica de trobadors i que sia nat a Catalunya... Doncs convé a tenir-ho present, com també que coetàniament a Alighieri, Llull vindicava l'ús del vulgar per a la ciència, per a una manera "heterodoxa" d'apropar-se al raonament de la fe, i que usava el romanç amb plena dignitat per expressar-se amb Déu i per a expressar la ciència per explicar-lo... Perquè quant als moviments culturals, en general, i més encara quant als que, com l'Humanisme són sinònims d'un veritable canvi de paradigma, no hi ha ni una única font ni un precís moment de fundació, ans al contrari és una complexa xarxa d'afluents i de determinats i sempre nombrosos moments, que sovint són vides senceres, d'autors que en la seua heterodòxia (com ara Llull) o en la seua sistematització de l'ortodòxia (com ara Vidal de Besalú quant a la poètica trobadoresca, o Matfré Ermengaud amb el seu *Breviari d'Amor* i d'altres "enciclopedistes medievals") van sembrar la llavor o són primers testimonis del que, ja coetàniament a ells, amb Alighieri fa ser emmotllat de la manera que ja és acceptat com a Humanisme (precoç o primer Humanisme).

Per què hem de restringir la categoria de l'Humanisme al que només era una de les seues característiques –el gust pel llatí o pel grec— ?; perquè hem de restringir el perfil d'humanista a una de les dedicacions –el que podríem resumir dient-ne "filologia"— d'alguns dels reconeguts arreu com a tals? Hem de pensar que en molts d'aquests "filòlegs" també concorren pràctiques i "obligacions de càrrec" polític, cancelleresc o militar, i/o formació, honors i altres responsabilitats eclesiàstiques i per això no només trobarem en ells l'atenció als clàssics *per se* i prou, ni només escrivien en llatí, ni estaven, les seues pràctiques humanístiques, deslligades de les seues obligacions polítiques o cancelleresques, religioses –i sovint no heretodoxes—, militars... (Watson 2010: 611-641).

Per això és especialment significativa l'aportació estratègica del Mestre de l'Hospital. No menor, per tant, és la importància del *Plutarc* en la difusió de les *Vides paral·leles*, ben poc conegudes en l'Edat Mitjana i ben poc estudiades. Ben interessant és el *Tucídides*, és a dir, un resum de la *Història de la guerra del Peloponés*, que és una selecció dels discursos que hi ha al text grec (Riera Sans, núm 28-29). A Fernández de Heredia li interessaven especialment les *artes arengandi*, no oblidem que, com a Mestre de l'Hospital, era una figura política, diplomàtica i militar de primer orde en el context internacional. De la mateixa manera que Salutati es complau amb les epístoles, llegir-ne i, encara que per l'alta condició del seu càrrec de Canceller ja no li pertocava fer-ho, escriure'n.

El Mestre de l'Hospital també va atendre, pels seus interessos mediterranis *orientals,* a la *Flor de las ystorias de Orient* i al *Libro de Marco Polo.* També hi ha una clara relació entre la seua dimensió político-militar i una de les seues mampreses intel·lectuals més ambicioses: el *Libro de los conquiridores* (Álvarez Rodríguez 2002), una col·lecció de biografies considerades exemplars pel Mestre de l'Hospital, especialment de grans governants.[437] Cal remarcar que inclou una traducció de la crònica del rei Jaume I (Foulché-Delbosc, ed. 1909).

---

[437] Pottier, 1950 ens ofereix un estudi especialment interessant perquè realitza, a més, una anàlisi sistemàtica del manuscrit que manifesta les característiques essencials de l'aragonés literari medieval. Com diu aquest investigador (p. 248):

«Las *Vidas* contienen formas mucho más interesantes que por ejemplo *Los Conquiridores* u otras obras mandadas hacer por Fernández de Heredia. Queda por llevar a acabo la clasificación de la obras a és atribuidas según los rasgos lingüísticos que, a pesar de la uniformidad de su lenguaje, presentan sin embargo algunas particularidades».

Tota una mampresa ambiciosa i sense precedent en l'àmbit estricte de la Corona d'Aragó. A més, ho feia en aragonés i la dificultat augmentava atés que quasi no tenia una tradició literària prèvia que li aportés referències o models, amb les vacil·lacions i els problemes —d'*estàndard*— que això comportava. El més interessant del cas és que, ateses les condicions dels seus càrrecs, va poder i va saber realitzar una tasca que ara diríem d'*equip* també en la seua tasca intel·lectual.

1.2.2. Bernat Metge

A Avinyó estant, Joan Fernández de Heredia va conéixer Bernat Metge. Riquer (1980[2]: 380) dóna la notícia que el 7 de gener de 1395 Joan I va escriure a dos cardenals de la cort pontifícia d'Avinyó i els anunciava que els trametria uns ambaixadors als quals havien de creure en tot el que diguessen de part del rei. El 20 d'aqueix mateix mes, el rei Joan signava les credencials a favor dels seus ambaixadors extraordinaris a Avinyó, entre els quals hi havia Bernat Metge, secretari del rei i de la reina. El rei adreça aquestes cartes a personalitats força influents de la cort d'Avinyó, el Papa, el Sacre Col·legi Cardenalici, a altres altes jerarquies i a altres vassalls il·lustres de Joan I mateix, que llavors eren en aqueixa Seu. Entre aquests hi havia Joan Fernández de Heredia. Martí de Riquer (1980[2]: 380) indica que el mestre de Rodes era

> bon amic de Joan I, amb qui es lletrejà sovint per afers de llibres i cultura. Hem de creure que Bernat Metge, en entrar en contacte personal amb el Mestre Heredia, a Avinyó, degués establir un lligam literari que li fou profitós.

Metge també traduïa. Ho feia professionalment. Era protonotari de la Cancelleria Reial. Coneixia el llatí i el grec, a més del català i de l'aragonés. També tradueix per *crear*; el cas emblemàtic és el seu *Valter e Griselda*, versió del text original boccaccià. Però no ho trallada a partir de la versió original de la darrera *novel·la* del *Decammeron*, italiana, en llengua vulgar, sinó a partir de la versió llatina que en va fer Petrarca. Metge ho tradueix a partir d'una de les epístoles llatines de Petrarca recollides al seu *Rerum senilium* (llibre XVIII, epístola 3). Petrarca hi afegí un proemi i unes consideracions finals, que varien lleument el to de l'original boccaccià, i li ho va enviar al seu amic Boccaccio (Tavani 1979; Ribera 1998; Butinyà 2002c).

Potser que situem aquesta traducció "indirecta" de Boccaccio, però directa i conscient respecte a Petrarca, com una de les representatives de la tasca de recepció de Petrarca; tot i que en aquest cas del Petrarca llatí i (més) moralitzant. Més avant, ja ben avançat el XV, ens trobem una ben interessant traducció dels *Triomfs d'Amor* pertrarquescos, que se situa ja plenament –si és que no n'és un dels resultats senyera– en el corrent petrarquesc hispànic, en relació, per exemple, a la que en va fer Alvar Gómez. En el que seria el pròleg, el traductor avança unes interessants reflexions sobre la tasca de la traducció i de la relació entre la literalitat i l'autonomia de la llengua meta, que encaixa amb el que veurem després que exposa magníficament Valentí al pròleg de la seu versió de les *Paradoxes*.

1.3. El regnat del Magnànim

Durant la part central del segle XV minva el nombre de les versions romàniques d'obres llatines a favor d'iniciatives literàries remarcables, com ara les traduccions del *Decameron* de Boccaccio o de la *Divina Comedia* de Dante Alighieri.

Aquest regnat esdevé una veritable "pedra de toch" –com diria Ausiàs March– en un temps tan apassionant en la nostra història cultural. El segle XV no sols significa a casa nostra l'assoliment del zenit en l'expansió política i militar, com a veritable potència mediterrània, amb una Corona ja ancorada de feia segles a Itàlia i que, amb el Magnànim, aconseguí Nàpols i fou testimoni no sols del sorgiment en aquella cort "vesubiana" d'alguns dels primers trencs d'alba de l'humanisme del Renaixement. S'hi produeix, també, la presa de consciència de la importància de la llengua no sols com a eina per expressar natures d'anguiles més o menys pragmàtiques i més o menys heurístiques, sinó també com a objecte d'estudi, de debat, d'importància en ell mateix. Es tracta d'un context de gran importància tant per a la literatura com per a la llengua –sense aquesta no hi pot haver l'altra–.

Alfons el Magnànim és una figura força important, política- ment i, sobretot pel que ens fa al cas, culturalment. La seua cort napolitana va ser un centre cultural de primera magnitud, irradiadora dels *studia humanitatis*. Especial menció mereix la seua biblioteca: la constitució d'aqueix espai cultural com un lloc d'exhibició davant els intel·lectuals i on el rei mostra el seu poder i, alhora, la seua saviesa (Marinis 1947-1952; Petrucci 1991).

Val a dir que la primera expedició, la de 1420, del Magnànim contra Nàpols té més importància de la merament militar —que no és poca—. Determina dos moments en la cort del Magnànim; dos moments del seu regnat, fins i tot. Primer, 1416-1423, període —diguem-ne— "català", amb els primers anys del seu govern, la consolidació del casal d'Antequera —Ferran I (d'Antequera) pràcticament no havia fet de rei—, la preparació diplomàtica i militar de l'"assalt itàlic" i els tres primers anys d'operacions i gestions. Després (segon període), 1433-1458, la cort napolitana.

L'expedició de 1420 no era cap improvisació, tampoc no era un gest generat espontàniament i sense tradició a la Corona. Hi havia d'ençà Jaume I, vora dos segles de contactes, relacions, interessos militars, assalts, combats, casaments, arranjaments, manifasseries, conspiracions... amb, per i contra les terres Itàliques i les potències locals (Gènova, Pisa i el Papat, sobretot) i les que també hi operaven (França, sobretot).

Ja feia dos segles que l'expansionisme català era un fet. Ara bé, un expansionisme circumscrit a la Mediterrània Occidental; l'Oriental, era massa lluny dels interessos territorials i comercials de la Corona. I a occident hi havia Gènova, Pisa i també Florència, a més del Papa i del seu dofí, França. I, a més, els "sarraïns".

Sols Pere el Cerimoniós voldrà desmarcar-se una mica. La Companyia d'Orient, Neopàtria i Atenes... A més, Pere el Gran, Jaume II, Joan I, Martí I, Ferran I (si hagués tingut temps) mai no van mamprendre res que excedís l'expansió, si podia ser evitant xocs frontals amb els enemic poderosos. Ni l'armada, ni la milícia, ni el Tresor ho haguessen pogut recolzar. Per això el domini marí, amb Roger de Llúria i els almogàvers, era tan sorprenent: atacs ràpids, audaços, flexibles.

El Magnànim, sense eixir-se del tot d'aquestes directrius, va assumir millor i més intensament la voluntat d'expansió de la Corona com a potència i potser *imperium* mediterrani —-només, però— occidental. No sols va ser una inflexió política, l'expedició de 1420. Aqueix assalt també va ser una inflexió cultural. El segon període, sobretot (1433-1458) va ser el de la cort napolitana del Magnànim.

Ja el 1429 Andreu Febrer dóna una mostra de l'atracció italiana. Tradueix la *Divina Commedia* de l'Alighieri... Però poca cosa més...

Pel que ens fa al cas, ens interessa de centrar l'atenció en la "cort catalana" o "ibèrica" del Magnànim.

Entre 1416 i 1423 tenim un Jordi de Sant Jordi al servei del rei, a la cort. Hi havia d'altres lletraferits amb els quals, de segur, el nostre es va relacionar. Així, la documentació que se'ns n'ha conservat, ens diu que sols l'expedició de 1420 va reunir —-encara que això no vol dir que tinguessen amistat— , a més de Jordi de Sant Jordi, personatges especialment significatius per a la literatura catalana com ara Andreu Febrer, Ausiàs March i Lluís de Vilarrasa; individus per raons de sang i llinatge relacionats amb un gran autor: el pare i dos germans de Joanot Martorell; un tal Joan Metge, ben fàcil fill "natural" de Bernat Metge.

La *Cançó d'opòsits* de Jordi de Sant Jordi és un altre paradigma d'adaptació literària a partir d'una traducció. Aquesta cançó del gran poeta valencià, que comença "Totjorns aprenc e desaprenc ensemps", és una versió en català del sonet CXXXIV de Petrarca, que comença "Pace non trovo, et non ò da far guerra" i que tants versos té tan semblants (Fratta 2005). El valencià ho fa en forma de cançó perquè aqueixa era la el gènere que llavors pertocava en l'àmbit de la literatura catalana per expressar aqueixos sentiments, de la mateixa manera que el sonet era el que pertocava perquè Petrarca en compongués la versió original.

En aquest cas, no és gaire apropiat parlar de *traducció*. De fet es tracta d'un deute literari, d'una mena d'*intertextualitat*, de resseguiment d'un model literari. Així i tot, considere que aquest cas pot resultar vàlidament il·lustrador ja que traduir no solament vol dir que hi ha un traductor que fa una versió més o menys fidel, més o menys literal d'una obra..., és a dir, un criteri textual. També hi és relacionat un criteri cultural, de connexió amb una cultura i

—en aquest cas— amb una obra literària concreta, que hom coneix, llig, *tradueix* tot i que no per fer-ne una *traducció* i, al remat, en fa una adaptació i una *re-utilització*.[438]

Amb el segon assalt, el del "triomf" del Magnànim, amb l'expedició que va salpar dels Alfacs el 1432. Els catorze anys següents van ser un rosari de batalles i enteses militars i polítiques, fins que es va produir l'entrada amb ple imperi del Magnànim a Nàpols. Ja des del començament d'aquesta llarga campanya, el Magnànim s'empara d'Ischia, a tocar de Nàpols i on encara perviu la gran fortalesa dita "dei Aragonese". Això va ser el 1433 i Lorenzo Valla i el Panormita ben possiblement ja devien ser amb el rei. Això vol dir, inequívocament el grau de compromís del Magnànim amb la cultura i l'alt nivell cultural i humanístic de la seua cort. No debades aquests dos noms encapçalen qualsevol nòmina dels humanistes. En concret és important la figura de Valla també quant a la traducció i la relació amb els clàssics. Deixeu que cridem l'atenció sobre el seu pròleg a una versió d'Aristòtil en el qual blasma del pecat de traduir, atés que, qualsevol defecte de la versió traduïda serà inculpat al traductor encara que siga una errada de l'original, i qualsevol encert de la versió traduïda serà adjudicat a l'autor original, encara que siga responsabilitat del traductor, precisament, per esmenar "pecats" de l'original. En la cort magnànima de Nàpols hi havia o s'hi van relacionar també Bartolomeo Facio (o Fazio), Guiniforte Barzizza, Aurispa, Leonardo Bruni, Poggio Bracciolini,

---

[438] *Cfr*. Martines, 2005, que analitza com Bastero (*La Crusca provençale...*) va marcar la pauta de la recepció i la imatge a Itàlia també quant a Ausiàs March i d'altres dels nostres poetes valencians medievals (Jordi de Sant Jordi, Jaume Roig i Fenollar). Hauríem de tenir present que, en la percepció d'aquests autors i com ell mateix explicitava, Bastero seguia la línia marcada per Gaspar Escolano i, abans, per Beuter, la qual cosa ens hauria de fer mirar-nos-los, almenys, com una referència a tenir en compte com a uns dels punts de partença de l'exègesi sobre els nostres creadors literaris.

Així, Bastero, en la "Prefazione" de *La Crusca*, ja reprodueix el nucli de les relacions d'anada i tornada entre la lírica valenciana i la italiana. Independentment que hi ha l'error de partença quant a la cronologia dels autors esmentats —es pensava que Petrarca era posterior a Jordi de Sant Jordi, per exemple—, el bo del cas és la percepció de les nostres lletres i de les seues relacions romàniques. També no hem d'obviar que Bastero cita, com a coordenades d'aquesta concepció romànica del seu estudi de les lletres catalanes: Bembo, Equicola, Bouche, Paschieri, Pittoni i Nostradama. En aquest context metodològic, cita explícitament els valencians Escolano i Beuter.

Gianozzo Manetti, el cardenal Bessarió, Teodor Gaza, Pier Candido Decembrio, Enea Silvio Piccolomini (Papa Pius II), Francesco Fielfo i Flavio Biondo, etc. (Nadal & Prats 1996: 85-120).

Aquestes figures ens confirmen els efectes dels intercanvis culturals entre la Corona d'Aragó i Itàlia, intensificats arran de l'establiment dels nostres poders a Nàpols i a Roma, així com del reafermament a Sardenya i a Sicília.

1.4. Acaballes del XV i el segle XVI

A l'última part del segle XV i els primers anys del XVI hi ha un factor determinant: la impremta. L'escriptura comença a regir-se per condicionaments de mercat. Els traductors catalans queden una mica al marge de la renovació intel·lectual que signifiquen les idees renaixentistes i humanístiques. Així, Roís de Corella produirà la gran traducció del *Cartoixà* i la moralització de faules mitològiques. Això no obstant, la traducció d'aqueixa gruixuda i important obra és ben orientadora de la significació de la seua activitat traductològica.

Hi ha una minva de les traduccions (conservades), però les temàtiques, de mena mitològica o clàssica en general, ens pot suggerir que hi ha un cert amerament dels interessos renaixentistes, sense que això no signifique que a casa nostra tinguem, encara en el XV un Renaixement realment i veritablement ple. Així, hi ha: la *Història d'Alexandre* que Quint Curci, traduïda per Lluís de Fenollet (1481); les *Antiguitats judaiques*, de Flavi Josep, atribuïda a Pere Llopis; la *Consolació de la filosofia* de Boeci (1488) i les *Transformacions* d'Ovidi, obra de Francesc Alegre (1494).

En l'inici del XVI hi ha traduccions pietoses, jurídiques i doctrinals: la *Bíblia* vulgar atribuïda a Bonifaci Ferrer, un *Psalteri*, la *Imitació de Crist* de Gerson, l'*Art de Ben Morir*, les *Flos de virtut*, la *Visió delectable* del batxiller Francisco de la Torre, els *Usatges*, el *Regiment de prínceps* de Gil de Roma (Prats 1983).

En el segle XVI hi ha les traduccions al espanyol i a l'italià del *Tirant lo Blanch* (Martines, 1997).

2. Intel·lectuals, polítics, eclesiàstics o membres d'òrgans de govern en el pas del segle XIV-XV. Política, religió i clàssics

Hem citat molts autors i obres. Deixem-nos que situem els autors de la Corona d'Aragó, entre ells el Gran Mestre de l'Hospital i Bernat Metge, en una línia de temps en què també situem figures italianes que fins ara han estat reconegudes *urbi et orbe* com a Humanistes, i veurem que, moltes d'elles, amb relacions innegables i de màxim nivell amb la Corona d'Aragó "part italiana" no poden, per tant, sostreure's a la seua vinculació amb aquesta i mantenen lligams amb els nostres autors o amb estructures comunes o coneixences compartides..., és a dir, que aquestes figures no són tan diferents en formació, oficis i beneficis que cercaven en els clàssics, producció literària i posats vitals... de les nostres i que, per tant, aquestes tampoc no ho són tant. Creiem que no vindrà malament fer aquesta línia del temps, perquè potser que ens faça més fàcil veure que aquests autors compartien una mateixa matèria, Humanisme –és cert que en graus i expressions d'intensitat diversa, com diverses són les llengües romàniques a començaments del XIV i a la fi del XV, per exemple— i no només eren coetanis i prou.

No en tots els casos farem una referència extensa als autors que anomenarem tot seguit, atés que, o bé ja han estat referits en aquestes pàgines, o bé són figures molt i molt ben estudiades en altres molts estudis (p. e. Alighieri, Boccaccio o Petrarca). En aquests casos, però, farem menció d'allò que considerarem més remarcable pel que ens en fa al cas, incloses referències a les arts plàstiques de l'època, que ens poden ajudar a copsar com eren, aquestes figures "parentals" de l'Humanisme, captades i expressades com a tals llavors... sovint amb el llenguatge del gòtic tardà...

No es tracta d'un llistat exhaustiu, només és un escandall, i referit, quant als autors nascuts a la Corona d'Aragó peninsular ibèrica, a aquells que se situen en el moment de la seua màxima producció vital/cultural/intel·lectual en el trenc del XIV i del XV; i quant als italians, només ens fixem,[439] als quals atenem només com a emblema, a aquells

---

[439] Quant a Alighieri, Boccaccio i Petrarca no fem reseférncia, ateses com són de nombrosos i excepcionalment ben proveïdes les seues respectives bibliografies

que han tingut relació amb Salutati o amb Crisoloras i amb els seus
deixebles i al seu torn són mestres d'altri. No és, com diem un llistat
complet ni desenvolupat amb el deteniment que caldria en cada cas,
però creiem que és prou simptomàtic que no és alié a l'Humanisme ni
als humanismes l'acció de govern i de la política o de la cancelleria,
ni la formació, condició i vida eclesiàstiques... perquè l'Humanisme
no és contrari –ans al contrari...– ni a la política, ni a la formació
eclesiàstica... ni Humanisme és només igual a Filologia "avant la
léttre", ni els humanistes atenien sempre i exclusivament als clàssics
amb finalitat *humanística...* però sí és essencial l'accés directe als
clàssics (grecs) i a traure'n models d'actuació aplicables coetàniament
i/o fer-ne traducció per a cercar el profit del bé comú:

DANTE ALIGHIERI (1265-1321). Vindicació de l'ús de la llengua vulgar
o romanç com a instrument de conreu literari i culte: *De vulgari
eloquentia* (tot i que va escriure l'obra en llatí...).

Ens ha arribat Alighieri amb un merescut rosari sense fi
d'edicions de les seues obres i també d'imatges d'ell mateix. Si tenim
al cap la imatge que en va fer Botticelli, bé podrem dir-ne que tenim el
cànon o la mesura de la metàfora del Renaixement i de l'Humanisme.
Si tenim, en canvi, al cap la que en va fer Giotto, cap a 1336-1337,
en un fresc seu de la Capella de la Magdalena, al Museu del Palau del
Bargello, a Florència, en tindrem una imatge més ajustada –no menys
important ni significativa, però– a la percepció que en devia haver-hi
molt coetàniament a la vida (i la mort) del representat, sense deixar del
tot la càrrega gòtica.

Vegeu:http://www.worldofdante.org/pop_up_query.
php?dbid=I491&show=more [consulta: 26/04/2011]

FRANCESCO PETRARCA (1304-1374), passa per ser el primer (o un dels
primers) que va assenyalar que la importància de traure exemple dels
clàssics llatins.

Ens permetem remetre al fragment del fresc que va pintar
Altichiero da Zevio i representa Petrarca en un detall del *San Giorgio*

---

crítiques, només ens fixem en qualque aspecte de com eren rebuts a la fi del XIV Dante
i Petrarca.

batezza re Sevio (1377-1384), a l'Oratori de Sant Jordi, Pàdua.
Altichiero (c.1330-c.1393) és pintor d'estil gòtic del Trecento, seguidor
de Giotto, i ben coneixedor de l'obra de Petrarca. Aqueixa imatge de
Petrarca, considerat un dels "pares" de l'Humanisme i del Renaixement,
ens situa el prisma i context, gòtics, en els quals va viure, va pensar, va
exercir la política i va ser rebut el seu magisteri intel·lectual... potser
que no tan revolucionari "culturalment" o potser sí, encara que els seus
efectes es deixarien sentir més avant en el XV.

Juan Fernández de Heredia (1310?, Munébrega, (Saragossa) - 1396).
Vegeu *supra*

Bernat Metge (Barcelona, c. 1340/1346-1413, Barcelona).
Vegeu *supra*

Francesc Eiximenis (Girona, c. 1328/32-1409, Perpinyà). Franciscà,
bisbe d'Elna i Patriarca de Jerusalem, és a alguns dels centre superiors
i universitats més importants de l'època (Oxford, París, Colònia,
Florència, Roma, Assís, Tolosa de Llenguadoc –on es va doctorar—.
Conseller dels reis de la Corona d'Aragó (Pere el Cerimoniós, Joan
el Poeta o el Caçador, Martí l'Humà), confessor de la reina Maria,
muller del rei Martí, també va ser assessor dels Jurats de València, del
Marqués de Villena i comte de Gandia y Ribagorça, Alfons d'Aragó, de
l'Arquebisbe de València i del papa Benet XIII, el Papa Lluna.

    Eiximenis, va ser un dels intel·lectuals més importants
de l'Europa del pas del segle XIV al XV. El seu, *Lo Crestià*, és una
referència indispensable en el pensament de l'època i essencial per
entendre el llindar del canvi de paradigma camí del renaixement de la
mà de l'Humanisme.

    En *El Dotzè* de *Lo Crestià*, hi ha *El Regiment de la cosa pública*,
en el qual condensa la seua preocupació (i magisteri) pel bé comú (o
interés general), a partir del seu coneixement de la política (civil –
municipal i reial— i religiosa –secular, regular, diocesana i papal—) i
les seues relacions amb la religió i els models i ensenyaments que els
clàssics, no només els Pares de l'Església, poden aportar. Aquesta obra

no pot obviar-se com un precedent d'*Il Principe* de Maquiavel o, si no es vol que en siga un "precedent" en termes de filiació textual, sí un precedent en el tractament de la qüestió.

Va escriure també tractats com ara el *Llibre dels àngels* i el *Llibre de les dones*, aquest traduït en la segona meitat del segle XV al castellà per orde de la reina Isabel la Catòlica [*El carro de las donas*]. Tant aquestes obres, com en la resta dels components de *Lo Crestià*, van tenir un notabilíssim impacte en l'època i són un compendi de l'acció en la societat de la fe cristiana, amb un no menys notabilíssim cabal i suport dels clàssics.

COLUCCIO SALUTATI (Stignano, Bugiano, 1331 – Florència, 1406)
Polític (Canceller de Florència, des de 1375), figura clau de l'entrellat de la Itàlia del trenc entre el XIV i el XV, i humanista no menys important, tant pel que fa a la seua aportació intel·lectual pròpia, com —encara més— en la seua faceta "pública" de promoció d'una "política cultural" que, en definitiva, va resultar ser essencial per al desenvolupament de l'Humanisme llavors.

En aquest sentit hem de remarcar la dotació que va promoure, en 1397, d'una càtedra de llengua i cultura gregues per a Manuel Crisoloras –qui la va ocupar fins el 1400—, qui també era polític, ambaixador de l'emperador bizantí Manuel II Paleòleg, i figura crucial en l'expansió del (neo)platonisme –a través de la seua traducció al llatí de la *República* de Plató—. La captació de Crisoloras per Salutati, va ser essencial i marca la pauta d'aqueixa vocació per la cultura clàssica, alhora que d'ella podia emanar –i emanava— formació per al bon govern.

Salutati es va formar a Bolonya –en la escola de retòrica d'un amic personal de Petrarca, Pietro da Muglio—. Va conéixer personalment Boccaccio i, amb aquest i Petrarca, va mantenir una ben proveïda relació epistolar. De fet, ha pervingut una nombrosa col·lecció epistolar seua, privada i pública, atés que, fins i tot ja sent Canceller de Florència, va mantenir la pràctica de la redacció de la seua mà de cartes i missives emanades de la República... tant es complaïa amb el gènere epistolar. No deu ser casual, per tant, que fóra un gran divulgador de *Epistulas ad familiares* de Ciceró, els setze llibres de la qual va fer copiar en 1392; com tampoc no deu ser casual la seua admiració per Ciceró en la seua concepció de l'exercici públic.

Amb Petrarca no coincidia del tot políticament. Salutati era clarament proflorentí i més pragmàtic en la seua del govern públic que no Petrarca. Així, Salutati va compondre l'opuscle *De vita associabili et operativa*, como una possible resposta al *De vita solitaria* de Petrarca. En aquest cas no podem obviar les coincidències professionals i de càrrec, i també de concepte, entre Salutati i Bernat Metge, també molt alt càrrec de la Cancelleria Reial de la Corona d'Aragó. Aquest, coetani de Salutati, és autor, entre altres del *Llibre de Fortuna e Prudència*, on del·libera sobre conceptes que també són tractats –coetàniament i amb una perspectiva coincident i detentant un càrrec molt semblant— per Salutati en la seua obra *De fato, fortuna et casu* (1396-99).

Salutati, encara que es declarava amant de la poesia, a la qual considerava superior a les altres arts, la seua concepció i exercici de govern estaven molt lligades a la seua activitat intel·lectual humanística; tant que ben bé podríem dir-ne que en aquesta cercava formació i models d'actuació per a aquella. No és gens casual, per tant, que entre les seues obres hi haja un *De Tyrano* (1400), que demostra la seua preocupació pel bon govern públic i els principis que han de guiar el governant i els vicis que ha de defugir. Encara que no sabia grec, Salutati va saber apreciar la importància de la cultura grega i bizantina a la cultura occidental, i des del seu càrrec va promoure accions decidides en aquest sentit. Tampoc no és per capricis de l'atzar que escrigués *De saeculo et religione* (1381), obra encara més primerenca. En això coincideix plenament, i no només per ser coetanis, amb Eiximenis, qui, en *El Dotzè*, va empeltar i desenvolupar el seu *Regiment de la cosa pública*. En aquest tractat, Eiximenis també reflexiona sobre el que serà objecte d'una altra obra de Salutati, també coetània: *De nobilitate legum et medicinae* (1399).

Ja hem referit el gran valor que Salutati li reconeix a la tasca del Gran Mestre de l'Hospital quant a la traducció directa del grec dels clàssics grecs i, en concret, de l'obra de Plutarc. Salutati li va escriure postul·lant i amatent al Gran Mestre de l'Hospital per sol·licitar-li'n una còpia, de la traducció que havia fet fer a la llengua aragonesa de l'obra de Plutarc. Aquest no li va contestar i Salutati s'adreçà al papa d'Avinyó, qui li'n va fer enviar còpia; i encara i així, Salutati li reconeix, per escrit, el gran mèrit.

La producció literària pròpia no és molt pròdiga, encara que sí de gran qualitat. El que més cal remarcar en l'"obra" de Salutati és la seua posada en pràctica d'una acció que podríem dir-ne de "política cultural" que va promoure la difusió, al màxim nivell i intensitat, de la cultura grega i dels seus clàssics. Amb l'ajut dels seus col·laboradors va arribar a aplegar una biblioteca particular de vora 800 volums. Ell va formular els *studia humanitatis* en contrast –de fet es tracta d'un contrast que tenia una intensitat molt menor al que ens pot semblar des de la perspectiva actual— als estudis teològics i escolàstics quan va tractar de la textura de l'aportació i formació intel·lectuals i de l'actitud política del seu amic Francesco Petrarca, qui, no per això, deixa de ser "el" o "un dels" pares de l'Humanisme i del Renaixement.

Manuel Crisoloras (Constantinoble, s. XIV - Constança, 1415). Erudit, humanista i pedagog bizantí. Considerat una de les personalitats clau de l'Humanisme en el trenc del XV al XV.

Com a ambaixador del basileu Manuel II Paleòleg, va recórrer bona part de l'Europa Occidental de l'època (Roma, Florència, Anglaterra i París). Va ser essencial en l'establiment d'escoles de cultura greco-bizantina a Constantinoble i Florència i va ensenyar a Florència, Milà i Pavia. Això no hagués pogut ser sense Salutati, qui li va oferir el 1397 una càtedra a Florència. Va ser traductor al llatí de *República* de Plató, i va contribuir al desenvolupament de la influència occidental de les idees platòniques, germen del neoplatonisme del Renaixement, principalment desenvolupat a Florència, Pavia i Milà, i d'aquests centres a la resta de la Itàlia de l'època. Així, un dels seus deixebles, Leonardo Bruni, també va fer i va promoure, seguint l'exemple del seu mestre, traduccions "a gran escala" al llatí dels autors grecs; de fet, hi ha moltes còpies escampades arreu d'Europa de les seues traduccions. Igualment van obrar altres deixebles de Crisoloras, com ara Ambrosio Traversario o Traversari. Aquest va recomanar al

Medici l'adquisició de més de 200 manuscrits grecs procedents de Bizanci... Com veiem, no és una pràctica molt llunyana de la que ja va fer el Gran Mestre de l'Hospital, alfalagat per Salutati, qui va promoure la dotació de la càtedra de Crisoloras... Tampoc no s'allunya quant a la seua pertinença al catolicisme. Originàriament, cristià ortodox, com corresponia a un alt dignatari de Bizanci, Crisoloras es va convertir al catolicisme i va ser, fins i tot, creat cardenal. Amb aquesta dignitat de príncep de l'Església de Roma va participar en l'important i influent Concili de Constança, en companyia d'altres grans figures de l'Humanisme, on va morir en 1415.

FRA BONIFACI FERRER (València,1350-1417), germà de Sant Vicent Ferrer, va estar, en la primera part de la seua vida, allunyat (que no oposat) de la religiosa. Després d'estudiar a Lleida, va tornar a València on va exercir diversos càrrecs oficials i va ser ambaixador del Regne, i amb questa dignitat va participar en el decisiu Compromís de Casp, on va coincidir amb el seu germà dominicà i amb Pere Beltran com a representants del regne de València. Casat i amb nou fills, després del traspàs de la seua muller va prendre l'hàbit a la cartoixa de Portaceli, on, anys a venir, va arribar ser prior major. Llavors va ser quan va fer la seua gran obra, la traducció de la Bíblia, a partir de la *Vulgata*, que se li atribueix i que degué ser feta entre 1396 i 1402. Aquest va ser un dels primers llibres a ser impresos a la península Ibèrica, en 1478 –la impremta fa arribar a València el 1474, quan es va imprimir el primer llibre (de creació) a tota la península—, en aquest cas pel cèlebre impressor Lambert Palmart.

Quan aquesta traducció es va imprimir quasi cent anys després, la impressió que devia fer-ne la llengua als lectors devia ser ben estranya, però l'acceptaven com a escaient a un text religiós: hirsut, literalment servidora de l'original, amb un lèxic i una sintaxi del tot allunyada de la llengua de cada dia. Aquesta decisió de traslladar la *Bíblia* en romanç ja és una decisió estratègica i que hem de situar en un àmbit de renovellament –que no d'herterodòxia ni revolució— al si de l'Església a la fi del XIV i que coincidia amb el fet de voler apropar el missatge diví al poble, coherent amb l'estratègia que, des d'un altre orde, animava Eiximenis a fer el seu *Lo Crestià* i a empeltarhi el *Regiment de la cosa pública*. Quan la Bíblia "valenciana" va ser impresa i va tenir més difusió, en 1478, el context era molt diferent, la llengua s'havia perfeccionat més i havia evolucionat, precisament a conseqüència dels esforços fets en el trasllat dels clàssics i dels textos religiosos i dels escrits en altres llengües romanç des de finals del XIV i van donar lloc a obres com aquesta mateixa Bíblia valenciana. En 1478, ja havíem comptat amb un Ausiàs March, i amb Joanot Martorell, era viva Sor Isabel de Villena, i hi havia un mestre de l'estil i la llengua, també de la traduïda, com era Joan Roís de Corella. El prestigi que devia tenir, incontestable, l'obra de Bonifaci Ferrer per ella mateixa, pel que devia tenir Fra Bonifaci mateix i pel del seu llinatge, germà d'un sant tan influent en vida com ara Sant Vicent, que va ser canonitzat pel primer papa Borja/Borgia només acccedir al pontificat, va fer que un impressor de prestigi la imprimís i en format luxós. "Però un bon traductor i estilista com Roís de Corella devia veure que el mateix to extraordinari i sublim es pot aconseguir sense fer violència a la llengua. Ell també creia que les pregàries no podien usar mots i frases de cada dia; però ell veia la possibilitat d'arribar a aquesta 'alteritat', no calcs de l'ús dels pronoms llatins, per exemple, sinó emprant un català més refinat i retòric, la 'valenciana prosa'" (Wittlin, 1995: 25-27). Unes quantes dècades més tard, sembla que la llengua i la traducció a la nostra tradició ja havien evolucionat. Ja hem dit que la reflexió sobre la pròpia llengua, és un dels elements definidors de l'Humanisme com a tal.

Per a l'espanyol podem citar un altre cas de traducció bíblica i feta per un algú a qui no se li rebatria fàcilment la pertinença a l'Humanisme hispànic, Casiodoro de Reina. El cas de la versió bíblica de Casiodoro de Reina ens evidencia un altre cas de cadència, innovació cultural i encert en els criteris lingüístics aplicats. Ens sembla ben definidor el que ens en diu Luis Manuel Ruiz (2002: 48d), que també ens aprofitaria per al que acabem de veure en sinopsi quant a Bonifaci Ferrer i Roís de Corella:

> Estamos acostumbrados a que el Espíritu Santo se exprese en un lenguaje ceniciento y monótono, que se resigne a la pobreza de los artículos jurídicos. Cuando se abre el texto

de Reina en cualquier página, el lector es acariciado por la soberbia cadencia de la prosa, y entiende que por primera vez los intérpretes han hecho justicia al estilo de una divinidad. Casi compuso este monumento desconocido de nuestro idioma durante 10 largos años en que sufrió el exilio, la acusación de herejía, la persecución de las autoridades eclesiásticas: verter la palabra de Dios a una lengua vernácula era un delito mucho mayor que matar en su nombre. El olvido enterró ecuánimamente al autor y a la obra años más tarde de la publicación; fue un correligionario de Reina, Cipriano de Valera, perteneciente como a él a la Orden de los Jerónimos Observantes, quién logró resucitarla con ayuda de un prólogo y notas, en 1602. Desde entonces, hace hoy 400 años, Dios maneja un excelente castellano.

ANTONI CANALS (1352-1419), frare dominic, orador i escriptor, nascut al Regne de València i va destacar pels seus sermons (dels que no se'n ha conservat cap) i per tres traduccions o adaptacions d'obres clàssiques a la llengua catalana.

Va ser deixeble de Sant Vicent Ferrer, va ensenyar Teologia a València fins l'any 1398 i va estar vinculat a la Cort Reial, que el va cridar per un període de temps de 1398 a 1401, en què es va traslladar a Barcelona. Tornat a València va exercir de lloctinent de l'inquisidor del regne des de 1401 a 1419, any en què va morir.

GASPARINO BARZIZZA (Bergamo, 1360-Pavia, 1431).
Humanista expert en gramàtica i retòrica, professor de la Universitat de Pavia, primer, i després, de les de Venècia i Pàdua, on va ocupar la càtedra de retòrica i filosofia moral. En 1413 es va doctorar a Pàdua i en 1417 va era Secretari apostòlic del papa Martí V, dignitat amb la qual va participar també en el Concili de Constança, amb altres grans figures de l'Humanisme. Després va passar a l'Estudi General de Milà i, d'allà, a la Universitat de Pavia, en 1249.

Va ser mestre, mentre va ser a Pàdua, entre d'altres d'Antonio Beccadelli, *el Panormita*.

Antonio Beccadelli, *El Panormita* (Palerm, 1394-Nàpols, 1471).
Dedicat en un primer moment, i per influència paterna, al comerç, es va
apassionar pels *Studia Humanitatis*. Va viatjar per nombroses ciutats
italianes, especialment Florència i Pàdua. A Pàdua va ser deixeble de
Gasparino Barzizza, qui va exercir una intensa influència en ell. Va
estudiar dret a Siena, amb Nicola Tedeschi, una altra gran personalitat
de l'Humanisme.

En 1425, Beccadelli va escriure l'*Hermaphroditus*, recopilació
d'epigrames satírics i obscens.

Convidat pels Visconti a la Universitat de Pavia, hi va ser
professor entre 1430-1433. Es va dedicar especialment a l'activitat
filològica i, en concret, a les obres de Plaute.

En 1434 va entrar al servei del rei Alfons el Magnànim –de
qui era, en definitiva vassall per raons de naixement, atés que Palerm,
com tota Sicília, pertanyia a la Corona d'Aragó des de la conquesta per
Pere el Gran—, i en 1443 es va establir definitivament a Nàpols, on li
va donar un gran impuls a l'Accademia, la qual, des de llavors va ser,
en el seu honor, Porticus Antoniana –després se'n diria Pontaniana—.

Beccadelli es va mantenir sempre fidel al rei de la Corona
d'Aragó, rei també, per tant, de Sicília i de Nàpols. De fet, va ser al
servei del Magnànim i de la Corona després de la mort del Magnànim
(1457), i ja sota el regnat de Ferrante, fins al seu propi traspàs.

Leonardo Bruni (1374-1444), un altre alt càrrec papal, del seguici de
l'antipapa Joan XXII,al Concili de Constança. També Canceller de
Florència (1427-1444), com abans Salutati. Se li deu el gran impuls
a la traducció de la literatura grega. El mallorquí Ferrando Valentí
(mitjan segle XV), que va estudiar a Bolonya i el va conéixer i en va
ser deixeble, el considerava "mestre e pare nostre". Bruni també va ser
mestre de Lorenzo Valla.

Giovanni Aurispa (1376-1459), Secretari Apostòlic d'Eugeni IV. figura
fonamental en l'interés per la llengua, cultura i autors grecs en el pas
del XIV-XV.

Aurispa va ser mestre de Valla.

Poggio Bracciolini (1380-1459), Secretari Apostòlic de Bonifaci VIII, i també Canceller de Florència des de 1453, gran encercador de manuscrits per tot Europa. Se li deu principalment la recuperació de nombrosos escrits de Ciceró i d'altres autors importants com ara Lucreci i la consideració del llatí com una llengua viva i encara creativa... de fet, com si es tractes d'una forma culta de parlar italià... un sentiment ben comú als humanistes italians i per als quals en hauria de fer posar en el seu just valor l'atenció al llatí i no caure en mitificacions de la producció original o traduïda en llatí dels humanistes italians de manera que es restringeix la pertinença a la nòmina dels humanistes a només aquells que tenien el llatí com a llengua vehicular de la creació, del pensament o receptora de les traduccions...

Leon Battista Alberti (1404-1472), Secretari Personal apostòlic de tres Papes (Enric IV, Nicolau V, Pius II) (des de 1431 a 1464). Doctor en Dret Canònic, físic, matemàtic i arquitecte; una mena d'home total del Renaixement. Membre de l'Acadèmia platònica de Florència.

Lorenzo Valla (1407-1457), Secretari del rei Alfons el Magnànim, Secretari Apostòlic amb el papa Nicolau V i alt càrrec a Sant Joan Laterano amb Calixt III. Fundador de la "Filologia" pel seu estudi dels poetes llatins i per la seua proposició d'una nova gramàtica.

Marsilio Ficino (1433-1499), ordenat sacerdot en 1473, és nomenat canonge a Florència. És un dels màxims exponents de l'Accademia neoplatònica de Florència, hereuer de l'acció de Salutati i Crisoloras, que va intensificar l'expansió de la filosofia de Plató per Europa.
    Va ser mestre de Pico della Mirandola.

Pico Della Mirandola (1463-1494), qui potser degué ser el primer a fer servir la paraula "humanista".
    Deixeble de Ficino, i amb un profund coneixement del platonisme i de l'aristotelisme –que va conéixer a París, cap al 1485, on va estudiar a fons Averrois— , dels peripatètics i dels esotèrics, i també

dels textos hebreus, volia demostrar en el Cristianisme convergien les tradicions culturals, religioses, filosòfiques i teològiques més diverses. Cap a les acaballes de 1486 va publicar a Roma les 900 tesis que componen les seues *Conclusiones philosophicae, cabalisticae et theologicae*.

En la introducció de l'obra, *Discurs sobre la dignitat de l'home*, Pico formula tres dels ideals del Renaixement con a tal: el dret inalienable a la discrepància, el respecte a les diversitats culturals i religioses i, a la fi, el dret al creixement personal i vital a partir de la diferència.

La seua vida no va ser aliena als problemes amb els observants de l'ortodòxia religiosa, i fins i tot va ser excomunicat en ser trobades 13 d'aqueixes tesis com a suspectes d'heretgia i ell agosar-se a respondre-hi i a argumentar en contra d'aqueixa qualificació. Exiliat a França i després acollit a Florència pels Medici, després readmés a la fe catòlica pel Borja/Borgia Alexandre VI, sense abjurar de les seues tesis. Després, poc abans de morir als 31 anys d'edat, va ingressar en l'Orde dels Predicadors.

3. Per cloure

En uns altres llocs[440] hem analitzat com es passa de la traducció literal a la creació literària (Wittlin 1995). Això es percep clarament si acarem traduccions de finals del XIV amb traduccions de mitjan segle XV. Aquestes semblen menys hirsutes; i encara es percep millor si atenem a un mateix text que haja estat traduït diverses vegades al llarg d'aquestes dècades. D'alguna manera, els traductors en fan *recensio* i *collatio*. De fet se situen en la base del mètode traductològic que anomenem "traducció crítica" i que consisteix a tenir en compte els diversos *testes* de la *traditio* de traduccions d'una obra; i, fins i tot, tenir en compte els diversos testes de la traditio directa de l'obra a traduir (manuscrit, també –si s'escau–) (Martines 1999 i 2001).

Així ho trobem en Arnau Estanyol, l'encertat traductor de la *Regla* de Sant Benet. Cita explícitament les altres tres traduccions

---

[440] *Vid*. Bibliografia.

catalanes preexistents, que coneix de primera mà. D'altra banda, un dels manuscrits en què se'ns han conservat les *Regles* segons la versió d'Estanyol, conté traces del que ara coneixem, en crítica textual, com a "aparat crític", i, des dels estudis literaris, també podríem dir-ne "crítica genètica", aplicada a la traducció i a les seues tries com a traductor: especifica a quin comentarista ha recorregut a l'hora d'interpretar els passatges de la *Regla* i ho justifica. Això és extraordinari en el món medieval... Com també ho és que en aqueix manuscrit Alfarràs copie davant de cada capítol de la *Regla* en vulgar el text llatí corresponent, és a dir, traducció bilingüe acarada o juxtaposada –"textos paral·lels"—. Alfarràs aplica aquests mètodes i criteris "filològics" amb encert i de manera que ho fa "amb un gust i una sensibilitat que el transformen en una de les millors plomes catalanes del seu temps".(Nadal & Prats 1996: 197-198).

Aquí convé a tenir molt en compte els criteris de Ferran Valentí en la seua versió de les *Paradoxa* de Ciceró, la qual aporta una altra dimensió a la traducció. Ja hem vist que la traducció pot ser ben útil per a l'estudi literari i de la llengua; fins i tot hem vist que la traducció medieval pot tenir no poc de filologia *avant la lettre* i fins i tot hem parlat d'un dels primers casos de traducció crítica. Valentí realitza una justificació històrica de la traducció i de l'ús literari de les llengües vulgars –i de la traducció a elles d'obres clàssiques— "per ensenyar a erudir lo vulgo e popular, lo qual comunament és ignorant de la llengua erudida e latina". (Barceló & Ensenyat 1996 i 2000)
Valentí es declara deixeble de Bruni ("pare e preceptor meu") y mostra una "sensibilitat educada en l'ambient i en els criteris de l'humanisme italià contemporani" (Nadal & Prats, 1996: 208). Conve no negar que sigua "humanista"; la seua traducció no passa de ser rudimentària quant a l'encert dels criteris lingüístics, encara creditors del llatí, però això no es dolent, quan estracta del llati de Cicero, tot un clàssic. Això ho tindrem en Bruni mateix o en Valla o, més tard en Erasme... (Melczer 1981; Monfrin 1983, i 1964), i abans en Eiximenis, Canals, Salutati, fins i tot Metge, i el Gran Mestre de l'Hospital Juan Fernández de Heredia.

406

En Valentí tenim la culminació del desenvolupament de les idees hispàniques sobre la traducció, alhora que representa la confirmació de l'alba traductològica renaixentista; almenys segons el delme que el Renaixement deu a la traducció. És un camí, certament, complex. En definitiva es tracta de bona part del rumb de les idees lingüístiques i literàries medieval (Quint, 1983; Petris, 1975). Des de Juan Fernandez de Heredia, Antoni Canals fins a Valentí, tot passant per les figures i obres que hem esmentat (i esmentarem) quant a la Corona d'Aragó, i els seus correlats a Castella, completen el panorama; entre els castellans hem de remarcar, les opcions "encontrades", entre la "fidelitat" al llatí i la autonomia del traductor –i per tant de la llengua de recepció—, podem remarcar les figures Pero Lope de Ayala (Orduna 2002), Alfonso de Madrigal (el Tostado) (Parrilla 2002), Juan de Mena (Gómez Moreno 2002), Obregón o, a l'alba del XVI, Pero Fernández de Villegas (Santoyo 1990). Hi ha dos figures molt importants quant a les idees traductològiques –també— de la Corona d'Aragó i les castellanes, dos figures clàssiques de les lletres castellanes i que coneixien ben bé el nostre context cultural: el Marqués de Santillana i el Marqués de Villena, els quals, altrament, no sols es coneixien, sinó que sovint col·laboraven (Gómez Redondo 2002: 2516-2547). Al llarg de les reflexions i praxis traductològiques que examinem podem veure de quina manera avança l'aprenentatge del Renaixement. Kristeller (1974) reflexiona de manera, al nostre albir força suggerent, sobre l'aprenentatge del Renaixement que feien els medievals –o precisament per satisfer més requisits del perfil ideal de l'intel·lectual de llavors— (Kristeller 1974, i 1961).

En definitiva perdura la vocació de la utilitat i del bé (cristià) comú o general, i a l'atenció, per això mateix, als clàssics. Ferrando Valentí, intel·lectual i humanista mallorquí del segle XV, format a Bolonya, qui ja hem vist que es complaïa a declarar que Bruni era el seu "preceptor e pare", obri la seua pròpia traducció a la llengua catalana de les *Paradoxes* amb un pròleg que és una vertadera pedra de toc pel que fa a la vindicació de l'art de la traducció de clàssics en termes expressos d'utilitat i servei, i, alhora, de la seua necessitat manifesta per

407

a la transmissió i millora del coneixement del poble ("del vulgo") i en pro de l'interés general: "Traduir de molts llibres e obres de una llengua en altra, que per raó poguessen a molts valer e aprofitar".

Això mateix guiava els humanistes en apropar-se a les obres clàssiques, i també a un dels que sens dubte podem situar entre els precursors de l'Humanisme, com ara el Gran Mestre de l'Hospital, Joan Fernández de Heredia, qui, sense deixar de ser-ho ell mateix, no deixa de complir els requisits de l'Humanisme que en italians com Salutati seran virtut. El gran Mestre de l'Hospital traduïa (feia traduir, com Salutati) i tenia cura del que deien els clàssics perquè foren útils a la seua Orde i a la seua acció polític-militar i a la de la Corona d'Aragó i d'altres poders als quals servia la seua Orde, i, en general, "a molts valer i aprofitar" –com diria Ferrando Valentí—. Es tracta, com diem, del valor de la utilitat dels clàssics... encara que siga només per al propi bé de l'autor, com ara amb Bernat Metge en el seu *Lo Somni*... amb la qual es compleix un altre dels requisits del l'Humanisme, l'afirmació del jo personal.

* * *

Bibliografia

Adams, Susan M. *et alii*. "The genetic legacy of religious diversity and intolerance: paternal lineages of Christians, Jews and Muslims in the Iberian Peninsula." *The American Journal of Human Genetics* 83 (2008): 725-736. [Pot consultar-se en: http://www.ncbi.nlm.nih.gov/pmc/articles/PMC2668061/?tool=pubmed].

Aguiló y Fuster, Mariano. *Catálogo de obras en lengua catalana impresas hasta 1860*. Madrid: Sucesores de Rivadeneyra, 1923.

Ainaud de Lasarte, Joan. "Alfonso el Magnánimo y las artes plásticas de su Tiempo." Dins *IV Congrès d'Història de la Corona de Aragó*. Palma de Mallorca: Diputació, 1955. III, 323-346.

Alcolea i Blanch, Santiago. "Pere el Cerimoniós, protector de les arts". Dins Aa. Dd.. Pere el Ceriominós. Barcelona: Fundació Jaume I, 1987. 86-102.

Aleixandre, Francisca. "Creadores del libro en la Corte de Alfonso el Magnánimo." Dins R. Bellveser. *Alfons el Magnànim de València a Nàpols*. València: Institució Alfons el Magnànim, 2009. 295-309.

Aliaga Morell, Joan. "La pintura en tiempos de Alfonso el Magnánimo." Dins R. Bellveser. *Alfons el Magnànim de València a Nàpols*. València: Institució Alfons el Magnànim, 2009. 281-294.

Alvar, Carlos. *Traducciones y traductores. Materiales para una historia de la traducción en Castilla durante la Edad Media*. Historia y Literatura, 2. Alcalá de Henares: Centro de Estudios Cervantinos 2010.

---. "Notas para el estudio de las traducciones italianas en Castilla durante el siglo XV". Anuario Medieval 2 (1990): 23-41.

Alvar, Carlos, & Lucía Megías, José Manuel. Repertorio de traductores del siglo XV. Madrid: Ollero y Ramos, 2009.

Alvar Ezquerra, Manuel. "Nebrija, autor de diccionarios." *Cuadernos de Historia Moderna* 13 (1992) 199-209.

Álvarez Rodríguez, Adelino. "Es el ms. 10.190 de la Biblioteca Nacional un codex descriptus", dins Carmen Saralegui Platero & Manuel Casado Velarde (eds.), "Pulchre, bene, recte". Estudios en homenaje al Prof. Fernando González Ollé, Pamplona, Eunsa, 2002. 89-99.

Anderson, Benedict. *Imagined Communities*. London: Verso, 1983.

Anònim. Michael Gerli ed. *"Triste Deleytaçión": An Anonymous Fifteenth-Century Castilian Romance.* Washington: Georgetown University Press, 1982.

Anònim. "Gramática de la Lengua Vulgar de España, Libro Primero." Dins Encarnación García Dini ed. *Antología en defensa de la lengua y la literatura españolas*. Madrid: Cátedra, 2006. 159-62.

Aquiles Tacio. M. Briso & E. Crespo trads. *Leucipa y Clitofonte* Madrid: Gredos, 1997.

Aramon i Serra, R. *Curial e Güelfa*. Barcelona: Barcino. "Els Nostres Clàssics", 1930-1933. 3 vols.

Arbona, M. "Un nuevo manuscrito de la *Vita Christi* de Eiximenis". *Estudios Franciscanos* 62 (1961): 411-14.

Archer, Robert, ed. Ausiàs March. *Obra completa*. Barcelona: Barcanova, 1997. 2 vols.

Ardemagni, Enrica J. "The Role of translation in Medieval Spanish and Catalan Literature". Dins Roxana Recio ed. La traducción en España, ss. XIV-XVI. León: Universidad de León, 1995. 71-77.

Arén Janeiro, I. "Soñar en el Siglo de Oro: ¿Sueño cruel o falsa ilusión?" *eHumanista* 11 (2008): 261-302.

Arias Montano, Benito. "Carta del Doctor Montano al Duque de Alba." Dins Encarnación García Dini ed. *Antología en defensa de la lengua y la literatura españolas*. Madrid: Cátedra, 2006. 163-64.

Auroux, Sylvain. "Nebrija, dans la 'grammatisation' des vernaculaires européens". Dins J.J. Gómez Asencio dir. *El castellano y su codificación gramatical. I. De 1492 (Nebrija) a 1611 (John Sanford)*. Valladolid: Instituto Castellano y Leonés de la Lengua, 2006. I: 33-55.

Ayala, Jorge M. "Juan Luis Vives en la tradición humanista española de los siglos XVI y XVII." *Cuadernos Salmantinos de Filosofía* 23 (1996) 219-253.

Badia, Lola. "*Siats de natura d'anguila en quant farets*: la literatura segons Bernat Metge". *El Crotalón. Anuario de Filología Española* 1 (1984): 25-65.

---. "La segona visió mitològica de Curial: Notes per a una interpretació de l'anònim català del segle XV *Curial e Güelfa*." Dins *Miscel·lània Antoni M.Badia i Margarit 6.* "Estudis de Llengua i Literatura Catalanes" 14. Barcelona: Publicacions de l'Abadia de Montserrat, 1987. 265-292.

---. "L''humanisme català': formació i crisi d'un concepte historiogràfic. Sobre l'Edat Mitjana, el Renaixement, l'humanisme i la fascinació de les etiquetes historiogràfiques." Dins *De Bernat Metge a Roís de Corella*. Barcelona: Quaderns Crema, 1988. 7-49.

---. "Bernat Metge i els *auctores*: del material de construcció al producte elaborat". *Butlletí de la Reial Acadèmia de Bones Lletres de Barcelona* 43 (1991-92): 25-40.

---. "'E visch de ço que persones no tasten' de l'*ebrietat* amorosa en els poemes de 'Llir entre cards'". Dins *Estudis de Literatura catalana al País Valencià*. Ajuntament de Benidorm: Universitat d'Alacant, 1987. 11-24. (Reproduït en *Tradició i modernitat als segles XIV i XV*. Barcelona: Publicacions de l'Abadia de Montserrat, 1993. 143-166).

---, coord. *Intel·lectuals i escriptors a la Baixa Edat Mitjana*. Barcelona: Curial/Publicacions de l'Abadia de Montserrat 1994.

---. "El terme 'Humanisme' no defineix la cultura literària dels nostres escriptors en vulgar dels segles XIV i XV". *L'Avenç* 200 (1996): 20-23.

---, ed. Bernat Metge. *Lo somni*. «Mínima minor» 86. Barcelona: Quaderns Crema, 1999.

---, trad. *Llibre de la disputa del clergue Pere i de Ramon, el Fantàstic. Llibre de la ciutat el món*. Turnhout, Santa Coloma de Queralt: Publicacions URV, 2008.

Badia, Lola *et alii. Literatura i cultura a la Corona d'Aragó (s. XIII-XV)*. Barcelona: Publicacions de l'Abadia de Montserrat, 2002.

Badia i Margarit, Antoni. "La impronta renacentista en las letras catalanas. Latín y romance en los siglos XV y XVI". *Revista de Lenguas y Literaturas Catalana, Gallega y Vasca* 4 (1996):165-180.

---. *Les* Regles de esquivar vocables *i la "qüestió de la llengua"*. Barcelona: Institut d'Estudis Catalans, 1999.

---. "Entorn de Pere Miquel Carbonell. Primer comentari sobre les *Regles de esquivar vocables* (Edició i estudi de 1999)". Dins *Estudis de Llengua i Literatura Catalanes. Miscel.lània Giuseppe Tavani*. Barcelona: Publicacions de l'Abadia de Montserrat [PAM], 2001. II, 83-95.

---. "325 regles d'esquivar vocables a la cerca d'autor". Dins A. M. Badia ed. *Moments clau de la història de la llengua catalana*. València: Publicacions de la Universitat de València [PUV], 2004 [2002]. 377-419.

---. "Els tres components de les *Regles de esquivar vocables*". *Estudis Romànics* 27 (2005): 211-218.

---. "Comiat a les *Regles de esquivar vocables* i a tots els qui s'han esforçat a escatir-ne l'autor, els continguts i la significació". *Estudis Romànics* 2 (2006): 107-123.

---. "Com calcular l'àmbit geogràfic dels *vocables* en joc dins les *Regles de esquivar*-los". Dins E. Miralles *et alii* eds. *El (re) descobriment de l'Eda Moderna. Estudis en homenatge a Eulàlia Duran*. Barcelona: PAM, Universitat de Barcelona, 2007. 533-545.

---. "Vocabulari general i lèxics particulars". Dins E. Casanova & M. T. Echenique eds. *El delers per les paraules. Les aportacions de Germà Colón a la romanística*. València: PUV, 2008. 29-48.

Bakhtin, Mikhail. J. Forcat & C. Conroy trads. *La cultura popular en la Edad Media y en el Renacimiento: El contexto de François Rabelais*. Madrid: Alianza, 1990.

Barbera , Jean Marie., trad. *Curial & Guelfe*. Toulouse: Anacharsis

Éditions, 2007.

Barceló Crespí, Maria & Gabriel Ensenyat Pujol. Ferrando Valentí i
la seva família. "Pròleg" de Lola Badia. Palma de Mallorca
/ Barcelona: Departament de Filologia Catalana i Lingüística
General de la Universitat de les Illes Balears / Publicacions de
l'Abadia de Montserrat, 1996.

---. Els nous horitzons culturals a Mallorca al final de l'Edat Mitjana.
"Pròleg" de J. N. Hillgarth. Palma de Mallorca: Edicions
Documenta Balear, 2000.

*Bassett-McGuire, Susan. William Radice & Barbara Reynolds eds.
Translation Studies. Londres: Methuen, 1980.*

Bataillon, Marcel. *Erasmo y España*. México: FCE, 1950.

Batllori, Miquel. *Obra completa. I. De l'Edat Mitjana*. València: Tres i
Quatre, 1993.

---. *Obra completa. V. De l'Humanisme i del Renaixement*. València: Tres
i Quatre, 1995.

Bécares Botas, Vicente. Dionisio Tracio "Introducción". Vicente Bécares
Botas ed. Carlos García Gual prol. Gramática. Comentarios
antiguos. Madrid: Editorial Gredos, 2002.

Bellveser, Ricard. *Alfons el Magnànim de València a Nàpols*. València:
Institució Alfons el Magnànim, 2009.

Benavent, J. *Biblioteca dispersa. Manuscrits i incunables valencians
dels segles XIV al XVII*. València: Diputació, 2007.

Bhabha, Homi K. "DissemiNation: time, narrative, and the margins
of the modern nation." Dins Homi K. Bhabha. *Nation and
Narration*. New York: Routledge, 1990. 291-322.

Bierbach, C.""La lengua, compañera del imperio"? ou "la filología,
compañera del imperialismo"?. Nebrija (1492) au service
de la politique lingistique du Franquisme". Dins B. Py, B. &
R. Jeanneret eds. *Minorisation linguistique et interactions*.
Neuchâtel, Genève: UP, 1989. 217-232.

Blandín de Cornualla i altres narracions en vers dels segles XIV i XV.
Arseni Pacheco ed. Barcelona: Edicions 62, 1983.

Bocacio, Juan. *Las cient novellas de micer Iuan Bocacio Florentino
poeta eloquente en las quales se hallaran notables exemplos*

413

*y muy elegante agora nuevamente impresas, corregidas y
enmendadas*. Sevilla: Ungut & Polono, 1496.

Boccaccio, Johan. Jaume Massó i Torrents ed. *Decameron*. Nueva
York & París: The Hispanic Society of America, 1910.

Boccaccio, Giovanni. Carles Riba ed. Decameró. Barcelona: Barcino,
1926-1928. 2 vols.

---. *Tutte le opere di Giovanni Boccaccio. IX. De casibus virorum
illustrium*. P. G. Ricci & V. Zaccaria eds. Milà: Arnoldo
Mondadori, 1983.

Bohigas, Pere & Jaume Vidal Alcover, eds. Guillem de Torroella. *La
Faula*. Tarragona: Tàrraco, 1984.

Bolgar, R.R. *The Classical Heritage and its Beneficiaries*, Cambridge,
University Press, 1954.

Bouwsma, William J. Silvia Furió trad. *El otoño del Renacimiento:
1550-1640*. Barcelona: Crítica, 2001.

Bovie, Smith Parker. "Translation as a Form of Criticism". Dins William
Arrowsmith & Roger Shattuck eds. The Craft and the Context
of Translation. Austin: University of Texas, 1961. 38-56.

Branca, Vittore. "Boccaccio rinnovatore". *Il Veltro* 20 (1976): 263-81.

---. "Tradizione delle opere di Giovanni Boccaccio. Un secondo elenco
di manoscriti e studi sul testo del *Decameron* con due
appendici". Raccolta di Studi e testi 175. Roma: Edizioni di
Storia e Letteratura, 1991.

Bustos Tovar, José Jesús de. Contribución al estudio del cultismo léxico
medieval. Madrid: Real Academia Española (Boletín de la Real
Academia Española, Anejo 28), 1974.

Butinyà, Júlia. "Sobre l'autoria del *Curial e Güelfa*". *Butlletí de la Reial
Acadèmia de Bones Lletres de Barcelona* 41 (1987-1988): 63-
119.

---. "Un nou nom per al vell del *Llibre de Fortuna e Prudència*".
Butlletí de la Reial Acadèmia de Bones Lletres de Barcelona
42 (1989-1990): 221-226.

---. "Una nova font del *Tirant lo Blanc*". *Revista de Filología Romànica*
7 (1990): 191-196.

---. "Juan de Mena i el Curial: som davant un antagonisme polític?". Dins *Miscel·lània Joan Fuster*. Barcelona: Publicacions de l'Abadia de Montserrat, 1992a. V, 95-100.

---. "Si Curial fos Alfons IV". *Revista de Literatura Medieval* 4 (1992b): 57-77.

---. "El paso de 'Fortuna' por la Península durante la Baja Edad Media". *Medievalismo. Boletín de la Sociedad Española de Estudios Medievales* 3 (1993a): 209-229.

---. "La *Comedieta de Ponça* y el *Curial e Güelfa* frente a frente". *Revista de Filología Española* 73 (1993b): 295-311.

---. "Una volta per les obres de Metge de la mà de Fortuna i de Prudència". Dins *Miscel.lània Jordi Carbonell*. Estudis de Llengua i Literatura Catalanes 26. Barcelona: Publicacions de l'Abadia de Montserrat, 1993c. V, 45-70.

---. "Alain Chartier i el "Curial": o som davant un antagonisme ideològic?". Dins *Actes del IX Col·loqui de Llengua i Literatura Catalanes* (IX Col·loqui AILLC, Elx 1991). Barcelona: Publicacions de l'Abadia de Montserrat, 1993d. 405-411.

---. "Bernat Metge y su terrorífica amante. (Una relectura de *Lo Somni*)". *Antipodas. Journal of Hispanic Studies* 5 (1993e): 129-141.

---. "Cicerón, Ovidio, Agustín y Petrarca tras *Lo Somni* de Bernat Metge". *Epos. Revista de Filología* 10 (1994a): 173-201.

---. "Dues esmenes al *De remediis* i dues adhesions al *Somnium Scipionis* en el prehumanisme català". *Revista de l'Alguer* 5 (1994b): 195-208.

---. "El diálogo de Bernat Metge con Ramon Llull. Dos nuevas fuentes tras *Lo somni*". Dins *Actes del V congrés de l'Associació Hispànica de Literatura Medieval*. Granada: Universidad, 1993 (1995). 429-444.

---. "Sobre el prólogo de Ferrer Sayol al *De re rustica* de Paladio". *Epos* 12 (1996a): 207-228.

---. "La conciencia lingüística en las letras catalanas de la Edad Media: del campo histórico y del filosófico a la ficción". Dins Emma Martinell & Mar Cruz eds. *La conciencia lingüística en Europa*.

Testimonios de situaciones de convivencia de lenguas (ss. XII-XVIII). Barcelona: PPU, Universitat de Barcelona, 1996b. 79-134.

---. "Sobre la font d'una font del *Tirant lo Blanch* i la modernitat de la novel·la". Dins *Actes del Simposi Creativitat ara: "Tirant lo Blanc". Temes i problemes de recepció i traducció literàries*. L'Alfàs del Pi: Institut Interuniversitari de Filologia Valenciana, 1997 [*Caplletra* 23 (1998a): 57-74].

---. "Si 'Lucia' fos 'Lulio'", dins *Estudis de Llengua i Literatura en honor de Joan Veny*. Barcelona: Publicacions de l'Abadia de Montserrat 1998b. II, 51-68.

---. "Un altre Metge, si us plau. (Al voltant de la dissortada mort del rei Joan I a Foixà, a propòsit d'un parell de noves fonts de Lo somni)". *Annals de l'Institut d'Estudis Gironins* 41 (2000): 27-50.

---. *Tras los orígenes del Humanismo: El "Curial e Güelfa"*. Madrid: UNED, 2001a (1ª ed. 1999).

---. "Al voltant de les obres més curtes de Metge". Dins *Miscel.lània Giuseppe Tavani*. Estudis de Llengua i Literatura Catalanes 26. Barcelona: Publicacions de l'Abadia de Motserrat, 2001b. II, 17-43.

---. "La proyección de Boccaccio en las letras catalanas de la Edad Media". Dins M. Hernández Esteban ed. "*Actes: La recepción de Boccaccio en España. Madrid: UCM 2000. Cuadernos de Filología Italiana* (número extraordinario) 2001c. 497-533.

---. *En los orígenes del Humanismo: Bernat Metge*. Madrid: UNED, 2002a.

---. "Un nou *Libre de Fortuna e Prudència*". *Revista de Lenguas y Literaturas Catalana, Gallega y Vasca* 8 (2002b): 27-62.

---. *Del "Griselda" català al castellà*. "Series Minor" 7. Barcelona: Reial Acadèmia de Bones Lletres de Barcelona 2002c. (Es pot consultar en: http://www.uned.es/031282/web_despensa/ despensa_julia.htm)

---. "Barcelona, Nápoles y Valencia: tres momentos del Humanismo en la Corona de Aragón". *Revista de Filología Románica* 3

(2002d): 81-98 [Dins *Actes: La ciudad como espacio plural: historia y poética de lo urbano (UCM 2000)*].

---. "Al voltant del final del llibre I de *Lo somni* de Bernat Metge i la qüestió de l'ànima dels animals". *Butlleti de la Reial Acadèmia de Bones Lletres de Barcelona* 48 (2002e): 271-288.

---. Ressenya de Tomás González Rolán, Pilar Saquero i Antonio López Fonseca. "La Tradición clásica en España (siglos XIII-XV)". Bases conceptuales bibliográficas". *Epos* 18 (2002f): 523-535.

---. "La font més amagada i més externa de *Lo somni*: un altre somni". *Estudis Romànics* 25 (2003a): 239-251.

---. "Una nova font de *Lo somni* de Bernat Metge: Horaci". Dins *Memòria, escriptura, història, Professor Joaquim Molas*. "Homenatges" I. Barcelona: Universitat de Barcelona, 2003b. 215-234.

--- "*Curial e Güelfa*: El pas a la novel.la moderna; Ramon Llull: *Llibre del gentil e los tres savis. Llibre de meravelles, Llibre de Santa Maria:* pròlegs i epílegs de Ramon Llull; Ausiàs March, *Veles e vents han mos desigs complir*: March, medieval i/o humanista; Bernat Metge, *Griselda:* De Boccaccio a Metge passant per Petrarca". Dins *Lectures de literatura catalana a Madrid. Quinze lliçons del seminari al Centre Cultural Blanquerna (1997-2002)*. Barcelona: Generalitat de Catalunya, 2003c. 79-104, 149-172, 191-206, 227-254.

---. "Un llibre català, un gentil italià i la cultura europea". Dins *Actes: Napoli, Paesi Catalani, Europa. Momenti di cultura catalana in un millennio. Arte, letteratura, lingua e storia, Nàpols 2000. Romanica Neapolitana* 31 (2003d): I, 59-81.

---. "La recepción del Humanismo, del siglo XIV al XV", "Bernat Metge: el diálogo de *Lo somni*", "La primera novela caballeresca: el *Curial e Güelfa*". Dins *Literatura Catalana Medieval, Liceus. Portal virtual de Humanidades E-Excellence*. 2004a. [www.liceus.com].

---. "Sobre el Humanismo catalán y las periodizaciones". *Del Humanismo. Revista de Lenguas y Literaturas Catalana, Gallega y Vasca* 9 (2004b): 251-278.

---. "Algunas consideraciones sobre poética medieval en el Humanismo catalán". *Revista de Poética Medieval* 12 (2004c): 11-52.

---. Petrarca. *Cançoner. Tria de sonets*. "Clàssics Universals" 8. Barcelona: Proa, 2003. [Ressenya dins *Revista de Filología Italiana* 11 (2004d): 203-209.

---. "De l'Humanisme i del Renaixement". *Revista de Lenguas y Literaturas Catalana, Gallega y Vasca* 9 (2004e): 79-98.

---, trad. Bernat Metge. Anònim. *El sueño. Curial y Güelfa*. Alacant: Universitat d'Alacant, 2004f. [http://www.ivitra.ua.es].

---. "El diálogo en Llull y en Metge". Estudios Hispánicos 12. *Miscelánea de Literatura española y comparada. Homenaje a Roberto Mansberger Amorós*. Wroclaw: Universitat de Wroclaw, 2005a. 107-120.

---. "Un par de notas sobre el humanismo catalán". Dins Jenaro Costas coord. *Ad amicam amicissime scripta. Homenaje a la profesora M*ª *José López de Ayala y Genovés*. Madrid: UNED, 2005b. I, 427-436.

---. "Sobre els orígens de la novel·la". *Revista de Lenguas y Literaturas Catalana, Gallega y Vasca* 10 (2005c): 25-42.

---. *Detrás de los orígenes del Humanismo: Ramon Llull*. Madrid: UNED, 2006a.

---. "El humanismo catalán". *eHumanista* 7 (2006b): 28-36. [http://www.spanport.ucsb.edu/projects/ehumanista].

---."Sobre la traducción de una traducción: el *Scipió e Aníbal* de Canals". *Revista de Lenguas y Literaturas Catalana, Gallega y Vasca"* 11 (2006c): 159-180.

---. "Los pasos hacia la modernidad desde la traducción a partir de la Edad Media, pasando por el Ovidi enamorat de Metge". Dins *Traducción y di-ferencia*. Transversal III. Barcelona: Universitat de Barcelona, 2006d. 45-62.

---, ed. i trad. Bernat Metge. Lo Somni / El sueño. Madrid: Centro de Lingüística Aplicada Atenea, 2007a.

---. "Metge, buen traductor de Séneca". Dins R. Recio coord. *Sobre la Traducción. Traducción y Humanismo: panorama de un desarrollo cultural*. "Vertere". Monogràfics d'"Herméneus" 9.

Sòria: Diputació Provincial Sòria, 2007b. 47-62.

---. "Petrarca en las letras catalanas del siglo XIV". *Revista de Poética Medieval* (Roxana Recio coord.) 18 (2007c): 87-111.

---. "Técnica y arte del retrato y del autorretrato en Bernat Metge". *Revista de Lenguas y Literaturas Catalana, Gallega y Vasca*" 12 (2007d): 27-44.

---. "El Humanismo catalán en el contexto hispánico". *El Humanismo hispano* (A. Cortijo Ocaña & T. Jiménez Calvente coords.). *La Corónica* 37.1 (2008a): 27-71.

---. "Bernat Metge: "*Lo somni*: un *Somnium Scipionis* redivivo y un *Civitate Dei* laico". *Revista de Filología Románica* 25 (2008b): 95-106.

---. "Del texto como sistema literario a los sistemas literarios". Dins Assumpta Camps & Lew Zybatow eds. *Traducción e intercambio cultural en la época de la globalización*. Barcelona: Universitat de Barcelona, 2006. Frankfurt am Main: Peter Lang, 2008c. 59-74.

---. "Ramon Llull en el primer humanisme". *El humanismo catalán* (J. Butinyà & A. Cortijo eds.). *eHumanista. Journal of Iberian Studies* 13 (2009a): 78-95. [http://www.spanport.ucsb.edu/projects/ehumanista].

---. "De la recepció de Llull a Alemanya. (El *Liber de Ciuitate mundi* front al *De pace fidei* de Nicolau de Cusa)". (Rosa Planas coord.). *Lluc* 867 (2009b): 33-36.

---. "El marc del *Libre de contemplació* i Boccaccio". *Revista de Lenguas y Literaturas Catalana, Gallega y Vasca* 14 (2009c): 233-252.

---. "Les noves aristocràcia i noblesa a les acaballes de l'Edat Mitjana a través del *Curial e Güelfa*". *Aristocracia e nobreza no mundo antigo e medieval. Mirabilia. Revista Eletrônica de História Antiga e Medieval* 9 (2009d): 292-313. [www.mirabilia.com] coord. per Ricardo Da Costa i Júlia Butinyà.

---, & M. Marco. Ressenya de *Il Mediterraneo del '300: Raimondo Lullo e Federico III d'Aragona, re di Sicilia. Revista de Filología Románica* 26 (2009e): 251-260.

---. "*Lo somni*, en la línea del ensayo moderno". *Transfer* (2010a): 41-61.

---. "El nou concepte de creuada al segle XV a través de la novel·la catalana *Curial e Güelfa*". *A Idade Media e as Cruzadas* (A. Blasco Vallés & Ricardo Da Costa eds.) *Mirabilia. Revista Eletrônica de História Antiga e Medieval Journal of Ancient and Medieval History* 10 (2010b): 235-257. [www.mirabilia. com]

---. 'Laudatio'. dins *Laudationes y discursos de los Doctores Honoris Causa en Filología: Jean Haritschelhar, Xesús Alonso Montero, Antoni Mª Badia i Margarit y Humberto López Morales. Solemne acto de investidura como Doctores Honoris Causa en reconocimiento a las lenguas de España*. Madrid: UNED, 2010c: 115-12.

---. "Bernat Metge". Dins Albert Hauf coord. *Panorama crític de la Literatura Catalana, I. Edat Mitjana (Dels inicis a principis del segle XV)*. Barcelona: Vicens Vives. 2010d: 311-353.

---. "L'humanisme a la Corona d'Aragó". Dins *Actes del congrés internacional 550aniversari de la mort d'Ausias March, Institució Alfons el Magnànim*. València 2010e: 41-62.

---. "El *Libre de les bèsties* de Llull y el comportamiento político". Dins *V congrés de la SOFIME*. Universitat d'Alcalà d'Henares, 2008. 2010f: 321-332.

---. "Construir l'Humanisme reconstruint la cultura i les fonts del *Curial*".Dins *II Encontre Internacional "Curial e Güelfa". Universitat d'Alacant. La Nucia (2008)*. Madrid: Castalia. En premsa a.

---. "L'Humanisme traduït. Traduir un bon traductor: *Lo somni* de Metge". *II Curs Internacional de Clàssics Valencians (Clàssics valencians poliglotes)*. Alacant: Universitat d'Alacant, La Nucia, 2006. En premsa b.

Butinyà, Júlia, & Antoni Ferrando. *Curial e Güelfa. Estudi. Documental*. Madrid: UNED, 2010d. DVD. [http://www.uned.es/cemav/ catalan/index.html].

Butinyà, Júlia, & Josep Ysern, eds. *Literatura catalana I. Edad Media*. Madrid: UNED, 2006.

Cabré, Lluís. "Comentaris sobre Bernat Metge i la seva primera consolació: el *Libre de Fortuna e Prudència*". Dins Lola Badia ed. *Intel·lectuals i escriptors a la Baixa Edat Mitjana*. Barcelona: Curial, Publicacions de l'Abadia de Montserrat 1994. 95-108.

Cacho Blecua, José Manuel. *"Introducción a la obra literaria de Juan Fernández de Heredia". Dins Actas del I Curso sobre Lengua y Literatura en Aragón (Edad Media). Saragos¬sa: Institución Fernando el Católico, 1991. 171-195.*

--- *El Gran Maestre Juan Fernández de Heredia. Zaragoza: CAI, 1997.*

---. *"Juan Fernández de Heredia". Dins Carlos Alvar & José Manuel Lucía Megías. Dicionario Filológico de Literatura Medieval Española. Textos y transmissión. Madrid: Castalia, 2002. 696-713.*

Calcaterra, Carlo, ed. Francesco Petrarca. *Trionfi*. Torino: Tipografia Sociale Torinese, 1927.

Camillo, Ottavio di. Manuel Lloris trad. *El Humanismo castellano del siglo XV*. Valencia: Doménech, 1976.

Canals, Antoni. Martí de Riquer. *Scipió e Anibal*. Barcelona: Barcino, 1935.

Cançoner dels comtes d'Urgell. Gabriel Llabrés ed. Barcelona: Societat Catalana de Bibliòfils, 1906.

Carbonell, P. M. A. Alcoberro ed. *Cròniques d'Espanya*. Barcelona: Barcino, 1997. 2 vols.

Càrcel, M. V. Pons, V.

Cardó, Carles, ed. Sèneca. *Lletres a Lucili I*. "Barcelona: "Fundació Bernat Metge", 1928.

Carne-Ross, D.S. "Translation and Transposition". Dins William Arrowsmith & Roger Shattuck eds. The Craft and the Context of Translation. Austin: University of Texas, 1961. 3-21.

Carr, Derek C. "A Fifteenth-Century Castilian Translation and Commentary of a Petrarchan Sonnet". Revista Canadiense de Estudios Hispánicos 5.2 (1982): 123-143.

Casas, Juan. *Humanismo, gramática y poesía. Juan de Mena y los auctores en El canon de Nebrija*. Santiago de Compostela: Universidade de Santiago de Compostela, 2010.

Castro, Américo. *El pensamiento de Cervantes*. Madrid: Revista de
Filología Española, 1925.

---. *España en su historia*. Buenos Aires: Losada, 1948.

---. *La realidad histórica de España*. México: Porrúa, 1954.

Castañer Martín, Rosa Mª & Alberto Montaner Frutos. "[Ressenya de:]
Actas del I Curso sobre Lengua y Literatura en Aragón (Edad
Media), Zaragoza, Institución Fernando el Católico, 1991, 253
páginas". AFA 48-49 (1992-1993): 342-352 [348-349].

Cátedra, Pedro M., ed. Enrique de Villena. Traducción y glosas de la
"Eneida". Salamanca: Diputación Provincial, 1989. 2 vols.

---. ed. La vida y la muerte o Vergel de discretos (1508) de Francisco de
Ávila. Madrid: Fundación Universitaria Española, 2000.

Cavallo, Guglielmo, & Roger Chartier, dirs. *Historia de la lectura en el
mundo Occidental*. Madrid, Taurus, 1997.

Caputo, R. "Petrarca e Properzio, che d'amor cantaro fervidamente".
A confronto con Properzio (da Petrarca a Pound). Assisi:
Accademia Properziana del Subasio, 1998.

Catul. Antoni Seva & Josep Vergés eds. *Poesies*. Barcelona: Fundació
Bernat Metge, 1989.

Chavy, Paul. "Les traductions humanistes au début de la Renaissance
française: traductions médiévales, traductions modernes".
Canadian Review of Comparative Literature 8 (1981): 284-
306.

Clavería Nadal, Gloria. El latinismo en español. Barcelona: Universitat
Autònoma de Barcelona, 1991.

Colonne, Guido delle. Les Histories troyanes de Guiu de Columpnes
traduides al catalá   en el XIVèn segle per en Jacme
Conesa y ara per primera volta publicades per R.Miquel y
Planas. Barcelona: L'Avenç, 1916.

Cingolani, Stefano M, ed. Bernat Metge. Lo somni. «Els Nostres
Clàssics» B/27. Barcelona: Barcino, 2006.

Colón, Germà. El español y el catalán, juntos y en contraste. Barcelona:
Ariel, 1989.

---. Les Regles d'esquivar vocables. Autoria i entorn lingüístic.
Barcelona: Institut d'Estudis Catalans, 2001.

---. "Encara les *Regles d'esquivar vocables*". *Estudis Romànics* 27 (2005): 219-225.

Compagna, Anna Mª. "Lo spazio letterario del Medioevo". *Il Medioevo volgare. II. La circolazione del testo*. Roma: Salerno, 2002.

Conde, Juan Carlos, "Ensayo bibliográfico sobre la traducción en la Castilla del siglo XV – 1980-2005". *Lemir* 10 (2006). [http://parnaseo.uv.es/Lemir].

---. "Las traducciones ibéricas medievales del *Decameron*: tradición textual y recepción Coetánea". Dins *Actas del IX Congreso de la Asociación Hispánica de Literatura Medieval (A Coruña, 18-22 de septiembre de 2001)*. Noia: Universidade da Coruña, Editorial Toxosoutos, 2005. II: 105-122.

Conde Salazar, Matilde. "La obra y la biografía de Julio César en los *Paralipomenon Hispaniae Libri X* de Joan Margarit". *eHumanista. Journal of Iberian Studies* 13 (2009): 13-36. [http://www.spanport.ucsb.edu/projects/ehumanista].

Contamine, G. ed. Traduction et traducteurs au moyen âge. Actes du Colloque International Paris, 26-28 mai 1986. París: Éditions de CNRS, 1989.

Coroleu, Alejandro. "Christian Classics and Humanism in Renaissance Barcelona: The Case of Pere Miquel Carbonell (1434-1517)". Dins B. Taylor & A. Coroleu, eds. *Humanism and Christian Letters in Early Modern Iberia (1480-1630)*. Cambridge: Cambridge Scholars Publishing, 2010. 37-46.

Coromines, J. *Diccionari etimològic i complementari de la llengua catalana [DECat]*. Barcelona: Curial / La Caixa, 1990-2001. 10 vols.

Cortés Cañagueral, Matilde. "La coherència iconogràfica de la segona visió mitològica de *Curial*". *Revista de Lenguas y Literaturas Catalana, Gallega y Vasca* 5 (1996): 41-57.

Cortijo Ocaña, Antonio. "The Complication of the Narrative Technique in the 15th Century Prose Literature on Love: the *Somni de Francesc Alegre recitant lo process d'una question enamorada*". *Catalan Review* 11 (1997): 49-64.

---. "Women's Role in the Creation of Literature in Catalonia at the End of the Fourteenth and Beginning of the Fifteenth Century". *La Corónica* 27.1 (1998): 7-20.

---. *"An Inane Hypothesis: Torroella, Flores, Lucena, and Celestina?"*. Dins M. Azevedo & Dru Dougherty eds. *Multicultural Iberia*. Berkeley: International and Area Studies, 1999. 1-17. http://escholarship.cdlib.org/ias/dougherty/pdf/int.pdf

---. *Sebastián Fox Morcillo. De historiae institutiones dialogus*. Alcalá: UP, 2000.

---. *La evolución genérica de la ficción sentimental*. Londres: Tamesis, 2001a.

---. *"The Consells-Consejos* on Marriage and Their Broader Sentimental Context". Dins E. Lakarra ed. *Medieval and Early Modern Iberia*. Minnesota, New York: UPO, Garland, 2001b: 8-27

---. "La problemática sentimental y la crisis del amor cortés." Dins L. von der Walde, C. Company, & A. González eds. *Literatura y conocimiento medieval*. México: Universidad Nacional Autónoma de México, Universidad Autónoma Metropolitana, El Colegio de México, 2003a: 79-93.

---. "Dos contextos de recepción para la novelística sentimental: corte y universidad. Nuevas obras." L. von der Walde Moheno ed. *Propuestas teórico-metodológicas para el estudio de la literatura hispánica medieval*. México: Universidad Nacional Autónoma de México, Universidad Autónoma Metropolitana 2003b: 151-164.

---. "De amicitia, amore et rationis discretione. Breves notas a propósito de Boncompagno da Signa y el Siervo libre de Amor." *Revista de Literatura medieval* 16 (2006): *23-52*.

---. "El Siervo libre de Amor y Petrarca. A propósito del motivo de la nave." *Revista de Literatura Medieval* 18 (2007): 133-154.

---. "La Orden de Venus en el Comentario de Hernán Núñez. Dignidad humana y conducta amorosa". *eHumanista* 15 (2010a): 21-37.

---. "A propósito de un sermón Pseudo-agustiniano traducido por Hernán Núñez de Toledo". Dins *Hacia una poética del sermón*, R. Sanmartín, B. Taylor, y R. Vidal eds. *Revista de poética medieval* 24 (2010b): 127-146.

---, & Adelaida Cortijo. "Las cartas de amores: ¿otro género perdido de la literatura hispánica medieval?." *Dicenda* (1999): 34-58.

Cortijo Ocaña, Antonio, & Júlia Butinyà. "Humanisme català: Breu nota introductòria". *El Humanismo catalán* (A. Cortijo & Júlia Butinyà eds.) *eHumanista. Journal of Iberian Studies* 13 (2009): i-lii.
[http://www.spanport.ucsb.edu/projects/ehumanista].

Cortijo, Antonio, & Luisa Blecua. *Boncompagno da Signa*. Madrid: Gredos, 2005.

Cortijo Ocaña, Antonio, & Á. Gómez Moreno. *Comentarios de lo sucedido en las Guerras de los Países Bajos*. Madrid: Ministerio de Defensa, 2008.

Cortijo Ocaña, Antonio, & T. Jiménez Calvente "Humanismo español latino: breve nota introductoria". *La Corónica* 37.1 (2008): 5-25.

Cortijo Ocaña, Antonio, & Julian Weiss. "El Sermón de la Sagrada Escritura" de Pseudo (Agustín) y la version romance de Hernán Núñez. Notas sobre el humanismo cristiano del primer Renacimiento". *La Corónica* 31.7 (2008): 145-74.

---, eds. Hernán Núñez de Toledo.*Comentario a las 'Trescientas'. eHumanista*. Projects.

Crescini, Vincenzo & Venanzio Todesco. "La versione catalana dell'Inchiesta del San Graal." Atti del regio Istituto Veneto. 73.2 (1913-1914): 457-510.

---. La Inchiesta del Sant Graal. Barcelona: Institut d'Estudis Catalans, 1917.

Cruselles, J. M.. "El Cardenal Rodrigo de Borja, los curiales romanos y la política eclesiástica de Fernando II de Aragón". Dins *Congreso Internacional. De la unión de las coronas al Imperio de Carlos V*. Madrid: Sociedad Estatal para la Conmemoración de los Centenarios de Felipe II y Carlos V, 2001. I, 253-279.

Cuartero Sánchez, María Pilar. "La paremiología en el *Libro de Buen Amor*". Dins Francisco Toro Ceballos & Bienvenido Morros Mestres coords. *Juan Ruiz, Arcipreste de Hita, y el "Libro de buen amor". Congreso Internacional del Centro para la*

Edición de los Clásicos Españoles, patrocinado por el área del cultura del Ayuntamiento de Alcalá La Real... del 9 al 11 de mayo de 2003. Alcalá la Real: Ayuntamiento de Alcalá la Real, 2004): 215-234. [Pot consultar- se en: http://cvc.cervantes.es/obref/arcipreste_hita/cuartero.htm].

Cuendet, Georges. "Cicéron et Saint Jerôme traducteurs". *Revue des Etudes Latines* 5 (1933): 380-400.

Curtius, Erns Robert. *Europäische Literatur und lateinisches Mittelalter*. Berna: A. Francke, 1948.

Curtius, Ernest Robert. M. Frenke & A. Alatorre trads. *Literatura europea y Edad Media Latina*. México: FCE, 1989.

Dante Alighieri. N. González & J.L. Gutiérrez García trads. *Obras completas*. Madrid: BAC, 1980.

Derrida, Jacques. "Onto-Theology of National-Humanism (Prolegomena to a Hypothesis)." *Oxford Literary Review* 14 (1992): 3-23.

Despuig, Cristòfor. Eulàlia Duran ed. *Col·loquis de la insigne ciutat de Tortosa. 1557*. Barcelona: Curial Edicions Catalanes, 1981.

Domínguez Caparrós, José. "Teorías para un canon de la crítica literaria". *Signa* 18 (2009): 69-85.

Donaldson, Bruce C. *Dutch: a linguistic history of Holland and Belgium*. Leiden:Martinus Nijhoff, 1983.

Du Bellay, Joachim. Francis Goyet & Olivier Millet eds. *La Déffence et illustration de la langue françoyse* dins *Œvres complètes*. Paris: Honoré Champion, 2003. I, 18-201.

Duran, Eulàlia. Ressenya a A. M. Badia, *Les* Regles de esquivar vocables *i la "qüestió de la llengua"*. *Arxiu de Textos Catalans Antics* 19 (2000): 715-719.

---. *Estudis sobre la cultura catalana al Renaixement*. València: E.Climent, 2004.

Echenique, Maria Teresa, "¿Cómo debía de hablar Nebrija según su *Gramática castellana?*". Dins J.J. Gómez Asencio dir. *El castellano y su codificación gramatical. I. De 1492 (Nebrija) a 1611 (John Sanford)*. Valladolid: Instituto Castellano y Leonés de la Lengua, 2006. 413-434.

Eiximenis, Francesch. Marçal Olivar ed. *Contes i fabules*. "Els Nostres Classics". Barcelona: Barcino, 1925.

---. Manuel Sanchis Guarner ed. *Regiment de la Cosa Pública*. 1383. València: Societat Bibliogràfica Valenciana, 1972.

Elliott, John Huxtable. *Imperial Spain 1469-1716*. London: Penguin, 1990.

---. *Imperios del mundo atlántico. España y Gran Bretaña en América (1492-1830)*. Madrid: Taurus, 2006.

Espadaler, Anton. *Una reina per a Curial*. Barcelona: Quaderns Crema, Assaig, 1984.

Español Bertrán, Francesca. *Lo macabro en el gótico hispano*. Cuadernos de Arte Español, 70. Madrid: Historia 16, 1992.

Esteve, J. G. Colón ed. *Liber elegantiarum*. Castelló de la Plana: Inculca, 1988.

Fang, Achilles. "Some reflections on the Difficulty of Translation". dins Reuben A. Brower ed. On Translation. Cambridge, Mss: Harvard University Press, 1959, 111-133.

Faulhaber, Charles. "Sobre la cultura ibérica medieval: Las lenguas vernáculas y la traducción." Dins *Actas del VI Congreso Internacional de la Asociación Hispánica de Literatura Medieval*. Alcalá de Henares: Universidad de Alcalá, 1997. 587-597.

---. "Rhetoric in Medieval Catalonia: The Evidence of the Library Catalogs". Dins Charles B. Faulhaber, Richard P. Kinkade, & T. A. Perry eds. *Studies in Honor of Gustavo Correa*. Scripta humanistica, 18. Potomac, MD: Scripta Humanistica, 1986. 92-126.

Ferrando, Antoni. "Sobre el marc històric de Curial e Güelfa i la possible intencionalitat de la novel·la". Dins J.M. Barberà ed. *Actes del Col·loqui internacional Tirant lo Blanc: "l'albor de la novel·la moderna europea". Estudis crítics sobre Tirant lo Blanc i el seu context*. Barcelona: Publicacions de l'Abadia de Montserrat, 1997. 323-369.

---. *Els certàmens poètics valencians dels segles XIV al XIX*. València: Institució Alfons el Magnànim, 1983.

---. "El paper dels primers editors (1473-1523) en la fixació del català modern". *Caplletra* 27 (2000 [1999]): 109-136.

---. "Sobre l'autoria de les *Regles d'esquivar vocables*, encara". *Els Marges* 70 (2003 [2002]): 67-98.

---. "Les *Regles d'esquivar vocables*: una qüestió d'història cultural, de filologia i de sociolingüística històrica". *Estudis Romànics* 27 (2005): 227-234.

---. "Percepció i institucionalització de la norma lingüística entre valencians: panorama històric (1238-1976)". Dins A. Ferrando & M. Nicolás eds. *La configuració social de la norma lingüística a l'Europa llatina*. Alacant:Institut Interuniversitari de Filologia Valenciana, 2006. 189-251.

---, ed. *Curial e Güelfa*. Toulouse: Anacharsis, 2007.

---. "La gènesi romana d'una norma lingüística catalana del segle XV: les *Regles d'esquivar vocables o mots grossers o pagesívols*, "fetes" per Jeroni Pau". Dins A. Benedetto & I. Ravasini *Traduzioni e continuità di tradizioni. Valencia a Bari*. Lecce: Pensa Multimedia, 2011a: 39-64.

---. "L'orientació diatòpica de les *Regles d'esquivar vocables o mots grossers o pagesívols.*" *eHumanista* (2011b). En premsa.

Ferrando, Antoni, & Miquel Nicolás. *Història de la llengua catalana*. Barcelona, Editorial UOC, 2011.

Ferrer, Vicent, Sant. Josep Sanchis Sivera ed. *Sermons*. Barcelona: Barcino, 1932.

Ferrer, Montserrat. "Notes on the Catalan Translations of Devotional Literature with Special Reference to the *Epistle of Lentulus to the Senate of Rome*". Dins B. Taylor & A. Coroleu, eds. *Humanism and Christian Letters in DEarly Modern Iberia (1480-1630)*. Cambridge: Cambridge Scholars Publishing, 2010. 47-60.

Fierro, Maribel. "Alfonso X 'The Wise': The Last Almohad Caliph?". *Medieval Encounter* 15 (2009): 175-198.

Foulché-Delbosc, Raymond, ed. Gestas del rey don Jayme de Aragón. Madrid: Sociedad de Bibliófilos Madrileños, 1909.

---. Cancionero castellano del siglo XV. Madrid: Bailly-Baillière, 1912.

Francalanci, Leonardo. "Humanism and Lullism in Fifteenth-century Majorca: New Information on the Case of Arnau Descós". Dins B. Taylor & A. Coroleu, eds. *Humanism and Christian Letters in Early Modern Iberia (1480-1630)*. Cambridge: Cambridge Scholars Publishing, 2010. 93-104.

Fratta, Aniello, ed. Jordi de Sant Jordi. Poesies completes: Barcelona: Barcino, 2005.

Furió Ceriol, Enrique. Diego Sevilla Andrés ed. *El Concejo y Consejeros del Príncipe y otras obras*. Valencia: Institución Alfonso El Magnánimo, 1952.

Fuster, Joan. "Llengua i societat." Dins *Història del País Valencià. Vol. III. De les Germanies a la Nova Planta*. Ernest Belenguer ed. Barcelona: Edicions 62, 1989. 219-32.

Gadamer, H-G. *Verdad y método*. Salamanca: Sígueme, 1991.

Gadea, Ferran. *Literatura catalana medieval*. Barcelona: Jonc, 1986.

Gallego Roca, Miguel. Traducción y literatura: los estudios literarios ante las obras traducidas. Madrid: Júcar, 1994.

Gallego, José & Francisca Vázquez. M. Helena Fernández Prat ed. Teoría/Crítica (Monográfico: Ciencias del lenguaje y de las lenguas naturales) 3 (1996): 269-281.

Gallina, Annamaria, ed. Viatges de Marco Polo. Barcelona: Barcino. 1958.

García de la Concha, Víctor. *El arte literario de Santa Teresa*. Barcelona: Ariel, 1978. García Santos, J. F. "La ortografia nebrisense". Dins J.J. Gómez Asencio dir. *El castellano y su codificación gramatical. Vol. I. De 1492 (Nebrija) a 1611 (John Sanford)*. Valladolid: Instituto Castellano y Leonés de la Lengua, 2006. 335-364.

García Gabaldón, Jesús. M. Helena Fernández Prat ed. "Sobre el Comparatismo Lingüístico y Literario". Teoría/Crítica (Monográfico: Ciencias del lenguaje y de las lenguas naturales) 3 (1996): 113-127.

García Yebra, Valentín. "¿Cicerón y Horacio preceptistas de la traducción?". *Cuadernos de Filología Clásica* 16 (1979-80): 139-54.

Gariano, Carmelo. *El mundo poético de Juan Ruiz*. Madrid: Gredos, 1968.

Garin, Eugenio. M.Á. Granda pròl. *La revolución cultural del Renacimiento*. Barcelona: Crítica, 1984.

Gascón Uris, Sergi. "L'astrònom Pere Gilbert en les obres d'Eiximenis". BRABLB 46 (1998-1999): 389-396.

Geijerstam, Regina Af. "Un esbozo de la Grant Crónica de Espanya de Juan Fernández de Heredia". Studia Neophilologica 32 (1960): 80-105.

---.La Grant Crónica de Espanya. Uppsala: "Acta Universi¬tatis Upsaliensis", 1964.

Gerli, Michael, ed. *"Triste Deleytaçión": An Anonymous Fifteenth-Century Castilian Romance*. Washington: Georgetown University Press, 1982.

Gil Fernández, Luis. *Panorama social del humanismo español*. Madrid: Tecnos, 1997.

Gilman, Sander L. *The Parodic Sermon in European Perspective: Aspects of Liturgical Parody from the Middle Ages to the Twentieth Century*. Wiesbaden: Steiner, 1974.

Gilmont, Jean-François. "Reformas protestantes y lectura". Dins Guglielmo Cavallo & Roger Chartier. *Historia de la lectura en el mundo occidental*. Madrid: Taurus, 1997. 329-365.

Gilson, É. Arsenio Pacios López & Salvador Caballero trads. *La filosofía en la Edad Media. Desde los orígenes patrísticos hasta el fin del siglo XIV*. Gredos: Madrid, 2007.

Goddard, K. A. "Loan-Words in Spanish. A Reappraisal". Bulletin of Hispanic Studies 57 (1980): 1-16.

Gómez, Xavier. *Curial e Güelfa*, petges mitològiques". *Caplletra* 3 (1988): 44-68.

---. "Les *Metamorfosis* (d'Ovidi?) en *Curial e Güelfa*". *Estudis de Llengua i Literatura Catalanes, XXVI. Miscel·lània Jordi Carbonell*. Barcelona: Publicacions de l'Abadia de Monstserrat, 1993. 71-83.

Gómez Capuz, Juan. El préstamo lingüístico. Conceptos, problemas y métodos. València: Universitat de Valènca-Estudi General

(Cuadernos de Filología, Anejo XXIX), 1998.

Gómez Moreno, Ángel. España y la Italia de los Humanistas. Primeros Ecos. Madrid: Gredos, 1994a.

---. "La introducción del Humanismo en España". *Torre de los Lujanes* 26 (1994b): 105-116.

---. "Los clásicos en el umbral del siglo XIV allende y aquende los Pirineos". En *Homenaje a Francisco Ynduráin. Príncipe de Viana* 61 (2000): 153-16 (Annex 18)3.

---. "Juan de Mena". Dins Carlos Alvar & José Manuel Lucía Megías. Dicionario Filológico de Literatura Medieval Española. Textos y transmissión. Madrid: Castalia, 2002. 670-685.

---. "Ramón Menéndez Pidal (1869-1968)". Dins Jaume Aurell & Francisco Crosas eds. *Rewriting the Middle Ages in the XXth Century*. Turnhout: Brepols, 2005. 69-85.

---. *Claves hagiográficas de la literatura española (del 'Cantar de mio Cid' a Cervantes)*. Madrid, Francfort: Iberoamericana-Vervuert, 2008.

---. "Del Duecento al Quattrocento: Italia en España, España en Italia". Dins Aurora Egido ed. *Entre Italia y España. Ínsula* 757-758 (2010): 7-11.

Gómez Moreno, Ángel, & Teresa Jiménez Calvente. "Entre edenismo y *emulatio* clásica: el mito de la Edad de Oro en la España de los Reyes Católicos". *Silva. Estudios de Humanismo y Tradición Clásica* 1 (2002): 113-140.

Gómez Redondo, Fernando. Historia de la prosa medieval castellana, III. Los orígenes del humanismo. El marco cultural de Enrique III y Juan II. Madrid: Cátedra, 2002.

González Ollé, F. "Hablar bien: alabanza de la lengua cortesana y menosprecio de la lengua aldeana (II)". Dins M. T. Echenique & J. Sánchez Méndez eds. *Actas del V Congreso Internacional de la Lengua Española (Valencia, 31 de enero a 4 de febrero de 2000)*. Madrid: Gredos. 2002a. 1217-1235.

---. "El habla cortesana, modelo principal de la lengua española", *Boletín de la Real Academia Española*, 82 (julio-diciembre 2002). 2002b: 153-231. González Rolán, Tomás. "Los

431

comienzos del Humanismo renacentista en España". *Revista de lenguas y literaturas catalana, gallega y vasca* 9 (2003): 23-28.

González Rolán, Tomás, Antonio Moreno Hernández, & Pilar Saquero Suárez Somonte, Pilar. *Humanismo y teoría de la Traducción en España e Italia en la primera mitad del siglo XV*. Madrid: Ediciones Clásicas, 2001.

González Rolán, Tomás, Antonio López Fonseca, & Pilar Saquero Suárez Somonte. *La tradición clásica en España (siglos XIII-XV). Bases conceptuales y bibliográficas*. Madrid: Clásicas, 2002.

González Rolán, Tomás, Pilar Saquero Suárez-Somonte, & José Joaquín Caerols Pérez. *Ars moriendi. El "Ars moriendi" en sus versiones latina, castellana y Catalana*. Madrid: Ediciones Clásicas, 2008.

Grau, F., *et alii*, eds. *Litterare humaniores. Del Renacimiento a la Ilustración. Homenaje al profesor José Maria Estellés*. València: PUV, 2003.   Guia, J. "Dades biogràfiques sobre Jaume Gassull". *Revista d'Història Medieval* 9 (1998): 262-275.

---. "Dades documentals d'interès literari (València, segle XV)". Dins A.M. Compagna *et alii* eds. *Momenti della cultura catalana in un millenio. Atti del VII Congresso Internazionale dell'AISC (Napoli, 22-24 maggio 2000)*. Napoli: Liguori Editore, 2003 [2000]. I, 201-222.

Gros i Lladós, Sònia. "Aspectos del carácter de elegía en el *Tirant lo Blanch*". *Revista de Lenguas y Literaturas Catalana, Gallega y Vasca* 13 (2007-2008): 91-110.

 ---. "Notes sobre els motius amatoris clàssics en el *Tirant lo Blanc*". *eHumanista*.   13 (2009): 58-77. [http://www.spanport.ucsb.edu/projects/ehumanista].

Guadalajara Medina, José. *Las profecías del Anticristo en la Edad Media*. Madrid: Gredos, 1996.

Gubern, Ramon. "L'home de lletres". Aa. Dd. Pere el Cerimoniós. Barcelona: Fundació Jaume I , 1987. 45-57.

Guia i Marín, Josep. *Ficció i realitat a l'"Espill". Una perspectiva fraseològica i Documental*. València: Pubicacions de la Universitat de València, 2010.

Guillén, Claudio. *Entre lo uno y lo diverso*. Barcelona: Crítica, 1985.

---. *El Anticristo en la España medieval*. Madrid: Laberinto, 2004.

Gutiérrez Carbajo, Francisco. *Movimientos y Épocas Literarias*. Madrid: UNED, 2002.

Guzmán, Helena. "El viejo tema de la misoginia: ecos de Semónides en Bernat Metge". *eHumanista* 13 (2009): 247-261.

Harris-Northall, Ray. "Re-Latinization of Castilian Lexis in the Early Sixteenth Century". Bulletin of Hispanic Studies 62 (1999): 79-94.

Hauf, Albert, ed. *Tirant lo Blanch*. "Clàssics Valencians" 7-8. València: Generalitat Valenciana, 1990. 2 vols.

---. "Profetisme, cultura literària i espiritualitat en la València del segle XV: d'Eiximenis i sant Vicent Ferrer a Savonarola, passant pel *Tirant lo Blanc*". Dins *Xàtiva, els Borja: una projecció europea*. Xàtiva: Ajuntament de Xàtiva, 1995. I, 101-138.

---. "Sobre els estudis de tema medieval del pare Miquel Batllori, S. I.". Dins VV. AA. *La saviesa de Batllori*. València: Saó, 2001. 37-56.

---. "Láquesis: La personificación de la seducción en el *Curial e Güelfa*". Dins Javier Gómez Montero & Bernhard König dirs. Gernert Folke ed. *Literatura caballeresca entre España e Italia (Del 'Orlando' al 'Quijote')*. Salamanca: Semyr & Centro de Estudios sobre el Renacimiento Español, 2004. 261-84.

---. *Introducció*, dins *Panorama Crític de la Literatura Catalana. Edat Mitjana I*. Barcelona: Vicens Vives 2010, 15-36.

Henriquez Salido, M. C., "Lingua e poder na *Gramática de la lengua castellana* de Elio Antonio de Nebrija". Dins B. Bagola ed. *La lingüistica española en la época de los descubrimintos*. Hamburg: Helmut Buske Verlag, 2000. 73-84.

Hernández Miguel, Luis Alfonso. *La Tradición clásica. La transmisión de las literaturas griega y latina antiguas y su recepción en las vernáculas occidentales*. Madrid: Liceus E-Excellence, 2008.

Highet, G. Antonio Alatorre trad. *La tradición clásica*. México: Fondo

433

de Cultura Económica, 1978.

Hollander, John. "Versions, Interpretations, and Perfomances". Dins Reuben A. Brower ed. On Translation. Cambridge, Mss: Harvard University Press, 1959. 205-231.

Impey, Olga Tudorica. "Alfonso de Cartagena, traductor de Séneca y precursor del humanismo español". Prohemio 3 (1972): 473-493.

Ingarden, R. *A obra de arte literária*. Lisboa: Fundaçao Calouste Gulbenkian, 1979.

Jackobson, Roman. "On linguistic Aspects of Translation". Dins Reuben A. Brower ed. On Translation. Cambridge, Mss: Harvard University Press, 1959. 232-239.

Jiménez Calvente, Teresa. "Los comentarios a las *Trescientas* de Juan de Mena". *Revista de Filología Española* 72 (2002): 21-44.

Johnson, Paul. *The Renaissance*. Londres: Weidenfeld & Nicolson, 2000.

Jorba, Manuel. *L'obra crítica i erudita de Manuel Milà i Fontanals*. Barcelona: Publicacions de l'Abadia de Montserrat, Curial, 1989.

Kelly, Louis G. "Medieval Philosophers and Translation". Dins Hans Josef Niederehe & Konrad Koerner eds. History and Historiography of Linguistics: Papers from the Fourth International Conference on the History of the Language Sciences (ICHoLS IV), Trier, 24-28 August 1987. Amsterdam: Benjamins, 1990. I, 399-873.

Kerkhof, Maxim P.A.M., ed. Íñigo López de Mendoza. *Comedieta de Ponça. Sonetos "a itálico modo"*. Madrid: Cátedra, 1986.

Klemperer, Viktor. "Gibt es eine Spanische Renaissance?" *Logos* 16 (1927): 129-161.

Kraye, Jill. Lluís Cabré trad. *Introducción al humanismo renacentista*. Cambridge: UP, 1998.

Kristeller, Paul Oskar. Renaissance Thought: The Classic, Scholastic and Humanist Strains. Nova York: Harper and Row, 1961.

---. Medieval Aspects of Renaissance Learning. Durham: Duke University Press, 1974.

Lambert, J. "Literary Translation. Research Updated". Dins J. M. Borillo ed. La Traducció Literària. Castelló: Publicacions de la Universitat Jaume I, 1995.

Lapesa, Rafael. *La obra literaria del Marqués de Santillana*. Madrid: Ínsula, 1957.

Le Goff, J. Godofredo González trad. *La civilización del occidente medieval*. Barcelona: Paidós, 1999.

Lesnick, David R. *Preaching in Medieval Florence*. Athens: University of Georgia Press, 1989.

Lida de Malkiel, M. R. *La idea de la Fama en la Edad Media Castellana*. Madrid: Fondo de Cultura Económica, 1983 [1952].

Lledó-Guillem, Vicente. "On the Political Linguistic Situation of Castilian and Catalanin 16th Century Spain: Nebrija's Legacy in the Works of Juan de Valdés and Cristòfor Despuig." *Romanistisches Jahrbuch* 55 (2004): 259-79.

Lliteras, M. "La configuración histórica de la norma española". Dins A. Ferrando & M. Nicolás eds. *La configuració social de la norma lingüística a l'Europa llatina*. Alacant: Institut Interuniversitari de Filologia Valenciana, 2006. 55-75.

López de Toro, José. *Epístolas de Juan Verzosa*. Madrid: CSIC, 1945.

Lullus, Raimundus. A. Fidora & J. E. Rubio eds. *An Introduction to his Life, Works and Thought*. Brepols: Turnhout, 2008.

Machiavelli, Niccolò. Ruffus Goodwin trad. *The Prince*. Wellesley, MA: Dante UP, 2003.

Madurell Marimón, José Mª i J. Rubió y Balaguer. Documentos para la historia de la imprenta y librería en Barcelona (1474-1553). Barcelona: Gremio de Editores, de Libreros y de Maestros Impresores, 1955.

Malla, Felip de. Josep Perarnau ed. *Correspondència política*. "Els Nostres Clàssics". Barcelona: Barcino, 1978. 2 vols.

---. Manuel Balasch ed. *Memorial del pecador remut*. "Els Nostres Clàssics". Barcelona: Barcino, 1981. 2 vols.

Manzanaro, Josep Miquel. *Fortuna en el "Tirant lo Blanch" i en el "Curial e Güelfa"*. Alacant: Universitat d'Alacant, 1998.

Marco Artigas, Miquel "Obras burlescas de Bernat Metge: *Libre de*

Fortuna e Prudència, el Sermó y la *Medecina*". Dins *Literatura Catalana Medieval, Liceus. Portal virtual de Humanidades E-Excellence* (2004): 1-17. [www.liceus.com].

---. "La data de l'1 de maig de 1381 en el *Libre de Fortuna e Prudència* de Bernat Metge: realitat, folklore popular, reminiscències de Dant o   mer tòpic literari". *Revista de Lenguas y Literaturas Catalana, Gallega y Vasca* 11 (2005): 13-16.

---. "La pastoreta, Fèlix, el llop i Bernat Metge: a propòsit de l'episodi inicial del *Libre de Meravelles* de Ramon Llull". *Revista de Lenguas y Literaturas Catalana, Gallega y Vasca* 13 (2008): 225-226.

---. "El context cultural del *Llibre de Fortuna e Prudència* de Bernat Metge i la recepció de l'obra per la crítica". *eHumanista* 13 (2009a): 96-105. [http://www.spanport.ucsb.edu/projects/ehumanista].

---. "Una prudència agustiniana en el *Llibre de Fortuna e Prudència* de Metge". "Estudis de Llengua i Literatura catalanes" 63. *Miscel·lània Joaquim Molas 3*. Barcelona: Publicacions de l'Abadia de Montserrat, 2009b. 21-32.

---, ed. Bernat Metge. *Libre de Fortuna e Prudència*. Barcelona: Reial Acadèmia de Bones Lletres de Barcelona, IVITRA, 2010.

Marco, J. *El fil d'Ariadna. Anàlisi estilística i traducció literaria*. Vic: EUMO, 2002.

Marinis, Tamaro de. La biblioteca napoletana del re d'Aragona. Milà: Rico Hoepli ed., 1947-1952. 4 vols.

Márquez Villanueva, Francisco. El concepto cultural alfonsí. Madrid: Fundación Mapfre, 1994 ((amb edició ampliada de Bellaterra-Toledo: UAM-UCLM, 2004).

Mártir de Anglería, Pedro. Epistolario. Madrid: Góngora, 1953-1957.

Martines, Vicent. Amadeu-J. Soberanas "Pròleg". El "Tirant" poliglota. Estudi sobre el "Tirant lo Blanch" a partir de les seues traduccions espanyola, italiana i francesa dels segles XVI-XVIII. Barcelona: Publicacions de l'Abadia de Montserrat / Curial Edicions Catalanes, 1997.

---. L'edició filològica de textos. València: UV-EG, 1999.

---. "Traducció i contacte de llengües. Bescanvis culturals i literaris d'àmbit romànic". Dins Maria Antònia Cano, Josep Martines, Vicent Martines & Joan J. Ponsoda eds. Les claus del canvi lingüístic. Alacant: Ajuntament de la Nucia / Caja de Ahorros del Mediterráneo / IIFV, 2001 [2002]. 447-498.

---. "Traduccions, recepcions i transformacions: traduccions en la i de la literatura catalana medieval. Relacions d'anada i tornada de literatura romànica". Dins August Bover i Font, Maria Rosa Lloret & Mercè Vidal-Tibbits eds. Actes del Novè Col·loqui d'Estudis Catalans a Nord-Amèrica (Institu d'Estudis Catalans, Barcelona, 1998). Barcelona: PAM, 2001. 245-268.

---. "Traducciones al servicio de la exégesis temprana sobre Ausiàs March y otros clásicos valencianos y el sentido de sus relaciones románicas". Revista de Literatura Medieval 17 (2005): 155-176.

---. "Traduir, ensenyar sobre clàssics romànics. Ausiàs March i altres clàssics traduïts". Dins Aa.Dd. Ensenyament de la llengua i de la literatura, traducció i noves tecnologies. Alacant: IIFV, 2008ª. 109-130.

---. "Entrevenir en corregir un original de una Bíblia qui·s devia estampar en vulgar. Traducció, correcció de textos i literatura (medieval) per adobar la formació del filòleg". Dins Aa.Dd. Ensenyament de la llengua i de la literatura, traducció i noves tecnologies. Alacant: IIFV, 2008b. 131-167.

---, ed. Ausiàs March, poeta universal. 8 poemes d'Ausiàs March traduïts a 25 llengües ‖ Ausiàs March: A Universal Poet. 8 Poemes by March Translated into 25 Languages. València: Institució Alfons el Magnànim, 2009. 2 vols..

Martínez, Tomàs, & Roxana Recio. *Essays on Medieval Translation in the Iberian Peninsula*. Castelló: Universitat Jaume I, 2001.

Martínez Torrejón, José Miguel. Fray Bartolomé de las Casas. *Brevísima relación de la destruición de las Indias*. Barcelona: Centro para la Edición de los Clásicos Españoles, Galaxia Gutenberg, Círculo de Lectores, 2009.

Martos, Josep Lluís, ed. *Les proses mitològiques de Joan Roís de*

Corella. "Biblioteca Sanchis Guarner" 55. Barcelona: Publicacions de l'Abadia de Montserrat, 2001.

Medina, Jaume. *De l'Edat Mitjana al dos mil. Estudis sobre la tradició clàssica a Catalunya*. Barcelona: Publicacions Internacionals Catalanes, 2009.

Melczer, William. "Towards the Dignification of the Vulgar Tongues: Humanistic Translations into Italian and Spanish in the Renaissance". Canadian Review of Comparative Literature 8 (1981): 256-271.

Miguel Briongos, Jerónimo. "El diálogo en España: De la Edad Media al Renacimiento". *A Distancia* (1995): 44-50.

---. "Bernat Metge y "Lo somni": Luces y sombras entre los bastidores del Humanismo". *Revista de Lengua y Literatura Catalana, Gallega y Vasca* 4 (1996): 11-32.

---. "La corte napolitana del Magnánimo. Jordi de Sant Jordi". Dins *Literatura Catalana Medieval* [Portal virtual de Humanidades E-Excellence] (2004): 1-20. [http://www.liceus.com/cgibin/aco/lit/04/0100.asp].

---. "*Virtus et sapientia*, elements integradors de la *nobilitas* de Curial". *eHumanista* 13 (2009): 37-57. [http://www.spanport.ucsb.edu/projects/ehumanista].

Milhou, Alain. *Colón y su mentalidad mesiánica en el ambiente franciscanista español*. Valladolid: Universidad de Valladolid, 1983.

Millares Carlo, Agustín. "La imprenta en Barcelona en el siglo XVI" dins: *Historia de la imprenta hispana*. Madrid: Editora Nacional, 1982.

Mira, Isabel. "*Muerte que a todos convidas*: La muerte en la literatura hispánica medieval". *Revista de Lenguas y Literaturas Catalana, Gallega y Vasca* 14 (2009): 291-326.

Monesma, Eugenio. Juan Fernández de Heredia. Huesca: Pyrene P.V., D.L. 2008. DVD.

Monfrin, Jacques. "La bibliothèque Sánchez Muñoz et les inventaires de la bibliothèque pontificale à Peñisco¬la". Studi di bibliografia e di storia in onore di Tommaro de Marinis. Verona: UP, 964.

229-269.

---. "Les traducteurs et leur public en France au Moyen Age". Journal des Savants (1964): 5-20.

---. "Humanisme et traductions au Moyen Age". Journal des Savants (1983): 161-190.

Moreno, Francisco. *Historia social de las lenguas de España*. Barcelona, Ariel, 2005.

Morrás, María "El traductor como censor de la Edad Media al Renacimiento". Dins Luis Charlo Brea ed. Reflexiones sobre la traducción. Actas del Primer Encuentro Interdisci¬plinar «Teoría y Práctica de la Traducción» (Cádiz del 29 de marzo al 1 de abril de 1993). Cadis: Universidad de Cádiz, 1994. 415-425.

---. "Latinismos y literalidad en el origen del clasicismo vernáculo: las ideas de Alfonso de Cartagena (ca. 1384-1456)". Dins Roxana Recio ed. La traducción en España, ss. XIV-XVI. León: Universidad de León, 1995. 35-58.

---. ed. Cicerón. De officiis. Alcalá de Henares: Universidad de Alcalá, 1996.

Morreale, Margherita. "Los doze trabajos de Hércules de Enrique de Villena". Revista de Literatura 5 (1954): 21-34.

---. *Los doze trabajos de Hércules*. Biblioteca Selecta de Clásicos Españoles 20. Madrid: Biblioteca de la Real Academia Española, 1958

Moure, Anna. Paladio. *Tratado de Agricultura*. Madrid: Gredos, 1990.

Nadal, Josep Maria. "Dir lo latí en so de romanç". Caplletra. Revista de Filologia 6 (1989): 171 177.

Nadal, Josep M., Modest & Prats. *Història de la llengua catalana. I-II*. Barcelona: Ed. 62, 1983-1996.

Netanyahu, Benzion. "The Number of the Marranos in Spain". Dins *The Origins of the Inquisition in Fifteenth Century Spain*. Nueva York: Random House, 1995. 1095-1102.

Oleza, Juan. "Petrarquismo". Dins *Gran Enciclopedia Rialp*. Madrid: Rialp, 1973. XV, 433-435.

Olivar, Marçal, ed. *Bernat Metge. Anselm Turmeda. Obres menors*. «Els Nostres Clàssics» A/10. Barcelona: Barcino, 1927.

Olmedo, Félix G. *Nebrija (1441-1522): debelador de la barbarie, comentador eclesiástico, pedagogo y poeta*. Madrid: Editora Nacional, 1942.

---. *Nebrija en Salamanca (1475-1513)*. Madrid: Editora Nacional, 1944.

Orduna, Germán. "Pero López de Ayala". Dins Carlos Alvar & José Manuel Lucía Megías. Dicionario Filológico de Literatura Medieval Española. Textos y transmissión. Madrid: Castalia, 2002. 875-912.

Ovidi. Adela Mª Trepat & Anna Mª de Saavedra, eds. *Heroides*. Barcelona: Fundació Bernat Metge, 1927.

---. Jordi Pérez Durà & Miquel Dolç, eds. *Art amatòria*. Barcelona: Fundació Bernat Metge, 1977.

---. Jordi Pérez Durà & Miquel Dolç, eds. *Remeis a l'amor. Cosmètics per a la cara*. Barcelona: Fundació Bernat Metge, 1979.

Pacheco, Arseni, ed. *Blandín de Cornualla i altres narracions en vers dels segles XIV i XV*. Barcelona: Edicions 62, 1983.

Pagès, Amédée. *La poésie française en Catalogne du XIIIe siècle a la fin du XVe*. Toulouse, Paris: Privat, Didier, 1936.

Palencia, Alfonso de. *Batalla campal de los perros contra los lobos*. Sevilla: Cuatro Compañeros alemanes, 1490.

---. José López de Toro ed. *Cuarta Década de Alfonso de Palencia*. Madrid: Academia de la Historia, 1970 & 1974.

Paredes, J., & E. Muñoz, eds. *Traducir la Edad Media. La traducción de la literatura medieval románica*. Granada: Universidad de Granada, 1999.

Parrilla, Carmen. "Alfonso Fernández de Madrigal, el Tostado". Dins Carlos Alvar & José Manuel Lucía Megías. Dicionario Filológico de Literatura Medieval Española. Textos y transmissión. Madrid: Castalia, 2002. 153-167.

Parsons, Talcott. J. Jiménez Blanco & J. Cazorla Pérez trads. *El sistema social*. Madrid: Revista de Occidente. 1966.

Pascual, José Antonio. *La traducción de la Divina Commedia atribuída a D. Enrique de Aragón*. Salamanca: Universidad de Salamanca, 1974.

Pau, J. M. Vilallonga ed. *Obres*. Barcelona: Curial, 1986. 2 vols.

Peirats, Anna Isabel, ed. Albert Hauf, intr. Jaume Roig. *Spill*. Clàssics Valencians. València: Acadèmia Valenciana de la Llengua, 2010. 2 vols.

Perarnau i Espelt, Josep. "El lul·lisme, de Mallorca a Castella a través de València". *Arxiu de Textos Catalans Antics* 4 (1985): 61-172.

Pérez, Joseph. *Los desheredados. España y la huella del exilio*. Madrid: Santillana, 2007.

---. *La leyenda negra*. Madrid: Gadir, 2009.

Pérez Priego, M. Á., ed. Juan de Mena. *Obra completa*. Madrid: Planeta, 1989.

Petrarca, Francesco. V. Rossi ed. *Le Familiari. IV*. Florència: Sansoni, 1942.

---. G. Martellotti, P. G. Ricci, E. Carrara, & E. Bianchi eds. *La Letteratura italiana. Storia e testi. VII. Prose*. Milà, Nàpols: R. Ricciardi, 1955.

---. E. Bigi ed. *Opere di Francesco Petrarca*. Milà: Ugo Mursia, 1964.

---. F. Rico ed. *Obras. I. Prosa*. Madrid: Alfaguara, 1978.

---. R. Lenoir ed. *L'Afrique*. Grenoble: Jérôme Millon, 2002

Petris, Alfonso de. "Le teorie humanistiche del tradurre e l'Apologeticus de Giannozzo Manetti". Bibliothèque d'Humanisme et Renaissance 37 (1975): 15-32.

Petrucci, Armando. "Biblioteca, libri, scritture nella Napoli aragone¬sa". Dins Manuscrits del duc de Calàbria, còdexs de la Universi¬tat de València. València: Universitat de València, 1991. 9-19.

PhiloBiblon. Charles B. Faulhaber, Á. Gómez Moreno, A. Cortijo Ocaña, Óscar Perea Rodríguez *et alii* eds. http://sunsite. berkeley.edu/Philobiblon/phhmbe.html.

Pico della Mirandola, Giovanni. A. Robert Caponigri trad. *Oration on the Dignity of Man*. South Bend, Indiana: Gateway, 1956.

Piera, Montserrat. "L'impacte de Violant de Bar en la cultura humanística de Catalunya: una revolució a la francesa?" *Catalan Review* 22 (2008): 293-308.

Plutarco de Queronea. Adelino Álvarez Rodríguez ed. *Vidas semblantes.* Larumbe: Clásicos Aragoneses, 2009. 2 vols.

Pociña, Andrés José. *Gil Vicente y las naves de los locos.* Salamanca: Luso-Española de Ediciones, Salamanca 2006.

Pons, V., & M. Càrcel."La diócesis de Valencia en los pontificados de los Borja". *Anales Valentinos* 53 (2001): 87-119.

---. "Los canónigos de la catedral de Valencia (1375-1520). Aproximación a su prosopografía". *Anuario de Estudios Medievales* 35/2 (2005): 907-950.

Poole, Ross. *Nation and Identity.* New York: Routledge, 1999.

Prats, Modest. "Un vocabulari català a la versió del De Regimine principum de Gil de Roma". Dins Actes del Sisè Col·lqui Internacional de Llengua i Literatura catalanes,. Barcelona: Publicacions de l'Abadia de Montserrat, 1983. 43-55.

Properci. Joaquim Balcells, Joan Mínguez, Josep Vergés, eds. *Elegies.* Barcelona: Fundació Bernat Metge, 1946.

Puig i Oliver, Jaume de. "Sibiuda, Ramon" *Gran Enciclopèdia Catalana (G.E.C.).* Barcelona: Edicions 62, 1979, vol. 13.

---. "Humanisme català?" *Arxiu de Textos Catalans Antics* 10 (1991): 292-297.

---. "Sobre el lloc de la filosofia en *Lo somni* de Bernat Metge". *Revista Catalana de Teologia* 29/1 (2004): 179-188.

Quint, David. Origin and Originality in Renaissance Literature: Versions of the Source. New Haven: Yale University Press, 1983.

Radice, William & Barbara Reynolds, eds. The Translator's Art. Middlesex: Penguin, 1987.

Rafanell, August. "La llengua: els límits de la castellanització." Dins Eva Serra i Puig & Xavier Torres i Sans. *Història, Política, Societat i Cultura dels PaïsosCatalans. Crisi institucional i canvi social. Segles XVI i XVII.* Barcelona: Enciclopèdia Catalana, 1996. IV, 238-55.

Ramírez de Verger, Antonio, trad. Propercio. *Elegías.* Madrid: Gredos, 1989.

Ramos y Loscertales, José María. "Relatos poéticos en las crónicas medievales. Los hijos de Sancho III". Archivo de Filología Aragonesa 28-29 (1981): 313-334.

Recio, Roxana. "Alfonso de Madrigal (El Tostado): la traducción como teoría entre lo medieval y lo renacentista". *La Corónica* 19.2 (1991): 112-31.

---. "Las canciones intercaladas en la traducción del *Triunfo de Amor* de Petrarca por Alvar Gómez de Ciudad Real". *Hispanic Journal* 12.2 (1991): 247-65.

---. "Una cuestión de título: el desfile en el paraíso de la *Triste deleytación*". *Medievalia* 11 (agosto 1992): 19-26.

---. "Algunas notas sobre el concepto de triunfo como género: el caso del *Triunfo de Amor* de Juan del Encina". *Hispanófila* 109 (1993a): 1-10.

---. "Las interpolaciones latinas en la *Vita Christi* de Sor Isabel de Villena: ¿traducciones, glosas o amplificaciones?". *Anuario Medieval* 5 (1993b): 126-40.

---. "La interrelación intelectual en la Península: Santillana y Ferrer de Blanes". *Anuario Medieval* 6 (1994): 159-73.

---, ed. *La traducción en España (ss. XIV-XVI)*. León: Universidad de León, 1995.

---. "La literalidad y el caso de la *Cárcel de Amor*: el quehacer del traductor catalán y del traductor italiano". *Hispanic Journal* 17.2 (1996a): 271-83.

---. "'Por la orden que mejor suena': traducción y Enrique de Villena". *La Corónica* 24.2 (1996b): 140-53.

---. "Los desfiles triunfales en el *Libro de buen amor* y la *Triste deleytación*". *Boletín Castellonense de Cultura* 72 (1996c): 387-400.

---. *Petrarca en la Península Ibérica*. Alcalá de Henares: Universidad de Alcalá de Henares, 1996d.

---. *Petrarca y Alvar Gómez: la traducción del Triunfo de Amor*. Studies in the Humanities, 28. New York: Peter Lang, 1996e.

---. "La asimilación petrarquista: el arte poético de Bernat Hug de Rocabertí". *Incipit* 16 (1996f): 115-25.

---. "Proceso y significación de la prosificación de un desfile de personaje: el *Somni* de Francesch Alegre". Dins Lillian von der Walde Moheno, Concepción Company, Aurelio González. *Caballeros, monjas y maestros en la Edad Media*. México, DF:El Colegio de México, 1996g. 299-309.

---. "Del latín al vernáculo: la difusión peninsular del *Decamerón*". *Livius* 9 (1997): 109-19.

---. "Humanismo y exégesis medieval: el caso de Ferrer de Blanes". Dins Aengus M. Ward ed. *Actas del XII Congreso de la Asociación Internacional de Hispanistas; Birmingham, 1995*. Birmingham: The U of Birmingham P, 1998. I, 293-301.

---. "Intertextuality in Carroç Pardo de la Casta". *Mediaevalia* (Special volume; Peter Coccozzella ed.) (2000a): 157-181.

---. "El humanismo italiano y las producciones catalanas: Carroç Pardo como modelo de adaptación y recreación". Dins Andrew M. Beresford & Alan Deyermond eds. *Proceedings of the Ninth Colloquium*. Papers of the Medieval Hispanic Research Seminar 26. London: Queen Mary and Westfield College, 2000b. 43-52.

---. "Petrarca traductor: los cambios de traducción peninsular en el siglo XV a través de la Historia de Valter e Griselda". Dins *Essays on medieval translation in the Iberian Peninsula*. «Estudis sobre la Traducció» 9. Castelló: Universitat Jaume I, 2001: 291-308.

---. "Vernacular Translations in the Crowns of Castile and Aragon (1352-1515)". Dins Frank A. Domínguez & George D. Greenia eds. *Castilian Writers, 1400-1500*. Dictionary of Literary Biografy, 286. New York: Gale, 2003.

---. "La traducción en las coronas de Aragón y Castilla". Liceus E-Excellence 2004. [http://www.liceus.com/cgi-bin/aco/lit/04/0100. asp].

---. "El sueño erótico en el *Triunfo de amor* de Juan del Encina y los humanistas catalanes: tradición y recreación". *Revista de Lengua y Literatura Catalana, Gallega y Vasca* 12 (2006a): 13-26.

---. "Humanismo en la Corona de Aragón: el comendador Estela y

Rodríguez del Padrón en el manuscrito 229 de la Biblioteca Nacional de París". *Fifteenth-Century Studies* (2006b). En prensa.

---, ed. *La traducción catalana de los comentarios de los Triunfos de Petrarca (manuscritos de Barcelona y París)*. University of North Carolina Series on Romance Languages and Literatures. Chapel Hill: University of North Carolina Press, 2009.

Rey Hazas, Antonio, ed. *Artes de bien morir. Ars moriendi de la Edad Media y del Siglo de Oro*. Madrid: Lengua de Trapo, 2003.

Reynolds, L. D., ed. *Texts and Transmission. A Survey of the Latin Classics*. Oxford: Clarendon Press, 1986.

Reyzábal, María Victoria & Pedro Tenorio. El aprendizaje significativo de la literatura. Madrid: Muralla, 1992.

Ribera i Llopis, Joan. "Lectura narratológica de *Valter e Griselda* de Bernat Metge". Dins *Tipología de las formas narrativas breves románicas medievales*. Granada: Universitat de Granada, 1998. 185-208.

---. "Presencia de los Balcanes en la cultura catalana". *Revista de Filología Románica* 16 (1999): 85-93.

---. "Usos y recursos narrativos en el Humanismo románico en ciernes: A propósito de Bernat Metge". *eHumanista* 13 (2009): 106-116.

Rico, Francisco. *Predicación y literatura en la España medieval*. Cadiz: Universidad Nacional de Educación a Distancia, 1977.

---. *Primera cuarentena y tratado general de Literatura*. Barcelona: Quaderns Crema, 1982.

---. "Antoni Canals y Petrarca. Para la fecha y las fuentes de *Scipió e Anibal*". Dins *Miscel·lània Sanchis Guarner, III*. Barcelona: Publicacions de l'Abadia de Montserrat, 1992. 53-63.

---, dir. Pablo Andrés & Sonia Garza eds. Imprenta y Crítica Textual en el Siglo de Oro. Valladolid, Fundación Santander Central Hispano / Centro para la Edición de los Clásicos Españoles, 2000.

---. "Esbozo del Humanismo español." *Studi Francesi* 51.3 (2007): 526-531.

Riera i Sans, Jaume. "Una versión aragonesa de la Epistola de cura et modo rei familiaris utilius gubernande atribuida a San Bernardo". Archivo de Filología Aragonesa 28-29 (1981): 121-142.

Riquer, Isabel de. "La literatura francesa en la Corona de Aragón en el reinado de Pedro el Ceremonioso (1336-1387)". Dins Francisco Lafarga ed. *Imágenes de Francia en las letras hispánicas*. Barcelona: Promociones y Publicaciones Universitarias, 1989. 115-126.

---. "Lo 'maravilloso' y lo cotidiano en *La Faula* de Guillem de Torroella". *Revista de Filología Románica* 22 (2005): 175-82.

Riquer, Martí de. "Influències del *Secretum* de Petrarca sobre Bernat Metge". *Criterion* 9 (1933): 243-247.

---. *L'Humanisme català*. Barcelona: "Els Nostres Classics" A/105. Barcelona: Barcino, 1934.

---, ed. Antoni Canals. *Scipió e Anibal*. "Els Nostres Clàssics" A 49. Barcelona: Barcino 1935.

---. "*Triste deleytación*, novela castellana del siglo XV". *Revista de Filología Española* 40 (1956): 33-65.

---, ed. *Obras de Bernat Metge*. Barcelona: Universitat de Barcelona, 1959.

---. *Literatura catalana medieval*. Barcelona: Ayuntamiento de Barcelona, 1972.

---."Boccaccio en la literatura catalana medieval". *Filología Moderna* 55 (1975): 451-471.

---. "Curial e Güelfa". *Historia de la literatura catalana, II*. Barcelona: Ariel, 1980. 602- 631.

---, ed. Mossèn Gras. Tragèdia de Lançalot. Barcelona: Edicions dels Quaderns Crema, 1984.

---, dir. *Història de la literatura catalana*. Barcelona: Ariel, 1985. 10 vols.

---. *Tirant lo Blanch, novela de historia y de ficción*. Barcelona: Sirmio, 1992.

Riquer, Martí de, & Lola Badia *Les poesies de Jordi de Sant Jordi. Cavaller valencià del segle XV*. València: Tres i Quatre, 1984.

Riquer, Martí de, & Antoni Comas. *Història de la literatura catalana*. Barcelona: Ariel, 1964. 3 vols.

Rivkin, Julie, & Michael Ryan. "English Without Shadows, Literature on a World Scale." Dins Julie Rivkin & Michael Ryan. *Literary Theory: an Anthology. Revised Edition.* Oxford: Blackwell, 1998. 851-55.

Rocabertí, Bernat Hug. H.C. Heaton ed. *The "Gloria d'Amor" of Fra Rocabertí*. Nueva York: Columbia University Press, 1916.

Rodríguez Adrados, "Sobre los géneros literarios en la literatura griega". *1616: Anuario de la Sociedad Española de Literatura General y Comparada* 1 (1978): 159-72.

Rodríguez del Padrón, Juan. Antonio Prieto ed. *Siervo libre de amor*. Madrid: Castalia, 1976.

Romano, David. "Pere el Cerimoniós i la cultura científica". L'Avenç 107 (1981): 26a-30b [558a-562b].

Romeu i Figueras, Josep. "Les poesies populars i tradicionals catalanes de la traducció del *Decameron* (Sant Cugat del Vallès, 1429)". *Estudis de lírica popular i lírica tradicional antigues*. Barcelona: Publicacions de l'Abadia de Montserrat, 1993. 145-61.

---. *Miquel Batllori medievalista*. Dins Josep Solervicens ed. *Miquel Batllori, historiador humanista. Cicle sobre la seva obra (17 de febrer-17 de març de 1998)*. Barcelona: Reial Acadèmia de Bones Lletres / Fundació Caixa de Sabadell, 2000, 33-39.

Rossich, A. "El model ortològic del català modern". Dins A. Ferrando & M. Nicolás eds., *La configuració social de la norma lingüística a l'Europa llatina*. Alacant: Institut Interuniversitari de Filologia Valenciana, 2006. 125-153.

Rubió, J. *Història de la literatura catalana, 1*. Barcelona: Publicacions de l'Abadia de Montserrat, 1984.

Rubio, Josep-Enric. *Salvar Aristòtil? La teologia davant la cultura pagana a la tardor Medieval*. Dins A. Cortijo & J. Butinyà eds. *El Humanismo catalán. eHumanista* 13 (2009): 153-172.

Rubio, Lisardo. *Catálogo de manuscritos latinos en España*. Madrid: Universidad Complutense, 1984.

Rubió i Balaguer, Jordi. *Obres de Jordi Rubió i Balaguer. Història de la literatura catalana, I*. Barcelona: PAM, 1984.

---. *Obres de Jordi Rubió i Balaguer. VIII. Humanisme i Renaixement*. Barcelona: Publicacions de l'Abadia de Montserrat, 1990.

Rubió i Lluch, Antoni. Documents per a l'història de la cultura catalana migeval. Bar-celona Institut d'Estudis Catalans 1908.

---. *"La cultura catalana en el regnat de Pere III". Estudis Universitaris Catalans 8 (1914): 219-247.*

---. *"Joan I humanista i el primer període de l'humanisme català". Estudis Universitaris Catalans 10 (1917-18): 1-117.*

Rubio Tovar, J. "Consideraciones sobre la traducción de textos medievales". Dins J. Paredes & E. Muñoz Raya eds. *Traducir la Edad Media. La traducción de la literatura medieval románica*. "Monográfica" 250. Granada: Universidad, 1999. 43-62.

---. "El soneto CXLVIII de Petrarca traducido por Enrique de Villena: ¿original o traducción?". *Cuadernos de Filología Italiana* (n° extraordinario, *El "Canzoniere" de Petrarca en Europa: ediciones, comentarios, traducciones y proyección*. María Hernández Esteban ed.) (2004): 87-102.

Russell, Peter E. "Francisco de Madrid y su traducción del De remediis de Petrarca". Dins A. Gallego Morel et al. eds. Estudios sobre literatura y arte dedicados al profesor E. Orozco Díaz. Granada: Universidad de Granada 1979. 203-220.

Russell, Peter. *Traducciones y traductores en la Península Ibérica (1400-1550)*. Barcelona: Universitat Autònoma de Barcelona, 1985.

---.Traducciones y traductores en la Península Ibérica (1400-1550). Barcelona: Universitat Autonoma de Barcelona, 1985.

Sabaté, Glòria. "La concepció de l'heroi al *Curial e Güelfa*". *Zeitschrift für Katalanistik* 13 (2000): 7-20.

Sabot, A. F. *Ovide poète de l'amour dans ses oeuvres de jeunesse*. Paris: Ophrys, 1976.

Saint Jérome. "A Pammachius: la meilleure méthode de traduction".
Dins Jérome Labourt ed. *Lettres*. Paris: Las Belles Lettres,
1953. III, 54-73.

Salrach, Josep M. Història dels Països Cata¬lans. 1, Dels orígens a
1714, 1. Barce¬lona: Edicions 62, 1984.

Samsó, Julio. "La cartografia mallorquina". L'Avenç 107 (1981): 37-42
[569-574].

Sánchez Martínez de Pinillos, Hernán. "Orgullo y prejuicios: España
y *Los desheredados* de Henry Kamen. *eHumanista* 9 (2007):
270-295.

Sandys, John. *A History of Classical Scholarship*. Nova York, Londres:
Hafner, 1967.

Sanmartín Bastida, Rebeca. *El arte de morir. La puesta en escena de la
muerte en un tratado del siglo XV*. Madrid: Iberoamericana,
2006.

San Martín Salas, Javier. Antropología filosófica. Madrid: UNED,
2007.

Santiago Lacuesta, Ramón. *La primera versión castellana de "La
Eneida" de Virgilio*. Anejos del Boletín de la Real Academia
Española 38. Madrid: Biblioteca de la Real Academia
Española, 1979.

San Martín Salas, J. *Antropología filosófica*. Madrid: UNED, 2007.

San Pedro, Diego de. Vincenzo Minervini & María Luisa Indini
eds. *Càrcer d'Amor. Carcer d'Amore (Due traduzioni della
"novela" di Diego de San Pedro)*. Farsano: Schena, 1986.

Santiago Lacuesta, Ramón. La primera versión castellana de "la
Eneida" de Virgilio. Los libros I-II traducidos y comentados
por Enrique de Villena (1384-1434). Madrid: Real Academia
Española (Boletín de la Real Academia Española, Anejo 38),
1979.

Santoyo, Julio César. "Alonso de Madrigal: A Medieval Spanish Pioneer
of Translation Theory". Dins Hans-Josef Niederehe & Konrad
Koerner eds. History and Historiography of Linguistics, 1.
Amsterdam / Philadelphia: John Benjamins, 1990. 219-231.

Savory, Théodore. The Art of Translation. Londres: Cape, 1968.

Schiff, Mario. *La bibliothèque du Marquis de Santillane*. París: É. Bouillon, 1905.

Scheleiermacher, F. Valentín García Yebra trad. & coment. *Sobre los diferentes métodos de traducir*. Madrid, Gredos, 2000.

Scholberg, Kenneth R. "Alfonso de Cartagena; sus observaciones sobre la lengua". Nueva Revista de Filología Hispánica 8 (1954): 414-419.

Sèneca. Carles Cardó ed. *Lletres a Lucili I*. "Fundació Bernat Metge". Barcelona: Barcino, 1928.

Sobré, Judith Berg. "Eiximenis, Isabel de Villena and Some Fifteenth Century Illustrations of Their Works." Dins Alberto Porqueras-Mayo, Spurgeon Baldwin & Jaume Martí-Olivella. *Estudis de Llengua, Literatura i Cultura Catalanes*. Montserrat: Publicacions de l'Abadia de Montserrat, 1979. 303-13.

Soria Ortega, Andrés. *Los humanistas de la corte de Alfonso el Magnánimo*. Granada: Universidad, 1956.

Sozzi, Bortolo Tommaso. Niccolò Machiavelli. "Introduzione." *Discorso o Dialogo intorno alla nostra lingua*. Torino: G. Einaudi, 1976. i-lxvii.

Speroni, Sperone. Francis Goyet & Olivier Millet eds. *Dialogo delle lingue*. Dins *Œvres complètes*. *1*. Paris: Honoré Champion, 2003. 412-426.

Steiner, George. A. Castañón & A. Major trads. *Después de Babel. Aspectos del lenguaje y la traducción*. Madrid: Fondo de Cultura Económica, 1995.

---. Catalina Martínez Muñoz trad. *Errata. El examen de una vida*. Madrid: Siruela, 1998.

Sticca, Sandro. "Petrarch's *Triumphs* and its Medieval Dramatic Heritage." Dins Konrad Eisenbichler & Amilcare A. Iannucci eds. *Petrarch's Triumphs: Allegory and Spectacle*. University of Toronto Italian Studies 4. Ottawa: Dovehouse, 1990.

Stinger, Charles L. "*Roma Triumphans*: Triumphs in the Thought and Ceremonias of Renaissance Rome." *Medievalia et Humanistica* 10 (1981): 189-201.

Tate, Brian. Jesús Díaz trad. *Ensayos sobre la historiografía peninsular del siglo XV*. Madrid: Gredos, 1970.

Tavani, Giuseppe. "La Griseldis de Petrarca i la Griseli¬dis de Bernat Metge". Els Marges 16 (1979): 99-104.

---. Per a una història de la cultura catalana medieval. "Biblioteca de Cultura Catalana" 83. Barcelona: Curial, 1996.

Taylor, Barry, & Alejandro Coroleu, eds. *Humanism and Christian Letters in Early Modern Iberia (1480-1630)*. Cambridge: Cambridge Scholars Publishing, 2010.

Torres Amat, Felix. *Memorias para ayudar a formar un diccionario crítico de los escritores catalanes y dar alguna idea de la antigua y moderna literatura de Cataluña*. Barcelona: Verdaguer, 1836.

Torroella, Guillem de. Pere Bohigas & Jaume Vidal Alcover eds. *La Faula*. Tarragona: Tàrraco, 1984.

Toscano, Gennaro. "La Biblioteca di Alfonso il Magnanimo in Castel Nuovo." Dins R. Bellveser. *Alfons el Magnànim de València a Nàpols*. València: Institució Alfons el Magnànim, 2009. 345-376.

Turró, Jaume. "Bernat Metge i Avinyó". Dins L. Badia *et alii. Literatura i cultura a la Corona d'Aragò (s. XIII-XV)*. Barcelona: Publicacions de l'Abadia de Montserrat, 2002, 99-111.

Urquizu, Patricio. *Poesía Vasca. Antología bilingüe*. "Aula Abierta" 219. Madrid: UNED, 2009.

Vacana, Gerardo. *Genesi e poesia dei "Trionfi" di Francesco Petrarca*. Isola del Lini: Pisan, 1969.

Valdeón Baruque, Julio. *El Humanismo en Castilla en tiempos de Isabel la Católica (Arte y cultura en la época de Isabel la Católica*. Valladolid: Universidad de Valladolid, 2003.

Valentí, Ferran. *Traducció de les 'Paradoxa' de Ciceró*. Barcelona: Biblioteca Catalana d'Obras Antigues, 1959.

Valeri Màxim. R. Combès ed. *Faits et dits mémorables, II*. París: "Les Belles Lettres", 1997.

Valle, José del, & Luis Gabriel-Stheeman. "'Codo con codo.' Hispanic community and the language spectacle." Dins José del Valle & Luis Gabriel-Stheeman eds. *The Battle over Spanish between 1800 and 2000. Language Ideologies and Hispanic Intellectuals*. New York: Routledge, 2002a: 193-216.

---. "Nationalism, *hispanismo* and monoglossic culture." Dins José del Valle & Luis Gabriel-Stheeman eds. *The Battle over Spanish between 1800 and 2000. Language ideologies and Hispanic intellectuals*. New York: Routledge, 2002b: 1-13.

Vallmanya, Antoni. Jaume Auferil ed. *Poesies*. Barcelona: Fundació Noguera, 2007.

Vaquero, M. "Valencianos en Roma durante el siglo XV: una presencia en torno a los Borja". Dins *El hogar de los Borja*. València: Generalitat Valenciana, 2001. 185-198.

Varvaro, A. "Le notizie di Paolo Pompílio sulla diffuzione delle lingue romanze nel Quatrocento". *Romanische Forschungen* 112 (2000): 495-499.

Vázquez Cagiao, Pablo. "Interpretación para una nueva lectura del *Curial e Güelfa*". *Revista de Filología Románica* 8 (1991): 243-250.

Veny, Joan, coord. "Entorn de les *Regles de esquivar vocables*". *Estudis Romànics* 27 (2005): 201-242.

Vicens, Jaume. Juan Fernández de Heredia. Gran Maestre de Rodas. Barcelona: Biblioteca Històrica de la Biblioteca Balmes, 1927.

Viciana, R. M. G. Colón ed. *Libro de alabanças de las lenguas hebrea, griega, latina, castellana y valenciana* (1574). Borriana: Ajuntament, 2002.

Vilallonga, Mariàngela. *La literatura llatina a Catalunya al segle XV*. Barcelona: Publicacions de l'Abadia de Montserrat, 1993.

---."Alexandre VI i l'Humanisme". Dins *L'Europa Renaixentista. Simposi sobre els Borja (1994)*. Gandia: CEIC "Alfons el Vell", Tres i Quatre, 1998. 95-133.

---. "El viatge dels catalans a Roma durant el segle XV". Dins P. Valsalobre & A. Rafanell eds. *Estudis de filología catalana*. Barcelona: Publicacions de l'Abadia de Montserrat, 1999. 201-221.

---. "Jeroni Pau en el umbral de un mundo nuevo: Quinto centenario de su muerte". Dins *Acta Conventus Neo-Latini Abulensis*.

Proceedings of the Tenth International Congress of Neo-Latin Studies (Avila, 4-9 August 1997). Tempe (Arizona): Arizona Center for Medieval and Renaissance Studies, 2000. 647-657.

---. "Rapporti tra umanesimo catalano e umanesimo romano". Dins D. Canfora *et alii* eds. *Principato ecclesiastico e riuso dei classici: gli umanisti e Alessandro VI. Atti del Convegno Roma nel Rinascimento (Bari / Monte Sant'Angelo, 22-24 maggio 2000)*. Roma: Pubblicazioni degli Archivi di Stato, 2002. 195-209.

---. "Humanisme català". *Estudi General* 21 (2001): 475-488.

Vilanova, Arnau de. Miquel Batllori ed. *Obres catalanes*. Barcelona: Barcino, 1947. 2 vols.

Villalmanzo, Jesús, & Jaime L. Chiner. *La pluma y la espada*. València: Ajuntament, 1992.

Villena, Enrique de. Pedro Cátedra ed. *Obras completas*. Madrid: Turner, 1994. 3 vols.

Villena, Isabel de. R. Miquel y Planas ed. *Vita Christi*. Barcelona: Biblioteca Catalana, 1916. 3 vols.

Voigt, Georg. *Il Risorgimento dell'Antichita' classica. I. Ovvero Il primo secolo dell'umanismo*. Ed. facsímil. Florencia: Sansoni, 1968 [1890].

Vozzo, Lia Mendia, ed. Juan Bocacio. Libro de Fiameta. Pisa: Giardini Editore, 1983.

Walsh, John E., & Alan Deyermond. "Enrique de Villena como poeta y dramaturgo: bosquejo de una polémica frustrada". *Nueva Revista de Filología Hispánica* 28 (1979): 57-85.

Wantoch, Hans. *Spanien. Das Land ohne Renaissance. Eine kulturpolitische Studie*. Múnich: Georg Müller, 1927.

Watson, Peter. Ideas. Historia intelectual de la Humanidad. Barcelona: Crítica, 2010.

Weisbach. Werner. *Der Barock als Kunst der Gegenreformation*. Berlin: P. Cassirer, 1921.

Wilkins, Ernest H. "The Separate Fifteenth-Century Editions of the *Triumphs* of Petrarch." *The Library Quarterly* 12 (1942): 748-51.

Wittlin, Curt. *De la traducció literal a la creacio literaria*. València: Biblioteca Sanchis Guarner, 1995.

---. "L'antiga traducció catalana anònima de la *Letra de Reials costums* de Petrarca i el capítol 143 *del Tirant lo Blanc*". Dins *Miscel·lània Giuseppe Tavani 3*. Barcelona: Publicacions de l'Abadia de Montserrat, 2002. 37-64.

Wölfflin, Heinrich. *Renaissance und Barock: Eine Untersuchung über Wesen und Entstehung der Barockstils in Italien*. Múnich: T. Ackermann, 1888.

Wright, Roger. "Linguistic standardization in the Middle Ages in the Iberian Peninsula: advantages and disadvantages." Dins *De mot en mot: Aspects of Medieval Linguistics: Essays in Honour of William Rothwell*. Cardiff: U of Wales P, 1997. 261-75.

Yates, F. A. *El arte de la memoria*. Madrid: Siruela, 2005.

*   *   *

Índex toponomàstic i de matèries[441]

---

[441] S'assenyalen les principals obres, figures literàries i autors esmentats al treball, així com els conceptes que s'han considerat de major interès, i als llocs on sobresurten. Si la referència consta en una nota (n.) s'indica la pàgina en què apareix; si n'hi ha diferents grafies, ací s'han preferit les catalanes. En alguns casos no s'ha fet l'entrada pel cognom en atenció a la utilitat o al costum. Fem notar l'interès d'aquest índex, com a quelcom inèdit -val a dir, inaudit- en la matèria dels estudis de l'Humanisme, ja que ofereix una visió de conjunt i inclusiva dels autors i els textos catalans dins el panorama del nou corrent des d'una perspectiva internacional. Mostra, doncs, que tot és u, que són diverses manifestacions del moviment segons les peculiars idiosincràsies; manifestacions que la nova fusió classicisme-cristianisme, que sobretot suposava una adequació moral i d'exigència filològica per qüestió d'autenticitat d'acord amb els temps, així com el racionalisme, reclamaven. N'és, per tant, prou eloqüent del primer neguit que acusava ja un Llull amb desconhort al seu gran poema, a causa de la disfunció pràctica d'aquelles dues grans tradicions. I, des d'aquest fermall gairebé mecànic, com és un índex, els fets suren amb fermesa, confirmant que l'humanisme català és una peça més, una petita peça òbviament, però que facilita una visió articulada, tant del curs com de la complexió generals.

Amiguet, Jeroni: 153
antropocentrisme: 69, 70
Apià: 261
Appendix Probi: 172
Apuleu: 218 n.
Aquil·les Taci: 106 n., 261
     Leucip i Clitofont: 106 n., 117 n.
Arias Montano, Benito: 323, 324, 326-332, 334, 335, 338
Aristòtil: 82, 90, 91 i n., 248, 253, 261, 356, 365, 392
     Ètica: 248, 251
Art lul·lià: 85, 86
artes conscribendi: 28, 33, 63
Arxiprest d'Hita: 21, 236
     Libro de Buen Amor: 45, 232
assaig: 77 i n., 82, 99, 228, 241, 275, 294 n.
Aurispa, Giovanni: 392, 403
Averrois: 253, 404
Ávila, Francisco de: 243
     La vida y la muerte o *Vergel de discretos*: 243
Avinyó: 18, 19, 55, 61, 83, 249, 257, 273, 311 n., 366, 383, 388, 399

Bacon, Roger: 303 n.
Balaguer, Víctor: 319
Barcelona: 8, 23, 27, 62, 146, 150, 153-155, 158,159, 161, 163,164,
     180-182, 200, 240, 263 n., 264, 316 n., 331, 365, 368, 373,
     374, 396, 402
Barroc: 26 n., 230, 234, 236, 237, 244, 272, 291, 348, 361

Barzizza, Gasparino: 403
Barzizza, Guiniforte: 254, 392
Beccadelli, Antonio: v. Panormita
Bécquer, Gustavo Adolfo: 319
Bembo, Pietro: 146
     Prose della volgar lingua: 146

Fenollar, Bernat: 146, 147, 159-162, 165-168, 177, 392 n.
Fernández de Heredia, Juan: 7, 61, 248, 261, 266, 273 i n., 311 n.,
        359, 364, 366, 383-385, 378 i n., 388, 396, 406-408
Fernández de Villegas, Pero: 407
Ferran I d'Antequera: 366 n., 390
Ferrer, Ramon: 275
Ferrer de Blanes, Jaume: 315 n.
Ferrer Sayol: v. Sayol
Ferrer, fra Bonifaci: 365, 374, 393, 400. 401
Ferrer, sant Vicent: 42, 194, 195 i n., 315, 365, 400, 402
Ficino, Marsilio: 40 n., 219, 326, 350, 404
Fielfo, Francesco: 393
Flavi Josef: 261, 393
Flavio Biondo: 155, 255, 393
Fortunio, Gianfrancesco: 145
        Regole grammaticali della volgar lingua: 145
França: 17, 24 n., 92, 152, 232, 240, 247, 261, 275 n., 285 n., 290,
        324, 328, 330, 336, 377, 382, 390, 405
franciscanisme: 193
Frondino e Brisona: 358
Frontí, Juli: 261, 380, 382
Furió Ceriol, Frederic: 18, 337-340, 360
        Concejo y Consejeros de Príncipe: 337

García de Campos, Diego: 253
García de Santa Maria, Gonzalo: 150, 178, 200
        Cordiale qua[t]tuor novissimorum: 200
        Las vidas de los sanctos religiosos: 150, 178
Garcilaso: 361
Gassull, Jaume: 160
Gaza, Teodor: 393
gèneres literaris: 22, 214, 228, 231, 382
Giotto: 395, 396
Gower, John: 218
        Confessio Amantis: 218

Gramàtica: 78 n., 154, 163, 339, 363, 374
Gramática de la Lengua Vulgar de España: 337-339
Gras, mossèn: 281, 309 n., 313 n., 354 n.
      Tragèdia de Lançalot: 281
Grècia: 79, 103 n., 123, 256, 266 i n., 273, 371, 374
Gregori, sant: 32, 88, 312, 377
Guarini, Guarino: 373
Guido delle Colonne: 187, 380
      Historia destructionis Troiae: 187, 380

Hermes Trismegist: 261
Herodià: 261
Hipòcrates: 261
Història de Jacob Xalabín: 358
història de la cultura: 229, 237, 241, 272, 375
Història de Pierres de Provenza: 358
historiografia: 16, 46, 266, 384, 385
Hobbes: 300 n., 303 n.
Homer: 216 n., 261
Horaci: 64, 70, 191, 201, 213, 225, 226, 287, 365
      Sermonum: 70
humanisme cristià: 12, 17, 29, 77, 305, 351, 360

Illicino (Bernardo Lapini de Montalcino): 52, 202, 203, 269
Il·lustració: 26 n., 348
imitatio: 207, 225, 228 n., 236, 277, 307 i n., 350
impremta: 51, 146, 147, 174, 322, 339, 364, 393, 400
Innocenci III: 243
      De contemptu mundi o *De miseria humanae conditionis*: 243
intertextualitat: 75, 76, 133, 224, 226 i n., 275, 306 n., 313 n., 346 n.,
      349 n., 391
Isidor, sant: 252, 253
Itàlia: 8-10, 12, 15, 17-19, 24 n., 27 n., 28, 34, 42, 60, 69, 81-83, 101,
      102 n., 143, 145, 149, 152, 153,155, 157, 160, 161, 166, 168,
      170, 171, 179, 209, 237, 240, 247-253, 256-262, 266, 272 n.,

Familiars: 74

Griseldis: 63, 72, 74 n., 196, 206, 208, 212 n., 215, 217 n., 223, 224,228, 264 n., 382

Secretum: 9, 41, 51 i n., 52 n., 63-68, 70, 73-75, 77, 88, 89, 207 i n., 227, 302, 308 n., 309, 365

Seniles: 63, 214, 224

Sine nomine: 218 n.

Trionfi, I: 9, 52, 59, 125, 126, 132-135, 140-143, 186, 202, 203, 269

petrarquisme: 14, 139, 269, 273

Pico della Mirandola, Joan: 40 n., 326 i n., 328, 367, 404

Piccolomini, Enea Silvio: 257, 393

Píndar: 105 n.

Pius II, Papa: v. Piccolomini, Enea Silvio

Plató: 24 n., 62 i n., 89 n., 261, 308 n., 311, 397, 399, 404

platonisme: 85, 328, 348, 397, 399, 404

Plaute: 80 n., 403

Plutarc: 261, 273, 364, 365, 385 i n., 387, 398, 399

Poema de Fernán González: 252

Polibi: 261

Poliziano, Angelo: 246

Pompílio, Paolo: 146, 147, 155-158

De syllabis et accentibus: 146, 157

Historia Balearica: 156

Notationum libri quinque: 155

Vita Senecae: 156

Vocabularium: 155-157

Pontano, Giovanni: 249

Portugal: 48 i n., 150, 232, 240, 275 n.

prehumanisme: 20, 301

Prerenaixement: 15, 248, 250, 301

Properci: 102 i n., 104, 105 n., 106 i n., 107, 109, 112 i n., 116, 122, 123

Elegies: 105, 106, 112, 113, 116

Ptolomeu: 261

Pulgar, Hernando del: 154

www.ingramcontent.com/pod-product-compliance
Lightning Source LLC
Chambersburg PA
CBHW020750020826
48980CB00015B/28